U0597553

[韩] 宋炯锡 等著　　任李肖垚 译

九州出版社
JIUZHOUPRESS

精神科医生写心理的书籍本身就很有趣，因为精神科的培训基于医学的模式，虽然人们提倡医学—心理—社会的模式已经多年，还是免不了受柏拉图影响，即探索局部症状与病源之间的线性关系。心理治疗看重人与环境的互动关系，关注人际关系对人性格的影响。

本书问世，至少说明韩国的精神科医生在用两条腿走路，一条是医学的，一条是心理的。

本书的第1部分从临床案例出发，对孩子、父母出现的问题加以梳理和回答，在说理方面采用了埃里克森的人生八个视角，该理论涉及原始信任与安全感、控制与孤独感、自尊与羞耻感等话题，属于直指人心的上帝视角。

而在介绍了近几十年来流行的重要学术概念后，本书又转向了亲民的百科问题解答，挑明了孩子咬手指甲、不想上学、挑食等日常问题的可能原因，还罗列了人在不同发展阶段的生理与心理特点，一直覆盖到青春期、中年及晚年。最后，针对一些想要进一步掌握心理学知识的读者，本书的最后一部分还介绍了一些更有深度的理论。

因此，这本百科全书既可以作为学习心理学的敲门砖，又可以成为查阅常见心理问题的手册，还可为遇到育儿难题、青春期撞上更年期苦恼、养老等问题的人们解忧。

作为东亚的近邻，韩国与我国有很多文化上的相通之处。面对许多本土化的问题（比如奶奶照顾孩子是不是一个问题、孩子与继父的关系如何处理、婆媳间如何相处，传统节日时如何让自己不那么身心俱疲等）时，本书的处理方式也都具有东方色彩和不同于西方的理解。读到其中蕴含的东方情理时，我们也不禁莞尔一笑，所以，它发乎西方的经典心理理论，却止于东方式的文化理解。

相信本书能给读者带来愉快的阅读体验，促进父母对孩子的理解，也能加深我们对成人关系的理解。

施琪嘉

华中科技大学附属同济医学院教授

武汉心理卫生研究所所长

2020.8.18

前言

写这本书的初衷其实很简单。有一次我们10名精神科医生聚在一起聊天时提到了这件事，说不如我们把这些年遇到的真实治疗案例或咨询过程中患者提出的问题收集起来出本书吧。直到现在，仍有许多人忌讳谈论精神健康问题，并对访问心理咨询室怀有心理负担，网络上也充斥着错误的相关信息。因此，我们希望能够通过这本书，将一些解决心理问题的正确方案变成触手可及的资料，方便人们日常使用。

然而究竟什么才叫“正确”呢？这便是我们首先需要考虑的问题。我们将治疗时接触到的最普遍的问题收集起来后，从最接近正统的精神医学理论知识出发，汇集了各位医生的实际咨询经验及各类疾病的治疗方案。但我们提出的治疗方案是否有失偏颇，或存在过于主观化的问题？这些担忧一度困扰着我们。因此通过不断的意见交换及数次热烈讨论，我们对写下的东西进行了反复修正。如果只是让10位医生各自写好自己负责的部分最后综合起来，事情便很简单，但事实上这一路走来十分曲折。我们不间断地召开周末会议，检讨自身掌握的知识是否正确，努力摒弃个人的偏见与错误认知，同时在整理治疗经验的基础上，查找了大量的论文书籍，希望通过更多的临床实例来弥补自身的不足。一年的时间很快过去了，其间，我们通过广泛地阅读文献资料，进一步丰富了自身的知识积累。

就这样，这本书最终得以出版了。这是目前韩国国内前所未有的“百科全书”式的心理学书籍。我们想应该也是韩国国内第一本从婴儿的心理发展问题讲到成年阶段的人际关系问题，再到老年期的精神疾患问题，系统囊括了人类一生各类问题的情感 / 情绪 / 精神类书籍。

全书共分三大部分。在第1部分，我们从E. H. 埃里克森（E. H. Erikson）的心理社会发展阶段论出发，详细讨论了人类在各年龄阶段需要实现的目标和价值。在第2部分，我们以年龄阶段为基础，叙述了幼儿、青少年、成人及老人在其相应年龄阶段的心理发展任务，介绍了一般心理学意义上的精神分裂症、抑郁症、焦虑症等疾病，同时具体指导读者处理压力和人际关系，以及正确面对自尊心等问题。在此基础上，我们尝试提出了针对个体的详细解决方案。在书的最后一部分中，我们就基础精神科学知识、心理学、精神分析学等一般读者难以理解的概念进行了单独说明，希望能给各位读者带来一定帮助。

我们希望这本书能够方便大家使用，就像每个家庭必备的急救医药箱一样。希望大家在自身受到精神疾病困扰或目睹某位家庭成员心理状况不佳时，能从这本书中找到及时有效的解决方案。同时我们相信这本书会在一定程度上消除大家对于精神科的偏见和误解，在涉及精神及心理方面的问题时，不应单纯从“正常”或“不正常”的角度去评判，它和我们的身体健康一样，是需要被细心照顾和密切关注的问题。希望每个个体在解决自身心理问题时都不必孤军奋战，大家能互相交流、互相帮助。

感谢金镇世老师等人在此期间提供给我们的宝贵建议，感谢其间指导过我们的老师和前辈们。长期写作十分不易，感谢家人们给予的耐心。当然最最感谢的还是我们在治疗过程中遇到的病人朋友们，真心祝福你们拥有健康的人生。

这本书凝结着我们之间的许多美好回忆，总让我们想起周末会议时的场景和曾经努力工作的日日夜夜。

宋炯锡、姜成敏、姜和延、金钟勋、柳英珉、
朴成根、梁在媛、尹秉文、李玢姬、曹方铉

目录

| PART |

1 人类心理发展

| PART |

2 家庭心理百科

第 1 章 亲子关系问题

第 2 章 小学阶段的问题

第 3 章 中学阶段的问题

第 4 章 青年阶段的问题

第 5 章 中年阶段的问题

| PART |

3 重要的心理学概念

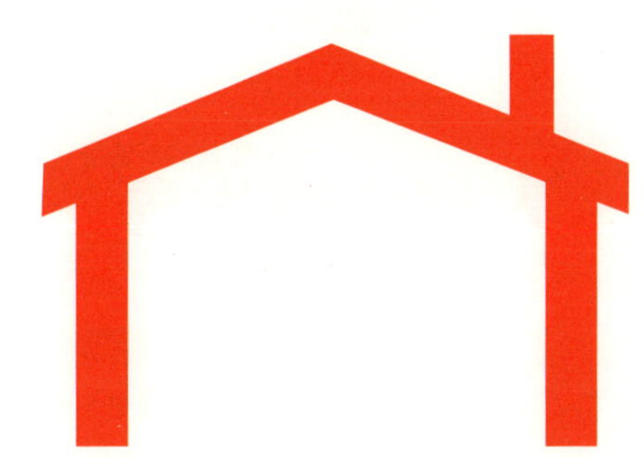

PART

1

人类心理发展

1 基本信任 vs. 基本不信任（出生至 18 个月）

2 自主性 vs. 羞耻 / 怀疑（18 个月至 3 岁）

3 主动性 vs. 内疚感（3 至 5 岁）

4 勤奋感 vs. 自卑感（6 至 11 岁）

5 同一性 vs. 角色混乱（11 岁到青春期结束）

6 亲密感 vs. 自我陶醉或孤独感阶段（21 至 40 岁）

7 繁殖 vs. 停滞（40 至 65 岁）

8 自我整合 vs. 绝望感（65 岁以上）

截取人一生中某个特定时期或时间点来分析人类心理发展是一件充满乐趣的事。这样的工作会为我们提供源源不断的信息。反之，如果将人的成长发展过程看作一个整体，进而对其进行理解研究，又能够观察和窥探到与前者不同的宏观结果。本书将采用第二种方式，对人类整个成长发展过程中产生的心理现象进行分析。心理发展包含人格、认知、语言和社会性等多个层面，尤其是在S.弗洛伊德（S. Freud）的古典精神分析学及此外诸多精神分析理论渐成体系后，我们开始能够更好地理解人一生的人格发展问题，并将其运用于实际生活了。

本书重点着眼于埃里克森的心理社会发展阶段论，将其作为理论背景对多个具体案例进行观察分析。埃里克森继承了弗洛伊德精神分析学中的人格发展理论，从不同的视角对其进行了全新阐释。在人格发展阶段中，弗洛伊德着眼于本能与无意识的作用，埃里克森则更加强调社会环境因素对人格发展的影响，尤其是“人为了满足或抑制自己的需求是如何发挥能动性的”等问题。人在成长过程中，有时能够满足自身需求，获得一些正面经验，有时则会面临挫折，这时人就会经历一些**“内在危机”**（internal crisis）。而所谓的内在危机，其实关系到人能否在这些时刻收获某种特定价值，我们可以将它看作发展过程中的一个转折点。如果能够顺利度过这个转折点，人们就能够获得积极力量，顺利进入发展的下一个阶段。

埃里克森将人的一生分为8个发展阶段。尽管各阶段是按照人类的年龄统一划分的，但由于个体间存在巨大差异，因此每个阶段也会有不同。同时，即使已经进入下一发展阶段，上一阶段出现的问题仍有可能留存下来，因此人在受到过大压力时便可能会倒退回上一发展阶段。本书第1部分就将以埃里克森的发展理论为中心，讨论人在不同年龄如何实现人格、认知和社会性等方面的发展。

001

孩子一秒钟也不肯离开我

▸▸▸▸ **基本信任（basic trust）vs. 基本不信任（basic mistrust）阶段：弗洛伊德人格发展阶段中的口腔期**

基本信任源于婴幼儿和妈妈（或其他抚养者）的早期经验。当妈妈情绪稳定或养育环境稳定良好时，孩子就会信任妈妈。一旦开始拥有这种信任，即使妈妈不在跟前，孩子也不会对此感到不安或生气，而是能够维持正面的情绪和自我肯定。

孩子很可爱，但太过依赖我，离开一秒都不行。我也时常因此觉得烦躁，不知道应该怎么解决这个问题。

这是埃里克森发展理论中的第1阶段。此时婴幼儿对世界的基本信任正处于萌芽时期，这种信任最初来源于婴幼儿和妈妈之间的早期经验。父母如果能够为孩子提供亲密稳定的养育环境，满足其基本需求，孩子就会建立起对周边环境的信任，同时培养起对未来的正确期待和乐观态度。相反，如果这一时期的需求没有得到满足，经受的负面挫折太多，孩子就会缺乏信任感，而这通常会伴随一生，对孩子今后的成长发展也存在影响。

由于这一时期孩子年纪尚小，十分脆弱，只能完全依赖父母，因此和父母分开时出现**分离焦虑**（separation anxiety）属于正常的现象。随着孩子不断长大，在经历一次次的分离体验之后，孩子便会慢慢意识到父母并没有彻底消失，他们很快就会再次出现，以此获得安慰，并在父母不在时照顾好自己。在这个过程中孩子建立起了对自己和父母的信任感，渐渐不再恐惧和父母分开，一步步克服了分离焦虑。

> **分离焦虑**
> 指婴幼儿在陌生人面前或身处陌生环境时，无法和妈妈分开，一旦分开就会剧烈哭闹或做出让妈妈无法离开自己的行为的问题。

弗洛伊德将人出生后到1周岁的阶段命名为**口腔期**（oral phase），这与埃里克森理论的第1阶段一致。这一阶段的孩子主要通过吮吸或咀嚼等活动获得满足，因此该阶段被称为口腔期。这一阶段的需求如果得到充分满足，孩子就能够顺利进入下一发展阶段。但如果出现过度的口腔部位满足或不满足（例如不让孩子吮吸乳头从而导致孩子的需求无法得到满足），就可能造成孩子个性异常[①]。过度的依赖倾向、执着于食物、酗酒、抽烟上瘾等问题便可能是所谓的口腔期人格表现。近来也有不少研究证明，幼年时期遭受的压力的确会对大脑产生影响，从而引发类似于口腔期人格的问题。

然而这里还需要考虑的是婴幼儿天生的**气质**（temperament）问题。每个孩子的行为方式和情绪状态都多多少少有些不同，甚至体质和身体反应也不一样。生养过小孩的人应该都知道，即使身处相似的环境中，孩子们做出的反应也并不相同。正是这种与生俱来的气质问题使得孩子在与父母分离时产生不同的表现。

对于气质问题的研究众多，最早的便是A.托马斯（A. Thomas）等人以133名婴儿作为对象进行的纵向追踪研究。研究者们在分析婴幼儿的诸多行动特点后，将他们的气质分为3个类型，即容易型、困难型和迟缓型。容易型气质的婴幼儿生活规律，对于外部刺激反应不大，拥有正面的情绪，面对陌生环境适应良好。约40%的婴幼儿属于这类气质。相反，困难型气质的婴幼儿规律性差，面对外部刺激反应激烈，同时难以适应陌生环境。困难型气质的婴幼儿约占10%。最后，迟缓型气质的孩子通常对于陌生环境适应得较慢，对待外部刺激的反应不温不燥，这一气质的婴幼儿约占15%。

认识不同的气质问题，对我们养育小孩有极大的帮助，能让我们更好地理解孩子。例如，如果孩子属于困难型气质，日常规律性差，难以适应改变，我们就应该找寻与之相适应的正确养育方式。困难型气质的小孩多数不好伺候，长大后行为方面容易出现种种问题。但如果能够从小获得正确的教育，这些问题也就能够得以避免。

这个阶段需要考虑的另一个心理发展问题是依恋问题。依恋理论最早由英国精神分析学者J.鲍尔比（J. Bowlby）在1960年提出，此后受发展心理学的影响不断发展变化。依恋是指个体与某个特定对象之间持续的情感联结，婴幼儿在出生后

① 即所谓的口腔期人格。——译者注

会与妈妈（或其他照料者）产生最初的依恋模式，将妈妈视作一个**安全基地**（secure base），从这里出发开始探索世界。他会笑着投入妈妈的怀抱，或是耍赖，胡搅蛮缠，通过这一系列的依恋行为来迫使妈妈留在自己身边。妈妈则通常能够敏锐地察觉到孩子的需求，这种敏锐性在依恋模式中起着十分重要的作用。

在本节开头部分的事例中，如果妈妈能够适时地察觉并满足小孩的需求，孩子就会形成健康安全的依恋模式，这样即使和妈妈分开，孩子也能逐渐拥有安全感，不至于焦躁恐惧。相反如果孩子的需求没有得到满足，缺乏妈妈的关心照顾，就会产生很大的问题。例如，妈妈因事故去世了，没有人照顾孩子，此时孩子便可能出现依恋行为危机。这一时期形成的依恋模式会延续到孩子成年之后，在他们与朋友、恋人、配偶、子女等建立亲密关系时产生重大影响。

M.安斯沃斯（M. Ainsworth）等人通过**陌生情境测验**（strange situation procedure）观察婴幼儿与妈妈分离时的过程，将他们的依恋类型分为了四类。安全型依恋类型的小孩尽管在和妈妈分开时会感到抵触和恐惧，但当再次见到妈妈并得到安抚时，很快就能镇定下来。焦虑型依恋的小孩与妈妈分开并再次相见后，由于想要获得妈妈的安抚，会生气发脾气，迟迟无法安定下来。回避型依恋的小孩在与妈妈分开时反应并不激烈，再次见到妈妈时也不会胡搅蛮缠。此外还有一类小孩，在和妈妈分开并再见时表现出的状态十分混乱，这种矛盾型依恋可以说是依恋类型中最为糟糕的一种情况。

> **陌生情境测验**
> 通过观察婴幼儿与妈妈分开后再次见到妈妈的过程，观察他们的行为和情绪反应，并以此来把握婴幼儿依恋类型的一项测验。

在另一方面，M.梅因（M. Main）等人将成年父母作为对象，对他们幼年时与父母之间的依恋关系进行了分类研究。接着，研究人员又将成年父母的依恋类型与其子女的依恋类型进行了对比，结果发现，子女与父母依恋类型相同的比例高达70%，这就证明依恋类型具有代代相传的特性。也许有人会因此担心自己的依恋类型给子女带来不好的影响，但所幸这个问题并不是完全不能被改变的。尽管过程十分缓慢，但只要能够坚持不断获取新的情绪体验，依恋类型也会慢慢发生变化。

心理学家H.哈洛（H. Harlow）利用猴子进行了另一项关于依恋问题的实验。通过该实验我们可以观察到社会孤立[1]对依恋产生的影响。哈洛将刚出生的幼猴与母猴隔离开后分为两组，给其中一组幼猴喂奶，满足它们的生理需求，但禁止它们获得一切身体方面的接触；同时使另一组的幼猴能够获得身体接触，但切断它们的哺乳喂养。实验结果发现，只在生理得到满足却没有与妈妈或朋友进行身体接触的一组幼猴死亡率更高，行为异常，且在成年生下幼崽后也无法正确地进行喂养。同时，哈洛还利用猴子玩具代替真母猴进行了实验。其中一只用铁丝做成的猴子胸前被装上可以提供奶水的橡皮奶头；另一只猴子则用绒布做成，胸前一无所有。令人感到意外的是，比起能够提供奶水的"铁丝妈妈"，幼猴们反而更加偏爱柔软温暖的"绒布妈妈"。这就可以看出在依恋问题中，"获得身体接触"是一个多么重要的因素。

在发展心理学的认知发展方面有着系统研究的学者J.皮亚杰（J. Piaget）通过密切观察自己的三个子女，建立起了与儿童认知发展过程相关的理论。皮亚杰认为，人类天生具有适应环境的智能，同时这种智能也会在与环境的相互作用中得到进一步发展。根据他的理论，从出生到2岁左右的时期，属于人成长发育的**感知运动阶段**（sensorymotor period），这是孩子理解**客体永恒性**（object permanence）的时期。如果当着4个月大孩子的面，把玩具藏到被子下面，他们就会认为玩具永远消失了。反之，差不多12个月大的孩子则会掀开被子去寻找玩具。父母常用来逗孩子玩耍的消失游戏也能很好地训练孩子对于客体永恒性的认知。玩游戏时妈妈的脸突然从眼前消失了，孩子自然会吓一大跳。当看到妈妈再次出现时，孩子就会变得十分高兴。这样反复多次之后，即使妈妈暂时离开，孩子也知道妈妈很快会再次回来照顾自己。本篇开头事例中的孩子尚且年幼，发现妈妈从眼前消失当然会感到不安，这是十分正常的现象。等到他们获得了对于客体永恒性的认知，知道妈妈会再次出现，也就能够忍受和妈妈的暂时分离了。

客体永恒性

对于物体即使从自己眼前消失，也仍然存在于别处的认知。

① 也译作社会隔离。——译者注

002 如何应对一味耍赖的小孩

自主性（autonomy）vs. 羞耻 / 怀疑（shame and doubt）阶段：弗洛伊德人格发展阶段中的肛门期

自主性源于成就感，这种成就感则来自我们能够掌控自身及抑制个人的欲望和冲动。当父母对孩子的教育恰当时，孩子就能够建立起正确的自信心和自控力。相反，如果父母过度干涉孩子的自主行动，频繁教训孩子，就会使他们产生羞耻感和自我怀疑。

最近一阵子，我那两岁左右的孩子总是不停撒泼耍赖。我小的时候妈妈对我太过严格，因此我不希望自己也这样对待孩子。虽然我希望能够当个好妈妈，心平气和地跟孩子沟通交流，但是孩子实在太不听话，我也时常很难控制自己的情绪。我想知道应该如何适当地教训孩子。

这个时期，孩子身体各方面的机能开始得到发展，例如渐渐能够掌控括约肌和其他部位的肌肉，控制大小便等。孩子已经慢慢开始主导自己的身体，妈妈却仍然觉得孩子太小，企图一味管束他。在这个阶段，如果能够帮助孩子进行正确的自我约束，并不断从中积累成功经验，就能使他获取良好的自主性。反之，孩子如果自我约束总是失败，或受到父母的过度干涉，则很难建立起自主性，同时还有可能产生羞耻感，陷入对自我的怀疑之中。

弗洛伊德将人类的这一发展阶段称为**肛门期**（anal stage）。此时我们主要依靠排泄的快感来获得**利比多**（libido）。在此期间，通过对孩子大小便排泄的控制训练可以使他获得类似的快感，然而如果他不断从中受挫，就可能面临诸多个性及心理方面的问题，其中一个典型表现即是固执及强迫症的恶化。

上述事例中的孩子，正处于一边与妈妈激烈斗争、一边努力试图控制自我的过程之中。可以说他正处在自控和被控制的分岔路口。总体来看，此时孩子通常容易出现例如极其不听话、动不动就耍赖、张口闭口爱说“不”等异常表现，因而这一阶段被人们称为“可怕的两岁”。但只有经历这样的过程，孩子才能获得控制自我的能力。在这一过程中，过度纵容孩子会使其无法完好地建立起自主性，同时体验到不正确的羞耻感。而如果过度压抑孩子，则会使其在建立自主性时彻底失败，同时产生自我怀疑。因此，妈妈在这一过程中应该适当地管教孩子，帮助其建立起良好的自律体系。

后来我们了解到，上述事例中的妈妈，由于幼年时受到父母的过度管束，很可能自身也面临着自控能力不足、对自己缺乏信任的问题。如今长大成人的她希望能够好好教育孩子，努力肩负起母亲的责任，然而由于内心自主性不足，自我怀疑严重，因此在教育孩子时没有足够的把握，陷入了犹豫的状态。如果这位妈妈因为自己小时候的经历而选择无条件纵容孩子，就可能阻碍孩子获得自主性，进而导致其生羞耻感，最终爆发更加严重的问题。

需要时刻谨记的是，最了解孩子的欲望及各阶段发展状况的人，只有妈妈。因此在对待孩子时，必须充满把握和自信。如果情况危险，当然必须严厉管教或果断制止他，但在正常情况下，应该给予孩子试错和自我纠正的机会。训斥孩子也不应是为了发泄怒火或践踏孩子的自尊心，而是为其铺设一张防坠的安全网。比起情绪化的反应，在孩子面前应就事论事，采取理性的态度努力解决问题。

如何应对固执的小孩

主动性（initiative）vs. 内疚感（guilt）阶段：弗洛伊德人格发展阶段中的前生殖器期

随着运动机能和智力的发展，孩子逐渐开始能够掌控自己的身体了。同时，随着好奇心不断得以满足，孩子便会开始获得主动性。这个过程中如果遭遇挫折，孩子的自主活动就会受限，无法很好地发挥自身潜能。此时孩子也会开始对性方面的问题感到好奇，甚至可能伴有恋母情结，但这些问题都会在青春期到来之前得到缓解。另外，这个阶段的孩子会开始产生良心和道德感等概念，这与弗洛伊德理论中的超我部分相呼应。

5岁大的儿子在游乐场玩耍时总是和别的同龄小孩产生冲突。孩子们都非常固执，互不退让，不知道是不是让孩子独自玩耍更好呢？

幼儿园阶段的小孩总是非常自以为是，充满热情和竞争意识。任何事情都想自己亲自试试看，并且认为自己的想法是绝对正确的。这是因为孩子年纪太小，尚且不具备站在他人的立场思考问题的能力，因此就会表现出严重的自我中心主义。

年纪相仿的孩子在一起玩耍，因为固执己见而产生冲突时，就一定会坚持分出胜负。在这个阶段能够正确地表达自我、主导局面的小孩就会成功积累起经验，从而开始拥有主动性。反之，如果没有获得表达自我意见的机会，或在试图展现自我时受到挫折，就会变得消沉，对自己的行动感到内疚。埃里克森的心理发展理论认为，3至6岁的阶段是决定孩子拥有主动性或陷入自责心理的分水岭。

5岁的孩子常和同龄朋友产生冲突是心理发展的一个过程。在这个过程中，孩子会努力证明自己是正确的，也会为了达到目的和同龄人不断竞争。尽管不是每次都能成功，但能够适当主导整个局面的孩子就会获得主动性，并在今后的成长中不断将其发挥运用。因此，如果仅仅因为冲突问题就让孩子独自玩耍，他就会失去获得主动性的机会，这就如同让孩子在抽空池水的游泳池里学习游泳一样。孩子会在不断尝试和犯错后获取正确的经验，父母只需要为他设置一张安全网，同时耐心等待便足够了。

弗洛伊德的精神分析理论中将这一时期称为**前生殖器期**（phallic stage），即通过性器官来获得满足感的发展阶段。这时孩子会对与自己性别不同的父母中的一方产生强烈的依恋，而将与自己性别相同的父母一方视为竞争对象。这就是说，如果是男孩，就可能产生**恋母情结**，并因此陷入愧疚和恐惧之中。他们害怕因恋母情结受到惩罚，因此会开始疏远母亲，将自己与父亲视为一体，最终构建起一个认同父亲的内在超我[①]。相反女孩则可能产生**恋父情结**，但与男孩的情况不同，她们通常不会感到过于不安。心理学者们至今仍在不断批判弗洛伊德关于女孩的超我形成理论。这个时期遗留下来的问题会伴随一生的发展，并导致神经质、焦虑症和**歇斯底里**等多种障碍的形成。

恋母情结

弗洛伊德的人格发展理论认为，前生殖器期的小孩会对与自己性别不同的父母一方产生强烈的情感和占有欲，而对与自己性别相同的父母一方产生嫉妒和竞争心理。如果是男孩，就会对母亲产生过度的情感，同时排斥父亲，孩子会因此产生罪恶感，害怕遭到父亲的报复，从而陷入巨大的不安。最终的结果则是，孩子会放弃对母亲的情感，渴望成为父亲，因此建立起一个认同父亲的内在超我。

恋父情结

这一时期的女孩会羡慕父亲拥有自己没有的生殖器官，并将此归罪于母亲，这是女孩自卑心理产生的根源。在此后的成长过程中，女孩会逐渐将自己与母亲同视，消除自卑感，塑造起内在超我。

歇斯底里

炫耀欲强，情绪化严重，为了吸引他人的关注常做出戏剧化行动。容易受外界影响，表面上充满性吸引力但在实际性生活中往往表现出性冷淡。易情绪失常，自私倾向严重，企图操纵他人，难以维持长远深刻的人际关系。

从认知发展的角度来看，这个时期也颇具研究价值。皮亚杰的认知发展理论将2至6岁的时期定义为**前运算阶段**（preoperational period）。他认为，这一阶段的孩子会将外界的事物转化为内在的符号储存起来进行表象思维，虽然略显生疏，但其已经开始具备运用“象征”符号的能力了。初期孩子运用视觉性符号的情况较多，随后便能够逐渐培养起使用语言符号的能力。例如当我们询问孩子什么是筷子时，他会徒手画出筷子的图案或摆出拿筷子的姿势来向我们说明。这就意味着孩子脑中储存着关于筷子的形状及功能的认知。接近6岁时，随着语言能力日趋完善，孩子就会使用语言告诉我们，筷

① 超我的作用即维持个体的道德价值感、回避禁忌等。——译者注

子是两根长的棍子，是用来夹起食物的工具。

如果想要了解孩子的象征能力发展情况，进行角色扮演游戏是最好的方法。家长是一个家庭里负责做饭、照顾家人的存在，孩子则是需求不断、哭闹纠缠的角色，如果孩子在玩过家家游戏时能够准确地扮演出这些角色，则说明他已经拥有了把握象征概念的能力。此外，如果孩子在玩耍时会将扁平的石头当碗使用，拿起长棍当作枪，则意味着象征各事物特点的概念储存在了孩子的脑中。**自闭症**（autism spectrum disorder）患儿之所以在玩这类游戏时感到困难，就是因为他们的象征能力不足。

> **自闭症**
> 社会性严重匮乏，有明显的沟通障碍，难以与他人产生共感，依恋行为少，因此很难建立起社会关系。缺乏对视或肢体接触等非语言性交流，语言发展障碍大。同时常反复做出某种特定的行为（例如毫无意义地反复拍手等），抵触变化，执着于某个特定的物品。对于感官刺激的反应过小或过大，对声音敏感，容易被电风扇等旋转的物体吸引。

这一阶段的另一个重要发展特点便是自我中心主义严重。孩子会误以为所有人的想法/意见都与自己一致。等到7岁左右，通过去自我中心化的过程，孩子就会慢慢意识到别人的想法和感受可能与自己不同。自我中心主义严重的小孩在说话时不懂得顾及他人感受，只管自己表达，因此会给沟通带来困难。观察这一年龄段两个小孩的对话便可以发现，他们时常各说各的，根本不在乎对方是不是听懂了。

正如上文所说的那样，由于这个时期的小孩有着各种各样诸如此类的局限性，在玩耍时很难彼此谅解和妥协，因此会有源源不断的冲突和矛盾出现。本节开头事例中的小孩正是处在这个年龄阶段，所以很难避免和同龄人发生冲突。在不断经历冲突、克服问题的过程中，孩子就会慢慢体会到理解他人的必要性，同时学会正确表达自己的想法和意见。

孩子已经上小学了，还是什么都不会做

▸▸▸▸ **勤奋感（industry）vs. 自卑感（inferiority）阶段：弗洛伊德人格发展阶段中的潜伏期**

这一时期孩子们正式参与到系统的学习过程中，开始学习新的技能，自己动手制造一些东西，完成课业。孩子们会因此为自己感到自豪，同时学会勤奋。在这个过程中，孩子们如果在学习技能时失败或被父母过度保护，抑或没能在同龄人的小团体中占据一席之地，就可能陷入自卑情绪之中。

上小学的女儿有这样一个作业，要求把每个句子各抄3遍。女儿一回来就抱怨说，这样的作业太机械了，毫无意义。其实所有大人也都经历过类似的学生时期，我真的不知道应该如何回答她。这个时期应该如何学习呢？

到了学龄期，孩子们开始进入学校学习各种各样的知识技能。虽然有时会被新的知识和体验迷住，产生新鲜感，但更多时候则需要反复练习已经学过的东西，难免感到枯燥乏味。尤其是最近伴随着学前教育的普及，想要在学校学习全新的东西就更加不容易了。尽管如此，孩子们仍然需要不厌其烦地练习写字，将九九乘法表倒背如流，反复训练算数能力。孩子们会通过这些无聊的过程，慢慢感受到自己能力的提升。这就好比第一次学习吹竖笛或练习跳绳的时候——刚开始根本无法吹出动听的旋律，也无法做到连跳10次不被绳子绊倒。但坚持一两天的反复练习之后，就能感觉到自己的进步，并从中获得成就感。相反，如果练习中途放弃，自卑情绪便会如潮水般涌来。

埃里克森的发展理论认为，6至11岁这一阶段是儿童发展的分水岭，决定了他们是会变得勤奋还是陷入自卑。孩子们在学习知识技能的过程中，成功做到某件事后，就会获得自信，感到自己充满力量，并因此变得更加勤奋。他们成年之后，即使在职场生活或家庭生活中遇到难题，也不会轻易放弃。因为体验过坚持就能成功的快感，他们的抗压能力更强，能够充满力量地解决许多问题。在这个阶段，孩子们学到的不仅是九九乘法表或跳大绳的技巧，更重要的是勤奋这一品德。因此面对抱怨作业没意思的女儿，我们可以这样说："现在的你不仅仅是在学习书写，更是在学习人生的大道理哦。"

这一时期，孩子们慢慢离开家庭，开始与社会接触，学习与同龄人相处以及适应校园生活。通过在自身所属集体扮演的新角色以及逐渐显现的个人特质，他们慢慢开始形成新的自我，拥有了"子女"以外的其他身份。这一身份或许是全小区最幽默的调皮鬼，或许是班里最正经的模范生，又或许是在游乐园充当队长角色的假小子。总之，这是他们在集体中展露出的个性特征塑造起来的形象。如此一来，孩子们能够通过集体活动培养起社交能力，并学习遵守集体规则，这为他们今后的社会生活打下了基础。

从认知发展阶段的理论来看，皮亚杰认为7或8岁是孩子从前运算阶段到**具体运算阶段**（concrete operational period）的转换期。这一时期孩子开始能够进行系统、有逻辑的思考。例如开始产生可逆性思维，同时学会了给不同的物品分类。孩子在幼儿园阶段只能记住一个连续的4位数，而到了9岁时，则可以记住一个连续的6位数了。同时，孩子处在低年级时，只能将精力集中于事物和状况中充满特点或自己感兴趣的部分，自我中心主义严重，因此无法进行综合性思考。而到了高年级，他们会针对事物和状况进行全面的思考和把握。这一时期，孩子们开始系统地学习，在掌握新知识的同时体验快乐和价值感，收获周边对自己的肯定，并开始想要通过自己的力量完成某件事来获得成就感。再来，随着语言能力的发展，孩子们开始能够理解抽象事物，运用更加丰富的词汇正确表达自己的情感和体验了。

认知发展的同时，孩子们的道德品质也在逐步得以完善。例如，幼儿时期的孩子也知道不能够打碎盘子，但他们无法理解"无意中"打碎和"故意"打碎的区别。然而6至11岁的孩子开始懂得，相比事情的结果，动机往往更为重要。从某种层面来说，无意中打碎15个盘子的小孩和因为背着妈妈偷吃糖而打碎1个盘子的小孩之间，后者的行为更为恶劣。

小贴士

小学各年级阶段发展特征

•小学一年级：

比起幼儿园阶段更能集中精力，开始有逻辑地思考及推测事物。能够指出他人的过错，但尚且无法很好地接受他人对自身的指责，有时显得善变。

•小学二年级：

行动积极，充满活力，试图挑战许多能力之外的事情。做事时胸有成竹，能够更清晰地表达自己的意见，且能够针对不同的情况进行评价和批判。自身所属集体的重要性渐渐高于家庭，开始和同龄人建立起稳定的人际关系。能够控制自己，并对自己的行动负责。

•小学三年级：

逐渐从父母身边独立，重视朋友关系，渴望集体归属感。独立性变强，开始享受自主决定、计划和行动。能够理解他人对自身行动的看法，对周围的反应评价变得敏感。可能表现出反抗权威的倾向，以及担心无法得到朋友认同的不安感。

•小学四年级：

逐步建立起和谐的人际关系，能够理解和接纳朋友或他人的行动态度。能够运用自身洞察力推测出某些结论。

•小学五年级：

易兴奋，多动，对于有趣的事物好奇心旺盛。有不分情况只顾表达自我意见的倾向。竞争意识增强，言语粗糙，对集体内部的动向敏锐。对大人的不满增多，喜欢批判父母，或产生诸多要求，这一时期大人的耐心尤为重要。

•小学六年级：

女生身体发育迅速，长个子的同时体重增加。男生性意识增强，对于身体的关心变多，需加强性教育。这一阶段的孩子开始树立起自信心和自负感，直觉能力及洞察力增强，更加强烈地渴望集体归属感，会因为脱离集体显得不自在。

孩子说自己没有梦想

同一性（identity）vs. 角色混乱（role diffusion）阶段

这一阶段孩子们会为了建立起自我身份认同而不断努力，而这其实建立在此前阶段积累的成功经验之上。在青少年时期到成年的过渡阶段，孩子们会热衷于拉帮结派，并且经历身份认同危机的考验，这些大多属于正常现象。然而如果没有很好地度过这一阶段，就会面临认知混乱及角色混乱的问题，出现性别认同危机，离家出走，患上精神疾病，甚至走上犯罪道路。

孩子正在读高二，十分叛逆，总是挑衅大人，对于社会、政治问题的主张也显得偏激。我觉得他说的话也有道理，但又担心他太过理想主义。而且事实上他本人的生活态度十分懒散，并不积极，可他自己觉得无所谓。

这一时期的孩子正处于身体急速发育、第二性征和心理发育逐渐成熟的阶段，中学及大学低年级都属于这一阶段。我们回顾自身经历就会发现，大部分人在这一时期都曾因突如其来的身体变化和情绪起伏而陷入混乱及惊慌之中。

在身体方面，这一阶段孩子会突然开始长高，体格也变得健壮起来。同时性激素分泌增多，性功能得以发展，女生月经来潮，男生则开始遗精。工业革命以后，随着人们生活水平的改善，青春期的身体发育也在提前。这就是说，身体及性发育与健康和营养等环境因素息息相关。韩国社会也一样，相比20世纪70年代，20世纪90年代青少年的平均身高整整增长了十多厘米。2010年某项调查结果显示，女生初潮的平均年龄为11.98岁，比她们妈妈一辈提前了2.4年。对这一现象的认识会帮助我们更好地理解孩子们成长过程中的心理问题。

埃里克森认为这一时期十分关键，会决定孩子们是建立起身份认同还是陷入对自身认知的混乱。伴随着身体的急剧变化，性欲增强，他们试图控制自己的超我角色也在不断得以强化。在这之中找寻新的平衡点变得尤为重要。这一阶段孩子们需要理解自己过去的样子，与现在的自我进行比较，预测自己将来的面貌，整合自己的优缺点，建立起自我的统一；同时需要顶住压力不随波逐流，塑造起独特的个人魅力。这一时期如果没有得到正确的发展，孩子们就会经历身份认同危机，同时陷入混乱之中。其主要表现为妄自菲薄，过度否定自身，无视自己优秀的方面，逐渐展现出负面的自我形象。此外，如果不能建立起独特的自我同一性①，就会变得试图迎合他人或顺从环境，无法正确认识自己。

皮亚杰的认知发展理论将12岁至成年这一时期称为**形式运算阶段**（formal operational period）。这一阶段最为显著的特征是，孩子们系统的逻辑思考能力开始得以发展，在解决问题时，能够考虑到所有的变数，预测各因素间的相互关系，同时推论出可能出现的结果。其中最重要的，便是孩子们能够开始建立假说来进行逻辑推演。在此之前，孩子们只会针对具体的问题进行具体的思考，而到了这一阶段，则学会了对某种可能性进行思考。除此以外，这一阶段的孩子还可以进行逻辑推论或抽象思考。例如，一个小学生说自己的梦想是成为科学家，而当被问到为什么以及如何实现梦想时，他可能只会茫然地回答“因为我想啊”“就认真学习啊”。而如果是一个到了形式运算阶段的高中生，则可能会从自身的能力、可能性、职业价值、社会地位以及大学选择等各项具体因素出发进行思考，并预测可能出现的状况。然而出人意料的是，这一本应在形式运算阶段得以充分发展的思考能力在许多成年人身上却有所欠缺。因此检验自己的发展水平也是一件充满价值的事。

青少年时期的另一特征则是过度的自我中心主义。夸大自己的与众不同，相信自己无论遇到什么困难或危险，都一定可以顺利解决（**个人神话**，personal fable）。总觉得所有人都在注视着自己，表现出过于强烈的自我意识（**假想观众**，imaginary audience）。那些做事不顾自身安危，认为自己就是宇宙中心的青少年们便是拥有这种特征的典型代表。

个人神话

即认为自己无比重要和独特，坚信他人根本无法理解自己。认为自己所体验到的情感和爱等都是他人从未体会过的，旁人无从得知。认为死亡、苦痛等都是发生在别人身上的事，自己则不会遭遇这些。

假想观众

即青少年时期普遍会想象有观众在注视着自己，过度在意自己的外貌，或无法原谅小错误，在他人根本留意不到的情况下过度敏感和苦恼。

① 自己能意识到自我与他人相区别而存在，以及自我的连续性和稳定性，亦即个人的内部状态与外部环境的整合和协调一致。——编者注

本节开头案例中的男学生，便正处于建立自我身份认同的过程之中。因此表现出了强烈的自我中心主义，对老一辈的“堕落”嗤之以鼻，认为自己的理想高尚而纯洁，世界会按照自己的想法发展。这种一边怀抱着积极的理想，一边表现得懒散堕落的状态，便是他还没有实现自我身份认同，自身各个方面尚未得到统一造成的。这位学生今后可能会在不断地试错之后找到平衡点，实现良好的自我整合，获得正确的自我认知。而一旦失败，则可能展现出负面的形象，陷入像现在这样前后矛盾的混乱当中。

006

畏惧亲密关系

▸▸▸▸ **亲密感（intimacy）vs. 自我陶醉（self-absorption）或孤独感（isolation）阶段**

这一阶段工作和情感生活是，最大的人生课题。亲密感是通过接纳他人的不足和缺点，不断地牺牲妥协，在维持稳定持久关系的过程之中建立起来的。与此相反，如果没有和恋人、朋友等人共同生活，人就会沉浸在自己的世界里，陷入巨大的孤独之中。

我是一名30岁出头的公司职员。父母整天催我结婚，但我自己其实觉得一个人生活很舒服。对我来说恋爱关系很难持久，而为他人付出和让步是一件非常消耗自身精力的事情，因此每段恋情总是不能超过3个月。但是最近看着身边朋友们一个个都结婚了，又开始觉得自己落后于人。是不是真的必须得结婚呢，真的很苦恼。

这一阶段我们走出了校园，正式步入社会，开始发挥自身所长创造价值了。在这个过程中，我们会遇到各种各样的人，建立起不同的人际关系，而究竟需要与他人建立起多么深刻广阔的关系，却完全取决于每个人自身。这些人际关系可能会给我们的生活带来一些好处，但也需要我们为此付出许多努力。

埃里克森认为培养亲密感是这一阶段的重要任务。我们需要和恋人、朋友或配偶等人构建起深刻的关系，找寻与他人之间的连接，否则就会陷入空虚和孤独之中。要培养起亲密感，就需要承认和接纳对方与自己的不同，学会让步和照顾对方。如果不主动付出努力，只是被动地等待他人靠近自己，不积极与对方沟通交流，便很难拥有深刻的关系。学生时代我们都在相似的环境中学习，很难觉察出个体之间的差异，觉得大家都是同一类人。因此长大后我们总是会很怀念学生时代简单而坚固的友谊。成年之后，我们逐渐展现出不同个体之间的差异，彼此喜欢的东西不同，价值观不同，开始思考自己究竟是一个什么样的人。这样的两个成年人之间可能彼此契合，也可能互相冲突，因而会建立起各式各样的关系。

无论多么喜欢的朋友，无论多么深爱的恋人，时间久了难免产生争执和矛盾。

是索性结束这段关系，还是付出努力将关系维持下去？我们总会站在这样的分岔路口。与他人建立起良好的关系并不是一件容易的事情，需要不断做出牺牲和让步才能缩小彼此之间的距离，从而最大限度地理解对方。然而这样的牺牲绝不应是单方面的，双方需要一起努力才能维系健康长久的关系。在要求对方理解自己、照顾自己的过程中需要做出一定程度的妥协，而这的确相当消耗人的耐心和精力。那些觉得这个过程太麻烦，且认为为他人付出精力是一种浪费，从而选择结束关系的人，最终也会因为身边没有值得信赖和依靠的人而陷入孤独。

人生是一个持续的过程。每个发展阶段，我们所面临的课题都建立在上一阶段所获结果的基础之上。因此，如果想要在这一阶段培养起有深度的亲密感，所需前提就是我们很好地完成了前一阶段的发展任务。只有在青少年时期建立起良好的自我身份认同，才能够在与他人的冲突中找到妥协之处，从而拥有获得亲密关系的可能性。同样，如果在这一时期没有完成相应的发展任务，我们也就很难在此后的阶段中活出有创造性的灿烂人生。

弗洛伊德认为，只有那些有工作能力并且懂得去爱的人，才真正称得上是健全的人。这就是说，只有在与他人建立起良好的亲密关系，并从事有意义的工作时，我们的人生才能够称得上有价值。不妨检视一下自己身边的各类关系，看看他们是否具有深度，在不断努力深化这些关系的过程中，我们自身也会变得更加成熟。

一把年纪了却一事无成，我觉得压力很大

繁殖（generativity）vs. 停滞（stagnation）阶段

繁殖并不单指生育子女，还包含了引导后代、促进社会发展等方面。不关心下一代的成年人只会专注于自身，执着于与自己建立起亲密关系，却很难从中体验到真正的亲密感，沉浸在自己的世界里，像一座孤岛，体会不到发展和前进的意义。①

不知不觉已经过了40岁。工作不如愿，没有积蓄，结婚更是连想都不敢想的事情。也不知道自己怎么就沦落到了这个地步。觉得自己已经很努力地生活了，回头看才发现没有一件真正做成的事情。见朋友觉得丢脸，也无法参加聚会。最害怕过年过节亲朋好友询问我做什么工作、什么时候结婚这些事情。

20至30岁是在工作和感情中培养起亲密感，避免人生陷入孤独的关键时期。这个阶段我们会与异性建立起稳固的关系，并期待这段关系开花结果；同时会为了今后的人生不断训练自己的职业能力，努力培养与同事间的深厚关系。良好完成这两项任务的人才不会在年过四十之后感到迷茫，并且心中拥有两份笃定。一份是自己会为了深爱的朋友、家人不断努力，另一份则是充满实现自我价值的热情，从而能够很好地参与职业和社会活动。

因此，埃里克森将40至65岁这一时期定义为繁殖的时期。因为这一阶段的我们无论是在职场还是在家庭生活中，都是最为活跃和有创造力的。看着子女们一天天长大，心里觉得无比满足，同时会感受到更加重大的责任。成为父母之后，人们会拼命工作，照顾子女，为了构建起安稳幸福的家庭而不断努力。除了家庭生活，我们在工作中也会创造出许多有价值的事。这是因为到了这个阶段我们已经非常熟悉自己从事的工作，并且积累起了许多经验，创造力因此达到了顶峰。伴随着劳动价

① 即所谓的停滞。——译者注

值的不断提升，职场地位提高，收入也会持续增多。因此人会变得更为自信，曾经梦想过的生活慢慢照进了现实。而在工作以外的其他社会关系中，繁殖性也会达到顶峰。通过工作认识的人不断增多，和邻居、子女朋友的父母都会产生交流并变得亲密起来。同时，同好会和公益组织也会帮助我们进一步拓展人际关系。因此这一时期是我们不断创造价值，进行生产性活动最为活跃的一个阶段。

然而，这一时期如果没有很好地发挥生产创造性[①]，人就会陷入停滞颓废的状态。首先，如果家庭生活不够和睦，子女没有顺利成长，就会给人带来某种缺失感。索性放弃生育子女也会有所烦恼；孩子没有健康成长心里自然会很沉重；而如果子女太过让人操心，人生同样会格外辛苦。再来，如果和另一半或公婆家、岳父母家产生矛盾，生活也会陷入困顿之中。这些问题会导致我们丢失活力与激情，甚至丧失人生目标。职场上也是如此，许多证据表明缺乏繁殖能力的人常常落后于他人。而当我们没能顺利升职、事业不稳定、收入没有到达预期目标时，经济生产活动便会停摆，社会生活也会随之陷入孤立状态。这时便可能责怪自己一事无成，因为自己的处境感到丢脸并抗拒和他人接触。没有可去的地方，没有能见的人，甚至没有值得做的事情，只有虚无感越缠越紧，逐渐也就被这个世界遗忘了。

更严重地，如果在这一时期既没有工作也没有组建家庭，就可能沦落为所谓的“**隐蔽青年**”。状态颓废，深陷在自己的世界中走不出来，只知道啃老或依赖网络和游戏颓废度日。

> **隐蔽青年**
> 日语称为“Hikikomori”，指的是那些无法离开自己的家或房间等特定空间生存的人和现象。

即使不到这么严重的地步，我们身边陷入颓废人生的中年人也比想象中多出许多。有的人为了子女奉献半生，却没有获得相应的回报。孩子们一旦到了中学阶段，就会变得不再那么依靠妈妈，反而觉得妈妈碍事，而对于爸爸则更是看都懒得看一眼。而此时夫妻之间也正好到了倦怠期，会出现许许多多的矛盾。例如妻子渐渐将丈夫视为赚钱的机器，同时觉得丈夫对自己的关心疼爱不如从前，因此感到失落和空虚。工作中同样如此。一方面

① 原文为“发挥繁殖性”，此处采取了意译的方式。——译者注

庆幸自己没被解雇，还有事情可以做，另一方面又觉得乏味厌倦。此时许多人表面上看起来好像还在进行一些生产活动，事实上内心已经陷入了停滞。

对于那些处在繁殖和停滞交叉路口的人来说，只需要迈出一小步，状况就会有所改变。没有人会希望自己的人生陷入颓废。因此要认识到任何时候都不算太晚，还可以迎头赶上，回到起点去反省自己的人生。既然因为缺乏繁殖能力，人生逐渐走入困境，那么从现在起就要慢慢培养起这一能力。为此我们首先需要回到上一阶段的发展中，解决好有关“亲密”的问题。多多出门走动，增加与他人的沟通交流，时时问候老朋友，约朋友见面玩耍，等等。如果能够从中体会到乐趣，频繁与他人往来，就会从中获得新的体验，学习到新的东西，听到许许多多新的故事。而这其中一定会有引发我们关心的部分，对其持续保持关注就可能找到适合自身的解决方式。这便是因为，我们的生产创造能力从根本上来源于亲密感。

同时，亲密感还能使我们免于孤独，跟熟悉的朋友一起搭建友谊，未婚者也可能寻到适合彼此的伴侣。步入爱河并结婚，人生的可能性就会得到延展，变得充满创造力。另外，在和他人沟通交流时，也会看到对方眼中折射出的自己，促使我们进一步完善自我，为弥补自身的不足而努力。总之，亲密感的建立是培养繁殖能力的第一步。

至于一直以来都努力生活、到了中年却陷入了颓废状态的情况，也可以通过生产性活动来解决，可以做的事情有很多，例如学习新东西、见老朋友等。不要因为害怕麻烦而总是借口自己很忙，要多参加定期举办的聚会活动，可以从中再次感受到年轻时的活力与乐趣。坚持运动同样重要，减掉几斤体重或拥有肌肉都会让内心变得充实。此外，还可以拥有一些当下就能获得成果的爱好。例如做手工家具、针线活儿，或绣十字绣等。想要让头脑保持清醒，学习也是必要的。人到中年，对世界和人生有了更多的认知，在这个时期读书，会产生许多新鲜的感受和体会。人们可以怀抱着学习的心态去读书，也可以试着读读古典作品，或一些深刻难懂的书籍。最后，做志愿活动也是一个不错的选择，会给我们带来精神上的健康感和满足感。

在试行以上生产性活动时，需要克服的最大问题便是时常出现的挫败感及自身的悲观心态。见了一些朋友发现与自己不投契于是马上放弃；想着“这个朋友在上班应该很忙”“那个朋友结了婚要照顾孩子肯定没时间”，于是索性懒得联系；开始运动或培养一些爱好时，不踏实努力只知道抱怨自己年纪大了很难有所长进；反正书读了也记不住，干脆抱着电视节目不撒手；旁人劝说去参加社会或志愿活动时，又觉得连自己都管不好如何兼济天下。诸如此类的心态就是我们陷入了颓废停滞的证据，一定要努力克服。

人生在世百年往来，中年过后，生命很快就会走向尽头。无论我们是否成就了什么，有所作为总好过一生庸碌。这个时期一定要从老套的日常中抽身出来，创造出新鲜有意思的活动。

希望不后悔，为人生完美作结

自我整合（integrity）vs. 绝望感（despair）阶段

自我整合主要是指接纳自己的人生，认可一生的创造性和价值，怀念那些对我们重要的人，并从中获得满足感。顺利完成自我整合的人能在生命轮回中找到自己的归宿，坦然面对死亡。反之就会失去希望，畏惧死亡，因此陷入绝望。

要接受自己上了年纪这件事真的不容易。人变得容易疲惫，浑身疼痛，猛然看见镜子中的自己觉得很丑。没人理睬，也没什么成就，为过去的人生感到后悔。听到朋友去世的消息会陷入虚无，死亡已经不再是别人的事情了，心里感到害怕。需要用怎样的心态来接纳现状呢？

大部分人都认为上了年纪是件不好的事情。电影《奇怪的她》中问道："提起'老人'大家会想到什么呢？"学生们纷纷回答"皱纹""黑斑""有股味道""脸皮厚""行动迟缓""让人郁闷""没眼力见儿"，无一不是负面的描述。身边也常有人说，我不怕死，但害怕变老。周边的环境更是不断给人们洗脑，例如鼓吹必须使用化妆品、保健品和药品，甚至利用整形手术来抵抗衰老。

然而衰老是人生的一个必经过程，且不是完全负面的。例如在细胞毒性实验中我们就会发现，年轻细胞面对刺激虽然反应强烈，但很快就会死去，而衰老的细胞尽管反应迟钝，却最终存活了下来。再来，在将有毒物质投入动物体内比较各组织损伤程度的实验中，我们也能发现，年老动物的组织受损程度会轻微许多。这些实验带给我们的一个启发是，衰老并不就意味着走向死亡，它只是生命体为了存活下来不断适应和斗争的一个阶段而已。

年纪大了，并不代表就应该感到自卑和被恶意攻击。例如我们一直以来都强调的尊敬老人，并不是因为上了年纪就应该无条件享受尊重，而是因为年长者通常拥有更为丰富的人生经验，更加智慧、理性、慎重且充满判断力。20岁并不比10岁更优越，60岁也不应在20岁面前感到自卑。一位僧人曾在文章《变老的好处》中写道，年纪越大越能够活得轻松，负担感变少，渐渐领略到别样的人生风景，甚至可以根据过往经验预料到还没发生的状况，所以上了年纪其实是有诸多这样的优点的。人生的目标不同，获得的好处也不尽相同。

人的一生，喜忧参半，发生过很多好事，也充满了不好的回忆。寥寥数语难以概括人的一生。然而，如果自己大半辈子的成就能够为子孙后代带来某些帮助，就会从中获得满足感，觉得人生是有价值的，自己没有虚度光阴。同时，我们需要更加了解自己的祖辈父辈，去看一看他们的一生是如何生活的，在这个过程中学会接纳自己，在生命的轮回中找寻自己的归宿。我们需要多想一想那些对我们来说重要的人，并且肯定自身的价值。经过了这个过程，人就完成了自我整合，可以平和地面对即将到来的死亡了。如果没有很好地完成自我整合或接纳自己的人生，人就可能变得厌世且绝望。

老年阶段的自我整合建立在此前人生阶段健康发展的基础之上。青年时期没有完成自我同一性的人在成年之后就很难再培养起亲密感，从而实现有创造性的人生。因而他们也会在年迈之后感到自己一无所获，人生虚无，更加无法很好地完成自我整合。

本节开头的主人公便是处在这样的混乱之中。在这个阶段需要好好回顾自己的一生，多认可自己的成就和收获，看看自己如何在这艰难的世上一边养育子女守护家庭，一边在某个领域创造价值获得社会的认可。面对这样的一生不应当感到羞愧，尤其是将子女抚养成人的这个过程，实属不易。我们的生命并不会就此结束，早在很久之前就开始延续给了下一代，生生不息。

家庭心理百科

从早晨起床到晚上睡觉之前，一天之中我们会遇见各种各样的人，并与他们产生各种各样的联系。我们不仅是某人的另一半，也是孩子的父母，在父母面前又是子女，在工作时则充当着职员和同事的身份。我们就像演员一样在不同的人生舞台上扮演着不同的角色，能够完美消化这些角色的人却少之又少。一位模范员工可能是一位不称职的爸爸，深爱丈夫的妻子又可能和公婆处不好关系。人生中充满众多的复杂关系，总是有一些使我们陷入苦恼。

此外，我们可能还会怀抱许多不为人知的烦恼生活着。例如在成长过程中没有得到治愈的心理创伤，对于自身性格或能力的质疑，或是一些无法对他人诉说的心理问题。人生是一本厚厚的书，记载着属于每个人自己的故事。

遇到问题时，我们难免感到困惑，正所谓“当局者迷，旁观者清”。就像手中握着一个缠绕在一起的线团，不知道从何下手去将它解开。在这样混乱的情形中，心理学书籍就是能够帮助我们找寻方向的指南针。

本书第 2 部分将讨论一些常见的心理问题。就像盲人使用拐杖一样，我们会从弗洛伊德的精神分析理论出发，结合时下最新的脑科学知识，为大家分析问题，提供实用的解决方案。

人在一生扮演的各种角色，被人格心理学理论的创始人 C. 荣格（C. Jung）称为人格面具。他认为我们虽然戴着面具往返于各个不同的舞台，但假如完全沉浸于某个角色，而忽略自己的其他身份，则难以活出成功的人生。没有人的一生是完美的，但我们需要找到人生的平衡，在维持好与他人各类外在关系的同时关注自己的内心，慢慢变得成熟。

第 1 章

亲子关系问题

001

真没想到养孩子如此辛苦

我是一个男孩的妈妈，孩子现在100天大。虽然从前也常听人说生养孩子不容易，但真正做了妈妈之后才发现，真不是一般的辛苦。不知道是不是第一次生养孩子的缘故，我有时不知该如何是好，询问大家，听到的说法也并不一致。婆婆觉得我就带一个孩子还表现得这么手足无措，丈夫又不怎么帮忙。现在我有些后悔，不知道是不是自己还没有做好当妈妈的准备。

似乎天底下从来没有一位妈妈觉得生养孩子很容易。且不说十月怀胎的艰辛，孩子出生之后许多妈妈都说恨不得将孩子塞回肚子里去，辛苦程度可见一斑。妈妈们时常一方面觉得刚出生嗷嗷待哺的孩子特别可爱，另一方面又感到无比辛苦和茫然。

如果人类的幼崽也能像别的动物那样，出生不久就可以行走并独立捕食，育儿这件事情就不会这么辛苦了。人类为了生存选择了直立行走，也拥有了更为发达的大脑，却导致妈妈们的骨盆变形、产道变窄，而人类的头越来越大，这为生产带来了很大困难。为了解决这一问题，妈妈们会在孩子的头部发育得更大之前将他们带到这个世界，其实这个时候孩子们尚未完全发育成熟。因此为了照顾没能足够发育的小孩，父母们需要付出更多的时间和精力。

作为哺乳动物，男人和女人对待育儿的态度有着本质的区别。首先，在生孩子这件事情上，女人就需要比男人倾注更多时间和努力。男人基本在射精之后就算完成了自己的工作，女人却要辛苦怀胎十月且最终经历无比痛苦的分娩过程。同时哺乳动物有一个共同特征，那就是对于雌性来说，孩子是自己辛辛苦苦生下的，因此对于孩子“是我的”这件事情的实际感受更真切，感情更强烈，雄性有时却并不如此。再加上受分娩前后产生的多巴胺和催产素等激素影响，妈妈们会从生理上变得更爱自己的孩子。种种原因导致育儿的责任主要落在了妈妈身上。

妈妈们对于孩子的爱是始终如一的。妈妈当然有责任抚养孩子，但还是会希望获得身边人的鼓励和肯定。尤其是面对第一个孩子时，妈妈们总是期待很高，也很想做好。但如果没有家人的帮助，需要独自照顾孩子，或孩子经常生病，爱哭爱闹，妈妈们就会更加辛苦。此外，妈妈们在生完孩子后的很长一段时间内都不能工作，也可能在事业发展的关键时期因怀孕生产而使事业受挫，一边工作一边照顾孩子的妈妈也会因为需要兼顾两种身份而承受巨大压力，认为自己没能全力照顾好孩子并感到自责和愧疚。本身不够独立、自卑感重、常推卸责任的女性尤其会感到痛苦。严重时，妈妈们还可能患上产后抑郁症。

想要摆脱这些痛苦，就需要做好几点基本的心理建设。

首先，养孩子时不必过分追求完美。精神分析学者D.温尼科特（D. Winnicott）曾提出“足够好的妈妈”这一概念，告诉我们照顾孩子时不必做到百分百完美。没有缺点的理想妈妈会使孩子失去经受挫折的机会，他们长大后反而可能陷入更大的生存困境。

其次，育儿时妈妈们的自信心极为重要。新手妈妈很难一开始就做得很好，应该在错误中不断得到成长，孩子们也是这样长大的。比起因为太过渴望做好而表现出不安，做得不够好但仍坚持学习的妈妈反而能带给孩子更多安全感。

最后，照顾孩子的事情不应全由妈妈承担。爸爸们也应当参与到育儿工作中，同时还可以依靠双方的父母，或请求亲朋好友和邻居提供帮助，当然也可以雇用保姆。儿童心理学家M.布鲁奎斯特（M. Bloomquist）提出了以下10个减轻育儿负担的具体方法。

- 尝试用各种方法缓解紧张感。
- 适当从子女和家庭中脱离出来，拥有只属于自己的时间。
- 拥有只属于夫妻二人的时间。
- 寻求社会帮助。
- 计划旅行或出门用餐。
- 培养有利于健康的习惯。

- 利用各种方式有效地解决具体问题。
- 尽可能准确合理地思考问题。
- 学习调节愤怒的方法。
- 拥有和子女一起度过的亲子时间。

不同的父母在养育孩子时都有自己不同的方法技巧，熟练之后也就容易多了。因为生疏而导致的各种失误反而会给育儿带来正面影响。爷爷奶奶们或许能够更加熟练地应对各种育儿突发情况，但新手父母们能够在解决问题的过程中更加仔细地观察孩子，孩子们也会为了更好地表达自己的诉求不断发挥主观能动性。

在遇到不懂的问题时可以询问家人或身边有经验的朋友，也可以上网搜索或查阅相关书籍，参加妈妈们的各种聚会活动一起讨论分享。“应当如何育儿”这个问题是没有标准答案的，可以多多听取他人的建议，同时相信自己的育儿方式。“我今天为孩子做得很好!”妈妈们可以像这样多多称赞和激励自己。

尽管妈妈们为了养育孩子倾尽了全力，孩子的成长却可能不尽如人意。妈妈们便会因此受挫，对自己的育儿方式产生怀疑。同时为了挽救这样的状况，妈妈们会采取一些措施，而这些措施往往会给自己与孩子间带来矛盾。儿童心理学家R.伯克利（R. Berkley）认为，如果遇到这样的问题，妈妈们可以回想一下自己过去的人际关系状况。尤其是可以从曾经一起共事的上司中，分别选出自己喜欢和讨厌的人，思考他们的特征，想想自己当时有怎样的心情感受，然后就会明白，那样对待孩子的自己，就和那些讨厌的上司是一样的，而孩子现在的心情感受也与当时自己的感受并无差异。

在养育孩子的过程中，父母也在一同成长。要怀抱着为了孩子可以牺牲一切的心情，默默忍受和克服所有的痛苦。这些痛苦最终会化作宝贵的财富，使父母们变得更加成熟。

职场、育儿、家务：妈妈们的不能承受之重

早上慌慌张张把孩子送去幼儿园后自己去上班，忙碌一整天，一下班就去接孩子，回到家看到家里还是一团乱。既要准备晚餐又要照顾孩子，丈夫却又说要晚归，真是快疯了。

最近妈妈们经受的又一考验是育儿和工作的并行问题。这其中最使妈妈们感到痛苦的事情则是做家务。随着传统大家族的消失，需要照顾的家庭成员急剧减少，加之各种家务神器层出不穷，家务方面的负担的确已经有所减少。然而与此同时，人们的生活标准也变高了。每天都要穿干净的衣服，生活环境要保持整洁，每顿饭都要可口。这样下来实际需要做的家务并没有真正减少，有时辛辛苦苦干完也不一定能得到称赞。

经历文化过渡期的韩国更是有自己特殊的情况。爸爸们会觉得做家务显得不够男人，即使有的人主观上并不这样认为，但韩国的职场文化确实给男人参与育儿和分担家务带来了很大的困难。在韩国，公司加班是常态，而下班后聚餐更是频繁。如果开口说今天家里有事需要早点回家，上司和同事还会给自己脸色看。

这最终导致妈妈们不得不过度牺牲和付出。孩子将来没有获得成功是妈妈的责任；无论事业上多么成功，孩子没有很好地成长，那么妈妈就可能沦为罪人。书店里堆满了育儿指南书，社会要求妈妈们为了孩子随时待命牺牲自己；妈妈们也热爱收听育儿相关的影音节目，且从不缺席任何一次家长聚会。也曾有实验证明韩国的妈妈们育儿热情更加强烈。相较于美国妈妈，比起自己获得某些好处，韩国妈妈们在孩子取得高分时更能体会到满足和补偿感。

就目前的状况来看，妈妈们急需获得帮助。在危地马拉实行的一项分娩研究中，研究人员分别观察独自前来经历阵痛和分娩的产妇以及全程有家人陪护的产妇。结果发现，得到帮助的产妇经历的阵痛时间更短，分娩后状态更佳，于是也就更能安抚孩子，微笑着逗孩子开心。身边有人陪伴照顾时，妈妈们心里更加舒适，孩子也会因此更加幸福。

丈夫应该首先给妈妈们提供帮助。孩子身上一半的基因来源于爸爸，因此爸爸们在养育孩子这件事上也应该付出相应的责任。对孩子付出过少，甚至怀疑孩子可能不是自己亲生的，这在现代文化和现代医学的层面上并不占理。无论怎么说，育儿和家事必须由夫妻双方共同承担。▶（参考“作为男人我还得操心养孩子的事吗”一节。）

在和丈夫分配家务时要讲究技巧。盲目地抱怨自己辛苦并不能有效解决问题，反而可能伤害彼此的感情。

第一，要客观明确地看待当前遇到的问题。是事情太多时间不够？还是希望有人帮助自己？或是遇到了用钱解决不了的问题？要对此进行一一整理。接着要计算自己每天投入在每件事情上的精力，看看工作和家务各需要花费多少时间才能处理完，将花在孩子和自己身上的时间成本记录下来。这样就能一眼看出，究竟在哪些部分付出的时间不够多。例如睡眠时间不足，哪怕是在周末晚上也应该拜托丈夫帮忙照顾照顾孩子，使自己能放下一切去补充睡眠。

第二，理清了问题所在，接下来就需要按照重要程度给自己手中的事情排序。家务事、工作、陪伴孩子、提升自我、休息。要想清楚这些事情的先后顺序，什么才是自己必须做的。如果认为陪伴孩子才是首要的，那么即使没有很好地完成工作和家务事，也不必感到不安。▶（参考“孩子总是咬指甲”一节。）

第三，给丈夫分配任务时，要多将男人擅长的事情交给他们，这样才能提升效率。男人们重视目标，如果看不到事情的必要性和成果就无法产生做事的动力。因此他们会对女人整天闲聊感到不耐烦。他们希望自己占据主导地位，如果事情从头到尾都在自己的计划和掌控之中，男人们就会充满干劲。相反，男人们很难理解孩子们的需求，对待育儿这个陌生领域更是提不起兴趣。因此在分配任务时，与其让男人们承担家务事，不如安排他们带孩子去公园玩耍。如果要吩咐他们做家务，就需要划定好具体的范围，让他们自己安排如何完成。要多多称赞丈夫，告诉他“多亏了你带孩子去公园玩，我才能把堆着的事情全部解决了，谢谢你”，让他们知道自己为解决问题提供了很大帮助，从中获得成就感和满足。

第四，不要过于绝对地对半分配任务。“衣服是我洗的，卫生当然就该由你来打扫，这样才公平”，说这样的话只会引起争吵，计较究竟谁更辛苦。在共同作业时，时常需要抱着我多做一点，让对方轻松一点的念头，才能真正算得上某种公平。“在育儿和家务上，丈夫已经算是帮了很多的忙”，拥有这样的心态才能找到双方协商的平衡点。丈夫们同样如此。要知道尽管自己已经提供了很多的帮助，但最辛苦的仍是妻子。

第五，妈妈们不仅可以依靠丈夫，还可以请求双方父母、兄弟姐妹、朋友和邻居帮助。实在不行还可以雇用保姆帮忙。需要再次强调的是，唯有妈妈们感到舒适，孩子才会变得更加幸福。但是，无论是丈夫还是父母，他人永远无法百分之百体谅自己，因此需要明确地提出请求。“妈妈，我今晚要加班，老金也说要很晚才到家，晚上能不能帮我照顾下孩子？周末请妈妈吃好吃的！”类似这样合理的请求，通常都能被他人接受。

最后，在做到上述5点之后还是有不满意的地方，那就不应该再去逼迫自己了。为了孩子，为了家务，硬生生挤出时间，最后只会被过度的责任纠缠住。这个时候比起家务事，放空自己，拥有即使短暂却完全属于自己的时间才是最重要的。

作为男人我还得操心养孩子的事吗

大家都知道如今男人有多辛苦吧。工作忙得不行，还得看上司眼色，真的是筋疲力尽。结果下班回到家，老婆还怨声载道，让我帮忙照顾孩子。休息的时候想见见朋友吧，就生气质问我不陪孩子上哪儿去。我已经这么辛苦了，还得负责照顾孩子吗？

男人们在外面工作完回家后感到疲惫是自然的，通常就只想躺平休息了。因此当听到妻子让自己照顾孩子时，就会感到非常痛苦。有时候甚至觉得妻子的语气听起来就像自己是在外面玩耍一天之后才回家一样，心里会觉得有点受伤。

照顾孩子对男人们来说普遍很陌生。男人倾向于认为这是女性的责任，也是女性擅长的事情。男人们之所以会有这样的想法，的确存在一些生理学方面的原因。人类女性每月排卵一次，且在怀孕和哺乳期间不能来月经，因此一生能够繁殖的胎儿数量是极为有限的。所以妈妈们总是对自己的孩子格外重视，照顾起来也格外仔细。相反，男人们可以不受限制地在许多地方射精，繁殖起来更为方便。再加上并没有直接经历怀孕生子的过程，有时候他们甚至可能怀疑孩子是否是自己亲生的。这被我们称为“父子关系不确定性”。英语里面有着这样一句玩笑话，“mother's baby, father's maybe”（妈妈的宝贝，爸爸的或许）。因此从根源上来看，相对来说，爸爸们可能对自己的孩子没那么上心。

男人们对于育儿感到陌生的原因，还可以从心理学和社会学的角度来找。从本质上来看，男女婚姻关系事实上是童年情感模式的重复。男人们会像依赖妈妈一样依赖妻子。例如在照顾孩子时，他们通常会感到不知所措，期待妻子帮自己解决问题，就像童年时总是依赖妈妈那样。爸爸们在成长过程中就时常被灌输“男人在外面赚钱就行了，女人应该做好家务和照顾好孩子”的理念，这也是男人们不能很好地照顾孩子的原因之一。

然而在孩子的成长过程中，父亲这一角色极为重要，爸爸们应该尽早参与其中。受到父母双方的重视和照顾时，孩子通常充满自信且有能力，只受到父母一方重视和照顾的孩子，则可能不会良好地成长，而完全没有获得父母之爱的孩子，自卑心理最为严重。“**父亲效应**”（father effect）这一单词为我们强调了爸爸这一角色对于孩子成长的影响力。亲切，不吝称赞，总是在旁边帮助孩子的爸爸会使孩子的智力及语言能力得到更好的发展。这是因为在和爸爸的互动中，孩子的左脑得到了锻炼，逻辑和理性思维也有所增强。牛津大学曾将1958年出生的17 000名小孩作为实验对象进行了长达33年的追踪研究，最终发现年幼时与父亲相处时间更多的人在学生时代表现出了更强的上进心，社交能力更为突出，长大成人之后组建幸福家庭的概率也更高。

父亲效应

美国加利福尼亚大学心理学教授R.帕克（R. Parke）提出的概念，指在孩子的成长过程中，父亲的角色给孩子带来的影响与母亲是不同的。

因此，爸爸们在育儿问题上需要做好以下几点心理建设：

第一，父亲这一角色对于子女来说是极为重要的。孩子需要与父母双方互动，均衡体验父母不同角色带来的影响，才能在成长过程中同时构建起健康的女人属性和男人属性。

第二，需要转变育儿观念。所谓育儿，并不仅仅是喂孩子吃饭、给孩子穿衣、哄孩子睡觉这么简单的事情，还包含了安慰孩子、给孩子读书、陪孩子玩耍、教导他们成长等所有内容。爸爸在给孩子换尿布、帮孩子洗澡、跟孩子一起玩耍时，会通过肢体接触传递给孩子亲密感和安全感。

第三，要认识到关系都是需要培养的。即使是与自己血脉相承的子女，如果没有很好地关心照顾他们，最终也只会渐行渐远。而当关系一旦变得陌生之后，再试图拉近彼此的距离就显得十分困难了。

爸爸们要对照顾孩子这件事情抱有信心。妈妈们也很难从一开始就做得很好。照顾孩子时间久了，慢慢掌握了技巧，也就变得容易些了。事实上在一些涉及身体接触的游戏上，孩子们更喜欢和爸爸一起玩耍。尤其是男孩，他们常认为爸爸是自己最好的玩伴。

有的时候，爸爸们过度苦恼究竟应该如何跟孩子一起玩耍，结果导致这件事情变得十分辛苦。跟孩子一起玩游戏时，是应该适当地输给他们还是应该全力以赴？爸爸们常对此感到为难。这种时候就需要给孩子做好榜样。例如，孩子每次玩游戏输了就会发脾气。这时爸爸不必刻意输给孩子，而是应该默默跟孩子一起玩耍，然后在那些他们渐渐输掉却没有生气的时刻给予称赞。这就是说，我们不需要在所有事情上迎合孩子，而应该通过维持大人的形象，让孩子自己去学习和进步。

要让爸爸参与育儿活动，妈妈扮演的角色也十分重要。如果认为爸爸和妈妈需要承担同等分量的育儿责任，可能只会伤害彼此的感情。妈妈如果是全职主妇，便需要承认自己才是照顾孩子的第一责任人。一味埋怨丈夫不知道自己在家多么辛苦的话，就和丈夫声称自己工作太累凭什么还要照顾孩子的逻辑没有区别。如果想要一起育儿，就应该懂得对下班后帮助自己照顾孩子的丈夫表达感谢之情。当然如果是双职工夫妇，就需要协商家务和照顾孩子的事情如何分配，找寻双方都能接受的平衡点。

再者，妈妈们应当大胆地将孩子交给爸爸照顾。似乎一开始总会担心爸爸“抱不稳孩子把他们摔到地上怎么办”，但如果不放手让他们去做的话，爸爸们就永远无法获得照顾孩子的方法和经验。在爸爸陪孩子一起玩耍时，一定要毫无保留地称赞他们。不要怨声载道，也不要对每件事都指手画脚，例如指责他们把孩子弄哭了，或是质问为什么孩子一身弄得这么脏。

同时，比起给爸爸们吩咐任务，让他们变得自发地想要照顾孩子才是最重要的。拿出一天的时间，把孩子完全交给丈夫吧。照顾孩子具体需要做些什么，有多么辛苦，这些都需要爸爸们亲自体验一次。这之后他们就会慢慢懂得在什么时候自己该做什么了。

最后，夫妻双方都应该认识到，在孩子的某些成长阶段中，爸爸的角色是必不可少的。尤其是在4岁前后的恋母情结阶段，以及孩子尝试脱离与母亲的矛盾关系，作为男人或女人的个体平等看待自己与妈妈，建立自我身份认同的青少年阶段，父亲的角色尤为重要。无论多么忙碌，在这两个时期，爸爸们都应该积极抽出时间来关心和陪伴子女。

小贴士

男性和女性究竟有着怎样的区别

男性通常认为女性会为自己坚毅冷酷的性格感到着迷。然而曾有心理学实验推翻了这一想法。心理学家P. La. 塞拉（P. La. Cerra）将240名女性作为实验对象，给她们展示多张男性的照片，让他们选出其中自己最有好感的一张。结果发现女性们选择得最多的是“用温暖的表情望向孩子的男人”的照片。相反，照片中将哭泣的孩子放在一旁置之不理的男人最不受女性欢迎。不得不说，男性依靠身体力量支配世界的时代已经远远过去了。

有趣的是，将男性作为对象进行同样的实验，却得出了完全不同的结果。男人们大多对女性与孩子间的肢体接触毫不关心，一心只喜爱年轻漂亮的女性。

004

无法将孩子托付给他人照顾

工作太忙，孩子两岁的时候就被送去了托儿所。有时候下班晚，妈妈会过来帮我接孩子回家。我和孩子相处的时间太少了，久而久之发现孩子跟我也不亲近，开口说话也很晚，让我很担心。

妈妈们忙着上班，无法全职照顾孩子，这种情况是很常见的。这时妈妈们就会担心自己没有给孩子提供成长所需的必要条件。而如果将孩子托付给他人照顾，又会产生种种顾虑。例如会不会给孩子带来不好的影响？孩子的营养和卫生问题有没有得到保障？有没有哪里不舒服？生病的时候是否得到了良好的照顾？又或是担心孩子走路、说话、控制大小便的能力没有得到及时发展，在阅读、书写、计算等方面落后于他人；也害怕孩子的性情发展出现问题，将来无法处理好人际关系甚至出现社交障碍；等等。当然，不仅是妈妈，爸爸们也会产生这样的担忧。

具有完美主义倾向的妈妈们尤其会产生这样的担忧。她们难以信赖他人，因此即使将孩子托付出去，也总是放心不下，需要时时确认和检查。结果导致自己身上的责任越来越大，人生越来越辛苦。（参考“职场、育儿、家务：妈妈们的不能承受之重”一节。）

同时，将孩子交给他人照顾还会使妈妈们陷入自责。通常自尊感越低的妈妈自责感越是强烈。她们无法意识到是客观状况导致了自己无法亲自照顾孩子，反将全部责任归结于自身。孩子生病或做错了事时，她们也会觉得一切都是自己的错。这也会给妈妈们的工作带来不好的影响，使她们无法圆满完成业务。其结果就是妈妈们觉得自己育儿和工作两头都没抓好，自责感越发严重，最终陷入抑郁。

自身幼年时的成长经历也会对妈妈们的养育方式造成影响。小的时候妈妈因为工作没能亲自照顾自己，或与妈妈关系疏离的女性，长大后就可能对生养孩子的事情兴趣寥寥。她们很多时候会陷入**矛盾心理**（ambivalence）。一边嘴上说着都是自己的责任，应该认真照顾孩子，一边又表现得十分冷漠。事实上，英国曾以怀孕的女性为对象进行过一项调查研究，分析她们与自身父母的依恋关系，随后比较她们在分娩育儿过程中的表现，发现她们与子女的依恋关系跟她们自己小时候与父母的依恋关系的相似度高达70%。这就是说，女性们对自己父母的依恋程度很大概率上决定了她们与子女的依恋关系。

矛盾心理
对同一对象产生的既爱又恨，既亲密又敌对的矛盾情感和态度。

不安也好，自责也好，愤怒也好，将孩子托付给他人时妈妈们的心理活动十分复杂。不安感强烈的妈妈们通常对自己的养育方式没有信心，无法前后一致地对待孩子。这便可能导致孩子也陷入情绪低落和不安之中，无法培养起良好的社交能力。同时，很多因为孩子放弃了工作的妈妈会将自身期待全部倾注在孩子身上，比起一般人更为烦躁易怒。

问题是，比起没能亲自照顾孩子，自责感和抑郁情绪反而更会对孩子产生负面影响。家庭问题专家J.戈特曼（J. Gottman）博士认为，待在患重度**抑郁症**妈妈身边的孩子，会凭直觉感受到妈妈的抑郁情绪，这时孩子可能会产生无力感，不懂得玩耍，变得容易发脾气且没有耐心。妈妈的抑郁情况持续1年以上时，孩子的生长发育也会受到不良影响。尤其是3至6个月大的孩子，神经系统方面的发育会因为妈妈的抑郁情绪受到很大的影响，到了6个月之后，这些孩子的神经发育和表达能力与同龄人相比可能显著偏低。

抑郁症
主要表现为缺乏欲望、情绪抑郁，可能出现各种身体症状及认知问题，日常生活严重受阻。人们通常称抑郁症为“心灵的感冒”，即这是人人都可能患上的疾病。报道称，抑郁症患者占全体人口的15%，另外有25%以上的女性至少拥有一次治疗经历。

值得庆幸的是，只要妈妈们愿意付出努力，孩子就能够好好成长，同时形成健康的依恋关系。需要牢记于心的是，与照顾孩子的时间长短相比，质量才是最重要的。事实上有许多研究结果都表明，妈妈工作与否并不会对孩子的成长产生很大影响。这就是说，关键并不在于放弃工作整天守着孩子，只要与孩子在一起时懂得好好照顾他们，建立起良好的依恋关系即可。孩子并非通过认知来判断自己与妈妈的关系，而是凭借感觉来体会妈妈对自己的关心和爱。对孩子来说，比起妈妈花费了几个小时与自己在一起，更重要的其实是“和妈妈在一起时有多开心”这件事。妈妈们如果能够通过工作提升自信感，享受只属于自己的时间，下班后就可以充满效率地与孩子玩耍。无论时间长短，妈妈们都需要尽最大努力与孩子进行互动。

每天尽可能有规律地拿出一定时间来照顾孩子，就可以建立起彼此间的信赖感。同时，这段时间不应该用来督促孩子学习，而是陪孩子一起玩耍。在这一阶段，玩耍应当成为孩子成长的重心。此时我们还无法通过语言与孩子们进行很好的沟通交流，或通过对话获取信息。只有在一起玩耍时，我们才能够通过孩子的态度或偶然蹦出的一两句话来推测当时他们的状态，或那天发生了什么事。比如可以通过跟他们一起画画，或读故事给他们听，自然地引导出与朋友、老师或幼儿园生活相关主题的对话。

在育儿方面，还没有相关理论能够证明，获得第三方的帮助究竟是有利还是有害。但是，在妈妈没有时间、不得不将孩子托付给他人时，孩子获得的照顾的质量也同等重要。因此，与其牺牲自己全职照顾孩子，还不如挑选最好的托付人照顾孩子。选择值得信赖的机构，并随时检验老师的水平、质量。如果选择雇用保姆，则需要仔细询问育儿相关经历，深入了解对方的性格脾气。在对待保姆时，比起“阿姨 / 大婶”这样的称呼，不如称呼对方为“姨妈 / 奶奶”，这样就能在尊重对方的同时使孩子获得更大的亲近感。将孩子的性情和生活习惯仔细记录下来并告知保姆，也可以亲手制订孩子的“日常生活表”让保姆每天进行填写并一起讨论。同时要照顾好保姆的饮食起居，在过年或生日时为他们准备好礼物。

现在也有很多家庭将孩子托付给老人照顾。尽管没有人比爷爷奶奶更疼爱孩子，但这里仍然存在一些值得考虑的问题。第一，要了解清楚他们是否真的愿意照顾孩子。有许多老人帮忙照顾孩子并非心甘情愿，仅仅是因为无法拒绝子女的请求。第二，要客观地考量老人的年龄和健康状况。第三，一定要为老人帮忙照顾孩子提供具体现实方面的补偿。在某些情况下爷爷奶奶可能会承担起大部分的养育责任，但与孩子建立起重要依恋关系的仍应是父母。如果在白天不得不将孩子托付给爷爷奶奶，下班后也应由夫妻二人直接照顾孩子。第四，可能对孩子产生重大影响的决定和事情，必须由父母做出判断。

必须时刻谨记，父母才是孩子的最终责任者和监护人。

如果能够解决上述问题，那么即使不能亲自照顾孩子也不会产生太大的不良影响。有的妈妈担心孩子与爷爷奶奶或保姆在一起的时间太长会变得不与自己亲近，但其实对孩子来说，并不是只能拥有一位依恋对象的。他们可能既喜欢妈妈，也喜欢奶奶。此外，大部分孩子即使与妈妈在一起的时间短暂，也仍然最为依赖和喜爱妈妈。妈妈们总是对孩子的哭声最敏感，在望向自己的孩子时，瞳孔有所扩张，因此能够更好地传递出爱意。这是妈妈们与生俱来的能力。即使只是每天用这样温暖的眼神看看孩子，他也会顺利长大的。

小贴士

奶奶理论

很多时候奶奶或姥姥会帮忙照顾孩子。在孩子尚且年幼，或不放心交给托儿所照管，又没钱雇用保姆时，通常会请奶奶或姥姥帮忙。但奶奶和姥姥也并不是只能在妈妈没空时参与育儿活动。在从前的大家族时代，即使妈妈在家，奶奶也会负责照顾孩子，这样的习俗在各国都很常见。

从繁衍后代，为人类延续做出贡献这个层面来看，奶奶的角色十分重要。男性即使到老也可能拥有一定的生育能力，女性却会经历绝经这一独特的生理过程。一旦到了难以提供健康卵子的年龄，女性的身体就会自动中断生产卵子，这时比起生育后代，女性需要扮演起其他更为重要的家庭角色。因此有理论称，绝经后的女性所要承担起的责任便是照顾孙子孙女。

奶奶或姥姥通常育儿经验丰富，比起妈妈能够更加熟练地照顾孩子。她们会根据自己的经验提供许多育儿相关的建议和信息，同时帮忙维持家庭关系的和睦。因此人们总笑称，正是因为要承担起这样那样的责任，女性即使失去了生育能力也会活得十分长久。总之，将孩子交给奶奶或姥姥照顾绝不是违背常理或不正确的事情，这是人类生存的常态。

005

不知道应当如何培养孩子

邻居家将孩子送去了非常昂贵的幼儿园和数学补习班，还一会儿让学游泳一会儿让学小提琴的。我家孩子除了上幼儿园，就没有再单独送去学什么了。是我对孩子的教育太不上心了吗？我应该怎么做呢？丈夫就知道指责我，说我老跟别人比较。

韩国社会对于教育的狂热相信全世界都有所耳闻。通常比起爸爸们来说，妈妈们承担着育儿的第一责任，也对孩子的教育更加充满热情。尽管最近爸爸们也逐渐开始参与到教育孩子的活动中，但总的来说，妈妈们仍然占据着主导地位，主张从各方面加强对孩子进行培养，爸爸们则多数认为不必太过勉强孩子，夫妻之间因此时常产生矛盾。

妈妈们为了孩子日夜操劳，爸爸们则主要肩负着赚钱的责任。加之妈妈们整副心思扑在孩子身上，有时难免疏忽了丈夫，夫妻关系也常因此变得疏离。（参考“大雁爸爸的孤苦人生”一节。）

努力培养孩子本身绝不是错误的事情。教育和学习能够开发孩子的潜力，使他们不断得以进步。以B.斯金纳（B. Skinner）为代表的行为主义心理学者们认为，人是可以被训练的，只要通过某种方式的奖励和强化，我们便可以被塑造成任何样子。这一理论曾风靡一时，受其影响的人们更是相信，只有严格、有计划的教育才能够培养出成功的孩子。而这到了一度迫切谋求个人发展和国家振兴的韩国社会，则演变成了教育至上主义。1997年时，我们曾将会说两种语言的双语人士作为研究对象，对他们进行功能性磁共振成像检查，结果显示人们对于教育的信仰的确存在一定的科学道理。比起12岁左右才开始学习外语的人，幼年时期开始学习外语的人在使用外语时脑细胞更为活跃。这就为早教和学前教育的必要性提供了相关理论依据。（参考“几岁开始学英语最合适”一节。）

然而，每个孩子的性格并不相同，在不同年龄阶段认知能力也有所不同。如果忽略孩子的具体情况，只知道盲目地催促他们学这学那，就可能陷入危险的境地。幼儿教育学家M.蒙台梭利（M. Montessori）研究发现，孩子到了一定的时期就会自动产生渴望学习的内在动力，试图发挥自己的能力独立解决问题。因此，大人们所要做的事情并不是强迫孩子学习，而是努力为他们提供合适的外在环境。

这一理论在心理学家L.维果茨基（L. Vygotsky）提出的**最近发展区**这一概念中得到了再次验证。孩子们的发展水平分为两种，一种是可以独立解决问题的现有水平，另一种则是需要依靠他人帮助才能解决问题的潜在力，即孩子的可能发展水平。而我们的教育应在这两者之间找寻平衡点。在孩子们能够独立解决的问题上，不必一一进行教授，否则会导致孩子们失去学习兴趣。反之，如果课题难度过大，孩子们又可能选择逃避。理想的教学应是，提供稍有难度的内容，使孩子们感到一定程度的挑战和紧张，大人们在旁稍加指导，孩子们发挥潜能独立解决问题，并从中体会到成就感，慢慢达到下一发展阶段的水平。

最近发展区

“发展”是指孩子们利用自身潜力不断进步的过程，而“学习”则意味着需要有人进行指导和帮助。在这个层面上，维果茨基主张，教育应着眼于孩子现有能力稍稍之上的水平区域，这就是所谓的最近发展区。例如，如果从一开始就给孩子阅读难度过大的书籍，他们可能根本无法理解消化。应该选取那些他们理解起来略显困难的书籍，循序渐进地提升难易度。

继承维果茨基理论的心理学家J.布鲁纳（J. Brunner）等人提出了**支架式教学**这一概念。支架原本为建筑施工中使用的工具，布鲁纳借用这一概念，主张老师和父母应扮演能够激发孩子学习动力的支撑物的角色。

支架式教学

是指为了使孩子在最近发展区内学习进步，给他们提供适当的环境和帮助。在孩子经过学习得到进步，不再需要支架的帮助便能独自完成任务时，即可将支架撤除（即不再提供帮助）。

总的来说，教育热本身并不是一件坏事。父母以怎样的水平和方式培养孩子才是值得我们思考的问题。学习应当是孩子们主动探索和了解事物的过程，过度的早教和学前教育会浇灭他们的学习热情。我们要做的是激发孩子们的学习动力，引导他们进行自主学习。小学阶段的孩子很喜爱妈妈，为了让妈妈开心，他们通常非常听话，会按照要求去学习。因此我们总笑称“小学生的成绩其实是妈妈的成绩”。但到了青春期以后，孩子们有了独立意识，开始认为学习是被逼无奈，因此产生逆反心理，很多孩子甚至会索性放弃学习来反抗父母。

孩子的认知发展具有一定的顺序和阶段。一般来说，幼儿园到小学低年级阶段是语言能力发展的重要时期，在这一时期将重心放在英语学习上十分有效。到了小学高年级，孩子们熟记九九乘法表，开始掌握一定的逻辑概念后，便可以教授他们数学公式原理，培养他们的思考能力了。一旦错过这一阶段，孩子们的思考能力就难以得到充分发展，进入中学之后学习就会变得机械。考虑到这一认知发展特性，孩子集中学习英语和数学的时期应间隔开来。这样才能够维持孩子的学习热情，取得长期良好的学习效果。

在学习之外，孩子身上需要被培养的东西还有很多。首先，孩子的情感发展十分重要。他们需要学习如何正确表达自己的感情，同时分辨他人的情绪。再来，如果能够得到充分的情感交流，孩子们也会产生更大的学习动力。另外，通过玩耍培养孩子的创造力也至为关键。孩子们最喜爱且实际最擅长的事情便是玩耍，懂得玩耍的孩子今后也会更加懂得学习。

孩子们的社会适应能力发展也不容忽视。要懂得关心他人，并参照他人进行自我审视。这是他们在长大成人的过程中不可或缺的要素。例如，懂得参照父亲努力工作的样子反思自己，孩子也就会变得认真学习起来。同时，孩子在发展过程中，还需要注重和同龄人建立起良好关系。在和朋友、兄弟姐妹等人的交往中体会自卑也品尝成就感，逐渐树立起人生目标，学会努力生活。最后，孩子体力与健康管理也同样重要，身体健康永远是第一位的。总之，在培养孩子的过程中，父母不能一味强调学习和功课的重要性，还需要注意多和孩子进行精神交流，陪他们玩耍，让他们与亲戚朋友频繁往来，这样才称得上真正的“教育”和“培养”。

妈妈们从孩子的成绩中获得替代性满足和补偿感的心理是非常愚蠢的。除去成绩，还有许多值得妈妈们感到满足的事物。D.莱文森（D. Levinson）认为，妈妈们在为子女付出的过程中，可以从以下三种方式中获得“补偿”：

第一，在照顾孩子时建立起的亲密感。在和孩子相亲相爱的过程中，妈妈们可能会感到孩子是自己的分身，而自己是孩子的根。这会使妈妈们感到无比满足。

第二，因为照顾孩子身心俱疲时，丈夫的安慰也会使妈妈们感到欣慰。这就需要丈夫多多理解妻子的心情，而不是动不动就指责她。

第三，妈妈们自己幼年时期缺失的爱与照顾，也可以从养育孩子的过程中获得。这就是所谓的**母爱的再经历**（remothering）。这对所有生养孩子的父母来说都是一个十分重要的概念。女性在成为妈妈之后，会更进一步理解自己的妈妈，在育儿的过程重新勾勒出当年妈妈的模样。甚至在父母都已去世、彼此关系无法得到弥补的情况下，通过为子女付出并收获子女的爱这一过程，再次体会到从前父母对自己的爱。

孩子不肯好好吃饭

我是一位6岁男孩的妈妈，孩子非常挑食，只吃自己喜欢吃的食物，我很担心他将来会长不高。

家庭生活中我们常常看见这样一幅场景：妈妈拿着勺子喂孩子吃饭，嘴里一边说着"吃一口就给你买一个玩具"，孩子则不断从饭桌前跑开，吐出被妈妈强迫吃下的食物，或一直包在嘴里不肯咀嚼，接着孩子便会遭到训斥。妈妈们时常觉得苦恼，究竟要喂饭到什么时候？孩子长到9或10个月大时，运动能力得以发展，已经完全可以自己吃饭了。而9至18个月的阶段则是孩子发展的**分离—个体化**时期（separation-individuation phase）。这时孩子们正处于自己独立完成事情和依赖他人完成事情的分水岭。是自己吃饭，还是被妈妈喂饭？孩子和妈妈可能会因此产生小小的冲突。▶（参考"我变成这样都是这个世界的错"一节。）

分离—个体化

心理学家M.马勒（M. Mahler）认为，幼年时期孩子和妈妈的关系发展可以分为3个阶段。首先从出生至2个月大时，孩子会沉浸于自己的世界，此时比起与他人的关系，他们更加注重自身生存问题，这一阶段被称为自闭期（normal autistic phase）。此后到约6个月大时，孩子会感受到妈妈的存在，认为妈妈是附属的自我，这一阶段为共生期（normal symbiosis phase）。这之后孩子会挣扎在依赖妈妈和自我独立之间，有时独自玩耍一会儿就会开始寻找妈妈，和妈妈分开也会哭泣。这一时期也就是所谓的分离—个体化时期。经历这一阶段，到3岁左右时，孩子会更进一步成长起来，建立起客体永恒性的概念，即使妈妈不在身边，他们也能通过自己心中妈妈的形象获得安慰。

如果在孩子幼年时期生病或情绪不佳时，妈妈没有理解孩子的需求，错误地认为他只是饿了，只知道给他喂食物，孩子长大之后就可能通过暴饮暴食的方式来缓解压力，或产生厌恶食物的情绪。I.查图尔（I. Chatoor）认为，孩子如果比较敏感固执，好奇心重，不太能够察觉到饥饿感，而当父母过于严厉，共情能力差时，给孩子立规矩这件事就变得更加困难，很容易出现"饭桌斗争"的情况。还有一种比较少见的现象是，孩子为了获得父母的关心，会故意在吃饭时耍赖或无节制进食。（参考“孩子太难伺候了”一节。）

在孩子吃饭的问题上，妈妈很难做到说一不二。嘴里威胁着“不吃我就把食物都收走了啊”，实际上根本无法做到。而孩子在看破这一点之后就会变得更加放肆。妈妈树立不起威信，且因为孩子的吃饭问题受到压力，便会在其他事情上显得更加啰唆，并且很容易生气。孩子也会因此变得没有底线——“没事儿，妈妈嘴上说不行，其实不会骂我的”。此后不仅是吃饭，在打游戏、刷牙等生活习惯的养成上都会出现问题，总想着“一会再做”，不断耍赖拖延。

要解决这些问题，妈妈必须做到绝对果断。即使孩子苦苦哀求，也要说到做到，立刻将饭菜全部收走，让他无法继续进食。一开始孩子可能会又哭又闹，之后便会很快懂得，“妈妈是说到做到的人，不好惹”，因此开始变得听话起来。这样一来妈妈的唠叨自然也就变少了，和孩子之间的关系越来越好，一切逐渐进入良性循环。

妈妈们一定要记住最重要的一点便是，吃饭这件事情绝不能成为战争。吃饭时间不是用来较劲的，而是和孩子一起享受生活的温馨片刻。不要让孩子认为，吃饭就是挨训的时间，是一整天里最讨厌的事情。久而久之孩子想要战胜妈妈的愤怒感也会越来越强烈，总是动歪脑筋，企图用食物来和妈妈做交易。再来，自己孩子的身高体格比同龄小孩偏矮偏小时，妈妈们自然会有些敏感在意。然而过分执着于营养均衡等细节，忽略和孩子的情感沟通，也可能产生矛盾，这是更加需要注意避免的问题。“饿几顿也不会有什么大问题”，希望妈妈们能够拥有这样轻快的心态，和孩子一起度过愉快的用餐时间。

以下是我们为妈妈们提供的几点解决吃饭问题的有效方式：

- 打造愉快的用餐时间。

  吃饭时间是家人们聚在一起，聊天分享生活琐事的时间，应该保持愉悦。孩子因为挑食不断挨训，一到吃饭时间就会变得萎靡不振或是烦躁。不要强迫孩子将食物全部吃完，帮助他从爱吃的东西开始一点点吃，慢慢增大饭量即可。

- 不要给孩子喂饭。

  要让孩子明白，吃饭这件事情是为了自己，而不是他人。等孩子进入幼儿园和小学之后，没有人会再给他们喂饭，因此必须培养起独立吃饭的能力。在家不断练习使用筷子和勺子，也能使手部肌肉得到锻炼。

- 吃饭时必须乖乖坐在饭桌前，禁止看电视和玩手机。

注意力一旦被分散，用餐时间就会变长，家人之间也失去了沟通的机会。聊天时不能一味教训孩子，要多多倾听他说话。通过这些我们可以了解到孩子的情感和心理状态。

- 过了用餐时间就把食物收走。

事先告诉孩子用餐时间是到几点，时间到了就果断将食物端走。或是给孩子30分钟的吃饭时间，设定好闹钟。到了时间孩子要赖哀求不要收走食物时切忌心软，否则下一次吃饭时还会出现同样的问题，因此陷入恶性循环。

- 尝试和孩子一起做饭。

亲自参与做饭，会让孩子更加爱惜食物，更愿意进食，同时促进妈妈和孩子之间的情感交流。做完饭后孩子在和妈妈谈论做饭的过程时，自身记忆力和语言能力也能得到加强。

- 禁止孩子吃过多零食。

很多孩子不认真吃饭是由于零食吃得太多。吃太多零食会产生饱腹感，尤其是甜味饮料等会引起食欲下降等问题，妈妈们要多加注意。

- 白天多让孩子玩耍。

运动量增大后，容易产生饥饿感，食欲也会增强。

- 和孩子一起学习营养知识。

妈妈们可以和孩子一边画画一边聊天。“哪些食物里面含有丰富的维生素呀？”“肉里面蛋白质多，多吃肉就可以变成肌肉大王哦！”等等。实际上许多孩子在幼儿园学习营养知识后，也慢慢改掉了挑食的毛病。

- 认可孩子天生的气质。

许多孩子天生触觉、嗅觉、味觉更加敏锐，他们可能更容易反感某些食物，或要花很长时间才能适应新的口味。妈妈们要承认这一点，不能急躁，学会耐心等待直到孩子逐渐适应。

孩子说话太迟了

儿子现在3岁了，和同龄人相比语言能力发展似乎有些滞后。之前觉得可能男孩开口说话原本就比女孩要晚，但不管怎么说，都已经3岁了嘴里还蹦不出一个完整的句子，问题是不是有点严重呢？

N.乔姆斯基（N. Chomsky）认为，语言受遗传影响，是人的天赋和本能。每个人都拥有语言能力，且具备共同的发展阶段。因此父母们只需要多与孩子对话，丰富他们的说话经验即可。

在孩子一边吃奶一边咿咿呀呀说话时，他的舌头及嘴部周围的肌肉也在不断得到训练。9或10个月大的孩子便已经能够听懂家人的姓名和“不行”这个单词，12个月大时则能够理解约70个单词的含义，同时运用约6个单词进行表达。12至18个月是孩子不断学习新词汇的阶段，等到了可以说出约50个单词的时候，孩子的嘴里就会突然蹦出一些意思完整的表达，例如“给我水”等。从这时起，他们的词汇量也开始呈爆炸式增长。在2至6岁，孩子每天会学到大约6至8个新单词。而到了3岁左右，孩子说话时基本能够保证语序正确，但可能省略掉助词或一些前置词。4岁之前，孩子已经能够区分名词、动词等句子成分的差异，开始流畅地开口说话了。

想要帮助孩子学习说话，可以尝试以下几点方法：

第一，要多跟孩子聊天。语言是我们与他人沟通交流最重要的工具，对话则不可或缺。要发展语言能力，单纯依靠电视等媒介是难以实现的，需要父母面对面注视着孩子与他们说话。

第二，在孩子开口之前学会耐心等待。有时妈妈们过于善解人意，只通过观察孩子的表情和动作便能够感知到他们的需求，孩子就会失去表达的动机。一定要耐心等待孩子自己开口提出要求。

第三，需要帮助孩子完善和扩充表达。例如孩子张嘴要“牛奶”时，妈妈们就可以在这个基础上补充说“要喝牛奶？”“牛奶好喝吗？”“宝贝渴了呀？”等。

第四，妈妈可以观察孩子的行动，像体育比赛解说员那样，在一旁进行补充说明。比如“汽车跑起来嗡嗡嗡的呢”“嘟嘟——汽车跑得好快呀”，等等。

第五，通过替换单词或语句等来帮助孩子丰富表达能力。例如孩子说“车”，妈妈就可以以此拓展开来，“红色的车”“蓝色的车”“小轿车”“开得很慢的车”，等等。孩子说“气球”，妈妈就用“大气球”“黄色的大气球”“黄色的大气球飞到天上去了呢”等长句子来帮助他提升语言能力。

许多父母都会担心孩子是不是说话太迟。一般来说，开口比同龄孩子稍晚几个月不必太过担心，但一旦超过6个月时就需要怀疑孩子是否存在问题了。以下为美国儿童和青少年精神病学会为我们提供的判断标准。

- 6个月：有人在背后发出声音也不会回头。
- 10个月：听见有人呼唤自己也没有任何反应。
- 15个月：不能理解“不行”“你好”等简单词汇。
- 18个月：能够使用的表述不超过10个。
- 21个月：无法听懂命令。
- 2岁：难以区别身体部位。
- 2岁6个月：家人无法听懂孩子说话。
- 3岁：无法使用简单的句子说话、提问，外人无法听懂孩子说话。
- 4岁：经常口吃。
- 无关年龄，讲话时没有语音语调起伏，或无法使用恰当的语气。

如果孩子存在上述情况，请务必联系专家进行咨询。

语言发展有障碍，首先需要弄清孩子的模仿能力、大小肌肉运动、眼睛及手部协调性等方面的发展是否正常。如果孩子同时存在说话晚，坐、站、走路等运动能力发展迟缓，难以辨别色彩，数数、拼读等障碍，则可能是智力方面存在问题。另外，还需要把握孩子说话迟缓的原因。是因为理解能力有限无法听懂他人说话？还是自身表达能力太差？以及是否患有自闭症，听力是否正常，等等。有的孩子则可能是因为发音障碍导致无法准确说话。例如口齿不清、吞音严重，或无法发出某些读音等。孩子36个月时就能准确发出80%的读音，48个月时则能够100%正确发音，因此如果到了4岁以后还存在发音方面的问题，且因此导致沟通障碍，则需要接受专家的治疗。

伴随着语言能力的急速增长，许多三四岁的孩子会出现暂时的口吃问题，此后这一问题便会逐渐消失。导致口吃的原因有很多，例如先天性遗传、兄弟姐妹间的竞争、父母过度干涉孩子说话，或孩子情绪不稳定、语速过快、受到了压力，等等。这时如果想要帮助他们改掉口吃的毛病，父母在说话时首先需要降低语速，从容不迫地与他们进行交流。如果孩子自身说话过快导致口吃，父母便应该做出正确的示范，不能够教训他们，命令他们重说一遍。说话时如果能够把握抑扬顿挫便不容易口吃，因此父母可以和孩子一起唱歌，增强他们的自信心。同时，和孩子轮流朗读书籍也不失为一个有效的方法。朗读时可以不断重复词语中的某一个单字（零——零——零——零——零食），或快速不规律地重复阅读（吃——零——吃零——吃吃——吃零食）。在涉及声调、语气、强弱变化时，如果孩子总是显得过度紧张或皱眉焦虑，则需要接受专家治疗。

此外，大人们可以通过以下几种游戏，帮助4至7岁的孩子增强语言能力。

- 分类游戏。

  和孩子一起列举家用电器、厨房用品、水果等的名称，或利用图画，让孩子找出其中不属于同类物品的一项。

- 接龙游戏。

  可以帮助孩子背诵、记忆单词。

- 角色扮演游戏。

  在角色扮演时，可以制造一些突发状况。例如在“买东西”这一场景中，扮演客人的妈妈可以突然说“哎呀我忘带钱包了”，让扮演商店主人的孩子去处理这一状况。这样可以同时帮助孩子提高语言能力和解决问题的能力。

- 单词竞赛。

  让孩子解释单词的含义，训练他们的概括能力和说明能力。

- 写图画日记。

傍晚时和孩子一起用画画的形式写日记，让他们描述一天中发生的事情。

• 按顺序说话。

让孩子按照顺序说明日常生活中某些事件（洗漱、沐浴、生日聚会等）的过程和步骤。例如描述刷牙，准备牙刷、牙膏—挤牙膏—仔仔细细刷牙—喝水漱口—将牙刷和牙膏放回原位。这一游戏可以培养孩子把握因果逻辑的能力。

• 一人一句编故事。

妈妈和孩子可以通过一人说一句话的形式编故事。最开始可以由妈妈铺垫整个故事的背景，然后再和孩子一人一句，例如，“很久很久以前有一个小孩”，接着就可以说“小孩独自一人去了市场”，“去市场买了萝卜、葱和黄瓜”，像这样将故事补充下去。

小贴士

儿童动作发展时间表

	婴幼儿期（0至12个月）	学步期（12个月至4岁）	学龄前期（4至7岁）
运动	抬头或转头（3个月） 翻身（6个月） 爬行（8个月） 独自坐稳（10个月） 独自站立（12个月）	走路（13个月） 扔物品（15个月） 踢球（2岁） 骑三轮自行车（3岁）	单脚跳跃 跳绳 使用剪刀
适应	目光追随移动的物体（4个月） 晃动玩具（7个月） 能够用拇指和镊子夹起物品（12个月）	涂鸦（15个月） 画圆圈（2岁） 画十字架（3岁）	画四边形（4岁） 画钻石图案（6岁） 画人体简笔画（4岁）
语言	牙牙学语（3至4个月） 寻找被藏起来的物品（8个月） 叫“妈妈”（12个月） 用手指指点点 听懂1或2个字的词（例如“不行”等）	能够听懂例如“把××拿过来”等简单的指令（18个月） 适用2或3个词造句，掌握约200个单词（2岁） 能够说出自己的姓名（3岁）	能够准确表达（4岁） 能够理解因果关系（5岁） 语言能力急速发展，想象和幻想剧增
社交能力	对视（1个月） 注视着他人露出笑容（7个月） 建立起与妈妈的依恋关系（12个月） 能够在同龄小孩身边独自玩玩具（12个月）	与妈妈分离时，能够探索周边环境寻找妈妈（2岁） 开始产生占有欲（2岁） 独自玩玩具（24至30个月） 玩游戏时逐渐开口说话（30至36个月） 主见增强，开始与妈妈较劲	与他人商量和设定角色，一起玩耍 害怕鬼怪等事物 价值观开始形成

孩子不与人对视，叫他名字也不回答

家里儿子30个月大了，不会与人对视，到现在都还只会说“爸爸”“妈妈”等几个最简单的词。有需求时无法表达，只知道拽着妈妈来来去去。叫他名字也不理不睬，在托儿所都是一个人玩，似乎对其他孩子毫无兴趣。感觉问题很严重呢。

刚出生时孩子十分弱小，生存完全依靠他人，且无法区分他人和自己的界限。到2个月大时，孩子便慢慢能够露出**“社会性微笑”**了。7个月左右，随着对妈妈的依赖不断增强，孩子会开始**认生**，因为陌生人哭泣，并且在与妈妈分开时感到不安。这些现象通常在孩子1岁左右时最为显著。

如果孩子处在相应阶段时没有出现上述现象，或表现得不够明显，就需要怀疑孩子是否存在自闭症等问题。▶（参考“孩子一秒钟也不肯离开我”一节。）患自闭症的孩子通常到了12个月左右时仍很难露出微笑，即使被妈妈抱在怀里或有人努力逗他们开心时也是如此。他们也不太会主动张开手臂寻求妈妈的拥抱。24个月大的孩子则开始具备**共同注意能力**，即能够用手指指来指去。而自闭症儿童则不懂得指物，要将父母拽到物品跟前表达需求。即使周围环境非常吵闹，他们也显得十分迟钝，只会对自己喜欢的声音做出反应，例如拆零食包装袋时发出的声音等。同时，他们能够像鹦鹉一样学习大人说话，但有时会在不恰当的场合不断重复这些语句。再来，自闭症儿童难以读懂肢体语言和表情，在外走路时不能走自己从没走过

认生

孩子在二三个月大时，常露出社会性微笑。这一微笑是无意义的，与对象无关，不仅是在面对妈妈时，在其他人或事物面前也同样如此。五六个月大时孩子便能够辨认妈妈的面孔了，慢慢开始露出有选择的社会性微笑。六七个月的孩子则会将妈妈和其他人明确区分开来，极度依赖妈妈，惧怕陌生人，这一阶段就被称为认生期。

共同注意能力

指两个人通过非语言的方式，共同关注同一事物，体现自身意图（intention）的能力。当一个人用手指指物，或注视着自己关心的事物，能够引起另一个人对该事物的注意。或者当他人在用手指物或盯着某件事物时，能够做出反应，一同关注该事物。共同注意能力对语言能力和社会能力的发展极为重要。自闭症儿童便是因为共同注意能力不足，无法理解“他人能够和自己关注同一事物”这件事，因此在表达需求时，无法用手指物，必须将他人拽到事物跟前进行表达。

的道路，一旦事物出现变化则容易耍赖。他们还会在公共场合突然大吼大叫，或脱下衣服，甚至大声说一些在他人听来不悦的话让父母感到尴尬。也有一些自闭症儿童记忆力惊人，在音乐、数字、计算方面表现出异于常人的天赋。同时，他们通常兴趣爱好狭窄，总是过度专注于某一件事物。

在生理遗传方面有问题的孩子，通常在出生前就表现出了脑神经发育异常。在出生后的第一个发展阶段，便难以顺利与妈妈建立良好依恋关系，社交能力、情感发展及认知语言能力发展也会受到阻碍。如果帮助人们理解他人行为，推测对方想法意图的**镜像神经元**没有得到很好的发展，就可能出现自闭症等问题，这与人的智力水平无关。怀疑孩子患有自闭症时应及时向专业医生寻求帮助，接受治疗。不过在此之前，我们首先需要判断孩子是否存在听觉障碍、智力缺陷、语言发展迟缓，或是**注意力缺陷多动障碍**（attention deficit hyperactivity disorder，ADHD），同时反省自身的养育方式是否存在问题，不应草率做出判断。▶（参考“孩子太没眼力见儿了”一节。）而如果孩子确诊了自闭症或**阿斯伯格综合征**，则需要通过游戏治疗、语言治疗、认知治疗对孩子进行集中治疗。此外，特殊教育、早教等也会带来积极帮助。

镜像神经元

是在人类即使不直接做出某种行动，仅仅通过观察他人或是获取某种间接体验时也能够被激活的神经元。这一神经元广泛分布于人类的整个大脑，在人类与他人的互动中起着至关重要的作用。

注意力缺陷多动障碍

一种孩子难以集中注意力，一边发呆一边流露出烦躁的注意力涣散（inattention）问题，多表现为过分好动、缺乏耐心及行为冲动这三个特征。

阿斯伯格综合征

高功能自闭症，也常被人们理解为某种非语言性学习障碍。对于特定事物兴趣浓厚，能够交流该事物相关话题，但日常聊天困难，无法读懂他人的表情，共情能力差，社交方面存在很大问题。

孩子什么时候才能单独睡觉呢

家里7岁的儿子到现在都还在和妈妈一起睡觉，分开单独睡就又哭又闹说自己害怕，试了几次都不行。很担心他今后会成为妈宝男。

现如今越来越多的父母开始学习西方人的养育方式，让孩子一出生就独自睡觉。似乎不这样做的话就会感到不安，觉得自己的孩子输给了别人。然而事实上西方人采取这一方式仅仅是因为他们更加重视夫妻之间的生活，属于价值观之间的差异。最近西方社会也对此展开了讨论——让孩子一出生就自己睡觉是否真的正确？

孩子差不多9个月大时，有78%至90%的概率能够一觉睡到天亮。最开始哄睡着之后，几乎不会中途醒来，因此独自睡觉也是可能的。然而，快满周岁之前，随着孩子与妈妈的依恋关系不断加深，和孩子一起睡觉则更加合理。根据客体永恒性理论，孩子在36个月大之前，一旦看不到妈妈便会感到不安，因此我们并不建议让孩子在这一阶段单独睡觉。3至5岁的孩子则时常因为想起白天看到的可怕场景，或担心怪物、小偷等进入房间而睡不着觉，容易做噩梦惊醒，因此这一时期和孩子一起睡觉也更为理想。“究竟什么时候该让孩子单独睡觉”这一问题一直以来争议不断，一般来说，至少孩子在36个月大之前应该由爸妈带着一起睡觉。而此后无论何时，只要孩子自己决心开始一个人睡觉，父母们便仅需帮助他们一点点进行尝试，慢慢培养起独自睡觉的能力即可。（参考“孩子一秒钟也不肯离开我”“如何应对一味耍赖的小孩”“孩子太胆小了”等节。）

想要自然而然地实现分床睡觉，首先需要从小培养孩子的睡眠习惯。正沉迷于电视节目时突然被妈妈强制睡觉，当然很难立刻入睡。要温柔地告诉孩子现在到了睡觉时间，让他们刷牙洗漱，给他们读故事，道晚安，拥抱他们，让他们感觉到睡觉时间是非常温暖的。由于孩子正处在想象力极度丰富的时期，阅读鬼怪故事会使他们感到害怕，最好是读一些轻快的童话，或聊一聊白天发生的事情。然后，向孩子保证自己待会儿一定会再来看看他睡得好不好，并且遵守这个约定。接着，为孩子找寻一个替代妈妈的**过渡性客体**（transitional object），例如玩偶、毯子等。再来，告诉孩子如果睡着睡着感觉害怕，随时可以到妈妈的房间里来。孩子会因为这句话感到安心，缓解恐惧情绪，半夜找妈妈的次数也会减少。还有，如果孩子有兄弟姐妹，可以让他们一起睡觉。最后，由于孩子可能因为受到某个契机影响非常突然地提出想要独自睡觉，因此一定要提前为他们准备好独立的房间才行。

过渡性客体

D.温尼科特认为，人在成长过程中，会需要建立某种处于中间状态的客体关系。对孩子来说这一客体可能是玩偶、毯子，对成人来说则是音乐、创造力、宗教等。这些客体会在妈妈不在时帮助我们克服不安。

训练孩子控制大小便为什么那么重要

孩子30个月大了还不懂得区分大小便，一直需要使用尿布。他讨厌马桶，一定要套上尿布才肯去角落大便。马上就要上幼儿园了，真不知道该怎么办才好。

训练孩子在适当的时间和场所进行大小便的过程中，孩子仍然会想要使用尿布，妈妈则不允许，因此双方便会产生冲突。（参考“如何应对一味耍赖的小孩”“孩子容易烦躁，总是耍赖”等节。）

弗洛伊德将人18个月到3岁的阶段称为肛门期。这一阶段主要为训练孩子正确控制大小便的时期。此时孩子认为自己既能忍住大便，又能排出大便，第一次因为能够主导自己的身体而感到兴奋不已。而父母们在进行排便训练时会与这种主导性产生冲突。大小便训练进行得过早，或在孩子失误时过于严厉地惩罚他们，就会使孩子产生愤怒和畏惧心理，从而与父母形成敌对关系。孩子今后的性格发展也可能走向两个极端，一是极度害怕母亲，逆来顺受，在卫生、秩序、服从、对错等问题上过于执着，形成**肛门期便秘型人格**；相反则可能选择反抗，拿起大小便当玩具，与父母作对，变得邋遢、固执、不可靠，即形成所谓的**肛门期排泄型人格**。（参考“如何应对一味耍赖的小孩”一节。）

想要学会在适当的时间和场所排泄大小便，孩子的身体及神经系统首先需要得到充分的发展。孩子通常在21个月左右大时已经懂得释放出需要大便的信号，27个月大时则能在白天控制大便，30个月大时能在白天控制小便，33个月大时则能在夜晚控制小便了。如果能在60个月以前学会控制小便，36个月以前学会控制大便，则

肛门期便秘型人格

弗洛伊德认为肛门与人们今后的人格形成密切相关。在孩子出现主导性的时期，过于严格地进行大小便训练，可能导致孩子表面顺从父母，潜意识却充满反抗。外在干净整洁，实则渴望邋遢和混乱，同时遗留下难以解决的亲子关系问题。在这一时期发展遇到问题的孩子可能形成矛盾的双重人格，整饬又混乱，吝啬又宽厚，顺从又叛逆，最终展现在人们面前的，却又是极度顺从的模样。

肛门期排泄型人格

表面特征与肛门期便秘型人格正好相反。刻意通过邋遢混乱的行为来反抗权威，表达自身的不满，同时缺乏责任感且偏执。

说明孩子并不存在太大的障碍。受个体差异影响，孩子学会控制大小便的时间可早可晚，都很正常，但如果到了一定的年龄阶段仍然不懂得控制大小便，则应当重视起来。

在大小便的训练过程中，我们可以通过称赞表扬的方式来制造一些乐趣。孩子大便时，妈妈与其说“哎哟好脏哦”这样的话，不如愉快地说“哎哟宝贝拉得好痛快呢”等，让孩子知道大便并不是那么恶心的东西。在孩子慢慢熟悉马桶之后，可以将幼儿用马桶放在家里显眼的地方，每天挑选固定的时间，让孩子穿着衣服或尿布在马桶上蹲三四分钟，白天在家时甚至可以拿掉尿布。当然父母也可以亲自给孩子展示自己坐在马桶上的样子。

孩子如果小脸涨红或流露出用力的情态，又或是东张西望不断寻找安静的角落，便是在给父母发送想要大便的信号了。此时可以询问孩子是否想要坐在马桶上大便，要遵循他们的意愿，切勿强迫孩子使用马桶。如果孩子愿意坐在马桶上，则可以稍微称赞他一下，但即使孩子拒绝也不要露出失望的表情。如果孩子说只想使用尿布大便，那就将他带去厕所，等大便结束之后，将大便扔进马桶里给他们看。

孩子在5岁左右就应该能够控制大小便了。如果过了4岁还是不能控制大便，则可能存在大便失禁的问题。而5岁之后还无法控制小便的话，则可能患上了**遗尿症**。约有3%至7%的5岁小孩具有遗尿症问题，其在10岁以上的孩子中则占2%或3%。而这大多是过早的大小便训练、父母的强制行为或关心缺失导致的。当然父母离婚或弟弟妹妹的出生等压力性事件也可能成为原因之一。

> **遗尿症**
> 满5岁的孩子无意或故意将小便排泄在床上或衣物上的现象。若此现象持续3个月，每周出现2次以上则可确诊为遗尿症。

为了防止这一问题的产生，首先需要减少孩子的罪恶感，给予他们信心，告诉他们一定能够做好。可以为孩子制作一份表格，记录他们控制住了小便的日子，贴上小贴纸，称赞他们，集齐一定数量的贴纸后便给予他们奖励。同时，到了夜晚就需要减少孩子的水分摄入，睡觉前一定带他们去一次厕所。在孩子熟睡中途唤醒他们，带他们去上厕所的训练也十分有效。如果使用以上方法后情况仍不见好转，则可以配合药物进行治疗。这个过程中，最重要的是要让孩子树立起信心，知道自己可以控制和调节小便。

大便失禁的问题则可能是肛门括约肌异常导致的。当然，在亲子关系不融洽时，孩子也可能故意通过这样的方式来表达对父母的不满，这与ADHD患儿想要大便却不肯去上厕所，结果拉在身上的问题不同。大便失禁的孩子通常自尊感低，我们需要多多鼓舞他，告诉他这不是他的错，是胃肠功能调节出了问题，让他不必太过担心。同时可以给孩子服用通便药，一次性清空他的肠道，此后每天带他去两次厕所，每次待上5至10分钟，引导他在厕所里排泄大便。还需要多给孩子吃一些富含纤维的食物和酸奶等，保证他大便通畅。此时我们同样可以利用本书第55页小贴士的方式记录孩子的成长和进步。

大便失禁

满4岁的孩子无意或故意将大便排泄在房间地板等不恰当的场所，若此现象持续3个月，每月出现1次以上则可确诊为大便失禁。

011

孩子整天抱着电视手机不撒手

家里是爷爷奶奶在带孩子。听说大众媒体制造的环境对孩子语言能力的发展有着重要影响，于是从孩子6个月大开始就让他看了许多电影和动画。现在孩子只要看见手机视频就挪不开眼睛，试图关掉他还会不高兴。好像比起跟朋友一起玩耍，他更加青睐手机和电视呢。

手机对语言能力的发展到底有没有帮助？语言是我们与他人沟通交流的工具，自言自语当然是不具备任何意义的。孩子年幼时只能听懂与自己直接相关的语句，不能理解那些和自身状况毫无关联的电视内容。有报告显示，在孩子30个月大之前，比起观看电视，与人实际互动更能促进他们语言能力的发展。因此父母可以多与孩子进行对话，跟他们讲讲身边真正发生的事情。

人们在正常说话时通常语速过快，而父母在跟孩子说话时则懂得抬高语调、加强语气、放慢速度，孩子因此能够更好地消化吸收。研究显示，频繁看手机虽然可以在一定程度上帮助孩子提高认字速度，但这对他们形成数学思维、科学思维反而有着不利的影响。另外比起手机，多陪孩子玩一玩类似搭积木这样的游戏更能有效启发他们的数学思维及科学思维，促进他们感觉运动及视觉运动能力的发展。（参考“孩子说话太迟了”“几岁开始学英语最合适”等节。）

那么，大众媒体对语言发展的影响在孩子多大时才能真正发挥作用呢？有研究认为，对18个月以下的孩子来说，就连《芝麻街》这样的教育节目也可能造成不利影响。美国儿科学会建议父母不要让未满24个月的孩子观看电视。等孩子到了六七岁之后，为了帮助他们背诵单词，提高阅读能力，则可以使用教育类视频、电子书籍、学习类App等。

大众媒体能够给孩子带来更加强烈的感官刺激，相比之下，真实的日常自然显得乏善可陈。但过度沉溺于大众媒体会让孩子丢失对周围世界的好奇心，难以在与他人玩耍时感受到乐趣。同时，如果在孩子哭泣或感到烦躁时，妈妈不亲自给予安慰和理解，而是利用手机等方式哄骗孩子镇定下来，那么孩子就无法通过与他人的互动学会控制情绪的方法，长大后自我调节的能力也会有所欠缺。

这些年在心理咨询的过程中，我们看见过不少因过早接触大众媒体而出现问题的孩子。他们大多不爱与人对视，极度敏感，不断用奇怪的语气重复电视里出现的台词，却无法正确回答人们的提问。遇到类似的情况我们通常会首先向父母说明实际沟通与互动对孩子学习语言的重要性。建议他们关掉电视，积极地陪孩子玩耍聊天。当然这种结果不仅仅是过度观看电视导致的，也与孩子自身的性格特点及父母的养育方式密切相关。

大众媒体的影响已经深入到了人们生活的方方面面，根本无法完全屏蔽，此时我们注意以下几个要点：

第一，必须使用大众媒体时，不要让孩子独自观看，应在一旁陪孩子观看，同时与他们聊天——“啊，那个怪物好可怕哦”，这样孩子会意识到父母在身边陪着自己，即使屏幕上出现可怕的画面心里也会感到安全。

第二，要立好规矩，给孩子规定可以使用电视、电脑、手机等的总时长。上好闹钟，提醒孩子“只剩几分钟啦”，让他们做好结束的准备。孩子长大一点之后可以把规定改得更为简洁，例如“只能玩一把游戏”等。家里的电视不能一直开着，挑选一两部孩子喜爱的动画片，在特定时间让他们观看即可。同时最好是在客厅等家人多的地方一起观看。

第三，父母自己也应该减少使用手机和电视的时间，否则将来在教育孩子时可能会站不住脚。

第四，父母要多陪孩子玩耍。可以一起扮演电视或书里出现的英雄人物、勇士等，例如爸爸扮演坏人，孩子则是守护地球的英雄。在这样的角色扮演游戏中，孩子可能还会自己创造出全新的故事。（参考“生了二胎之后孩子总是闹脾气”一节。）

孩子总是抚摸自己的生殖器

家里儿子6岁了，有一次突然发现他走进房间，趴在地板上摩擦自己的小弟弟，脸涨得通红。孩子这么小就开始有性意识了吗？应该怎么办呢？

当发现孩子抚摸自己的生殖器时，父母一定会担心孩子过于早熟，害怕他们对性方面的关心过多，自慰上瘾。然而，2至7岁的孩子抚摸自己的性器官其实是发展过程中再正常不过的现象而已。这个阶段大约有一半以上的孩子会自慰，玩与性相关的游戏，对生殖器充满兴趣。这可能是孩子某次偶然触碰到性器官，或在抚摸时神经受到刺激，因此体验到了愉悦感受所致。

这种现象只是暂时的，通常会在孩子上小学之后逐渐好转，父母们不必太过费心。此时如果过度教训或责骂孩子，可能会使他们认为性是肮脏丢脸的事物，长大之后背负罪恶感。可以告诉他们“小弟弟是很重要的东西，一直摸的话会有细菌哦，它会生病的”或“小弟弟是很宝贵的东西，不可以随便给别人看哦”，等等。再者，孩子大多会在感到无聊、独自一人或睡觉时进行自慰，妈妈可以多与孩子玩耍，一直陪伴他直到入睡，或通过其他游戏来转移注意力，让孩子忘记自慰这件事情。

如果孩子在幼儿园等公共场所自慰，第一，需要告诉他，自慰是非常私人的行为，只能在自己的房间里进行；第二，多让孩子参与画画、折纸等需要使用手部的活动；第三，如果察觉到孩子的自慰是心里不安导致的，则可以让他们一直抱着玩具；第四，多让孩子运动，消耗体能；第五，使用一个别的小朋友都不知道的暗号，以供老师在发现孩子自慰时通过暗号提醒孩子；第六，家人要密切关注孩子的情感需求及情绪问题。

如果进入小学之后，孩子还是会在他人看得见的地方明显地自慰，则需要接受专家的治疗。对孩子来说，自慰就像咬手指甲一样，是能够获得某种安慰的行动。但持续出现这种行为，则说明孩子无法自己解决这个问题，需要大人的帮助。首先要了解孩子是否受到了压力，试着给予他们安全感。同时反省家庭生活是否存在问题，孩子是否因为某事受到了惊吓等。

孩子容易烦躁，总是耍赖

家里有个5岁左右的男孩，每次去超市都吵着让买玩具，不给他买就躺在地上耍赖。不让他看电视也会发脾气，嘟嘟囔囔的，一不满意就用头撞墙，很担心他把脑袋撞坏了。

可以将孩子的耍赖行为看作一种表达自我的方法。孩子满周岁之后便会开始学习走路，同时逐渐变得固执，不听父母的话。此时比起被妈妈抱在怀里，他开始有了独立意识，更渴望用自己的双脚去体验世界。无奈自身能力实在有限，在这样的矛盾之下，便可能呈现出企图为所欲为的固执模样。▶（参考“如何应对一味耍赖的小孩”一节。）

再来，此时孩子由于语言能力不足，无法充分表达自己的想法，于是只能通过哭泣或耍赖等行为来进行补充说明。“我去朋友家玩，他家里有一个机器人，但是都不让我碰，他好小气哦，我也想要一个机器人，能不能给我买一个呀？”孩子无法完整说出这样的长句子，只能一边跺脚一边不停嚷嚷：“给我买机器人！”同时从父母的反应中，他会领悟到他人是如何看待自己的想法和表达的。▶（参考“孩子无法控制愤怒情绪”一节。）

孩子不断耍赖，可能是因为父母在处理这个问题时没有保持行为的**一致性**（consistency）。例如当孩子在公共场合耍赖时，父母因为感到丢脸或担心孩子受伤，便总是答应他的要求。孩子由此尝到甜头，养成习惯之后就会变本加厉。

想让孩子学会自控和使用恰当的方式表达自己的想法，首先需要父母保持前后一致的态度。不能纵容孩子的错误行为，要懂得给予他教训和惩罚。而当孩子表现良好时也要多多鼓励、称赞他。父母要始终保持教育方式的连贯性，不能情绪化，随心所欲，那样会使孩子不安，导致他为了达到自身目的不断与父母较劲，甚至采取带有攻击性的态度。答应孩子的事情要尽快做到，反之，无论孩子做出怎样的举动也绝不能妥协。向孩子做出承诺之后，即使将来孩子已经忘记了，父母也一定要记得兑现。同时，不能一味溺爱孩子，认为自己从前没有照顾好孩子，现在应该尽力弥补，满足他的一切需求。这样的期待和愧疚感最终只会变成孩子成长路上的绊脚石。

孩子不守规矩撒泼耍赖时，应该告诉他“你这样做不对，但是妈妈/爸爸不在乎，妈妈/爸爸先走了”，忽视他的行为并立即起身离开。孩子还太小的话可以紧紧抱住他，等他镇定之后再慢慢松开；或是干脆抱着孩子去往另一个场所，在转移的过程中，孩子可能会忘记自己正在耍赖这件事。如果孩子的行动对自己和他人的安全造成了威胁，则需要果断制止他。

平日里，父母要注意观察并分析孩子的行动，提前构思自己应当如何应对。毫无准备即兴发挥的话自然会导致父母的行为失去一致性。可以为孩子制作一份表格，记录他的各种行为——有意义的好行为、没有礼貌的坏行为、需要制止的行为。

有意义的好行为	没有礼貌的坏行为	需要制止的行为
自己洗漱	撒泼	殴打弟弟或妹妹
听妈妈的话	撞头	在机动车道上骑自行车
询问“我是否可以？”	和兄弟姐妹吵架	不经允许外出
和朋友亲密玩耍	顶嘴	乱吐口水
→称赞	→忽视	→严厉禁止

孩子表现良好，做了有意义的事情时，要多多称赞他，与之建立起亲密关系。表中标示出的好行为略显琐碎，很多父母会觉得自己的称赞给得足够多了，但事实上在孩子做到这些时，父母可能只是点点头就默默走掉了。看见父母打电话，孩子便待在一旁安安静静地玩玩具，此时我们是否对他们表示过感谢？许多父母都十分擅长教训孩子，却时常忘记对孩子做出的良好行为表示肯定。

还可以预先设想可能发生的状况，和孩子一起构思解决方法。例如提前设想孩子“去超市非让买玩具”“大吼大叫不愿意把东西借给朋友”等场景。在构思如何解决这些问题时，留意以下几点：第一，预感事情发生的前一秒，让孩子跟着自己复述一遍需要遵守的规矩；第二，听话时小小地奖励他一下，甚至可以偶尔买他一直想要的东西；第三，不听话时给予惩罚；第四，要让孩子反过来帮助妈妈，赋予他责任感。

举例来说，站在超市门口时我们可以按照以下方式防止孩子耍赖：

- “妈妈是怎么跟你说的？对吧。要跟紧妈妈，说好了不能缠着妈妈买东西的吧？”
- “你乖的话就给你买那个零食和（便宜的）玩具。”
- “但是你不听妈妈的话就没有玩具了哦！”
- “好，现在跟妈妈一起进去吧。你要不要帮妈妈推车？”

014

孩子总是咬指甲

孩子今年7岁了，个性散漫，非常爱咬自己的手指。指甲全部被他咬光了，还流了很多血。这样不卫生，指甲也会变丑，我看着很心痛。教训过他好几次了，但丝毫没有改正呢。

D.温尼科特认为，孩子咬指甲其实是想借此来吸引妈妈的注意，确认妈妈对自己的爱。弗洛伊德则表示，处在口腔期阶段的孩子会将自己的身体部位或周边事物放入口中来获取满足感，而在口腔期结束后仍可能表现出吮吸手指、咬指甲等症状。另外，孩子在受到压力或感到紧张时，也会通过咬指甲、嘴唇等损坏身体部位的行动来给予大脑刺激，缓解自身情绪。随着现在孩子学习压力的不断增大，坐在书桌面前的时间越来越多，许多已经进入幼儿园的孩子仍可能出现咬指甲等问题。

这是一种习惯性的行为障碍，仅仅依靠意志难以改变。即使指甲已经短得嵌进肉里，不断被妈妈教训，孩子仍然无法很好地纠正自己。此时我们应该停止训斥孩子，耐心等待。可以在孩子睡着后帮他将指甲修剪整齐，涂上护甲霜，当孩子感到指甲十分光滑时，就会减少咬指甲的行为。他可能会因为想到妈妈非常关心自己的指甲，而将已经放入口中的手指拿出来。

同时，我们需要注意观察孩子咬指甲的行为主要出现在何时、哪种状况之下，弄清他感到紧张的原因，并消灭这个源头。再来可以让孩子多多参与玩水、黏土游戏、堆沙堡、折纸等需要使用手指的活动，减少他将手放入口中的频率，安抚他的不安情绪。另外还可以给孩子涂上漂亮的指甲油，让他自己变得想要爱护指甲。

与咬手指类似，吮吸大拇指也是一种习惯性的行为障碍。通常在孩子两三岁时这一问题最为突出，这一时期过后则逐渐消失，被其他习惯替代。此时不应训斥孩子，可以帮助他通过其他的行动来转移注意力，缓解紧张感，耐心引导他用语言表达出心中的困扰。

015

生了二胎之后孩子总是闹脾气

孩子上幼儿园了，一直以来都挺乖的，但自从妹妹出生之后就变得很爱耍赖，甚至出现了尿床的问题，有时还会故意打妹妹。

所谓**退行**（regression），是指人仿佛倒退回了从前的阶段，做出与自身年龄不相符的行为。二胎出生后，家里的大孩子出现退行行为的现象十分普遍。在此之前，孩子一直独自霸占着父母和全家人的爱与关心，自然会担心这些只属于自己的东西被弟弟妹妹抢走。因此可能会模仿弟弟妹妹，和他们做出同样的举动，例如通过尿床、故意不控制大便等行动来吸引家人的关注。这其实是孩子在向父母传递信号——“我也需要爸爸妈妈的爱呀”，此时应该接纳孩子的退行行为，向他表达出充分的爱意。（参考“搞不懂自己的想法和行为”一节。）

退行

人在受到压力时，心理上会退回到以前没有压力更加年幼的阶段，这是一种防御机制。一直能够很好控制大小便的孩子在弟弟妹妹出生后突然开始尿床，便属于一种退行行为。

心理学家C.布伦纳（C. Brenner）认为，2岁大的孩子如果突然有了弟弟或妹妹，会很担心妈妈被抢走，因此希望弟弟妹妹消失。却又害怕这份敌意被妈妈察觉，反而导致自己失去妈妈的爱。因此会选择抑制自己的敌意，反过来模仿妈妈，表现出对弟弟妹妹的喜爱。（参考“兄弟俩成天打架”一节。）

怀上二胎之后，要提早告诉第一个孩子，让他知道妈妈肚子里孕育着一个小生命，让他抚摸妈妈的肚子感受胎动。还可以和他一起准备婴儿用品，提前带他熟悉要在妈妈生产期间照顾自己的人。同时，最好不要在生产前对孩子进行控制大小便的训练及让他单独睡觉等，这只会给他带来压力和不安。

二胎出生后，还需要注意以下几个问题。第一，每天至少花15～20分钟时间与大孩子单独待在一起。孩子感受到充足的爱与关心，拥有稳定的心理状态，则不容易出现退行行为。第二，让孩子试着照顾弟弟妹妹。孩子可能嫉妒和讨厌弟弟妹妹，认为自己被妈妈训斥都是因为他。不如试着让他给弟弟妹妹冲泡奶粉，或帮忙扔尿布等。第三，父母要随时反省自己是否做到了一碗水端平，是否因为偏爱而让孩子心里受伤了。有时只要大孩子靠近弟弟妹妹，妈妈就显得很紧张，会推开他，让他离弟弟妹妹远点。虽然理解妈妈的心情，但这可能会导致大孩子感到被疏远，情绪变得忧郁。第四，在给弟弟妹妹洗澡或涂身体乳时应该先问问大孩子："也给你洗个澡吧？""你要不要也涂身体乳？"

再来，要避免孩子和弟弟或妹妹产生比较。不能对孩子说"你没有弟弟妹妹做得好"，或故意让他们一争高下。这样会导致孩子们将彼此视为竞争者，产生强烈的胜负欲。应该告诉孩子"你比弟弟妹妹更棒，所以要多多照顾他们"，避免孩子产生自卑心理。同时让他们知道，兄弟姐妹之间要彼此团结才能变得更好。让他们一起整理玩具，一起叠被子，一起抬重物，孩子们会因此体会到彼此的存在给自己带来的积极意义。

小贴士

和孩子一起度过特别的玩耍时间

1.效果

孩子做出好的行动时，要表现出关心，这样可以鼓舞他下次做得更好。要多多称赞孩子，以此建立起良好的亲子关系，同时要腾出固定的时间陪伴孩子玩耍。

2.玩耍方法

首先对孩子说，现在来跟爸爸妈妈一起玩耍吧。可以在日历上标记下来提醒自己。每周固定和孩子玩耍2次，每次15至30分钟。如果因为有事耽误了和孩子玩耍的时间，则应该利用其他时间弥补回来。每次应单独与一名孩子玩耍。接着要询问孩子想做什么。如果孩子没有想法，则可以向他提供几个选项，让他做出选择。应排除看电视、玩玩具等孩子可以独自完成的事情，选择散步、踢足球、搭积木、玩滑板、骑自行车、玩洋娃娃、过家家、扮演机器人、做饭、聊天等需要与他人一起进行的活动。和孩子玩耍时父母应该全神贯注，不去思考别的事情，用平和稳定的心情对待孩子。开始玩耍后，观察孩子的行动，像转播员一样充满兴致地仔细描述他的行为，这样孩子会认为父母十分关心自己的一举一动。不要向孩子提问或命令他做任何事情。玩耍过程中，如果孩子表现出了良好举动，要记得多多称赞他。

3.玩耍时间必做的几件事

·用言语称赞孩子。

“你XX的时候妈妈最开心”“真是太优秀啦！”“宝贝长大了呢”“好厉害！”“你是最棒的”“赞！”“待会XX来了，得告诉他宝贝刚刚表现得多棒！”等。

·解释说明。

“抓到球了诶”“宝贝看起来心满意足呢”“积木快搭好了哦”“宝贝现在说话比妈妈还快了”等。

·非语言性称赞。

拥抱孩子、拍拍他们的肩膀、摸摸头、竖起大拇指、将手搭在孩子肩膀上、露出微笑、眨眨眼、与孩子击掌等。

4.玩耍时需要避免的几件事

·提问。

“怎么生气了？”“你准备做个什么出来呀？”“这步棋为什么这么走呢？”等。

·命令式语气。

“把积木放到一边”“快扔骰子”“你数数，我来扔”等。

·责怪孩子。

“你下次认真点啊”“这次还行，但是上次怎么表现那么差？”“你这样是想干吗”“我给你做个示范”等。

兄弟俩成天打架

家里两个儿子现在分别7岁和9岁了。两兄弟老是打架，大儿子总爱捉弄小儿子，或故意打他，把他弄哭。经常训斥也没有用。我很担心小儿子因为受到压力将来性格变得古怪。

一些神话故事或小说总是将兄弟间的矛盾描述得相对负面。但是心理学家A.阿德勒（A. Adler）认为，兄弟间的竞争意识可以帮助他们培养自信感和进取心。人类甫一出生时极为脆弱，为了克服自卑感总想力争上游。弟弟会为了赢过更早出生的哥哥而倾注许多努力，最终变得相对早熟。（参考“想要克服自卑心理”一节。）

哥哥作为家里的第一个孩子，一直以来受到了全家的喜爱和关注。因此会因为患得患失感到不安，容易受挫，希望通过给弟弟立规矩来树立自己的权威。而初为父母的家长们则通常一边觉得压力极大，一边对大儿子怀抱着巨大期待。弟弟为了抢夺家人集中在哥哥身上的爱和关心，在竞争意识强烈的同时又乖巧爱撒娇，会学习模仿哥哥，十分聪明。而此时父母则因为积累起了一定的养育经验，对待第二个孩子时相对游刃有余。

父母的期待会对孩子造成极为深远的影响。心理学家M.鲍恩（M. Bowen）认为，家里的大儿子通常会因为背负过多期待而与父母冲突不断，渴望独立却难以实现。将来结婚之后，和另一半也会出现既亲密又充满矛盾的情况，甚至会将自身的问题**投射**（projection）到子女身上。反之，弟弟则因为父母期待相对较少，更加自在随和，结婚后与另一半及子女之间也较少出现问题。

投射
是一种将自身无法承受的问题和缺点的成因转移给他人，或将责任推卸给客观状况的防御机制。在自己讨厌某人时会认为是因为对方讨厌自己，所以自己才讨厌对方。

在调节子女间矛盾时要注意以下几点：

第一，对孩子间的矛盾不必一一进行仲裁，尽管父母希望自己成为维持公平的法官，保证孩子们亲密相处，但此时这样做可能反而会给孩子们带来失落感。应该培养他们解决问题的能力，让他们自己去处理矛盾。

第二，发现孩子间的斗嘴愈演愈烈时，则可以稍稍介入其中——“哎哟，这样下去该打起来了啊”，以避免更大的冲突发生。如果孩子们真的动起手来，应该立刻将他们分隔开来，带到不同的房间里。此时切勿选边站，等孩子们冷静之后再来评判是非。

第三，不要因为弟弟告状便不分青红皂白训斥哥哥。兄弟俩在一起时，那样做可能导致哥哥被弟弟轻视。要告诉弟弟，向父母告状是不好的行为，让他们学会自己解决问题。

第四，父母要随时反省自己是否在无意中表现得对弟弟更加偏爱，使哥哥失落。弟弟可能的确相对更加乖巧听话一些，但父母要接受孩子的不同个性，努力做到不偏不倚。可以给孩子们分别制订日程表，留出时间单独陪哥哥玩。这样妈妈也会看到哥哥身上的优点，哥哥则会因久违地再次独享妈妈的爱而感到幸福。

第五，父母要思考自己是否将自身的问题投射到了孩子身上。妈妈可能会因为婆婆、丈夫的一些表现及从前自己的妈妈更加偏爱姐姐或哥哥的往事，将对他们的感情转移给孩子，变得嫉妒孩子或过度训斥孩子。

017

父母做爱时被孩子看见了

孩子睡到一半醒来，看到了我们发生性关系的样子，我吓了一跳呆住了，不知道应该如何向孩子解释这件事情，很惊慌。这会对孩子的情绪造成影响吗？

在发生性关系时被孩子看见，父母可能会因为太过惊慌和丢脸而想要逃避，骗自己孩子可能根本没有看见。再来，父母如果因为惊慌发出尖叫或像做错事一样愣住不动，可能会导致孩子从此对性产生负面的认知。

看见父母发生性关系时，所处年龄阶段不同孩子的想法也并不一样。三四岁的孩子可能会认为父母在“打架”，由于孩子更加依赖妈妈，所以可能会认为“爸爸打妈妈了”“爸爸在折磨妈妈”，因此变得害怕爸爸。五六岁的孩子则会意识到这是某种性行为，并因此陷入混乱之中。

最好的方式其实是父母在进行性行为前将门锁好，避免被孩子看见。但如果还是被发现了，不能够选择回避，可以坦诚地和孩子聊一聊。首先要对孩子受惊的心情表示理解。“宝贝吓到了吧？”一边轻轻安抚他，并询问他此刻的感受。不必过分仔细地进行解释，如果是三四岁的孩子，可以告诉他爸爸并不是在打妈妈，是在表达对妈妈的爱。面对五岁以上的孩子，则可以相对真实地简要说明，告诉他夫妻之间因为相爱所以会做这件事，孩子也是这样产生的。解释得过于详细可能会导致孩子陷入更大的混乱之中。有时孩子会模仿自己看到的场面，此时不必严加训斥，过段时间之后他就会忘记了。

给孩子阅读简单的性教育童话故事也会带来帮助。在这里我们为父母们推荐《听说妈妈生了小宝宝》《我的妹妹出生啦》《我是女孩，我的弟弟是男孩》《宝贵的身体》等童话书籍。

018

孩子太难伺候了

家里孩子3岁了，经常因为一点小事感到烦躁或发脾气，教训他还不服气。晚上不太想睡觉，听到声音也容易醒，醒来便会又哭又闹，真是太折腾人了。

“孩子好听话呢”“哎这个孩子真挑剔”“感觉他有点迟钝诶”，类似这样的话我们时常听到。这些其实都是对于孩子自身气质的描述。气质是与生俱来的，反映在人的行为及情绪表达上，并且决定了我们在出生后几年内与世界相处的模式。气质没有优劣之分，且难以被人为改变。父母们应该承认孩子的气质，为他们选择适合的养育方式。

“孩子爱参加活动吗？”“晚上睡眠好吗？”“适用能力怎么样？”“因为一点点小事就很敏感吗？”这些提问都与孩子的气质问题息息相关。心理学家A.托马斯等人将孩子的气质分为三个类型，即“容易型”“迟缓型”和“困难型”。（参考“孩子一秒钟也不肯离开我”一节。）

“容易型”的孩子爱笑、睡眠好、生活作息规律，大部分的孩子都属于这一类型。“容易型”的孩子不太折腾父母，但是父母也要及时主动地察觉到他们的需求，多多陪伴他们玩耍。“迟缓型”的孩子适应能力差，需要较长时间，多次反复经历之后才能勉强适应许多事情。养育这类孩子应当保持耐心，学会等待，给予他们足够的时间，分阶段让他们不断进行新的尝试并从中获得成就感。“困难型”的孩子爱挑食、睡眠不规律、哭闹严重、适应能力差，属于最难伺候的类型。这是孩子天生的气质问题导致的，如果不能理解这一点，便可能会误认为孩子生病了，或质疑自己的养育方式出了问题，并因此感到内疚。事实上，只要接纳孩子的这一性格特点，对他们进行恰当的教育，“困难型”的孩子仍然能够健康顺利地成长起来。面对这类孩子要有耐心，敏锐觉察出他们的每个状态。父母如果总是不分青红皂白发脾气，动不动就惩罚孩子，则可能导致他们变得更加叛逆。

养育“困难型”孩子时，要注意以下几点问题：

第一，要承认孩子与生俱来的气质。事实上拥有这一类型气质的孩子自身最为辛苦，父母应该接纳他，放平心态，对自己的养育方式保持恒定的信心。

第二，帮助孩子调节情绪，让他学会恰当地表达感情。要告诉他生气时缓解愤怒的方法。如果孩子还小，可以通过运动、洗澡、整理玩具或独处等方式来平复他的情绪。

第三，要看到孩子气质中的优点。孩子总是不安分、动来动去、翻箱倒柜的话，可以认为他好奇心旺盛，陪他一起玩耍探寻。但要注意保护他的安全。

第四，给孩子下达简短的命令，不拖泥带水。例如“××是规矩，必须遵守”等。一开始至少让他学会遵守两三个重要的规矩。

第五，不要过度惩罚孩子。否则可能导致他情绪爆炸，针对具体行为进行适当惩罚即可。

第六，妈妈也要学会调节自己的情绪。妈妈是孩子最好的老师，要懂得暗示自己“孩子不会一辈子这样，这些问题都只是暂时的”。

如何培养孩子的社交能力

孩子5岁了，几乎没什么朋友，也不懂得关心照顾他人，非常自我。很担心他长大后会因此感到孤独，想培养培养他的社交能力，应该怎么做才好呢？

所谓社交能力，是指能够和他人建立关系、分享快乐，并维持这一关系的能力。想要培养良好的社交能力，首先需要具备调节情绪的能力，即使生气也能够抑制怒火不发脾气；其次，要懂得遵守规定，与人为善；最后，认知学习能力也十分重要。社交能力最初是在意识到妈妈和自己是分别独立的个体时开始形成的，以自我为中心的孩子慢慢变得想要理解他人，在这个过程中，社交能力便逐渐被培养起来了。

首先会对社交能力造成影响的便是孩子天生的气质。由于孩子的行为方式及情绪状态不同，甚至个人体质及身体状况也不尽相同，即使身处类似的环境，不同的孩子也会做出不同的反应。面对“困难型”孩子时，妈妈如果时常焦躁，缺乏自信，便会把这样的态度传染给孩子，增强其“困难型”气质。这一气质类型持续下去就会导致孩子难以适应幼儿园生活，容易感到烦躁甚至变得具有攻击性。如果父母能在早期选择正确恰当的养育方式，则可能促使这些“困难”的部分得以消失。▶（参考“孩子一秒钟也不肯离开我”一节。）

孩子出生后，最早建立起的依恋关系是后来培养人际关系及社交能力的基础。依恋是孩子与照顾自己的人之间的情感纽带。心理学家J.鲍尔比认为，安全基地（即被依恋的妈妈）是远征部队（即孩子）的出发地，也是他们在撤退时能够回去的大本营。尽管这个大本营只是在身后静静等待着，其存在对孩子来说却十分重要。因为孩子只有在确信身后有可以回去的安全基地，回去之后有人迎接自己时，才能充满力量地越过危险不断向前。情绪稳定的孩子多数拥有鼓舞他们学会独立且能够在必要时提供帮助的父母。相反，和妈妈间的依恋关系不稳定的孩子通常人际关系也显得摇摇欲坠，缺乏社交能力。

孩子的社交能力是通过玩耍培养起来的。心理学家A. G. 沃特曼（A. G. Woltman）认为，孩子是通过玩耍来认识、接纳并逐渐了解世界的。但这并不是说只要在理论上懂得玩耍的方法便可以和他人愉快相处了。一定要真正与人们进行实际接触，不断调整自己的玩耍方法。在这个过程中要不断与人沟通，尝试解决问题，这会促进孩子认知语言能力及推理能力的发展。同时也会让他们学会换位思考，理解他人的感受和观点。在协作或处理争吵的过程中，孩子也就慢慢长成大人了。

孩子2岁左右便会知道，爸爸妈妈即使从自己眼前消失，也存在于某个别的地方。开始走路之后家长可以与他们追逐玩耍，训练他们慢慢脱离大人的怀抱。2岁的时候他们就可以玩**扮演游戏**（pretend play），玩玩偶，过家家，或拿棍子当枪使，等等。孩子年满3岁之后，会误以为自己是无所不能的魔法师。而到了6岁，随着自我中心主义的世界观慢慢消失，孩子会开始懂得要照顾他人，调整自身情绪，树立目标等，为进入小学做好一定的准备。

想要培养社交能力，就需要具备读懂他人心理状态的能力。**心理理论**（theory of mind）认为，孩子在年幼时通常无法理解他人，只懂得从自己的视角看待问题，逐渐长大之后才会形成把握他人内心活动的能力。能证明这一观点的最具代表性的实验便是所谓的“错误信念实验”。研究人员给孩子播放一段录像，录像中有A和B两个人，在B将球装在一个盒子里离开后，A将球转移到了另一个盒子里。这时我们问孩子，你认为B回来后会去哪里找球呢？测试孩子是否知道，B并不知道球被转移了这件事。4岁以下的孩子大部分会说，B会去新的盒子找球。但其实在B的信念中，球还在原来的盒子里，孩子此时因为不能把握他人的心理状态所以给出了错误的答案。随着年龄渐长，他们就会知道，“B会去原来的盒子里找球，因为他当时不在，没看到球被转移了”。这一能力得到发展之后，孩子就会以惊人的速度成长起来，在与他人进行互动的同时不断学习进步。

心理理论

理解自己的想法并不代表他人的想法，他人的想法和自己的可能不同的能力。心理理论认为我们可以通过观察他人过去的行动和经历，推测他人的期待和信念，从而预测他人的行动。这一理论可以通过错误信念实验、共同注意能力、镜像神经元等进行阐释，对人们社交能力的发展起着巨大的作用。

懂得站在他人的立场思考问题的社会观察能力也十分重要。设想一下，教室里正和朋友相互打闹时老师进来了，朋友停了下来，孩子却还在一直嚷嚷。此时问孩子，“你觉得老师会训斥谁呢？”如果孩子没有眼力见儿，执着于事实本身就可能会回答，“两个一起训斥”。像这样不懂得察言观色的孩子常会因为只有自己被骂而感到委屈，并产生强烈的被害意识。

有一个关于大脑的假说是，人的脑中存在一些处理社会交往的“**社会脑**”区域（social brain）。这些区域决定了我们是否能够读懂他人的表情和心理活动，调节自身情绪，把握他人的意图和倾向。同时，受这个区域影响，我们在获得称赞和奖励时也能够做得更好。大脑中杏仁核、内侧前额叶皮层及后颞上沟等都属于社会脑区域。社会脑在3岁之前发展得最为迅速，此时孩子如果能够充分获得父母的爱与呵护，积累起正面的生活体验，脑部相关区域受到刺激得以发展，社交能力就会越来越好。孩子在3岁左右时由于自我中心倾向严重，通常认为自己的想法别人也都知道，“只要是我觉得好的，别人也都觉得好”。然而只要社会脑得到良好发展，他们便能够成长为懂得尊重照顾他人，心地善良温暖的人。▶（参考“孩子不与人对视，叫他名字也不回答”一节。）

社会脑

社会生活中掌管人际关系的脑部区域。其中，杏仁核区域负责帮助我们通过表情来理解他人的情感和情绪，内侧前额皮层则与社会学习理论息息相关，后颞上沟负责观察他人的动作视线及表情，分析他人的心理状态和倾向。

孩子的社会能力会随着年龄增长逐渐发展起来，1岁以前父母需要无条件接受孩子全部的所作所为，用爱包裹他。1至3岁时则应当要求孩子遵守一定的规矩，前后一致地对待他。此后的4至7岁阶段，孩子的社会属性得以迅猛发展，然而调节自我的能力尚且不足，要多让他与别的孩子一起玩耍，帮助他进一步培养社交能力。

孩子在每个年龄段能够实现的发展并不一致。有的孩子发展较早，有的则较晚。如果出现语言等方面的认知能力不足，或社交能力欠缺的情况，可能会导致孩子的行为方式出现问题，此时便需要父母更加聪明地与他相处。

孩子总是为所欲为

儿子5岁了，和朋友一起玩的时候也不说话，爱抢朋友玩具，总是不管不顾的，真是让人操心。

现在许多父母喜欢鼓励孩子——“别傻傻挨打，去打回来”“别跟对你没用的人做朋友”。不知道这些话究竟有没有给孩子带来正面的影响，让他们变得更加自尊自爱，但的确有许多孩子因此变得越来越不懂得尊重他人了。

心理学家迈克比（Maccoby）和马丁（Martin）将父母的教养方式划分以下四种类型：

- 权威型（authoritative）教养方式。

  这类父母十分关心和爱护孩子，懂得倾听孩子说话，并尊重他们的意见，也能够为孩子定下必须遵守的规矩。这类父母的孩子通常情绪稳定、性格开朗、好奇心旺盛。同时具备较为强大的自制力，也懂得信赖他人。

- 专制型（authoritarian）教养方式。

  父母的话就是法律，要求孩子无条件服从，吝于称赞，爱惩罚孩子。在此类父母身边长大的孩子害怕惩罚，自尊感低，性格小心翼翼，容易感到愤怒和不满，或形成叛逆、难以自控的攻击性人格。

- 溺爱型（indulgent/permissive）教养方式。

  像朋友一样对待孩子，让孩子拥有主导权。无条件溺爱孩子，满足他们的需求，没有底线和规矩。这种教育方式下的孩子通常自私、独立性差、缺乏责任感、没有礼貌，容易成为问题少年。

• 放任型（neglectful）教养方式。

放任自流，对孩子的心理问题和身体状况都缺乏关心。这类孩子长大后难以与他人建立亲密关系，被抛弃感严重，容易陷入抑郁。

采用溺爱型教养方式的父母极度放纵孩子，会替他们做一切事情，认为全世界都应该围着自己的孩子转，不懂得体谅照顾他人。因此孩子也会成长为没有礼貌、自私自利、只看得到自己的人。

要学会尊重他人，首先要懂得“获得允许”，这也是集体生活及处理人际关系时最为重要的一个问题。例如询问他人，“我可以××吗”或“请问我能不能××呢”，等等。孩子两岁以后就会开始产生“这是我的东西”的概念，此时就要对孩子进行训练。不可以擅自使用别人的物品，或是有需求时要率先征得他人的同意，这是孩子在这一阶段必须养成的习惯之一。试想，如果在公共场合孩子想上厕所时，不首先询问妈妈“我可以去厕所吗”，就自顾自走掉，妈妈该有多么着急？同样，在和朋友玩耍时径直抢走对方的玩具也是没有“获得允许”的行为，是需要及时纠正的。

要多让孩子练习“获得允许”。“妈妈，我可以看电视吗”“妈妈，我可以去游乐场玩吗”“姐姐，这个铅笔我可以用吗”，等等，告诉他们必须等到对方同意才可以做出下一步行动。我们可以在和孩子一起玩耍时顺带帮助他们练习。和爸爸一起玩小汽车时，如果孩子一言不发直接抢走爸爸拿在手上的玩具，那就要求他下一次必须事先询问爸爸。懂得“获得允许”才会让孩子成长为有礼貌的人。

在“获得允许”时，除了“我可以××吗”或“请问我能不能××呢”等询问，孩子还需要学会其他的表达。例如“不好意思——”“很抱歉打扰了——”等请求对方谅解的话语，或得到允许时说“谢谢”等。平时家长以身作则，给孩子做出正确的示范。

有理有节，尊重他人，这并不需要我们使用多么华丽的语言。在英语中，“Thank you”“Please”“I'm sorry”“Excuse me”“Would you mind”等简单的话语就能够充分展现礼仪了。最重要的是，要时常将这些表达挂在嘴边，反复使用。我们要从小训练孩子，让他们养成良好的习惯。

021

孩子爱打其他小朋友

孩子现在6岁，总是去招惹其他孩子，殴打别人，为所欲为。还经常因为小事发脾气，容易感到不耐烦。

1岁之前，吃着奶突然被扯掉奶嘴，孩子就会发脾气，哭泣或用脚踢妈妈。到了2岁之后，占有欲开始产生，孩子的嘴里就会出现“这是我的东西”等语句。3至6岁，孩子不会直接与人争吵打架，但会热衷于捉弄或威胁他人。例如毫无理由地弄伤别的孩子，将家里的压力发泄到外人身上，抢走朋友的玩具，等等。此后随着逐渐长大，孩子则会慢慢懂得理解他人，反思自己的行为，尽量抑制冲动，控制自己带有攻击性的举动和话语。

孩子的道德是如何得以发展的呢？弗洛伊德认为，人天生受性冲动（利比多）和**攻击本能**（aggression）的控制，在口腔期我们吮吸奶嘴时能够从中收获乐趣，咀嚼时我们也能体验到快感。这在一开始可能表现为某种攻击行为，而在超我发展起来后，攻击本能则会得到抑制。皮亚杰则表示，人在年幼时只能依靠事情的结果来判断状况，逐渐长大后则会懂得意图、动机的重要性。因此孩子在年幼时会认为比起故意打碎一个杯子，不小心打碎好几个杯子的行为更应该得到惩罚。同时小时候孩子会认为制定规则的人（父母、神、老师等）是无所不能的，违背了规则就必须受到惩罚。长大之后则会懂得变通，知道规则也是可以改变的。

孩子攻击性太强时，父母首先需要反省自己的养育方式是否存在问题、孩子是否受到了压力、成长环境是否安定、是否欠缺规则或制约等。父母需要教会孩子懂得自控，但也不必过度敏感，因为孩子一点点的攻击性就感到焦虑。例如，妈妈一看见孩子攻击别的小孩就表现得大吃一惊或不知所措的话，孩子就可能认为这个行为可以控制妈妈，因此反复做出类似举动。再来，我们还需要确认孩子是否因为发育迟缓，不得不通过攻击的方式来表达自我，或存在天生散漫、多动、自闭等问题。

以下几个步骤可以抑制孩子的攻击行为。父母首先要与孩子建立起良好的关系，在此基础上再适当实施惩罚。一味惩罚孩子，只会起到反作用。

第一步，父母要提高与孩子的亲密度。平时带有攻击性的孩子安安静静待在一旁时，父母就会认为“别去招惹睡着的狮子”，因此不与孩子对话。或因担心孩子做出奇怪的举动而选择逃避，刻意减少与他相处的时间。但这样做是不正确的。必须多多陪伴孩子，培养起良好的亲子关系，并在相处中发掘孩子的优点。（参考“生了二胎之后孩子总是闹脾气”一节。）

第二步，孩子表现好，做出有价值的行动时要多多称赞他。要说很多父母非常吝啬称赞，各位读者也许不能认可。可以试着在衣服口袋里放一些硬币，每次称赞孩子时就将一枚硬币从右边口袋挪到左边，这样就会发现，自己称赞孩子的次数是不够多的。特意做一张“称赞表”，选定两三个行为，每当孩子做得好时就为他放上一个小贴纸。同时可以说，“你××做得好，爸爸妈妈很高兴呢”等。一开始当贴纸集齐一定数量时可以给予孩子一些奖励，此后只进行称赞即可。

第三步，给孩子布置任务时，需要简洁明了，一次任务不宜过多。关掉电视，注视孩子的眼睛，告诉他需要做什么，同时让孩子复述任务内容，确认他完全听进去了。

第四步，孩子不听话时可以实施“隔离反省”惩罚他。让孩子坐在“思考椅”上，不到规定时间不能下来。在此之前要确保此前三个步骤得到了充分实施，同时由于这一惩罚可能导致孩子和父母赌气，需要利用空闲时间在家中进行。孩子罚坐的时间可以为年龄乘以一两分钟，时间到了之后便询问他们“现在要乖乖听话了吗”。如果孩子表示下次不会再这样了，则可以回答“谢谢你听妈妈爸爸的话”。

022

孩子无法控制愤怒情绪

如果不让孩子看电视他就会发脾气，又哭又闹的，常因一点点小事摔东西甚至打人，我非常担心和苦恼。

孩子在出生后4至6个月大的阶段，比起生气的表情，更容易被他人露出的幸福表情吸引。12至18个月大时，如果有陌生人靠近自己，就会根据妈妈的表情判断自己是否能够与该陌生人进行接触。三四岁的孩子就可以依据自身经验辨别出他人相对直观的情绪，如喜悦、悲伤、愤怒、惊讶等。到了5岁之后，则能够对他人的表情及状况有所把握。7岁时孩子会体验到例如嫉妒、罪恶感等较为复杂的情感，对状况的判断也变得更加清楚。

当事情不顺心时，如何控制自己及从他人处感受到的愤怒？这是孩子需要学习的重要一课。无法控制愤怒可能会导致暴力倾向的形成。当然，孩子在两三岁时出现的自我中心等负面问题，也可能成为自身的推动力，促进事情的正向发展。年幼时过度遭受控制，失去必要的攻击性，则可能导致孩子失去自我，成为没有主见和生存能力的人。相反，控制能力不足，攻击性强的孩子则可能做出反社会行为，给他人带来伤害，以致社会生活无法顺利进行。因此，最重要的不是完全抹杀掉所谓的攻击性，而是让孩子学会调节和自控，有建设性地运用自己的攻击性。

以下方法可以帮助孩子恰当调节愤怒：

第一，让孩子学会用语言表达“我生气了”。尽管孩子的说话能力不同，能够表达出的语句也不尽相同，但只要用语言吐露出自己的情感，愤怒就会得到一定缓解。孩子的语言水平较高时则可以鼓励他表达得更加完整，如“因为——我生气了”等。

第二，让孩子练习表达感情的词汇。五六岁的孩子应该能够掌握“心情很差”“心情不太好”“心情一般”“心情好”“心情超好”等语句，可以制作表格来为孩子记录每天的情绪，或做一些表情小贴纸粘在每天的日历上。孩子六七岁时，可以将一些表达情感的语句粘贴在家中墙上，让孩子运用这些语句聊一聊当天的心情和感受。同时要让孩子练习简洁地表达自身感受，最基本的有失望、害怕、生气、害羞、无聊、小心翼翼、自信、嫉妒、愉快、孤独、悲惨、敏感、后悔、满足、胆怯、吓一跳、幸福、挫败、悲伤、怀疑等。父母可以多次朗读这些词，并给予恰当的使用说明，也要多多鼓励孩子表达负面情绪，并学会把握情感的轻重程度，即将情感数值化。孩子年幼时需要掌握“非常”“一般”“有一点”等副词，到了7岁左右则应该运用0至100或0至10的区间值来衡量自己当下情绪的程度。例如，比起简单的一句“我生气了”，如果能够说出“我生气了，现在大概有50个百分点的样子”，孩子便会自己意识到此刻的情绪尚可被调节，还不到必须“爆炸”的地步。

第三，要让孩子明白，懂得用语言表达负面情绪是一件值得称赞的事情，但不能够通过行为来进行发泄。孩子们常误以为自己一旦表露出负面情绪就会挨训，父母需要告诉他们，“因为××，宝贝生气了呀？可以生气，但是不能乱摔东西”，也可以让他们利用锤沙包或枕头的方式进行发泄。

第四，家长要为孩子做好示范和榜样。孩子会模仿学习家长的行为，生气时试着多用语言表达。“你这样做，家长感到很生气”，这即是所谓的“**我向信息**”沟通法。

第五，父母要备具共情能力。在观察孩子的表情或语气后，家长可以先说出“哎哟宝贝生气了呀”，让孩子感到家长是理解自己的，同时能够更好地消化自身情绪。

第六，在孩子使用语言表达情感后多多称赞他们，例如“谢谢你告诉爸爸/妈妈你生气了，爸爸/妈妈会改的”等。

我向信息

T.高尔顿（T. Gordon）博士针对子女沟通问题提出的一种对话方式。即，说话时比起从“你”出发的表达，从“我”出发的表达更能帮助我们实现更为有效的沟通。从“你”开始的表达通常会让对方觉得自己受到了指责，因而产生反感和排斥心理。而从“我”出发去沟通，表现出“尽管你有不对之处，但情绪管理是我的责任，我也没做好”的态度，则是更有建设性的对话方式。

小贴士

调节情绪的游戏

孩子尚且年幼的话，可以画一些脸部表情的图画，在纸上写下一些表达感情的文字，让孩子选出自己此刻的心情。孩子上小学之后，为了加深他对待情感的认识，可以使用一些相关的词汇，让他写一写自己在何时体验到了这些情感，或指着杂志上的人物让孩子说出他的表情如何，还可以运用与情感相关的一些词汇进行造句练习。

控制愤怒的深化过程

1.测量愤怒值（0至100分）

让孩子认识自己愤怒的程度，是尚且可控还是濒临爆发，并思考调整处理的方式，同时用语言表达出来。

2.捕捉愤怒爆发时的信号

愤怒到了爆发阶段则通常难以抑制，要让孩子意识到爆发前的一些信号。可以根据孩子的年龄阶段进行简单说明。例如询问孩子，“你发脾气的时候，是怎么样的呢”，孩子就能够更好地理解自己此刻的情绪和行为。

身体信号	思考信号	行动信号
呼吸急促	妈妈总惹我生气	说话音调变高
心跳快	我想打朋友	脸部表情愤怒
流汗	朋友死掉就好了	做出愤怒姿势
脸色涨红	好讨厌妈妈	顶嘴
肌肉紧张		插嘴，妨碍他人
说话音调变高		

3.对孩子说，“等一下！先在心里数到3吧”

情绪真的一触即发时，需要先冷静下来才能够进行思考。可以先起身离开，让孩子独自镇定一下。

4.让孩子调节紧张情绪

平时要多教孩子缓解自己的紧张情绪，学会为自己松绑。

•深呼吸。

•想象舒适的画面。

让孩子记住自己喜爱的场景，生气时就回想那时发生的快乐事情。例如可以想象舒舒服服地躺在泳池边，乘坐宇宙飞船离开地球，夜晚躺着看星星等场面。

•使用系统的方法缓解肌肉紧张。

首先，跟孩子一起玩乌龟游戏。摆出乌龟缩进龟壳的姿势，坚持数到10后放松身体，并将这一姿势反复多次。这一准备活动能够让孩子感受到肌肉收缩和放松时的差异。接下来，让孩子右手臂保持用力，数到5后放松，让他进行体验。接下来按照左右臂用力—脸下巴用力—缩紧脖子—腿脚用力—肚子用力的步骤让孩子分别进行练习。完成之后，可以将以上步骤一次性重复一次，最后屏住呼吸，维持姿势，数到10，然后让孩子呼气，完全松弛下来，同时可以想象舒适的画面。

5.让孩子学会自我暗示

询问孩子，什么样的自我暗示是比较好的？受到压力时，孩子会通过自我暗示获得安慰。例如，可以反复暗示自己，“放松，想开点吧”“很快就会好起来了”“别放弃”“这个朋友不跟我玩了，我就跟别的朋友玩呗”，等等。

6.教会孩子有效解决问题的方法

人们在面对困难时，自然会去寻找有效的解决方式。这个过程通常是在无意识中进行的，而如果能够刻意训练自己在遇到问题时有逻辑地进行处理，就可以提高社会能力，更好地帮助我们处理问题。有逻辑地处理问题分为以下几个步骤：

·怎么做好呢？（思考多种方式方法）

·用这个方法试试吧。（选择方法并尝试解决）

·问题解决得如何？（尝试后评价反省）

例如，在描绘一朵花时，我们要事先思考从哪一部分开始下手。是先勾勒整张画的边框还是给背景染色，又或是先画出花朵或花叶的部分（思考多种方式方法）？如果选定了从画的边框部分开始勾勒（选择方法并尝试解决），勾勒后需要审视一下画得如何，水彩是否晕开了等问题（尝试后评价反省）。不满意的话则需要回到“思考多种方式方法”阶段重新开始。

孩子过于缩手缩脚，让我很担心

女儿今年6岁了，在幼儿园常因为一点点小事哭泣，毫无主见，也不爱参加活动，让我很担心。在家里也总是被弟弟吃得死死的。有时我会告诉她“如果有人打你不要傻愣着，你也打回去。妈妈会负责的”，这样的方法是正确的吗？

许多父母会因为孩子性格不够大方，总是缩手缩脚而感到郁闷，担心他们在幼儿园受到欺负也只知道哭泣，长大后成为懦弱的人。然而父母在试图纠正孩子时，却总是采取训斥或压抑孩子的方式，这只会让孩子在父母面前也泄了气，慢慢变得越来越胆小。

首先需要知道的是，缩手缩脚是孩子与生俱来的气质。神经心理学家C. R. 克罗宁格（C. R. Cloninger）根据孩子受到刺激时最初做出的不同反应，将孩子分为了以下四种气质：

- 寻求刺激型（novelty seeking）。

  好奇心旺盛，热衷于追逐新鲜事物。
- 回避危险型（harm avoidance）。

  面对危险十分害怕，性格谨慎求稳。
- 敏锐型（reward dependence）。

  对于他人的称赞十分敏锐，能够快速察觉出他人的情绪并懂得应对。
- 耐心型（persistence）。

  即使一件事情无法马上取得好的成果，也能够想到此前的成功经验并坚持下去。

过于小心谨慎的孩子通常行为举止端正、有礼貌，总是能够默默做好自己该做的事情。这是他们的优点。另一方面，他们时常担心这个那个，容易忧虑，畏惧新鲜事物。我们要正视孩子与生俱来的气质，并认可他们的优点。

除气质问题以外，还有以下几点原因可能导致孩子变得过于胆小：

第一，父母的过度保护。例如，稍微有点感冒就不让出门，因为害怕被别的小朋友欺负就不带孩子去游乐园，或代替孩子解决所有问题等。这就会使孩子认为外面的世界很危险，自己独自一人无法完成任何事情，因此变得缩手缩脚。

第二，父母的不安情绪传染给了孩子。孩子会像海绵一样，吸收父母所有的行为举止及价值观。如果父母流露出负面情绪，说一些表达担心的话，或做出逃避的举动，孩子便可能变得和父母一样。

第三，父母的矛盾、疾病、恐惧带来的压力。在面对过度小心谨慎的孩子时，妈妈可能会犯一些错误。首先，总是说“都没关系”“没什么好怕的”等话，过度安抚孩子。比起一味地让孩子放心，更应该做的其实是帮助他思考该如何解决问题。同时，不可以代替孩子做所有事情，这会导致他在今后遇到问题时手足无措，把一切事情都推给妈妈处理。再来，总是允许孩子逃避困难，也许能够在当下建立起良好的亲子关系，但时间久了便会致使孩子成为毫无能力的人，无法做好任何事情。另外还需注意，要保持耐心，不能随意对孩子发脾气。在已经付出许多努力的情况下，孩子还是毫无进步，父母因而变得埋怨孩子，容易对他们发火，也是可以理解的。但总体来说，还是需要多多鼓励孩子，帮助他们成长，让他们从自己的进步中体会到成就感。

幸运的是，以下几点好方法可以帮助我们正确对待过于胆小的孩子：

第一，孩子做出勇敢的举动时务必多多称赞他。受到称赞后，孩子就会变得更加努力。最开始时，即使孩子做出的勇敢行动非常不起眼，也要给予赞扬，并鼓励他逐渐尝试更有挑战性的行动。

第二，当孩子表现出不安或缩手缩脚时，可以选择无视，并告诉他原因，不要过分关注和在意。

第三，要鼓励孩子勇于尝试，不要逃避。孩子在逃避一件事时，反而会累积不安感，变得越来越迈不开步子。要让孩子一点一点去行动，克服不安，并从中收获成就感。

另外，对胆小的孩子说“不要只知道愣着挨打，打回去”这样的话究竟是好是坏？事实上，这样说反而可能使孩子觉得自己遭到了责怪和训斥。父母只需要告诉他们“那个小朋友太暴力了，他做了坏事，你不要太伤心”即可。这样孩子就会觉得爸妈站在自己这边，因此获得心理上的慰藉。

怎样才能帮助孩子适应集体生活呢

孩子马上要开始过集体生活了。很担心他能不能适应，怕他和小朋友们合不来。需要做哪些准备工作呢？

一开始把孩子送到幼儿园时，父母总是很担心孩子不能适应，和朋友相处得不好，老师们没有好好照顾孩子。类似这样的不安感其实会传染给孩子，因此在和孩子分开时，父母一定要果断相信他们，不拖泥带水。

“在容易的事情上尝到成功的甜头，于是逐渐想要挑战更加困难的事情”，人的心理便是如此。孩子们也一样，可以分阶段对他们进行训练，使他们今后能够适应新环境，克服心里的不安和恐惧。（参考“孩子太胆小了”一节。）

在开始集体生活之前，让孩子做一些准备训练。第1阶段，可以邀请一些孩子不认识的亲戚来家里玩耍。第2阶段，带孩子一起去熟识的亲戚家玩耍。第3阶段，邀请一名孩子的朋友来家里玩耍。我们都知道，就像体育竞赛一样，通常在自己的地盘进行比赛时更加容易取得胜利。此外，如果叫两名孩子来家里，则可能出现两个孩子一起玩耍、另一个孩子落单的情况，因此一开始时务必只邀请一名朋友来家里。第4阶段，让孩子去好朋友家玩耍。第5阶段，每周和妈妈去一次文化宫等同龄人多的地方适应集体。第6阶段，增加去文化宫等地的时间。如果孩子在这些地方玩得很开心，适应良好，则可以认为他们已经做好了进入集体生活的准备。

将孩子送去集体生活后，可以试着做这样一些事情：

第一，孩子年纪越小，越要缓慢地推进这一过程。分开生活对于孩子和父母来说都不是一件容易的事情。即使到了小学阶段，为了让刚入学的孩子慢慢适应环境，通常最开始也只会让孩子每天在学校玩耍一两个小时后便回家去，一个月之后才正式开始上课。未满3岁的孩子刚开始可以每天和父母一起在托儿所玩耍一个小时左右，此后一点点增加孩子待在托儿所的时间。这一阶段，由于还没有形成客体永恒性的概念，孩子看不见父母就会不安，所以不能过于急切地让他们过集体生活。

第二，允许孩子带着他们心爱的玩具进入集体。就像我们此前提过的那样，毯子或玩具都能给孩子带来安全感。

第三，在分别时，向孩子解释为什么要分开、在此期间爸爸妈妈会做什么，约定好什么时候来接他们、在哪里等公交车等，并且一定要遵守约定。

第四，一些父母将孩子送去托儿所后因为担心孩子哭泣，便一直偷偷待在里面守着孩子。这样反而会让孩子担心爸爸妈妈再次消失，更加黏着爸爸妈妈。大部分孩子在想到和父母分开时的确会又哭又闹，但真正进入托儿所或幼儿园后很快就会止住哭泣，开心地玩耍起来。通常一两个月后孩子基本就能完全适应了，父母们不必太过担心。

025

孩子总是忧心忡忡，不肯去幼儿园

有一天孩子突然说，觉得妈妈好像会出交通事故死掉，并因此大哭，不肯去幼儿园。有时到了上学时间，又哭着说自己肚子痛。我去家门口扔个垃圾也会哭，不肯跟我分开。这是怎么回事呢？

大部分的孩子都能很好地适应幼儿园的生活，体会到和朋友一起玩耍的乐趣，尽管心理上仍然最依赖爸爸妈妈，但会觉得幼儿园生活也挺不错。如果孩子一直不能适应，或原本好好的，突然耍赖不肯去幼儿园了，父母自然会因此感到慌张。

面对新的环境、新的学期，和父母分开时孩子难免会感到不安。6个月大时，孩子就会开始害怕陌生人和陌生的事物，也就是所谓的“认生”。一两岁的孩子在身处陌生的环境、遇到陌生人时，总是紧紧地依靠着妈妈。一分开就会号啕大哭，每天起床第一件事就是找妈妈。由于父母是孩子的依恋对象，因此在离开父母身边，或者单纯想象与父母分别的场面时，孩子就会产生分离焦虑，这是十分正常的现象。到了36个月大，随着客体永恒性概念的建立，即使妈妈不在自己身边，孩子也会知道妈妈没有消失，脑中存有妈妈的形象，自然也就能够离开妈妈了。

如果孩子的不安感过于强烈，持续4周以上，严重影响出门、去幼儿园、上学等正常生活，则需要警惕孩子是否患有儿童分离焦虑障碍。例如有的孩子一到上学时间就说自己肚子痛，借口“老师好可怕”“小朋友都不喜欢我”等不肯去幼儿园，或总是嚷嚷自己头痛、不舒服，去医院检查却没有任何问题。此时孩子心里觉得一旦分开就再也见不到妈妈了，担心妈妈会遭遇交通事故或得病死掉，因此极度不安，甚至会想象自己被拐走的场景。妈妈不在身边就不肯睡觉，必须触碰妈妈的身体才能入睡，同时常梦到和妈妈分别的场景。

那么其原因到底是什么呢？

首先，这个问题很多时候是妈妈和孩子之间的依恋关系不稳定导致的。妈妈的行为举止变来变去，没有连贯性，有时愿意满足孩子的要求，有时又不搭理他，这就使得孩子无法相信妈妈。妈妈原本应是孩子的安全基地，能让孩子从此出发去探索自由新世界。但如果安全基地本身不够牢固，孩子也就无法放心去探险，甚至可能认为只有撒泼耍赖，妈妈才会满足自己，因此变得情绪激烈、容易愤怒。

其次，父母的过度保护也会导致孩子产生分离焦虑。不恰当的干涉会让孩子变得依赖性强，失去独立能力。也有一些孩子本身就是逃避型的，或因为小时候常患病，父母极度谨慎和不安，在养育孩子的问题上过于敏感和操心。另外，弟弟妹妹出生、父母之间争吵不断，或因看到妈妈最近身体不好产生了压力，都可能带来分离焦虑的问题。

最后，在一些独生子女的家庭中，因为没有兄弟姐妹，孩子和父母相处的时间最多，关系最为密切，父母不管去哪儿都带上孩子，从未有过分别的经历。这种父母与独生子女过于亲密的家庭关系形态，也被人们称为“**三剑客综合征**”（three musketeers syndrome）。这种情况也可能导致孩子产生分离焦虑。（参考“孩子太胆小了”一节。）

三剑客综合征
一种父母和独生子女关系极度密切，任何事情都必须一起做的家庭关系形态。这种情况可能会阻碍孩子结交同龄朋友（而这是孩子成长的必修课之一），过早接触复杂的成人世界，并从中学习生存法则。孩子会为了获取关心而变得自以为是、傲慢、爱说谎，甚至做出敲诈等恶行。与朋友和爱人建立关系都可能出现问题。

要缓解孩子的不安感，家长首先要弄清孩子情绪的源头。如果孩子说“我觉得我不在的时候家里会起火，担心妈妈死掉”“我害怕妈妈去超市回来时被车撞伤”，就告诉他们“家里起火是非常非常少见的情况，如果起火了警报器会响，别担心”“在路口被车子撞到的事情很少发生，如果真的出了事故，周围的人也会来帮助妈妈的”，不断引导孩子做出理性现实的思考。

其次，不要强求孩子独自去上幼儿园。不能为了帮助孩子成长而突然刻意疏远他，或让他独自待着，自己则躲起来偷偷观察。出门时应该先带上孩子一起，一步步锻炼他。同时要多和孩子聊天，问问他究竟为什么担心会失去妈妈。在幼儿园时拜托老师允许孩子时不时给自己打个电话，每天准时去接他放学。在分离焦虑障碍严重的情况下，妈妈可以一直陪在孩子身边，直到孩子觉得适应了，即“现在可以了”，再慢慢拉开与他的距离。

再次，有的孩子是因为气质问题天生容易感到不安、自信心不足，此时便需要多多给予他们表达自己的机会，鼓励他们参加夏令营等集体活动，培养他们的独立性。这类孩子多数性格安静乖巧，会为了获得称赞默默努力，因此大人们通常不易察觉到他们的问题。

最后，在把握孩子不安感的同时，妈妈对自身不安情绪的掌控也极为重要。虽然询问身边的家人、朋友是最直接的方法，但处在社会生活中的人总是很难讲实话。因此可以委托专门的机构对自己的精神状态进行客观评估，这也许是更为快捷有效的方法。

026

如何教孩子认字

孩子今年6岁了，还不会认字，也很讨厌写字。最近很多孩子在进入小学之前就有很棒的读写能力了，我家孩子该怎么办呢？

看见别人家小孩会认字了，父母的心难免有些焦急。总想着这样下去我家孩子会不会成为班里的倒数第一名？是孩子脑袋笨吗？要不要专门请老师到家里来教他认字？

首先可以告诉大家的是，真的不必过于焦虑。识字能力并不代表一切。语文学习不仅要求孩子学习认字，还需要他们能够理解文章内容、概括主旨、把握作者的用意、进行独立思考等。“狐，狸，来，丹，顶，鹤，家，玩，了”，有的孩子能够像这样自己读出句子里的每一个字。但有的孩子尽管不认字，需要听妈妈朗读“狐狸——来——丹顶鹤家——玩了”，却能够看着书上的图画理解文章的内容。只要妈妈多为孩子读书和讲故事，孩子就不会因为认字能力差而落后于他人。此外，较晚开始学习认字反而可能更有效率、更迅速地提高读写能力。

从理论上来看，孩子2岁左右就可以进行识字训练了。但此时我们使用的方法是让孩子死记硬背，记住整个字的形状，因此会耗费大量的时间和精力，孩子也会觉得十分吃力。

实际上，需要根据每个孩子自身的发展水平来决定教授其文字和数字的时间。通常孩子主动表现出对文字的兴趣时，便可以开始培养他的认字能力了。例如孩子指着书本、商店招牌、车牌（尤其是男孩通常对汽车牌照感兴趣），询问妈妈这个字念什么，或拿起书装出要读的样子，都是他开始对文字产生兴趣的信号。可以先教孩子认字，等孩子能够握住铅笔并使用后再教书写规则。在孩子连笔都握不住时强迫他练习写字只会滋生挫败感，让他对文字本身产生厌恶。也要多与手上力气小的孩子说话，例如“我们到药店了呢”“这里是文具店哦”等，同时给家里的冰箱、电视、牛奶、水、电扇等贴上单词卡，让孩子在潜移默化中对文字熟悉起来。

正式的认字学习要从原理开始——熟记拼音、声调、偏旁部首等，可以和孩子一起玩游戏，让他们找出部首相同的字。

会读单字之后就要训练孩子读短语，把握停顿，这样才能理解整个句子的含义。可以通过在每个停顿处抬高语调，或在句子内部画线分层等方法进行练习。

这之后就要开始培养孩子的阅读理解能力了。例如在阅读后让孩子简单归纳文章的主要内容，或利用四格漫画将故事梗概描绘下来。也可以通过画图的形式记日记，同样，此时比起画一整张图，运用四格图画更为有效。先让孩子口头叙述今天一天发生的事情，然后再动手描绘下来。孩子通常会因“自己说过的话变成图画了”而产生深刻的印象，同时这样做可以增强他们的概括能力、推理能力及社交能力。请参考下列表格。

是谁			
在什么时间			
在哪里			
和谁在一起			
你做了什么			
你感觉怎么样			
请用4张漫画画出来			

阅读是为了让我们进行更加丰富多样的思考。要多多引导孩子把握文章内容，进行有层次的思考。例如，“主人公为什么那么做呢”“如果是我，我会怎么做”“作者通过这篇文章想表达什么”等。

怎样才能让孩子爱上阅读

孩子马上就要上小学了。读书时只对里面的图画感兴趣，总是大致浏览一下就说自己都看完了。训斥他的话又担心他更加反感，不知道该怎么做才好。

我们会一边读书一边进行想象，同时因为掌握了新的知识感到满足，阅读应当是一件让人感到愉快的事情。以下几个方法可以帮助孩子们爱上阅读。

第一，即使孩子能够独立进行阅读，父母也可以挑选几本书亲自读给他听。尤其是在孩子入睡之前，给他读书可以增进彼此间的情感联系。

第二，让孩子自己挑选感兴趣的书籍，这样才能从中获得乐趣。

第三，反复给孩子阅读他喜爱的内容，等到孩子厌倦，开始好奇别的内容时，再尝试新的。可以将新书放在书架上显眼的位置，同时，不要因为孩子只看图画而训斥他。有的孩子最早会一边看图一边进行想象，慢慢便开始关注文字部分，并能够将内容与自己的想象结合起来，这其实也是一种不错的阅读方法。

第四，父母自己也要养成阅读的习惯。孩子在出生后28周大时就会开始模仿妈妈的言行举止了，因此要给他做好示范。

另外，需要规定好孩子使用其他大众媒体的时间。挑选两个喜爱的电视节目，每天到点收看，结束后就关掉电视。再有，挑选两本睡前读物，一开始由爸爸妈妈读给孩子听，逐渐过渡到孩子自行阅读。同时，在孩子主动表现出对书本内容的兴趣之前，不要主动提问。提问的内容可以是“这个故事的主要内容是什么”“概括一下文章主旨”等。这样做之后慢慢就可能会发现，沉迷于电视的孩子开始变得爱读书，阅读的时间也逐渐增加了。

小贴士

不同年龄阶段的阅读方式

- 3岁：

将孩子抱在怀里，让他自己翻书，将句子一点一点读给他听。

- 4岁：

给孩子阅读带有童谣或儿童诗歌，拟声词、拟态词丰富的童话故事。一边欣赏书中的图画一边和孩子随意聊天。

- 5岁：

阅读完成后，用孩子能够理解的语言概括故事内容。

- 6岁：

给孩子阅读童话书籍，用手指着句子一个字一个字朗读。然后挑选一两个简单的句子让孩子自己朗读，并称赞他。

- 7岁：

即使孩子已经能够认字，父母每天也要为他阅读至少1本书籍，并与他谈论故事内容，进行更加深入的思考。

- 8至10岁：

由于文本变长，孩子可能会对书本失去兴趣。此时父母仍可以通过亲自为孩子读书来激发他的阅读热情。

几岁开始学英语最合适

最近老听人说要让孩子从小开始暴露在英语语境中，训练他们的听力之类的，不知道应该怎么做才好呢。应该从小多给孩子看些英语视频之类的吗？还是稍微晚点开始学习英语也可以呢？

关于孩子学习英语的问题，父母们总是思绪万千。要不要送孩子去英语幼儿园？什么时候开始接触英语最好？怎样学习才能把英语说得像母语一样好？孩子越大父母越是感到焦虑，被周围这样那样的意见左右陷入混乱之中。

研究表明，相比使用单一母语，学习第二外语可以让孩子的语言运用能力、概括能力、思考能力等得到更为充分的发展。然而，这其实是以法语及英语等本身较为类似的语言为对象进行研究后得出的结论，孩子们不是通过刻意学习，而是在日常使用中自然习得了第二语言。相反，在韩国，早期的英语教育是通过填鸭式的教学方法进行灌输的，孩子会因此承受巨大压力。父母不能只盯着第二语言的好处和优点，也要考虑到实践层面上的限制，给予孩子最为恰当的教育。

什么时候开始学英语最好呢？这个问题我们可以依照大脑的发育过程进行类推。位于大脑颞叶部分的“威尔尼克区”（Wernicke area）掌管着人类理解语言的能力，它和掌管运用语言、构造语法的“布洛卡区”（Broca area）一起构成了人类的语言系统。威尔尼克区通常在人们2岁时最为活跃，而布洛卡区则要等到4至6岁之后。因此孩子在六七岁之前能够最大限度地吸收语法规则和语法逻辑，7岁之后到青春期阶段记忆语法的能力则逐渐减弱。这就是说，六七岁之前是孩子学习外语的关键时期。最新研究表明，学习语言的时间越久，威尔尼克区神经细胞的树突越长，在六七岁以前接触外语才能最为自然地运用语法，同时坚持学习才能维持自身的词汇能力。

在家应该如何教导孩子学习英语呢？首先父母可以运用英语与孩子对话，或给他播放《小星星》（*Twinkle Twinkle Little Star*）和美国童谣《鹅妈妈》（*Mother Goose*）等韵律强、歌词单一的歌曲。而英语相关的视频则至少应该等到孩子2岁之后再让他观看。

029

孩子应该如何学习数学

孩子上幼儿园了，对他来说数学好像太抽象。会数数，但却掌握不好加减乘除，怎么做才能让孩子学好数学呢？

很多时候只要孩子会数“123”，妈妈就很开心。但事实上这只是人们左脑的语言中枢在发挥作用，让孩子能够念出数字而已。想要学好数学，必须积极开发右脑，加强孩子对空间等概念的理解。和其他的认知发展过程一样，数学学习也需要遵循一定的阶段和顺序。皮亚杰认为，环境及大脑神经系统必须成熟地结合起来才能促进认识的发展，孩子才能够探寻新的方法，使实际的见闻与自身的理解达成一致。因此孩子4岁时不擅长某个领域，到了5岁就可能有所突破，考虑到认知发展的阶段性规律，父母应该给予孩子充分的思维启发，然后耐心等待时机。

根据皮亚杰的理论，2至7岁时孩子处于前运算阶段，此时孩子尚不具备抽象思维能力，只能理解亲眼看到的具体事物。在这个阶段，如果准备两堆同等数量的物品，让一堆堆叠在一起，另一堆散开放置，询问三四岁的孩子哪堆物品数量更多，孩子通常会回答视觉上看起来更多的“散开放的那一堆”更多。到了四五岁，孩子则能够回答“两堆物品数量一样多”。而如果先拿走一堆物品中的一部分，此后再将它们重新合并在一起，此时物品的数量应该是恒定的。对于这个概念的理解是孩子学习数学的基础。例如，哥哥有2颗糖，弟弟再给哥哥1颗，现在哥哥就有3颗糖。而如果弟弟重新将1颗糖拿走，哥哥手里的糖就又变回2颗了（$2+1=3$，$3-1=2$）。

如果孩子尚处在不能理解数字的阶段，则可以首先让他熟悉“多/少”的概念。利用牛奶、零食、水果等实物，将牛奶倒入两个杯子，问孩子“哪个杯子里的牛奶更多”或“这栋楼和那栋楼哪个更高”等。还可以让孩子将物品按照颜色和形状进行分类，然后将物品一边放入桶内一边数“1，2，3”，慢慢加强他对于数字概念的理解。

如果孩子会念“1234”，却不能实际计算物品的数量，父母也不必过于着急。首先要求他熟记数字本身即可。接下来利用水果、筷子、豆类、糖果、饼干等实物，让孩子拿走一部分，再将其合并起来，这样反复练习之后孩子便会开始形成所谓的“加减”概念。

030

孩子睡觉爱惊醒，老是做噩梦

孩子6岁了，夜里总是在睡着1个小时左右之后惊醒过来，尖叫说自己害怕，浑身出汗，接着便再次昏睡过去。早上起来问他，他却说自己不记得这个事情。

正常的睡眠过程包含着以下两种状态。一是被称为REM，即睡眠中眼球极速转动的**快速眼动睡眠**（rapid eye movement），此时人尽管已经进入睡眠状态，但脑部活动剧烈，做的梦较为清晰，同时神经受到麻痹，身体无法动弹，呼吸和心脏跳动不规律。而另一种Non-REM（非快速眼动睡眠）则较为平稳，属于睡眠较深的阶段，它可以起到促进肌肉血液供应、人体能量补充、生长激素分泌等作用。

儿童与成年人分别具备不同的睡眠特征。新生儿通常每天睡16.5个小时，平均每三四个小时醒来一次。3个月大时孩子昼夜的睡眠模式不同，而到了6至9个月就能在夜晚保证充分睡眠。2岁的孩子平均每天需要睡13个小时，3岁时每周需要6天午休，此后逐年递减（4岁时每周午休5天，5岁时每周午休4天），整体睡眠时间改变，生物钟形成规律。同时，随着年龄的变化，两种睡眠状态持续的时间也在不断变化。新生儿阶段REM睡眠状态和Non-REM睡眠状态各占50%左右，两种状态每50分钟交替一次。6个月大时，整体睡眠过程中约有30%的时间为REM睡眠状态，到了6岁左右，两种睡眠状态交替的间隔则变为90分钟，与成年人基本一致。与此同时，由于孩子的睡眠状态和周期急剧变化，许多暂时性的睡眠问题也因此产生。

夜惊症

在第一个Non-REM睡眠阶段中突然惊醒，且反复经历此现象的一种睡眠障碍。患有此障碍的孩子会出现惊醒后大声呼救、极度恐惧、瞳孔扩张、心跳加快、呼吸急促、汗如雨下等植物性神经紊乱的症状。

本节开篇提到的**夜惊症**便属于幼儿睡眠中会短暂出现的特有现象。患有夜惊症的孩子常在夜晚睡觉时突然惊醒，尖叫流汗，表现出十分惊恐的样子，被叫到名字也没有反应。通常孩子会在几分钟内镇定下来，再次入睡，早晨起床后对此几乎没有印象，顶多说出好像梦到自己被怪兽追着跑的场景。引发夜惊症的原因有很多，例如疲惫、不安、压力、睡眠不足、发高烧等。在3至16岁的儿童中，夜惊症发病率约为1%至3.5%，而随着孩子不断长大，这个现象也会逐渐消失。

出现夜惊症时，晃动孩子的身体试图唤醒他们可能适得其反，此时父母应当抱住孩子，轻声安慰他。同时要小心孩子撞上墙壁或窗户继而受伤，轻轻将他拉回床铺。要防止孩子身体过度疲惫，遵循一定的睡眠时间，避免白天剧烈运动。

要注意辨别夜惊症和睡眠中惊起（痉挛发作）的问题。如果孩子睡觉时出现严重流口水、身体僵硬，或夜惊症有规律地反复发作，且每次发作时症状持续30分钟以上，同时在白天感到恐惧、精神恍惚、无法拿稳物品等症状，则需要到医院接受治疗。

还有一些与夜惊症类似的睡眠障碍。其中颇具代表性的便是做噩梦了。做噩梦时孩子会在半夜哭泣、说梦话，甚至惊醒，然而早上起床时却对此没有记忆，只记得自己梦里被鬼怪追赶，且能够叙述梦的大致内容。小学及初中阶段，频繁做噩梦的孩子约占9.7%，多数是承受压力或遭到严厉训斥等冲击性的经历导致的。因此我们要多多给予孩子安慰，帮助他们消除不安情绪。

再来，梦游症也是极具代表性的睡眠障碍之一。据悉，6至16岁的孩子中约有40%曾至少出现过一次梦游现象，其中12岁孩子所占比例最高。患有梦游症的孩子会在入睡大约一两小时后起身离开床铺，茫然地在房间里徘徊或走进父母的房间。早上起来却丝毫不记得自己昨晚有过这样的经历。孩子梦游之后便会自行回到床上睡觉，父母只需在一旁默默关注，防止他们受伤即可。

如果孩子常做噩梦，患有夜惊症、梦游等睡眠障碍，要先确认孩子是否在白天受到了压力。孩子的压力通常来源于家庭内部，主要是父母的养育缺失或养育不当造成的，需要多加留意。如果消除了孩子不安的源头，睡眠障碍仍然存在，则需要接受专业医生的治疗。

孩子太胆小了

家里女儿10岁了，因为非常怕狗，走在街上总是小心翼翼的。听见狗叫就立刻躲在妈妈身后，甚至试图绕道走，根本没办法随意出门。

恐惧是人身处危险状况或预感到危险接近时躲避危险、保护自己的一种防御手段。人类一生会体验到多种多样的恐惧情绪，比起追究这样的情绪是否正常，更需要考量它的严重程度，如果这样的情绪给我们的日常生活造成了严重阻碍，则需要接受相应的治疗。

孩子在出生后三四个月时，会不加区分地对所有人露出笑容。但到了6至8个月时则开始认生，被陌生人抱着便会哭泣。一两岁的孩子会紧紧黏着妈妈，出现分离焦虑障碍，3岁之后随着客体永恒性概念的形成，孩子开始知道即使此刻妈妈不在身边，自己遇到危险时妈妈也会马上出现，因此分离焦虑的问题也会逐渐消失。▶（参考“孩子什么时候才能单独睡觉呢”一节。）

四五岁时，孩子的恐惧主要来源于电视节目里的恐怖场面，或动物、虫子、打雷等可怕的生物及自然现象。再有，由于担心自己被爸爸妈妈训斥，或认为童话书中的鬼怪角色是真实存在的，他们甚至会做一些与恐惧事物相关的噩梦。进入小学阶段后可能因为讨厌上学，恐惧的对象就变得更为抽象了。10岁之后孩子开始了解到人死不能复生，死亡是不可逆的，于是开始惧怕父母和自己死亡、生病或受到伤害。到了小学高年级，孩子对他人产生认知之后就会出现比较心理，胜负欲、渴望得到认可、因为学习差感到丢脸或害怕被嘲笑等心态纷纷涌现出来，这样的心态在青少年时期达到高潮，导致孩子恐惧他人对自己的评价，甚至因为同龄人而产生巨大压力。

不同年龄阶段的孩子恐惧的对象也并不相同，但多数都为一时的现象，通常很快就会消失。如果恐惧感过于严重则可能成为某种疾病，例如害怕某些特定场合或对象的特定恐惧症，就会给孩子的正常生活带来负面影响。恐惧生物、自然现象，恐惧自己身体受伤等都属于特定恐惧症的范畴，这在儿童身上十分常见。有些孩子明明害怕鬼怪却热衷于观看恐怖电影，行为矛盾，无法认识到自己的担忧和恐惧是不合理的。但这些问题一般会随着年龄增长而逐渐消失，我们可以循序渐进地让孩子多多接触他们恐惧的事物。另外，**社交恐惧**是指孩子进入小学高年级后，由于害怕他人对自己行动的注视，而无法在他人面前说话、阅读或进食，日常生活严重受阻。但这一现象几乎不会发生在学龄前的孩子身上。

社交恐惧
在特定情景中出现脸部涨红、手指发抖等现象后，变得极度害怕与他人对话、在人前做报告或进食等。同时担心自己的紧张被他人识破，因此选择逃避，社会生活严重受阻。

就像本节开篇的事例中提到的那样，有的孩子可能由于极度怕狗而无法外出，在遇到狗时产生“我完了，我要死了”的念头，但又不能意识到自己产生了这样的想法。此时，家长可以试着询问他们“你觉得遇到狗可能会发生什么不好的事呢”，孩子可能会不假思索地回答“遇到狗我就死定了”，但仔细想想后则可能会说“如果狗狗大叫，我会被吓到”。通过此类反复问答，孩子就会渐渐认识到，不安感会将恐惧放大，从而导致自己对事物产生错误的判断。

R.拉佩（R. Rapee）教授建议我们采用“侦探式思维模式”治疗儿童期的恐惧症。例如，询问孩子“你担心的是什么呢”，对他说“我们现在变身侦探，一起来找找证据吧。看看你的担心究竟有没有必要，然后破案吧”“之前也有过这样恐惧的时刻吗”“那时候发生了什么事呢”“你身边的朋友有没有经历过类似的事情”“如果遇到这种情况，你觉得会怎么样呢”“还会发生什么别的事情吗”，等等，在这个基础之上不断追问孩子，“这样看来，你觉得你担心的事真的会发生吗？还有没有别的想法”等问题。

孩子怕狗多数是因为对狗感到陌生，无法预测这个未知的生物会做出怎样的反应。此时需要让孩子一点点接触狗狗，可以使用**系统脱敏法**（systematic desensitization）分阶段解决这个问题。先从简单的步骤开始，等到孩子有所进步，从中获得了自信，再进行下一阶段的训练。例如可以按照让孩子观看画有狗的图片—玩狗狗玩具—抚摸真实的小狗—和妈妈一起靠近大狗的顺序，一步步帮助孩子消除恐惧。

032

孩子在幼儿园里不肯说话

女儿在家里明明很活泼的，去了幼儿园却总是一言不发。不久前带她去看了医生，当时也看出来她非常手足无措，紧紧黏在妈妈身边，问她什么都不肯回答。

在父母或兄弟姐妹等亲近的人面前能够正常主动说话，到了外面却陷入沉默，这被我们称为**选择性缄默症**（selective mutism）。语言能力没有问题的孩子不肯开口，人们就会误以为孩子拒绝与自己交谈。然而这并不是“拒绝”的问题，而是“做不到”，是孩子在陌生人面前极度不安导致的“开不了口”。

选择性缄默症

具备良好语言能力的孩子在学校或公共场合坚持不肯开口说话的一种障碍。症状持续一个月以上则会对日常生活造成阻碍。

美国儿童心理学家T. L. 海顿（T. L. Hayden）将选择性缄默症划分为共存型、被动攻击型、自省型、语言恐惧型四类。其中共存型缄默症最为常见，主要发生在与妈妈的关系过于密切的孩子身上。这类孩子通常会为了达到自己的目的胡搅蛮缠，性格极度害羞敏感。妈妈会一直听从孩子的要求，同时因为孩子与他人建立起了关系而感到嫉妒。共存型缄默症患儿的父母中通常有一方在家庭中占据绝对的主导地位，另一方则缺乏存在感，同时缺乏存在感的一方会屈服于孩子的沉默，并在孩子反抗叛逆时不给予任何反应。被动攻击型缄默症患儿则抗拒说话，将沉默当作武器与周围世界对抗。自省型缄默症患儿的家人通常都具有抑郁和消沉的倾向，孩子主要会在入学或遭遇事故受伤之后出现相关症状。最后，语言恐惧型缄默症患儿则多因受到“别人听到我的声音会觉得很奇怪”等想法控制，而无法开口说话。

选择性缄默症多数来源于和妈妈的共存关系，如果希望解决这个问题，可以采取以下方法：

第一，在孩子和妈妈的依恋关系逐渐被打破时，需要多多引导孩子与他人建立起联系。培养孩子的独立意识非常重要。同时，如果妈妈突然变得疏远，孩子会比较辛苦，因此要不断帮助孩子强化与爸爸、叔叔、姨妈等平日里较为熟悉的人之间的联系。

第二，孩子不肯开口说话也不要责怪他们。强迫只会给他们带来挫折，因而变得更加不愿开口。应该从小的改变开始，循序渐进帮助孩子克服这个障碍。例如先利用手势或书写等非语言性的沟通方式进行交流，从说悄悄话到使用正常的音量说话，从使用“对/不对”等简单字句回答提问，到逐渐扩充表达。同时，最开始要先让孩子与相对亲近熟悉的大人或同龄人进行对话。

第三，如果孩子的缄默症持续6个月以上则需要尽快就医，否则可能影响孩子的学业，并使孩子被孤立、人际关系异常。要让孩子多与他人对话，从身边亲密的人开始，逐步延伸到较为陌生的人。同时可以配合抑制不安情绪的药物进行治疗。

第2章

小学阶段的问题

033

孩子年纪小小，却整天抱怨压力大

儿子才上小学四年级，动不动就说自己压力好大。叫他做作业或者收拾房间也会抱怨受到了压力。这么大的孩子真的懂什么是压力吗？应该怎么做才好呢？

大人们通常会轻视孩子的痛苦，认为“你这个小不点儿能有什么压力啊”，但这样的想法其实是不正确的。孩子每天需要学习大量的新知识，体验各种新鲜事物，自然也是会感受到压力的。对于孩子来说，每一天都是崭新的冒险。功课、让人喘不过气的辅导班、大人对自己和朋友的比较、妈妈的唠叨等都会让他们感到难以消化。韩国青少年政策研究院的调查结果显示，孩子的压力主要来源于学业、朋友关系和家庭不和等问题。用孩子的语言来诠释的话，即是“学习太辛苦”“朋友总是开玩笑打我欺负我”“想玩但是父母不让”“父母不肯好好倾听我说话”等问题给孩子带来了压力。

很多父母攀比心理严重，觉得孩子不能落后于他人，于是总是逼迫他们学习各种各样的东西。这就导致孩子从小学开始就一直生活在激烈的竞争之中，危机意识强烈，觉得自己必须做的事情实在太多了。从刚上小学就开始的升学准备工作，越来越占据教育主导地位的课外补习，各式各样的辅导课程……这就是如今的小孩面临的教育现状。从前我们在房前屋后里和朋友一起玩跳绳，现在恐怕连这些游戏也需要去机构接受专门的培训了吧。所有用以释放压力的东西都变成了更大的负担，孩子整天抱怨压力大也不足为奇。

自己的压力被大人轻视，没有得到足够的关心和照顾，这件事情本身也会让孩子感到更加辛苦。孩子通常想法多，心理活动丰富，然而很少有父母能够真正读懂孩子的内心。同时，父母在孩子面前争吵也会给他们带来意想不到的巨大压力，但许多父母因为自己小时候家庭关系和谐，或本身情感较为迟钝，所以对此并不知情。而离婚的情况则更为严重，父母自己情绪不佳，无暇顾及孩子，因此可能会刻意选择忽视孩子流露出的不安和悲伤情绪。

适当的压力可以激发孩子的成长，但一旦超过孩子的承受范围就会带来负面影响，阻碍孩子的进取心和向上的热情。孩子无法用语言准确表述自己的情绪和心理状态，因此父母要保持敏锐，时刻注意接收他们释放出的信号。孩子在承受过度压力时举止会有些反常。如果孩子出现遗尿症，疯狂吃零食、咬指甲，产生头痛、胸闷等躯体反应，不断耍赖、哭泣、同父母争执，突然依赖父母，注意力急剧减退等问题，则需要多多关注孩子的心理状况。

在孩子释放出信号表明自己受到了压力时，父母首先需要找出压力的源头。观察一下日常生活中是否存在让孩子觉得过于辛苦的事情。例如孩子是否难以适应突然变化的环境、因年龄太小无法消化现有的日程安排、在学校面临人际关系问题，或在近期经历了挫伤自尊心的事情。如果孩子因为要做的事情太多承担不了，就应当给他们适当减减负。再来，不管多么不起眼的事情，只要孩子为之付出了努力或取得了成功，就需要给予称赞，以免他们产生不安心理。要赋予孩子勇气，让他们相信一切都会变得更好。最后，鼓励孩子学会休息，做做自己喜欢的事情，多与他们沟通，让他们放心表达自己的情绪。（参考“如何应对青春期提早到来的孩子”一节。）

034

独生子女真的缺乏社交能力吗

家里就一个孩子，现在要入学了。很担心他能不能和同学友好相处。独生子女真的缺乏社交能力吗？

统计显示，如今独生子女的家庭并不少见。从目前韩国急剧下降的出生率来看，未来独生子女家庭也将呈不断增长趋势。伴随家庭形态的不断变化，独生子女越来越多，人们也变得越发担心起来，例如“孩子独自一人很孤单”“独生子女通常比较自私，社交能力差”，等等。

一般来说，独生子女在成长过程中独占了爸爸妈妈全部的爱与关心，同时比较自由自在，讨厌被干涉。在家庭内部由于没有需要竞争的对象，主要通过与父母的相互作用成长起来，不太擅长处理与同龄人的水平关系。许多孩子讨厌输给朋友，或无法有效处理矛盾，在刚刚正式开始拥有社交的小学阶段会吃些苦头。也可能不断嚷嚷自己很孤单，缠着父母生个弟弟妹妹或买条狗狗，让父母感到为难。当然从另一方面来看，能够充分享受父母的关心和爱，不必与兄弟姐妹竞争，对孩子来说的确是一件非常幸福的事情。

美国俄亥俄州立大学哥伦布分校的D.博比特-泽尔（D. Bobbitt-Zeher）博士及D.唐尼（D. Downey）博士的研究小组在2004年进行研究时发现，处于幼儿园阶段时，独生子女的确比家中拥有兄弟姐妹的孩子更欠缺独立能力。这一结果吸引了人们的大量关注，并于2010年衍生了后续研究。他们以七年级至十二年级的孩子为调查对象，考察他们的朋友数量及在人群中受欢迎的程度，结果发现，是否拥有兄弟姐妹与青少年期的社交能力并不存在直接联系。研究人员表示，通过与同学和老师相处，孩子们的社会适应能力不断得到发展，幼年时期出现的社交能力差异也就慢慢消失了。得克萨斯大学的托尼·法尔博（Toni Falbo）教授等人从领导力、成熟度、社交能力、性情温和程度、情绪稳定性等16个方面对独生子女与非独生子女进行了对比，最终发现两者之间并无明显差异，独生子女群体甚至展现出了更强的进取心及自信感。2010年，新闻工作者L.桑德勒（L. Sandler）于美国《时代》周刊发表了一篇文章，试图打破人们对独生子女的刻板印象，在当时引起了巨大反响。

而关于家庭里兄弟姐妹数量问题的讨论，学界大致提出了两种模型。第一种是**"资源稀释模型"**（resource dilution model）。如果将父母看作一个资源整体，家里的孩子越少，父母能够分配给每个孩子的时间资源、关心、生理/心理能量相对越集中，因此独生子女通常能够取得更大的成就。另一方面，兄弟姐妹之间的关系会给孩子提供具有决定意义的学习经验，而独生子女则不具备这样的学习机会，这被我们称为**"汇流模型"**（confluence model）。从这两种彼此相反的模型可以看出，比起是否身为独生子女，孩子的性格、社会适应力、情绪问题等在更大程度上取决于父母的养育方式。

独生子女的父母首先要教会孩子底线是什么。无条件满足孩子的全部要求会让孩子今后的人际交往充满障碍。不要与孩子过度亲密，在一定的距离之外默默守护他们即可。同时，需要让孩子懂得关心照顾他人，告诉他们与朋友产生矛盾时应当如何处理。我们要多让孩子与同龄人或堂表兄弟姐妹接触，或通过养小动物，和朋友分享食物等方法培养他们的社交能力。▶（参考"养宠物真的有利于孩子的情绪健康吗"一节。）

独生子女的父母没有机会观察孩子们多样的性格，因此需要多与其他家庭的父母进行交流，分享经验体会。再来，要降低对孩子的期待。尽管作为独生子女，孩子享受到了来自双方家庭的全部疼爱，但过度的期望和要求也会给孩子带来重压，阻碍他们成长与发展。

035

发生不好的事情时，不知道如何安抚孩子

不久前和孩子一起骑自行车时被后面的车子撞到了。其实也没怎么受伤，但是那之后孩子却表现得极度不安，甚至变得害怕坐车了。

孩子们在成长过程中，会遭遇种种意想不到的事情。等过了幼年期，他们就会明白并非一切都能如自己所愿。一旦有不好的事情发生，可能就会想“这种事情为什么会发生在我身上？”并因此变得不安。另外，在不同的认知发展阶段，孩子对待事物状况的理解和接受能力也有所不同。比如在小学阶段，一个孩子因为打碎了杯子被妈妈训斥了，刚好那天晚上打雷了，这时孩子即使已经学习过了相关的气象知识，也会止不住地认为打雷是因为自己做错了事情，上天在惩罚自己。再来，有些孩子因为频繁说谎“遭到了报应”，便觉得只要自己坚持做一段时间好事，此前的过错即可被抵消。会出现这些情况是因为，这个时期孩子自我中心主义严重，总是从自身出发去思考和判断问题。

就像当年“世越号”惨案发生时一样，许多人并非当事者，仅仅目睹了事故现场或参与过救援，甚至只是通过电视或报纸间接了解了相关报道，就同样出现了**创伤后应激障碍**（post traumatic stress disorder，PTSD），这被我们称为**替代性创伤**（vicarious trauma）。有报道称，美国“9·11”事件发生时，有大约50万名电视观众出现了创伤后应激障碍。而孩子们因为年纪尚小，即使只是间接听说或想象某事，也可能会像亲身经历了该事件一样受到极大影响。

创伤后应激障碍

遭遇外伤性（生命安全遭遇危险等创伤性）事件后，出现障碍，脑海中总是不自觉地涌现出关于该事件的痛苦记忆，并因此导致其他认知能力下降，情绪状态陷入混乱，日常生活受到严重影响。

替代性创伤

非当事人，仅间接了解了相关事故，就像自己亲身经历过一样，产生严重的创伤后遗症。

在遭遇类似冲击性事件后，可能表现出悲伤、抑郁、不安、恐惧、烦躁、入睡困难、做噩梦等异常反应，同时伴有持续性头痛、恶心、疲惫等身体症状，且出现行为举止比此前幼稚，极度依赖妈妈等变化。（参考“总是想起可怕的往事，心里很痛苦”一节。）

发生不好的事情时，父母首先需要与孩子坦诚沟通，把认为应当进行解释说明的部分告诉孩子，不要试图为了保护他而言辞闪烁，故意隐瞒。孩子会凭直觉察觉到父母的话与实际情况并不一致，开始疑心，并因此进行错误的想象，最终获得不正确的认知。当然，也不必不加区分地将事情一股脑儿地全部倒给孩子，根据孩子在具体年龄阶段具备的理解能力进行适当说明即可。孩子们十分敏锐，能够轻易感受到并学习父母的情绪和反应，因此在向孩子解释事件时，父母所扮演的角色极为重要。

在孩子遭遇微小事故后表现出了巨大不安时，我们需要多与他们沟通，询问他们是不是因此感到非常害怕，告诉他们下次遇到这种事情应当如何处理，以及现在的状况是多么有惊无险，是“不幸中的万幸”，以此帮助他们战胜不安心理。同时可以让孩子做一些高兴的事情转移注意力，不要深陷在负面情绪泥潭之中。

如果在上述一系列的处置之后孩子的情况仍然不见好转，则需要接受心理医生的治疗。最重要的是，在问题变得极度严重之前，孩子可能并不会将内心的不安、抑郁、压力等表露出来，即使心里已经十分辛苦，表面看起来也完全正常。因此要密切关注孩子的状态，一旦发现异常及时给予帮助。父母是孩子的监护人，每一件事情都应该竭尽全力。

036

养宠物真的有利于孩子的情绪健康吗

家里养的狗狗死掉了。我和孩子爸爸平时都要上班，孩子又是独生女，因此一直把狗狗当成自己的妹妹一样疼爱。不知道是不是因为这样，狗狗死掉后她非常伤心，哭得停不下来。不知道应该怎么安慰她，也很烦恼要不要重新给她买条狗狗。

每个孩子都至少拥有一两次养宠物的经历。这对孩子的情绪发展及责任感的形成都有一定的积极影响。和宠物接触可以带来温暖，安抚孩子的不安情绪。同时和宠物亲密无间相处的经历，也有助于我们日后与他人建立良好的人际关系、提高社会技能。也许正因如此，我们在心理咨询的过程中见证了不少抑郁的孩子通过养宠物变得活泼起来，还有一些本来厌学的孩子也因此变得踏实。目前学界正在进行的**动物辅助心理疗法**（animal assisted psychotherapy）便在试图通过与宠物的情感交流来提高自闭症儿童的社交能力。

当然，有时也会出现孩子折磨宠物的情况。未满4岁的孩子尤其难以抑制自己的攻击性和冲动，必须在父母的监督下饲养宠物。即使孩子到了小学阶段，也一定要明确告知他们，宠物和人一样，需要规律的饮食和运动。通过这个过程可以培养起孩子的责任感。

许多孩子在宠物死掉时会经历人生的第一次“失去”。失去自己心爱的猫猫狗狗时，孩子们的反应通常并不一致。有的孩子会表现出极度悲伤，有的孩子则一开始若无其事，一周后才流露出低落情绪或频繁做噩梦。一些父母可能会因此感到手足无措，为了安慰孩子立刻买新的宠物给他们；有的父母则轻视孩子的感受，觉得区区一只宠物而已，不必这么夸张。

无论是希望宠物死而复生，还是担心宠物死掉之后仍然承受病痛，总之孩子的一切反应都属于正常现象。不到5岁的孩子受漫画和电影影响，相信“死能复生”。到了七八岁，就会开始理解死亡的概念，但仍然坚信至少自己的父母不会死亡，不能接受亲近的人也会去世这个事实，认为死亡是离自己很远的事情。在第一次失去了家里的宠物之后，孩子才渐渐开始对死亡有了真正切身的体会。

宠物死掉之后，为了安抚孩子的情绪，假装若无其事，直接给孩子买一只新宠物，并不是有效的解决方式。更好的做法应是允许孩子尽情悲伤，并告诉他们自己也很心痛，替他们分担情绪。要尊重孩子的丧失感，和他们一起为宠物举办简单的葬礼，或通过写信与宠物进行道别，并告诉他们如果对死亡感到好奇可以随时向父母提问。也可以一起翻看和宠物的合照，聊聊开心的回忆，帮助孩子填补心中的空缺。

037

如何应对青春期提早到来的孩子

儿子马上要上小学四年级了。一直以来他都是个情绪稳定、善良温和的好孩子，最近说话做事却变得有些异常，让我很担心。他动不动就发脾气，面对训斥也不以为然，还时常顶嘴。孩子这是进入青春期了吗？

孩子们到了小学四年级左右可能会表现出一些异常，妈妈们通常认为这是他们青春期提早到来了。但事实并非如此！真正的青春期尚离得很远。

随着现代社会的不断发展，包括女生初潮在内的人类生长发育里程碑也在不断提前，在父母看来，与从前的世代相比，孩子的青春期似乎大大提前了。这个时期孩子无比敏感，常因一点小事生气，情绪波动大，同时容易感觉疲惫，负能量爆棚，会反抗父母的训斥，做错了事情也拒绝道歉和反省。事实上这是由于在此阶段，孩子的思考能力得到了系统且有逻辑的发展，开始具备抽象思维，因此一部分认知发展更快的孩子到了小学高年级就会表现出与青春期相类似的特征，但其实多半只是孩子自身的想法和意见变得更加明确强烈了而已。

在成长过程中，孩子不听父母的话是十分正常的现象。但父母可能会因此感到慌张或失落，还没有为孩子的叛逆做好心理准备，每当孩子违抗自己时就给他们贴上“青春期”的标签。

这一时期自我得以发展，孩子也变得固执起来。即使经验尚不足，可能无法每次都做出正确的判断，在解决自身问题时也往往希望占据主导地位。这就导致孩子明明看起来还很稚嫩，却像大人一样说话做事，也常与父母产生摩擦。孩子需要在这个过程中学习协调和平衡。父母要充满耐心地等待孩子，直到他们在认知、情绪、道德、社会能力等方面找到平衡。

在这一阶段，随着孩子变得更有主见，为了防止剧烈冲突产生，父母需要积极地与孩子进行沟通交流。在饭桌上或吃零食的休闲时间，多倾听孩子的声音，了解他感兴趣的事情，一起分享意见与感受。例如，如果孩子提到了关于棒球的话题，父母就可以给他讲一些棒球选手背后的故事，或从前有名的棒球明星等，积极丰富聊天内容。同时需要注意的是，如果孩子并没有主动表露出想要聊聊成绩、学习等话题的意思，父母也不必主动提起。

父母需要尽量减少唠叨。当然，有些时候多说几句是必要的，但需要把握时机和程度。要是“你发型怎么那么丑”“别人家孩子都可懂事了，就你连写个作业都要妈妈操心”“你给我好好说话啊”等无关紧要的唠叨平时说得太多，到了真正需要教育孩子的关键时刻，父母的话反而可能遭到无视。不分时间场合的唠叨对孩子的成长是起不到任何作用的。

唠叨也需要讲究方式方法。

首先，唠叨的时间不宜过长，最好控制在1分钟以内。其次，不要重复说同样的话。有时候父母看见孩子心不在焉，没有认真听自己讲话便会感到愤怒，因此把同样的话说好几遍，但其实越是这样，越会引起孩子反感。最后，父母说话做事要与孩子当下的年龄阶段相适应，反省自己是否仍像对待婴幼儿一样对待孩子。不要强行试图掌控他，要将他视为独立的个体去尊重。如果孩子做出叛逆的行动，或意见想法脱离了正常的轨道，也不必立刻纠正他，这是成长过程中出现的必然现象，要学会包容和接纳孩子。父母也可以回想一下自己小时候的成长经历，以便更好地理解孩子现在的状态。

人们常用“中二病”“小六病”等字眼来指代孩子在某些阶段表现出的反常状态。但这些其实都是再自然不过的现象，意味着孩子正在经历所谓的“生长痛”。大人们常常因为不了解这个过程，或感到麻烦，而将孩子正常的成长发育视作异常，甚至误以为孩子生病了。（参考“如何与青春期的孩子正确沟通”“孩子似乎不再需要父母了”“如何正确教训孩子”等节。）

038

性教育应当如何进行

正在读小学四年级的儿子最近突然重视起自己的外表来了。不知道是不是有了喜欢的女生，有时候还会问妹妹“女生都喜欢些什么”。学习的时候也把房间门关得死死的，总感觉鬼鬼祟祟的。现在是不是要开始对孩子进行性教育了呢？应该如何开口？

在小学阶段，通常女孩子会首先开始关注起自己的外表，对异性产生好感。尤其是很多小学高年级的女孩，会拿着小包包装化妆品，在休息时间对着镜子补粉底或口红，这都是十分正常的现象，不必因此生气或抢走孩子的化妆品。应该首先问问她们，最近突然开始关心外表的理由是什么？而答案无非是“有了喜欢的人”或“因为化妆是女孩子们聊天时必备的话题”，等等。比起武断地批评孩子的行动，首先要学会把握她们的内在心理。

许多妈妈由于没有性教育意识，常带着已经上小学二三年级的儿子去女澡堂一起洗澡，这种现象在短短几十年前还很常见。然而现在，一般的公共澡堂已经规定身高超过一米的孩子要去和自己性别一样的澡堂。在家里，孩子开始出现第二性征以后，就应该独自洗澡，或由爸爸帮儿子洗，妈妈帮女儿洗。父母要多加留意，不要大而化之地觉得“哎小学生懂什么啊”，这反而可能激起孩子对性的好奇心。

孩子开始出现第二性征时，“正式进行性教育”就显得更必要了。就像父母小时候一样，现在的孩子通过网络或朋友也能很容易地接触淫秽物品。如果孩子的举动突然变得鬼鬼祟祟，借口学习故意将房门锁死，对突然进入房间的妈妈大发脾气，或坚决禁止妈妈进自己房间，以及和一大堆朋友成群结队地行动，便需要引起重视。只有恰当的性教育才能从源头上解决孩子观看黄片的问题。在接受正确的性教育之后，孩子即使看黄片也会懂得加以辨别，让自己远离其中的不良影响。

在对小学生实施性教育时，需要慎重组织语言进行如实说明。此时应当具体讲解，但不必超过孩子能够理解和接受的范围。面对小学低年级的孩子，可以利用画有男女人体样貌、性征差别的童话书或一些科学类书籍向孩子展示精子和卵子是如何结合的，以及妈妈怀孕的样子，让孩子了解父母所扮演的角色。

而如果孩子已经到了好奇心和探索欲强烈的小学高年级阶段，父母却支支吾吾企图蒙混过关，孩子觉得疑问没有得到彻底解决，就会上网或翻书寻找有关“性”的内容。不少妈妈都因为发现孩子在网上搜索“sex”这一单词感到震惊。事实上，如果无意中发现孩子在看黄片也不必太过慌张，尽可能若无其事地与他进行对话。让孩子通过父母以外的途径接触性知识，可能产生极不好的影响——这既不利于孩子价值观的形成，也会导致他们今后在遇到性方面的问题时难以向父母启齿。我们需要对孩子进行真诚舒适的性教育，不必藏着掖着，正大光明地告诉孩子，性是人类基本的欲求，涉及繁衍后代等重大问题，绝不是一件羞耻的事情。

039

孩子撒谎成性

孩子总是在小事上撒谎。有时会谎称今天没有作业，于是一直玩游戏。有时弄坏了弟弟的玩具，还镇定地撒些一戳就破的谎为自己辩解。孩子为什么会这样呢？

考试考砸了，无法面对父母，因此一直谎称成绩还没出来。相信我们每个人都曾有过这样的撒谎经历。然而当孩子一脸真诚地骗父母说“我今天去上补习班了”时，作为父母仍然会受到冲击，并因此对孩子感到极度失望。

在不同的年龄阶段孩子说谎的理由也不同。满5岁之前孩子常会因为无法区分现实和幻想而说一些明显的谎话。例如孩子弄撒了牛奶，被问到“是谁干的”时可能会回答“是家里的熊熊（玩偶）干的”。同时由于认知发展不够充分，此阶段的孩子以非黑即白的逻辑评价事物，所以觉得好孩子不能做任何坏事，于是会用一些显而易见的谎言来掩饰或辩解。到了七八岁时，孩子就会开始认识到说谎的真正含义以及可能带来的负面影响。即，尽管撒谎可以帮助他们逃避当下的状况，但最终会导致自己失去父母的信任，引发更大的损失。

明知道撒谎是不对的，为什么有些孩子仍然会这样做呢？我们又应该如何面对孩子的谎言？

这一时期的孩子会因为害怕被训斥、缺乏责任心，以及讨好朋友而选择撒谎。如果只是偶尔一两次，父母则不必过于放在心上，应该平静地告诉孩子说谎是不好的，在这样的情况下该如何做，并让他学会改正。如果孩子总是因为打碎盘子或损坏物品等问题撒谎，那么平时就需要多对勇于承认错误的行为进行称赞，让他不至于因为自己犯了错而感到不安。在批评或质问孩子时也要留有余地，否则可能伤害孩子的自尊心。

如果孩子还处在小学低年级阶段，比起惩罚，更应该让他明白不撒谎会带来怎样的积极影响，引导他成为诚实的人。而不少高年级的孩子则因为看到了说谎带来的明确好处而故意选择说谎。此时父母需要首先询问孩子撒谎的原因，表达自己的理解，这样反而能让孩子认识到自己其实没必要撒谎。

但是如果孩子撒谎成性，家长就需要重视起来，同时观察是否具有以下几点问题：

首先，孩子是否无法抑制自己的冲动情绪。ADHD患儿尤其有这种倾向。（参考"孩子太散漫了"一节。）

其次，要准确把握孩子撒谎的原因。即使知道撒谎本身是不对的，孩子有时也可能陷入矛盾，无法做出正确的判断。例如，如果孩子说偷钱是为了请朋友吃东西，就可以看看他们是否存在人际关系的烦恼。如果孩子偷钱买了玩具，父母就需要反省自己平时是否没有满足孩子的正当需求。

最后，如果一直向孩子强调要对父母保持绝对的诚实，将问题的重点放在撒谎这个行为本身上的话，孩子就可能因为害怕惩罚而陷入不断撒谎的恶性循环之中。一味威胁孩子不准撒谎，却不给予他充分的时间反省整理自己的行为，也会阻碍孩子道德观的形成。我们在咨询时曾遇到一些事事撒谎的青年，从他们嘴里听不到一句真话。他们的父母中通常有一方极为强势和专制，在治疗时需要首先帮助他们从精神和心理层面上独立出来，摆脱父母的控制。

从这个层面来看，我们有时可能反而需要允许孩子说一些无关紧要的谎言。电影《大话王》（*Liar Liar*）中曾出现过这样的情景，一直依靠说谎取胜的无德律师金·凯瑞（Jim Carrey）在无法说谎之后开始不断败诉，与身边人的关系也逐渐恶化起来。撒谎成性自然是不正确的，但有时我们又需要运用谎言来处理事情和人际关系，这的确是矛盾所在。进化心理学中曾经提到，比起绝对真实的自己，人类通常希望展现出更好的自我，因此会选择说谎，这可以说是高等动物为了生存而采取的一种战略手段。孩子如果开始撒谎，则说明他已经逐渐具备揣度他人想法，进行抽象思维和逻辑思考的能力了。在一些必要时刻，比起百分之百地实话实说，说谎反而可能是更理想的选择。

小贴士

L. 科尔伯格（L. Kohlberg）的道德发展阶段论

心理学家科尔伯格曾做过一个有名的调查，将十几岁的孩子作为研究对象，询问他们“妻子濒死，丈夫没钱于是偷药为妻子治病，这个行为是否存在道德上的问题”。在这里，“是”与“否”的答复并不是关键。“你为什么这样认为”才是研究所关注的重点，根据这些回答，科尔伯格将道德发展分为六个阶段。

回答“丈夫的行动是不对的，应该被警察抓走”的人被划分为第一阶段，即惩罚和服从定向阶段。回答“丈夫是因为心疼妻子才这样做的，所以偷东西也是可以的”则属于第二阶段——工具性相对主义定向阶段。第三阶段为好孩子定向阶段，“丈夫是好人，所以可以为了救妻子偷东西”的回答即属于这一阶段。而如果认为“必须维持社会秩序，无论出于什么理由都不能偷窃”则是第四阶段——维护权威和秩序定向阶段。第五阶段为社会契约定向阶段，认为“法律不是死板的，我们应该谅解那些可怜的人”。处在第六阶段，即普遍伦理原则定向阶段的人则会回答，“尽管站在法律的角度来看这个行为是错误的，但仍需要根据具体状况来对其进行批判”。

研究发现，10岁以下的孩子的道德水准大部分处于第一、二阶段，即将小学毕业的孩子则通常能够达到三、四阶段。而即使是成年人也极少有达到五、六阶段的。通过这个研究我们也可以知道，要从孩子所处的年龄阶段出发去理解他的谎言。

每天都是手机战争

孩子上五年级了，每天都因为手机跟我斗争。买手机之前明明说好会遵守每天的使用时间，现在却完全不守约。应该怎么做才好呢？

手机及其他大众媒体给孩子带来的负面影响已经成了全世界关注的问题。美国民间非营利健康机构凯瑟家族财团的报告显示，8至18岁的美国孩子平均每天使用电子产品的时间为7小时28分钟。以全球11个国家2200名妈妈为对象进行的一项调查显示，2至5岁的孩子中有70%能够熟练使用电脑玩游戏，却只有不到11%会自己动手系鞋带。韩国国内的情况也与之类似。大韩儿童青少年精神医学会于2014年5月发布的资料表明，在韩国，手机在小学生中的普及率为50%，到了中学阶段则急剧增长到80%。未来创造科学部在2013年关于“网瘾调查”的报告中称，10至19岁的孩子中有18.4%使用手机上瘾，为成年人占比（9.1%）的2倍，而拥有潜在上瘾风险的孩子的比例则从2011年的11.4%快速增长至25.5%。

“Homo Mobilicus”（指现代人过度依赖手机生存的状态）这个单词已经快要被载入字典了，从中我们可以看出手机与现代生活的密切联系。因此无条件要求孩子远离手机等电子产品显然是不现实的。玩游戏可帮助孩子缓解压力，手机也是他们与朋友沟通交流的重要工具。但是孩子如果过度沉迷其中，问题就会变得严重。想要在与孩子的手机战争中取得胜利，首先需要认可他们生活的世界和方式。对孩子来说，手机和游戏之所以不可或缺，最大的原因是他们需要借此和朋友一起玩耍交流。孩子们最喜爱的便是能和许多朋友一起打打杀杀的游戏。一方面是由于这些游戏本身具有很大的吸引力，另一方面也是现代社会留给孩子面对面社交、游戏的机会越来越少导致的。

那么，什么时候给孩子买手机比较合适呢？大韩儿童青少年精神医学会于2014

年11月以专业医生为对象实施了调查，结果显示多数专业医生认为，孩子最好到了初中一二年级再开始使用手机，建议在孩子进入初中以前，父母最好不要给他们买手机。再来，如果小学阶段需要使用手机，每天应限制在55分钟以内，初中和高中阶段则分别不能超过1小时40分及2小时。之所以限制手机的使用时间，是因为孩子的自制力不足，无法进行充分的自我调节，无限制使用手机会导致上瘾、被不良信息污染，甚至患上肌肉骨骼方面的疾病。人类神经系统的发展需要通过与同龄人面对面接触才能实现，然而过度沉迷手机会让孩子失去这样的机会，这也是我们需要限制孩子使用手机的最大原因。（参考“孩子整天就知道打游戏”一节。）

如果出于现实需要不得不给孩子购买手机，一定要事先定好规矩。比起说“只能玩手机到几点”，将孩子与手机实际隔开会显得更有帮助。例如到了睡觉时间，就将手机留在客厅等家庭内公共区域充电，不准带入卧室。或在吃饭时，全家人都要将手机交出来，放在同一个地方，谁也不许边吃饭边玩手机，等等。

父母要比孩子更精于使用手机才行。尽量给孩子挑选那些能够限制下载或购买App的手机，或自己学会设置并经常更换密码。还有一些App可以在某个特定的时间或某周固定的某天给手机上锁，限制孩子使用，同时帮助父母或教师管理孩子的手机。关于手机的使用问题，与孩子的斗争是没有尽头的。但为避免侵犯孩子的自主性和隐私，一定要与他们进行充分的沟通交流。要尊重孩子，将他们视为与自己平等的个体，合理制定使用手机的规则。一味禁止是行不通的，要懂得倾听孩子的心里话，展示出希望一起解决问题的态度。（参考“孩子整天就知道打游戏”“实在搞不懂最近孩子们间流行的玩意儿”“一秒钟也不能离开手机”等节。）

041

孩子老是眨眼睛

孩子老是不停地眨眼睛、干咳。原以为是鼻炎还没好彻底，带他去了耳鼻喉科，结果医生说是“抽动障碍”。这是怎么回事呢？

抽动障碍（tic disorder）是一种较为常见的疾病，通常医生一眼就能辨认出来。这并不是依靠自身意志就能解决的问题，训斥也不起作用——通常孩子忍耐一阵之后症状便又会出现。

> **抽动障碍**
> 身体某一部分突然不由自主地反复抽搐，或频繁发出某类声音的障碍。

抽动障碍根据症状不同分为运动抽动和发声抽动，只表现出一种抽动症状的被称为一过性抽动障碍，同时表现出多种抽动症状的则为多发性抽动障碍。多数患者会单一地表现出频繁眨眼、歪头、皱鼻子等运动抽动症状或不断清嗓子、哼哧哼哧呼气、吹口哨等发声抽动症状。病情通常会从频繁眨眼的问题开始，经过一段时间后眨眼停止，继而转换为其他症状。而经过数日或数月之后，症状又会自行消失。类似这样的一过性抽动障碍尽管看起来让人有些不适，但实际上并不会对日常生活造成太大不良影响。

然而如果抽动以复杂的形式出现，那便是另一回事了。例如耸肩的同时抚摸他人的物品、学别人的样子做动作、反复说同样的话、不由自主地吐露污言秽语等，有时孩子甚至会在聊天的过程中毫无征兆地蹦出脏话，让人感到十分慌张。

抽动障碍因此又可以分为短暂性抽动障碍、慢性运动或发声抽动障碍和**图雷特氏综合征**（Tourette syndrome，TS）三大类。短暂性抽动障碍基本会持续4周以上，但症状表现通常不超过1年，约有10%至20%的孩子属于短暂性抽动障碍。慢性运动或发声抽动障碍通常持续1年以上，症状单一，多表现为运动抽动或发声抽动，患有慢性运动或发声抽动障碍的孩子约占全体的1.5%。

> **图雷特氏综合征**
> 属于抽动障碍的一种，通常表现为非单一性抽动，多种运动抽动或发声抽动症状同时发作。

再来，1万名孩子中约有1至6名患有图雷特氏综合征。运动抽动或发声抽动症状会同时出现，且多数持续1年以上，并因此导致日常生活受到严重影响。图雷特氏综合征最常出现在7至11岁的孩子身上。

之所以需要根据症状及持续时长来给抽动障碍划分类别，是因为对于不同类型的抽动障碍，治疗方法及预后也都有所不同。短暂性抽动障碍或慢性运动或发声抽动障碍的症状通常会在青少年时期结束后慢慢消失，因此如果孩子出现频繁眨眼或清嗓子等单一症状，也不必太过着急，可以先耐心观察一段时间。但是图雷特氏综合征已经超出了一般抽动障碍的范围，无法自行调节，孩子会因为害怕被朋友嘲笑而厌学，甚至陷入抑郁症的沼泽之中。曾来咨询的某个孩子就因为发声抽动的症状妨碍了学业，最终被劝转学。

在抽动障碍产生的生理学原因得以明确之前，人们大多认为这是一种心理疾病的躯体化反应。然而现在，皮质—基底核—丘脑皮质回路发生异常则被认为是抽动障碍的最主要原因。在大脑的这一回路中，掌管着人类运动神经的路径过度活跃，便会导致人们不由自主地抽动或发出声音，相反能够抑制抽动和声音的大脑活动却又不够活跃，因此人们便很难凭借自身意志减少抽动。其次，抽动可能是一种对于前兆冲动的反应。所谓前兆冲动即指人在抽动之前感受到了不适，或有种被紧紧勒住的感觉，心里觉得必须要做点什么才能缓解。这就好像在打喷嚏之前我们总会觉得鼻子很痒，一定要痛快地打完喷嚏才会感到舒适。发生抽动时大脑的感情中枢通常十分活跃，我们认为这种脑部变化的产生是因为心里的不安情绪通过抽动行为得到了缓解。

就绝大多数较为轻微的抽动障碍而言，观察其过程并对日常生活实施管理最为重要。我们可以故意选择忽视掉这个问题，不必为其过度操心。时刻胁迫孩子不准其抽播反而会给他们带来压力，甚至加重症状。反之，也不能因为压力和紧张会加剧抽动症状而放纵孩子，甚至对作业等日常生活中必须完成的事情放任不管。在孩子借此间接获得了这种“好处”后，症状就会一直持续下去。缓解这一症状最好的方法是无视孩子的症状，既不安慰也不阻止。父母需要对抽动障碍进行深入了解，以此减少不必要的焦虑。需要知道的是，孩子的心理因素的确可能加重抽动症状，但是相反，抽动症状的恶化却不一定代表孩子的心理状况出现了问题。

有一个能有效改善抽动障碍的方法叫“颠覆习惯”。让孩子去认知自己抽动前的感受和出现抽动时的样子，培养起竞争意识，与抽动做斗争。例如，如果抽动症状表现为咧嘴，那么就要求自己紧紧闭上嘴巴来反抗抽动。对于发声抽动则可以采用腹式呼吸法来阻断抽动发生的通路，以此缓解症状。▶（参考儿童青少年精神医学会官网www.kacap.or.kr“缓解方法”部分。）

一些孩子只是单纯患有抽动障碍，另一些却可能同时伴有ADHD、焦虑症或抑郁症等其他精神类问题，父母需要对此保持密切关注。若孩子压力过大或压力不大抽动症状却反复持续1年以上，抽动障碍对孩子的学习生活和交友产生了严重影响，又或者在抽动障碍之外还同时伴有其他问题，则需要及时就医。

要时刻谨记，并非所有抽动问题都必须接受治疗。若患有较重的慢性运动或发声抽动障碍和图雷特氏综合征，则应当同时进行药物治疗和行为治疗。通常我们会使用抑制多巴胺或抗抑郁、抗焦虑的药物帮助治疗，最新问世的药物也在疗效和副作用方面取得了长足的改善。

小贴士

抽动带来的意想不到的好处？

近来随着许多纪录片及电视节目将抽动障碍和图雷特氏综合征作为素材，这类疾病的知识也得到了广泛普及。关于图雷特氏综合征我们必须提及的人应是纽约大学医学院的奥利弗·萨克斯（Oliver Sacks）教授。他在《错把妻子当帽子》（*The Man Who Mistook His Wife for A Hat*）一书中通过一名患有抽动障碍的小丑雷（Ray）向我们展示了抽动障碍的两面性。雷一直以来因为抽动障碍饱受折磨，最终还被马戏团解雇了。但这之后他竟然因为自身不规律的抽动症状培养起了高超的架子鼓技艺，获得了极高人气，接着又凭借异于常人的神经反射在乒乓球界大放异彩。然而伴随着治疗的推进，抽动症状得以改善，雷又重新变回了平凡的人。“真不知道抽动障碍是上天给我的礼物还是诅咒”，在书中雷曾这样说道。尽管这样，疾病总归需要治疗。于是雷和医生商量之后决定：“每周工作日进行药物治疗，周末则中断。”雷从此过上了双面人生活，有时他是冷静平凡的普通市民，有时则是才华横溢轻佻狂热的艺术家。

还有一些著名的运动家也患有抽动障碍。曾在2014年巴西奥运会中展现出惊人防守能力的美国足球运动员蒂姆·霍华德（Tim Howard）便是其中一员。霍华德从小学开始便因抽动障碍和强迫症备受嘲笑，但他却亲口表示，自己之所以动作迅捷，在一定程度上需要归功于图雷特氏综合征。

目前还没有确切的科学证据能够表明图雷特氏综合征患者在音乐或运动方面比一般人更具优势。但的确有研究结果显示，患有图雷特氏综合征的人通常在利用视觉解决问题、寻找语法错误、感知时间等方面表现得更为突出。人们认为这主要是由于抽动症状越是严重，患者越会努力抑制抽动，因而促使了认知能力和相关的大脑区域不断发展。

孩子太散漫了

刚开学的时候去孩子班上参观，吓了一跳。孩子平时在家一直是乖宝宝，上课时却一分钟也闲不下来，老师在上面说话他还不停插嘴。我家孩子是得了ADHD吗？

看到孩子过于调皮捣蛋的样子，父母们总会担心他们是不是患有ADHD。许多父母甚至会开门见山地询问我们“我家孩子是得了ADHD吧？”约有5%至10%的学龄儿童患有此种障碍。小学校园里每个年级通常都会有一两名ADHD患儿需要接受帮助。

在深入了解ADHD之前，我们首先需要把握**集中力**（concentration）及**注意力**（attention）等相关概念。集中力通常是指能够专注于某一件事的能力，如看漫画、玩游戏等。注意力则可以被理解为有效分配集中力的能力。例如上课时听到老师说“来，看这里”，我们便会将“注意”转向老师，这即是一种拥有注意力的表现。一般来说，散漫的孩子在看漫画或画图等自己喜欢的事情上能够保证集中精力一两个小时以上，然而坐在书桌前做作业时就会显得难以投入，一会儿在妈妈说话时插嘴，一会儿东张西望看妹妹在做什么。患有ADHD的孩子通常注意力持续时间短暂且难以集中，无法专注于某一件具体的事情。

婴幼儿注意力差、缺乏耐心是正常现象。但如果到了五六岁仍表现出明显的散漫，且在进入小学后症状越发严重，则需要引起重视。最典型的表现即是孩子在教室里不能乖乖坐在自己的座位上，总是动来动去，或在上课时进进出出。有的孩子还会在课堂上吵闹，老师提问还没结束便开始作答，或在别的小朋友讲话时突然插嘴。本节开篇的妈妈便是因为在学校的公开课上看到孩子有此状态受到冲击，拍下了视频前来咨询。这类孩子一般无法听从老师的指示，做事磨蹭，很难按照规定完成作业及要求准备的内容。他们大多讨厌需要写作和理解的语文课，不肯动脑筋，遇到复杂的问题就选择逃避，书写也十分潦草。课外和朋友之间的交往也存在不少问题。例如在需要排队取午餐时，他们无法乖乖遵守秩序，总是插队，同时很容易发脾气，跟朋友发生冲突。这些问题最终会导致孩子自尊心受挫，在朋友中间抬不起头来。与表现较为外化的男孩不同，患有ADHD的女孩主要表现为注意力不集中，例如听课时爱胡思乱想或在书上乱写乱画等，通常较难为人所察觉。

ADHD患儿注意力持续时间短，如果没有家长在旁边看着，他们甚至可能难以完成一两页的练习作业。同时容易冲动，说话不假思索，撒谎一戳就破。例如询问他们是否做完了作业，张嘴就答“做完了”，但事实并非如此。学习总是临时抱佛脚，难以主动建立学习计划。有些比较聪明的孩子在小学三年级之前尚不会表现出任何异常，但这之后成绩便会逐渐落后于别的同学。

如上所述，如果孩子出现注意力持续时间短、做事散漫、容易烦躁，以及大吵大闹、活动过度（hyperactivity）等问题，同时缺乏耐心、情绪起伏大、多发冲动行为（impulsivity），则基本可以确诊为ADHD。ADHD患儿在小学低年级时通常会表现出较为严重的活动过度，到了高年级这些现象则逐渐消失，取而代之的是毅力欠缺、注意力不集中、容易愤怒和冲动等长期持续的问题。因此比起多动本身，最严重的是注意力低下、无法抑制冲动等执行能力（executive function）不足的问题。由于下达行动指令的额叶出现异常，ADHD患儿通常没有眼力见儿、极端固执、行为方式死板，因此难以和朋友建立良好的人际关系，同时可能因为受到过多负面评价而变得性情消极古怪。他们行动急躁，缺乏耐心和忍受力，做事只顾眼前，且意识不到自身的问题。这在孩子长大成人之后仍然会带来诸多阻碍。总的来说，ADHD的症状会在认知、情绪、行为调节等方方面面表现出来。

事实上，ADHD的产生主要受遗传因素及大脑神经问题影响，而人们普遍认可的家庭教育、童年创伤等因素则影响相对较小。在这里先天性因素约占70%，而剩下30%才是心理-环境因素导致的。从前ADHD被定义为一种“行为障碍”，而在2013年，美国精神病学会的官方诊断系统则修订了这一定义，将其重新调整为“神经发展障碍”。

想要深刻认识ADHD，首先需要了解大脑额叶的功能。额叶位于额头内侧，担任着交响乐团指挥家一样的职责，正是托了额叶部分执行能力的福，人类才能够“像人类一样”地行动。额叶的执行能力能够帮助我们建立计划、依照先后顺序做事、管理时间、调节冲动和情感等。额叶部分的发展会一直持续到25岁左右，ADHD的发生则正是由于冲动神经和掌管理性的额叶之间的连接不佳。也就是说，当冲动涌现时，额叶无法发挥自身的功能去抑制或调节冲动。例如，当大脑同时出现“好想吃东西”和“不行，吃了会挨骂”这两种想法且无法互相妥协时，患者会选择放任自己暴饮暴食，之后陷入更大的矛盾之中——“为什么非要吃？”“因为想吃啊”“你知不知道吃了会挨骂？”“知道啊”“那为什么还吃？”“因为想吃啊”……此类无意义对话会反复循环。

在额叶之外，遗传因素也会导致ADHD产生。有大约30%ADHD患儿的兄弟姐妹也同患此病，而约50%患有ADHD的父母将其遗传给了子女。从环境方面来看，早产、难产和出生体重不足等可能导致孩子大脑两半球异常或受损，并最终引发ADHD，此外环境激素干扰、精神虐待、疏于关注孩子心理健康等问题也会带来不利影响。

如果孩子表现出上述症状，则需要尽快去医院接受诊断和治疗。在确诊ADHD后，还需要根据孩子的状况和症状进行治疗。如果孩子最大的问题是情绪低落和抑郁，则应将此作为首要治疗目标。而如果成长环境是最大的致病因素，便应首先解决这一阻碍。最重要的是，家人一定要充分了解ADHD的症状，寻找适合孩子的养育方式，并积极配合药物辅助治疗。

受ADHD影响的孩子可能同时出现许多其他问题，我们在治疗时需要一并处理。有大约70%的ADHD患儿深受焦虑症、抽动障碍、敌对情绪、行为不端、抑郁等问题折磨。此外，由于养育ADHD患儿十分困难，家庭内亲子关系也可能并不理想，且孩子难以适应校园生活。解决ADHD的关键是把握治疗时间，然而我们的大环境中却存在诸多阻碍。对此类疾病的偏见以及对于精神病学的误解，或害怕被贴上标签的顾忌，常导致治疗延误、病情恶化。有报告指出青春期孩子的行为障碍中有50%为ADHD症状，即使青春期没表现出来，它带来的负面经历也可能会蔓延到成年阶段，给人的性格形成和日常生活造成不良影响。过于固执、不考虑他人的行为方式也会成为社会生活的绊脚石，导致个人被孤立或在家庭内部引发矛盾等。▶（参考“注意力差，我好像患上了成人ADHD”“孩子总是欺负同学”等节。）

一旦孩子被诊断为ADHD，父母就需要深入了解相关知识，并运用多种方法积极帮助孩子治疗。在学习指导方面，如果孩子过于散漫、欠缺注意力，则可以将学习内容细分，循序渐进，每次学习一点即可。可以以15分钟为单位将1小时切割开来，依次学习语文、英语、数学、社会、科学等内容，让孩子慢慢培养起稳定的学习习惯。为了提高孩子的成就感，每天可以做3页左右较为简单的练习。如果孩子因为急着玩耍总是敷衍了事，则可以反复告诫他们“学习最重要的不是速度而是正确性”。再来，让孩子亲自制订时间表，建立自己的计划。一开始不必强求他达到父母的期待，制订现实可行的计划最为重要。当计划完成时，就可以奖励孩子一个他们想要的东西，让他们品尝成就感。而如果计划没有得以完成，也不要急于训斥孩子，更好的方式是按照事先的约定给予孩子某种小惩罚，让他从中体会损失，并借此领悟约定的重要性。孩子做得好时一定要多多称赞和奖赏他，把话说得简洁些，说的时候要注视着他的眼睛。“妈妈刚才说了什么？”还可以像这样反复询问以确定他真的听进了妈妈的话。奖励制度能够强化孩子的优势，但要想帮助孩子改正问题，行为方面的“隔离反省”措施也要一并用上。最重要的是，想要改善孩子的症状至少需要五六个月的时间，父母要保持耐心，注意前后态度一致。同时不要过于唠叨，努力把握孩子的情感和内心活动。▶（参考“孩子容易烦躁，总是耍赖”“孩子爱打其他小朋友”等节。）

除上述行为治疗的方法以外，还需要配合药物进行治疗。药物治疗被认为是目前治疗ADHD最有效的方式。2002年美国国立卫生研究院的调查结果显示，同时运用药物治疗和行为治疗，ADHD的治愈率为68%，单独投入药物治疗则为56%，而仅仅进行行为治疗则是34%。当然，这并不能够说明药物就是治疗ADHD的唯一方式，吃药也并不一定意味着病情已经到了极为严重的地步。就像我们此前提到过的，治疗ADHD需要同时使用多种方式。在这里我们可以将抗ADHD药物看作一种“生理眼镜”。孩子如果视力下降，看不清黑板，就可能无法正常听课。此时我们便需要给孩子配一副度数正确的眼镜，在能够看清黑板之后，孩子的学习态度也会变得端正，成绩会呈现上升的趋势。对于ADHD患儿，吃药便相当于给大脑配了一副眼镜。戴上眼镜后孩子的视野更开阔、注意力更集中、听课更专注，学习效率也会因此提高。

药物治疗可以促进神经递质的分泌，以此促进大脑神经回路发挥自身的功能。抗ADHD药物即是通过作用于脑神经细胞来刺激多巴胺和**去甲肾上腺素**的分泌，帮助我们集中精神、维持注意力，同时长时间促进神经系统的发展。

去甲肾上腺素

神经递质的一种，与人的恐惧反应和压力反应相关。抗抑郁症药物的功效之一便是阻断去甲肾上腺素的再吸收，或抑制去甲肾上腺素的代谢。

现在韩国医学界使用的抗ADHD药物主要为**哌甲酯**（Methylphenidate）和**托莫西汀**（Atomoxetine）。哌甲酯作为中枢神经兴奋剂被广泛使用于第一阶段的治疗之中。在长期的试验和研究之后，其安全性和疗效也得到了充分证明。哌甲酯主要通过刺激大脑分泌多巴胺来发挥药效，我们在70%至80%的使用人群中观察到了治疗效果。韩国的父母过于反感药物，一听说要给孩子吃药便很紧张。但事实上尽管哌甲酯是精神类药品，孩子服用后却极少出现依赖或戒断症状。用药初期偶尔可能出现食欲不振、呕吐、腹痛等胃肠功能不适症状或头痛、睡眠差、心跳加快等副作用，但逐渐适应药物之后这些症状大部分会自行消失。不过近来也的确有研究表示，由于每个人的基因不同，多巴胺和去甲肾上腺素的分泌也有所不同，药物效果及可能出现的副作用也会有差异。

父母们对于药物治疗总是显得忧心忡忡。一些父母因为在电视上或新闻里听到“治疗ADHD的是精神类药物，有许多副作用”这样的言论而格外警惕，在咨询时我们要花许多工夫不断纠正他们的固有观念。恶意滥用ADHD药物的确可能引发记忆力受损等问题，因此不能私自购买，服用时必须谨遵医嘱。但人们以讹传讹，将其误解成了“ADHD药物一定会导致记忆力下降”。同时，由于这类药物能够在短时间内提高人的记忆能力，美国等地因此出现了人们在考试前夜临时抱佛脚时滥用药物的现象（事实上，ADHD患者等多巴胺和5-羟色胺水平较低的人群服用这类药物时的确能够提高前额叶机能，但正常人服了却并不能发挥任何作用，反而可能导致大脑机能降低）。再来，孩子明明已被确诊患有ADHD，父母却企图隐瞒病情，不积极为孩子治疗的情况在韩国也数不胜数。也有一些父母因为对药物治疗的误解而一再犹豫，错过了最佳治疗时机，最终导致的结果往往令人十分惋惜。

ADHD的药物治疗通常需要持续1至3年，应当每6个月至1年进行一次状态评估，确定药物治疗效果更好的话则可以继续下去。1980年至2010年间进行的351例ADHD研究结果表明，两年以上的药物治疗会带来显著疗效，坚持服药的患者在学业、自尊感、工作、社交能力、驾驶技能、克服上瘾倾向等方面都取得了巨大进步。

如果在接受了父母的悉心照料和适当的药物治疗之后，孩子仍然存在情绪障碍或学习困难，则需要辅以游戏、美术等心理治疗和认知学习治疗。同时要注意帮助孩子提高社交能力。例如训练他们在对话中正确表达自己的情感，以及学会换位思考，以便与朋友们建立起良好的人际关系。在服用药物后，即使孩子已经出现了成绩提升、在校表现良好等肉眼可见的转变，父母也要坚持多与孩子沟通交流，激发他们对于事物的好奇心，帮助他们提高思考能力。ADHD患儿考虑欠周，通常无法对一件事情进行深入思考，因此父母一定要在一旁多多启发他们的思维（最典型的例子便是爱因斯坦和爱迪生，两位都具有ADHD症状却在父母的帮助下取得了巨大成就），这样才能让孩子避免在成年后因人际关系而受挫。

小贴士

ADHD的诊断标准

[《精神疾病诊断与统计手册（第五版）》，美国精神病学会，2013]

A.出现以下与发展阶段不相符或不匹配的症状，且持续6个月以上时：

（1）注意力涣散等问题（出现7个以上时）。

①无法专注于学业、工作或其他活动，常心不在焉，易犯错。

②完成作业或玩耍时难以长时间集中精力。

③面对面交谈时也常走神。

④不能听从指示，处理功课、杂事、业务等常半途而废。

⑤参与集体作业或集体生活存在困难。

⑥逃避、厌恶或反感需要高度集中精力的事情。

⑦丢三落四，容易弄丢与学习和活动相关的物品（作业本、书、铅笔等）。

⑧很容易受到外部刺激影响，注意力松散。

⑨时常忘记一些日常小事。

（2）过度活跃（①至⑥）/冲动性（⑦至⑨）症状（出现6个以上时/17岁以上则为出现5个以上时）。

①手脚停不下来，总是在座位上动来动去。

②必须要安稳坐着时却总是起身走动。

③在不恰当的场合过度奔跑或攀爬（成年人则表现为“坐立不安感”）。

④总是无法安静地玩游戏或从事休闲活动。

⑤不能静止下来，或是像发动机一样不断活动。

⑥说话过多。

⑦常在提问结束之前开始回答问题。

⑧无法遵守秩序进行等待。

⑨总是打断别人做事或突然插手其中。

B.这些症状需出现在12岁以前。

C.症状需至少同时在两个以上的地方（学校、家庭等）表现出来。

D.需有明确证据表明孩子的社交、学习、工作、智力等因此受到不良影响。

E.需排除精神分裂症、情绪障碍、焦虑障碍、解离障碍、人格障碍、急性物质中毒、戒断症状等问题。

大脑的发育

孩子进入小学阶段后会飞速成长起来。这是在他们出生第一年以外变化最大的一个时期。在此阶段，不仅身高和体重会急剧增长，大脑的发展也十分迅速。直到大概二三十年前，人们都还一致认为脑细胞在出生时便停止了生长发育，此后一生都不会出现变化，而如果撞到了头部或挨了揍，脑细胞死亡，人就会变笨。而现在，已有不少研究表明在人出生之后，大脑仍会持续发育20年以上，那么脑细胞究竟是如何生长变化的呢?

美国国家精神健康研究所（NIMH）的J.吉德（J. Giedd）博士将年龄为3至25岁的2 000余名儿童和青少年作为对象，每两年进行一次脑部磁共振成像（MRI）检查，分析他们的脑部变化。在这项研究之前人们普遍认为，到6岁左右大脑就已经完成了95%的发育。然而MRI的实验结果表明，在6岁前大脑尺寸增长的确最为迅猛，但这并不意味着大脑此时已经发育成熟。尺寸增长只是脑部发育的一个方面，脑细胞之间建立起密切联系的脑部“成熟”实则更为重要。

脑细胞是通过一种名为突触的结构传导信号的。在童年及青少年期，为了能够形成更加高效的突触（连接网）结构，有时会将已建立起的大脑连接线切断，进而建立新的连接网。这是大脑为了能够更加有效地发挥作用所必经的成熟过程，通常在人类十几岁时这一发展最为迅猛。

大脑前方的额叶皮质会一直持续发育到25岁左右，在青春期阶段能够获得最大程度的发育。而掌管判断力、决断力的前额叶部分则是大脑最晚发育成熟的部分。这就是为什么有时已经长大的孩子仍会做出一些即兴判断或前后不一致的举动。由于脑细胞的连接在不断发生变化，孩子们的认知、情绪、自制力、冲动调节等各方面的发展水平可能会显得参差不齐。

043

小孩子也会得抑郁症吗

孩子只要一去学校就说自己肚子痛。带她去医院却检查不出问题，说是压力导致的。这么一说我才觉得她最近的确话也变少了，总是看起来郁郁寡欢的，请问这是怎么回事呢？

人们通常认为小孩子都是很活泼的，不会有抑郁情绪。然而和成年人一样，孩子在遭遇挫折或丧失感时也可能患上抑郁症，且这样的情况并不少见。如果只是暂时出现抑郁症状倒不必过于担心，但如果情况久久不见好转则需要引起重视，观察孩子是否患上了儿童抑郁症。抑郁会遗留在孩子的个性里，严重时可能蔓延一生，带来长期的不利影响，因此一定要尽早帮助孩子确诊和接受治疗。

约有10%至15%的儿童青少年曾出现过抑郁症状，同时，7至12岁的孩子中约有2%被确诊患有抑郁症。而患有抑郁症的青少年一半以上都会选择依靠酒精、烟和药物来解决问题。另外，大家都知道，自杀是青少年死亡的首要原因，而抑郁症则是导致自杀的罪魁祸首。▶（参考“孩子突然厌学了，看起来有气无力的”“看到孩子说想死，我真的吓了一跳”等节。）

儿童抑郁症的诊断标准与成年人有所不同。成年人在遭受了突如其来的巨大压力或持续困溺于人际关系问题、性格问题之后，通常会感到大脑疲惫不堪，时常产生愤怒、自责等情绪，这时抑郁症便开始萌生。儿童抑郁症则不一定是长期的压力或性格问题导致的。天生的气质问题、父母与周边家人的矛盾纠纷等也可能引发抑郁。成人抑郁症主要表现为持续心情低落、活力丧失、几乎感受不到任何乐趣等。而小学阶段的孩子如果患上抑郁症，则可能表现出与平时不同的异常行动，如闷闷不乐，总是欺负弟弟妹妹，或容易因为小事生气，通常父母难以察觉。如果孩子突然开始欺负班上比较弱小的同学，偷父母的钱给朋友买礼物，或出现不肯做作业、沉迷于游戏，且时常嚷嚷自己头痛腹痛的现象，则需要考虑孩子是否正在经受抑郁症等情绪性压力的折磨。同时还需要细心观察孩子是否存在久睡不醒、暴饮暴食、爱发呆、行动过度迟缓、过度焦躁、成绩突然下降等问题。而当观察到孩子有厌学、无法与朋友友好相处等障碍时，一定要尽早接受医生治疗。

有时，父母以外的第三方反而更容易捕捉到孩子的异常。不久前一位和妈妈一起前来接受咨询的女学生便是如此。班主任发现她状态突然变得消沉，于是劝她前来接受治疗，还说她最近学习态度变差了，上课时总是趴在桌子上，作业也不按时完成。通过咨询我们了解到，这位女学生爸爸出轨，因而最近父母离婚，妈妈也同样处于极度抑郁的状态。她又是家里的独生女，平时一直和妈妈关系密切，所以在最近变故和妈妈状态的影响下变得极度不安。在此类情况下，通常妈妈也很难察觉孩子的异常，且容易忽视身边人的建议和劝告。

在发生此类情况时，如果孩子的表现不够明显，或父母因一些问题自身难保时，孩子的抑郁情绪便很难被察觉出来。事实上，在判断儿童的情绪问题时，最大的难关在于孩子的父母。若要解决问题，首先需要关注的便是孩子天生的气质和父母的养育方式，而父母却常常难以意识到自己的问题所在。尽管抑郁症是在神经递质失衡等生物学、遗传和环境因素的综合影响下产生的，但对于孩子来说，罪魁祸首就是环境因素。儿童抑郁症多数是由家庭矛盾、学业落后、难以适应学校生活、和朋友关系破裂等问题导致的。

想要尽早发现子女的抑郁症问题并给予治疗，父母就需要在平时多多关注孩子的心理状态，敏锐察觉出他的行动变化。心理健康和身体健康同样重要。要保证孩子拥有充足的睡眠和运动，并在家或学校建立起正面的情感纽带。减少孩子看电视的时间，鼓励他多与别的小朋友一起玩耍，进行身体接触。同时要营造出良好的家庭氛围，让孩子能够轻松表达自己的情感。

父母要多多称赞孩子的良好行为，减少惩罚和强制手段，时常向孩子传达正面的信息，让他产生自我肯定，知道自己是个好孩子。同时可以全家一起玩游戏，让孩子感到“父母是爱我的，他们都很关心我”。出现问题时不要着急解决，多多倾听孩子的话，一边点头一边表示肯定、认同。不要一味责怪孩子，要表达出自己的理解和共鸣。

有许多帮助治疗孩子抑郁症的小技巧，但在使用时还需对症下药。若想缓解孩子对待现状和未来的绝望情绪，则可以通过“我们要不要换个角度想想”“你为什么那么想呢”等提问方式让孩子意识到自己的思考出现了负面倾向，训练他们转换思维方式，进行更为现实正面的思考。例如，在跟朋友打招呼遭到了无视时，孩子便可能产生不好的情绪，觉得“朋友肯定是看不起我”。这时就可以向他们抛出一些问题，询问他们“会不会有其他理由呢”“我们要不换个方式想想吧”等。让他们慢慢意识到，朋友可能是因为没有听到自己说话，或是刚刚被妈妈训斥了心情很差……虽然现在心里很不开心，但如果朋友只是因为没有听到才忽视了自己，就没有必要生气了，而如果朋友是因为心情不好才没搭理自己，就更应该主动给予朋友安慰。在这样思考之后孩子就可能会上前坦诚地询问朋友：“你刚刚没听到我跟你打招呼吧”，或是能够保持情绪稳定继续做该做的事了。

抑郁症是个泥潭，一旦身陷其中便很难挣脱。在试图摆脱抑郁症时，我们可以让孩子把它想象成一个怪物，不断与之顶嘴抗争，也可以让孩子尝试将自己的优点记录下来，以便建立起自信心和自尊心。

小贴士

帮助孩子提高自尊心的方法

“听说隔壁家××又拿奖了呢”“×××都能自己阅读英语书了”，许多孩子从小就活在这样的比较之中。面对十项全能的朋友、漂亮又成绩优异的同桌，孩子们常常因此觉得比不过他人并丧失自信心，感到自己一无是处。如此一来，孩子可能因为大大小小许多问题感到自卑和苦恼，这其中既存在真正严重的问题，也有一些不必操心费神的东西。但无论如何，我们都需要真挚地对待这些烦恼，无所谓地耸一耸肩，轻描淡写地说几句“哎哟说什么傻话呢”“你好好努力也没问题的呀”并不能解决问题。一定要让孩子知道，他并不比任何人差。

自尊心是非常冷静的东西，如果孩子发自内心地无法认可自己，那么身边的人怎么鼓舞也没有用。有的孩子会因为无法树立起目标和理想而陷入虚无的自我陶醉之中，有的孩子则会因为期待值过高而产生自卑感。尽管受天生的气质和环境因素影响，每个孩子从小展现出的自尊心就多多少少有些不同，但自尊心多数是在后天建立起来的，在达到一定的年龄阶段之前，人都很难从大的社会脉络中感受到自己的完整价值。自尊心萌芽于父母或亲戚们对自己的评价，进入小学之后周边朋友或大人的评价则越发重要起来，此时外貌、成绩、家庭经济情况等因素都会带来影响。▶（参考“我好像太在意他人的评价了”一节。）

人的认知和年龄阶段也是十分重要的因素。在独立之前会因为家里财产丰厚而感到自尊心提高，逐渐长大后就会明白原来那些都不是自己的东西。自尊心是不断流动的概念，时高时低，不断变化着。因此父母们需要好好衡量一下，孩子是否能够依靠现阶段拥有的东西维持自尊心？有的人觉得钱、学历、外貌是带来自尊的必要因素，有的人则认为道德、艺术、创造力、信任等才是一生不可或缺的。与前者相比，后者带给人的自尊显然更为持久且不易坍塌。

想要培养孩子的自尊心，就需要对当下的孩子进行具体的鼓励和称赞。大人之间即使不依靠语言也能明白对方内心的想法，孩子却不具备这样的揣测能力。因此不要委婉地称赞孩子，要明确指出他的优点并好好表扬。

044

孩子究竟需要怎样的父亲

我是孩子的爸爸，孩子一直挺怕我的。听说最近“像朋友的爸爸”比较受孩子欢迎，有没有能和儿子变亲近的方法呢？

事实上，直到孩子进入小学之后，父亲的角色才会真正变得重要起来。这个时期两性特征和差异更明显，同性别的孩子之间凝聚力增强，男孩和女孩开始关心起不同的领域，产生不同的玩耍乐趣。弗洛伊德称这一阶段为“较为平静的潜伏期”，即此时孩子几乎不关心“性”。可实际上，此时的孩子们仍会因为异性感到害羞，要求自己的行为举止要“像个男人”或“像个女人”。受此影响，男孩会更加强烈地将自己与爸爸等同视之，女孩则对妈妈产生**认同**[①]（identification）。因此这一时期，与孩子同性别的父母的角色便显得极为重要。此时男孩既恐惧父亲，也可能因为父亲没有建立起恰当的**权威形象**（authority figure）而产生蔑视心理。

父亲对育儿的参与会给孩子的社交能力、认知发展和成就等带来正面的影响，并且有助于提升父亲本人的心理成熟度，对和谐夫妻关系和良好父子/父女关系的形成大有裨益。波士顿大学M.科泰尔查克（M. Kotelchuck）教授的研究显示，爸爸越多地参与到养儿过程中，孩子在面对陌生人时表现出的不安感也就越轻，而相反，爸爸在育儿中缺位时，孩子就明显更怕生。这表明和爸爸的接触越多，孩子就越能够适应陌生环境。可真正身处陌生环境时，常是妈妈抱着孩子，爸爸则远远旁观。如果说妈妈是孩子的安全基地，爸爸则应该是孩子在广阔的运动场上奔跑时裹在场边的一张围栏网。

① 弗洛伊德理论术语，指个体潜意识地对某一对象模仿的过程。——编者注

然而，让父母纯粹成为“孩子的朋友”却并不现实。“要成为像朋友一样的父母”是指我们该多多理解孩子，与孩子进行良好的沟通交流，而不是真的像孩子的同龄朋友一样说话做事，与之相处。在孩子的成长过程中，父母应该承担起保护、教导、爱他们的责任，并能够在重要的时刻做出正确的决定，阻止、纠正孩子的错误行动，并进行必要的惩罚。对于幼儿，最重要的是让他们拥有信心，建立起依恋关系，知道“父母是站在我这边的”。之后，父母则需要教会孩子在世界上独自生活。父亲要扮演起引导孩子的角色，培养他们的社交能力，让他们将来进入社会后能够与他人和谐相处。父母关怀备至并不一定是坏事，只要父母能做到后退一步保持适当的距离观察孩子，在他们表现良好时不吝鼓励，犯错时合理训斥。

父亲可以运用多种多样的交流方式来与小学阶段的孩子建立起良好关系。肢体接触、非语言性交流等都是可行的。可以抽出时间去参加学校的活动，从中观察孩子的状态，认识孩子的朋友，且时常倾听孩子的想法。还可以带孩子去澡堂和理发店，度过只属于两个人的时间。男性大多只擅长自己感兴趣的事情，因此要从小和孩子一起分享兴趣爱好。事实上，带孩子去露营、做运动或许是最好的交流方式。

045

准备离婚了，但有些担心孩子

和丈夫因为性格不合准备离婚了。彼此也没有什么大的争执，很平和地处理着相关事宜。唯一担心的就是上小学的孩子，怕他因此大受打击。

无论是对大人还是对孩子来说，离婚都不是一件容易的事情，这意味着生活会发生巨大的变故。但如果父母给予孩子充分的关心与爱，孩子也能够稍微轻松地度过这一阶段。我们在恋爱、结婚、生孩子时会遵守一定的原则和约定，离婚时同样如此。尤其是对孩子来说，给予恰当的说明是十分必要的。

首先，诚实地面对孩子反而会给他带来安慰。先把孩子叫到一起，告诉他爸爸妈妈准备分开的决定，同时让他了解这个决定意味着什么，什么时候会正式分开。孩子对今后可能发生的事情心中有数时，便能够应对得更好，不会因为胡思乱想而感到不安。事情一下子变化太大，孩子自然会感到担心和好奇，因此需要向他做出合理说明，确保他理解了整件事情。再来要告诉孩子，对父母来说他的幸福是最最重要的事情，爸爸妈妈最初是很相爱的，他出生时全家人都无比高兴。让孩子知道自己是受欢迎的存在。

其次，鼓励孩子表达自己的情感。父母要如实告知现在的情况，并允许孩子表达自己的心情和受伤的感受。小学高年级的孩子可能会为了保护父母而选择隐藏自己的想法。电影《梅奇知道什么》（*What Maisie Knew*）便向我们展示了这一点。片中，准备离婚的父母忙着争夺抚养权，以为女儿年纪还小，什么都不懂。然而孩子其实只是努力维持表面的镇定，不肯表达出心中的伤痛而已。和大人一样，对于发生在自己身上的所有事情孩子都会察觉、思考，心情也会变得复杂。要让孩子知道，此刻的心情是正常的，要接受它，同时做好花较长时间去整理这些复杂感受的准备。准备离婚的夫妇难免会互相攻讦，但在孩子面前要注意克制，不要流露出对彼此的负面情绪。

再次，告诉孩子父母离婚与他没有任何关系。不少前来接受咨询的孩子都会自责地认为，如果自己更努力学习、乖乖听话，父母可能就不会离婚了。他们会担心今后谁来照顾自己，并因为失去对父母的信任而感到混乱。到了青少年阶段则很容易变得随心所欲，觉得“反正父母的人生也挺失败，我也可以随便过过”。有时甚至想要撮合父母再婚，重新守护家庭。如果想要避免孩子产生这些糟糕的想法，就需要明确告知他，离婚绝不是他的责任。

复次，教会孩子一些心情不好的时候可以做的事情。哭泣并不是丢脸的事情，让他勇于袒露自己的情感，多向身边亲近的人诉说。如果觉得在爸爸或妈妈面前难以开口，则可以选择向爷爷奶奶或老师等人倾诉。同时还可以让孩子通过画画、玩玩具等方式纾解情绪。

最后，要给孩子时间适应父母的离婚及因为离婚带来的一系列变化。尽管离婚是一件非常痛苦的事情，但人不会因此永远颓废下去。孩子可以在父母各自的家里轮流生活，父母都应在家中准备好孩子喜爱的玩具或娃娃，以帮助他适应。有时孩子和妈妈待在一起时会突然好奇爸爸此刻在做什么，和爸爸在一起时又觉得想念妈妈。有时又会因为父母此刻独自一人感到担心或抱歉。因此需要告诉孩子，不论是和爸爸还是妈妈在一起，度过幸福愉快的时间都是理所应当的，不要为此感到自责。

046

单亲家庭的小孩也能好好长大吗

和丈夫离婚了，现在我一个人抚养孩子。因为工作忙，主要是外婆在帮忙照顾他。孩子几乎不会提起爸爸，会对别的小朋友说爸爸人在国外。我觉得很抱歉，离婚好像让孩子心里变沉重了，也担心自己能不能好好将他养大。妈妈独自一人养育孩子也没问题吗？

单亲家庭的孩子长大后会成为怎样的人，其实是个概率问题。孩子天生的气质、家庭经济状况、共同生活的亲戚（爷爷、奶奶、姑妈、姨妈等）是否提供支持、父母一方的精神状况是否安定、父母双方是否努力尽到了抚养的义务等因素都会带来影响。事实上不仅单亲家庭如此，所有家庭的孩子都会受到这些因素影响，这些问题如果没有得到妥善解决，自然会阻碍孩子的成长。

让我们首先思考一下单亲家庭养育孩子的问题所在。离婚或未婚妈妈很可能因为经济方面的原因将孩子交给外婆看管。比起爸爸，和妈妈一起生活的孩子情绪通常更为稳定，但也可能由于妈妈的过度干涉和担心而与妈妈产生矛盾。另外，一些懂得察言观色的孩子在发现妈妈极度疲惫时会十分听话，变得像个小大人一样，表面上安慰妈妈，内心却充满抑郁和愤怒。

离婚后如果爸爸成为孩子的主要抚养人，多数时候都需要爷爷奶奶帮忙照顾。但爷爷奶奶通常更加娇惯孩子，会满足他们的一切需求，因此可能导致孩子“没规矩”；又或者错误地将孩子表现出的不安和焦虑当作没有礼貌严加训斥，最终造成孩子性格古怪甚至扭曲。另外，爸爸即使与孩子关系亲密，也可能难以读懂他的内心，孩子也会因为体谅父亲而刻意隐瞒自己的情绪，成为“只在爸爸面前才听话的孩子”。而在爸爸再婚，孩子有了继母之后，这就很容易引发巨大的矛盾。

也有一些时候爸爸可能因为海外出差或其他工作原因长期不能与孩子见面。但一定要时刻记住，对于小学阶段的孩子来说，父亲的模范作用是非常重要的。（参考“孩子究竟需要怎样的父亲”一节。）

单亲家庭的孩子到了青春期阶段很容易因为与一起生活的父/母产生矛盾，而更加喜爱不一起生活的父/母。这时抚养孩子长大的父母一方就会感受到强烈的背叛感，并将愤怒投射到从前的另一半身上，和孩子的冲突也会因此加剧。此时不管孩子多么叛逆，都绝不能对他说“你要再这样就滚去跟你爸爸（妈妈）一起生活”。这会让孩子感到自己成了累赘，觉得被父母双方同时抛弃了。

父母离异后，孩子时不时要去没有抚养权的一方家里，可能一开始能够受到很好的照顾，渐渐却遭到了冷落。尤其是妈妈或爸爸已经再婚，重新组建了家庭，孩子就更加难以适应。若是十几岁时在父母的家庭之间来回辗转生活，孩子便可能产生强烈的不安感，变得情绪不稳定。且这些情绪问题通常会长久地持续下去，甚至延续到30多岁时。

如果孩子与父母一方的情感联结被切断了，那么加强另一方与孩子的情感交流也不失为一种安慰和补偿。要诚实地与孩子交流，分享彼此的情感和心情。再来，孩子多多少少会有一些心理上的不愉快，加之独自一人必然会比两个人共同养育孩子更为辛苦，面对这些不争的事实，要承认并接纳。这些东西也可以和孩子进行交流分享，同时积极接受周围的意见和帮助。除非对方给孩子带来了恶劣影响，否则离婚后父母也最好保持和平相处。父母的敌对关系可能会对孩子的身份认同建立和异性观的形成造成不良影响。

047

希望孩子能和继父 / 继母和谐相处

不久前我再婚了。孩子和继母的关系到现在都还挺尴尬的，怎样才可以让他们变得亲近一些呢？

孩子处在小学阶段时，总是梦想着父母离婚后能够再次复合，因此难以接受继父或继母的出现。他们会觉得和继父继母亲密相处是对亲生父母的一种背叛，于是抗拒建立新的家庭关系。

因此拥有子女的父母在计划再婚时需要慢慢做好铺垫工作，让孩子与即将成为家庭新成员的另一半多多接触，培养彼此间的亲密感。再来要让孩子确信，自己即使再婚，对孩子的爱与关心也丝毫不会改变。孩子需要耗费较长的时间来接纳消化这一切，十几岁的孩子消化起来通常比幼年期的小孩更难。

人们总是对“继母”这个角色带有偏见。亲戚朋友乃至爸爸本人都可能担心继母虐待孩子。这样的偏见本身就会带来问题。爸爸乃至爷爷奶奶一起紧张地监视着继母的所作所为，其实反而会阻碍孩子与继母形成良好关系。再来，如果同时与后妻的亲生孩子一起生活，又会计较自己的孩子被区别对待；而当继母没有育儿经验时，便担心其养育方式出现错误对孩子不利。正确的做法应该是完全信任继母，让她们像亲生母亲一样对待孩子。

孩子处在小学高年级即将进入青春期时，看到爸爸和年轻的女人在一起会感到嫉妒和不愉快。如果孩子原本同妈妈一起生活，而继父恰好为人周到且经济状况稳定，理论上建立亲密关系并不困难。但由于此时孩子正处在快要步入青春期的边缘阶段，因此可能表现出强烈的敌视和攻击性。尽管再婚家庭会产生这样那样的情感问题，但全家人只要齐心协力、互相配合，就也能够快速构建起安定的家庭新环境。对于再婚家庭来说，父母和子女的关系是至关重要的纽带，要始终将其摆在最重要的位置，有意识地帮助孩子与继父或继母建立起良好关系。

再婚后，一些家庭会强行要求孩子将继父或继母当作自己的亲生爸妈。这事实上是大人将自己心中的不安转嫁到了孩子身上。

另外，大人们还可能强迫孩子做一些力有未逮的事情。例如提出孩子必须言行举止恰当，坚决不能撒谎，要真心真意热爱父母等抽象要求。这些要求如果过于苛刻则可以被视作虐待，父母一定要注意把握分寸。

如果真的存在继父或继母折磨、虐待孩子的情况，一定不能假装没看见。若因害怕再次离婚而逃避问题，要求孩子忍耐，最终只会两败俱伤，失去一切。要鼓励孩子勇敢地表达情感，这才是维护再婚家庭的正确方式。

048

希望孩子能和朋友们友好相处

孩子开始上学了，看得出来他和朋友们相处得不太愉快。怎么做才可以帮助他和朋友们友好相处呢？

学业和人际交往是大部分前来接受咨询的小学生遇到的问题。尽管在此之前，孩子从很小就开始在幼儿园，钢琴、跆拳道补习班中遇到过人际交往问题，但这些“朋友”并非他们在小区游乐场玩耍时出于喜爱自然而然结交的，因此在交往时难免遇到困难。加之现在的孩子兄弟姐妹少，甚至很多是独生子女，从小受到家人的无限疼爱，个人主义倾向严重，在和朋友交往时产生冲突显然是不可避免的。

孩子的社交能力是在和朋友不断争吵、和解的过程中建立起来的。跟朋友一起玩耍时会学到遵守社会规则及与他人互相配合，这些都是孩子成长路上的必修课。

同时，孩子还会在玩耍的过程中学会理解和照顾他人，倾听他人的想法，懂得察言观色，并且在意自己是否获得了同龄人的认同和接纳。孩子从小在小团体中积累起来的此类人际交往经验，会为他们今后步入成人社会打下重要基础。（参考“如何才能让孩子交到优秀的朋友呢”一节。）

越到高年级，朋友越是占据了孩子日常生活的重要位置，人际关系网也慢慢扩散开来。渐渐孩子便从对父母的依赖中独立出来，开始与朋友们一起度过更多时间。和家人一起旅行回来便迫不及待地和朋友联系约定见面，这在一开始会让父母感到慌张。朋友的角色日渐不可或缺，比起父母家人，朋友带来的影响也更深。尤其到了小学高年级，女孩子们会明确划分出属于自己的小团体，甚至认为与朋友间的关系比学习还重要。

在这个阶段，孩子原本就应该像这样和朋友一起度过更多的时间，积累起丰富的人际交往经验。但由于不得不来回奔波于各个补习机构，和朋友在一起的时间被压缩，想要培养起必要的社交经验和社会技能便显得有些困难。因为不懂得与朋友友好相处，孩子可能会遭到孤立，同时对自己和整个社会产生负面的认知。这也为孩子在进入青春期和成年之后出现的心理问题埋下了伏笔。

应该如何与朋友相处？这个问题其实没有正确答案。观察孩子普遍喜欢的朋友类型便可以有所了解。小学低年级的孩子通常更喜爱和同性朋友交往，更有主见的孩子则能够成为其中的领头羊。在孩子刚刚入学或转入新学校时，可以邀请几名朋友来家里做客，为孩子制造与朋友一起玩耍的机会。男孩们多数通过运动或打游戏与朋友建立联系，因此要多让他们参加各种各样的玩耍活动。女孩们则会和兴趣爱好相同的孩子成为朋友，要鼓舞她们认真倾听朋友说话，对小事也表现出关心。另外，学期初还可以多为孩子准备些必备物品，以便他们借给朋友或与朋友一起分享使用。

如果孩子在交朋友方面存在困难，父母可以从以下几个方面为他们提供帮助：

第一，要让孩子知道自己究竟是一个怎样的人——性格内向还是活泼，喜欢什么讨厌什么，以及擅长什么等。可以建议孩子勇敢地表达自己，这样才能和相似的朋友变得亲近。

第二，教导孩子要关心和体谅他人。例如，要学会告诉朋友“和你一起坐雪橇真的超有意思”，看见妹妹做公主梦时不要露出讥讽之态，又或者看到爸爸偶尔做了饭不要挑三拣四等，多多用语言表达感激和赞美之情。

第三，让孩子懂得遵守集体生活的规则。不违反秩序，说话做事多考虑他人等，举例向他们说明在具体情况中应如何行动。

同时，如果孩子不擅长人际交往，父母也需要多进行思考和观察，这样才能对症下药，根据孩子的实际情况为他们提供帮助。孩子究竟是怎样的人，是强势带有攻击性？还是自以为是不懂得尊重他人？是因为没有掌握“与朋友友好相处的方法”而面临人际困难，还是因为不安感强烈，害怕遭到他人拒绝而不肯主动伸出援手？又或是根本没有感受到与人交往的必要性？在这之后还需要进一步细分孩子在人际交往中可能存在的问题并尝试帮助他们解决。

049

孩子爱打架，总是欺负同学

孩子在和朋友聊天时，总是固执己见，常因此跟朋友发生争执。有的时候好像还会对朋友开过分的玩笑欺负他们。应该怎么办才好呢？

从前大人们总说，孩子就是在和同龄人的争执和吵闹中成长起来的。然而事实上，孩子在离开家庭的保护，进入学校这个“小社会”后，会遇到许许多多和自己截然不同的人，需要与他们互相合作，同时建立起竞争关系，并通过这个过程学会把握他人的想法和意图，提高自己洞察他人内心的能力，这在人际交往中是极为重要的事情。

多元智能理论中曾提到，人的人际关系智能与社会交往能力息息相关，这一智能可以通过后天努力得到提升。我们需要在小学阶段为其打好基础，才有可能在青少年期培养起良好的社交能力，并在成年后拥有圆满的人际关系。

> **多元智能理论**
> 教育心理学家H.加德纳（H.Gardner）提出的概念。他认为所谓智能的内涵应是多元的，不同的人拥有不同的智能类型，每个人都会在某个特定领域发挥自身的才智以达到目的，创造价值。而这些能力都应是构成人类智能的一部分。

如果孩子总是因为意见不合与朋友发生争执，父母则可以从以下几个方面帮助他：

第一，通过对话寻找解决矛盾的方式。成长环境带来的影响会如实反映在孩子的人际交往中。从小生活在高压家庭中的孩子通常也会带给他人压力和紧绷感，而小学阶段正是学习在沟通中达成谅解，避免成为固执己见的人的关键时期。要让孩子用语言表达自己的愤怒和坏情绪，同时要学会站在朋友的立场思考问题。

第二，教导孩子即使犯了错也要懂得原谅自己，只有这样才能在朋友犯错时也展现出宽容的态度。父母要首先学会理解和包容孩子，为他做好榜样，让他成长为懂得体谅他人、值得信赖的人。

第三，帮助孩子培养换位思考的态度。如果孩子总是捉弄朋友，就可以时不时询问他们“你觉得那样做朋友心情如何”？让他们尝试揣摩对方的情感和想法，并逐渐学会理解和接纳与自己不同的观点。再来，问他们诸如“下次再生气的时候你觉得怎么做比较好呢”也会带来帮助。所谓“己所不欲，勿施于人”，学会尊重和照顾他人是孩子成长路上的必修课。

如果孩子与朋友的频繁冲突迟迟没有得到改善，父母就需要考虑以下几点：

第一，如果是因为孩子的想法和语言表达跟不上年龄发展，与朋友交流时无法做出恰当的反应才产生了矛盾，则需要关注孩子是否存在发育迟缓、认知和语言发展障碍的问题。

第二，要反省父母和孩子的关系如何并加以改善。看看是否存在父母过度压抑孩子情感或过度纵容孩子行为，导致孩子变得自以为是，缺乏同理心的情况。

第三，如果孩子性格急躁，做事不管不顾，且攻击性强，热衷于恶搞他人，平时就需要多多帮助他消除性格中的攻击成分。可以让孩子利用沙袋来发泄情绪，或参与踢足球、游泳等较为激烈的运动消耗身体能量。同时要注意孩子是否存在ADHD或其他行为障碍。

第四，如果孩子缺乏眼力见儿，总是误解朋友的行为，或执着于是非对错，就可以列举一些具体的情况提醒孩子多加注意，努力帮助他成为善解人意、懂得体谅他人的人。例如告诉他，如果因为朋友没有遵守“教学楼走廊内禁止奔跑”或“请使用文明用语”等校规而向老师告状，就可能被当作告状精，并因此遭到朋友们的排挤等。

050

孩子好像遭受了校园暴力

我家孩子比较单纯善良，有一次突然哭着回到家，说朋友们欺负他。到现在这样的状况已经不知道发生过多少次了。听说现在学校里孩子互相孤立的问题很严重，我家孩子这是被孤立了吗？

霸凌（bullying）是指一名学生持续反复地受到一名以上学生欺压的问题。小学阶段孩子的捉弄和欺负最初表现为“朋友叫我别嘚瑟”“大家都给我起外号捉弄我”等。而到了高年级，尤其是女学生们会十分露骨地拉帮结派，排挤和霸凌别的同学。

为什么孩子之间会有这样的问题产生呢？首先从人类发展和脑科学的角度来看，这一时期原本就是一个人类容易做出霸凌行为的脆弱阶段。进入青春期后，遭受朋友排挤的大多为没有“攻击性”、性格软弱的孩子。相反，小学阶段孩子的霸凌行为则是由于调节冲动和执行能力的额叶部分发育不够成熟，此时孩子们难以抑制对他人的愤怒，也不懂得站在他人的角度思考问题。同时，无法在朋友面前正确表达自己的想法意见、不合群，或没有眼力见儿等问题都可能招致排挤和霸凌。

如果孩子状态反常，看起来闷闷不乐或好像有事瞒着父母，就需要关心他们是否在学校遭遇了不好的事情。可以在比较轻快的氛围下尝试询问孩子一些比较容易回答的校园生活问题，“今天美术课上做什么啦”“你们组4个人，男孩子和女孩子会不会意见不一致”等。接着再慢慢将话题转移到人际关系等方面，询问孩子“有没有小朋友老是搞一些大家都讨厌的恶作剧”等，让他们可以自然地敞开心扉。同时，记住平时跟孩子比较亲近的小朋友的名字也很有帮助。

如果孩子表现出讨厌或极度害怕上学，则应及时接受专业医生的咨询，了解孩子的症结所在。即使孩子只是遭受了轻微的捉弄或欺负，父母同样要予以重视，积极帮助他解决问题。

极度敏感、易怒、邋遢的孩子也容易成为同龄人攻击的对象。这些孩子常常因为不懂得拒绝他人或过分没有主见而遭到朋友轻视。此时应该鼓励孩子学会明确表达自己的想法。例如“这本书我现在正在看呢，没办法借给你”“一起玩的话，我觉得比起打纸板，躲猫猫这类游戏更有意思呀”等。

再来，聊天时只顾自说自话，或行为举止太过随心所欲的孩子也可能遭到朋友排挤。要帮助他改掉自以为是的习惯和“你们都不懂”的傲慢态度，以免引起他人的反感。如果是因为和朋友聊天时遣词造句太过深奥而遭到讥讽，则可以告诉孩子在平时尽量使用一些简单的语句，高深的话留到课上发言时说。装腔作势通常是为了掩饰自己的不足和自卑，要让孩子明白这一点，纠正他们目中无人的坏毛病。

遭到朋友捉弄时，告诉孩子不要将生气的表情外露，学会温和而坚定地表达自己的抗拒。例如，如果因为个子矮遭到朋友嘲笑，则可以露出无聊的表情说：“对啊我就是矮，那又怎么了，你很无聊好吗？”这样反而可以堵住对方的嘴。再来，被朋友讥讽“哎哟你姓金，那你的外号就是泡菜拉面了”[①]时，则可以淡定地还击说“行吧那你是大酱拉面”。父母要教会孩子利用这类具体方法应对朋友的捉弄。

另外，告诉孩子在别的朋友遭到欺负时，一定不能袖手旁观。沉默即是默许。霸凌产生的根源在于孩子们没有彻底学会理解彼此和抑制愤怒，绝不是当事者单方面的问题。父母要教导孩子，“欺负弱者是可耻的表现，而寻求帮助与告状不同，是应该被称赞的事情”。同时，老师们也要给予全班孩子信心，平等地看待他们每一个人。（参考“孩子说在学校被孤立了”“孩子总是欺负同学”等节。）

小学阶段遭到过分的捉弄或霸凌是不容忽视的问题，熟视无睹则可能后患无穷。这一时期孩子刚刚开始接触社会生活，积累起的挫败经验会波及一生，导致成年后仍无法妥善处理人际交往问题。因此父母要多加重视，帮助孩子顺利度过这一阶段。

① 韩语“金”姓的“김”与泡菜“김치”第一个字相同。——译者注

051

孩子很害羞，性格谨慎，难以交到朋友

孩子特别容易害羞，认生严重，很担心她今后的人际交往问题呢。

许多孩子性格羞涩，待人接物时容易感到焦虑。这类孩子在与人相识相知时通常需要花费很长时间，应该理解并尊重他们。尽管一开始很难与人建立起亲密关系，但他们多数都能在后来获得深厚长久的友谊。无视孩子与生俱来的气质，强行要求他们赶紧多交朋友，反而会让孩子感到不安，丧失与人交往的兴趣。

再来，我们每一个人都会想要获得他人的认可，想大大方方地站在他人面前与人交往，这是人的本能欲望，内向的孩子也绝不例外。但他们常会因为担心自己看起来不够优秀而选择退缩。自信感缺乏的孩子总认为没有人愿意和自己一起玩耍，并因此陷入抑郁；或因为害怕被朋友抛弃、在陌生人面前极度不自在等原因极度依赖和妈妈的关系，甚至常假装安慰自己“独自一人也挺好的”。

在帮助这类孩子时要牢记两个原则。第一是要让孩子循序渐进地多参加社会生活，第二则是在这个过程中绝不能强求孩子，不可以给他们带来负担和恐惧。

发现孩子难以适应新环境时，反而应该撤掉过度保护，给予他们适当的挫折和压力，让他们从中学习克服敏感的方式。过犹不及，强行要求孩子改变只会加剧问题的严重性，甚或使单纯的害羞转变为彻底的自我封闭。一定要在这两个极端之间找到平衡，读懂孩子的内心，帮助他们克服问题。

孩子会在与朋友的交往中逐渐战胜不安并获得自信。可以邀请一两名与孩子投契的朋友来家里玩耍，让孩子在熟悉的环境中结交朋友，制造机会让他们一起度过更多时间。

玩“过家家”是十分有效的改善方法。设置一些孩子陌生的场景，如医院、学校等，让他去适应环境和处理问题。而在真的去医院之前，可以先向孩子说明可能发生的状况，临近开学则可以提前带他们去逛逛校园。如此一来，孩子便能在事先有所准备，在面临新环境时也就不至于太过不安。

要是害羞的孩子明确地表达了自己的意见想法，父母一定要给予充分的赞扬，鼓励他再接再厉。同时父母要回头看看自身是否存在人际圈过窄或不擅长与人交往的问题，反思这些问题是否给自己的养育方式带来了负面影响。（参考“孩子太胆小了”一节。）

052

孩子太没眼力见儿了

孩子正在上小学五年级，不太爱和朋友一起玩，喜欢独自待着画画或折纸之类的。还因此得了些奖，常被大家夸很聪明。但她好像无法与朋友友好相处，容易起冲突，不善于表达自己的情感，待人接物时也不懂得变通。为什么会这样呢？

日常生活中总是有些孩子显得格外没有眼力见儿，不懂得处理人际交往问题。比起人情世故，这些孩子通常对机械或一些物理现象抱有更大的兴趣，站在他人的立场考虑问题或揣摩他人内心想法的能力则有所欠缺，也就是我们常说的不懂得换位思考。许多小学高年级的孩子都曾因这样的原因前来咨询室寻求帮助，他们大多成绩优异却无法与朋友建立良好的人际关系。

孩子不懂得察言观色、缺乏社交能力时，需要考虑以下几类情况。最典型的即是孩子是否患有抑郁症或因为受到压力产生了情绪问题。孩子可能是因为自身焦躁不安或神经敏感而无法发挥出体谅他人的共情能力。也需要观察是否因为父母的养育方式问题（例如对孩子要求过于严格或干涉太多等），孩子变得独来独往。当然也有一些孩子受自身气质影响，天生就难以与人建立交往关系。

随着生物学研究不断进步，美国精神病学会在2013年最新修订的*DSM-5*，即《精神疾病诊断与统计手册（第五版）》中首次编入了“**社交障碍**”（social communication disorder）这一术语，用来诊断那些无法恰当地与人问好、进行情感交流等基本社会交往，以及在沟通交流中存在严重障碍的人群。例如，人们在询问“昨晚睡得好吗”等问题

社交障碍
表现为语言或非语言性沟通能力不足，面临持续的社交困难等问题。

时通常只是为了表达一种问候，并不是真的需要听到回答。再来，具有社交障碍的人通常无法根据对方的年龄身份等选择恰当的措辞和语气进行交流，难以理解较为隐晦的推测、俗语、玩笑话、比喻等。既缺乏把握他人情绪态度的能力，也不懂得准确表达自己的感受。在与人交往时常有突发举动，或是自说自话破坏氛围。

出现极端社交隔离及行为异常的人群则可能患有阿斯伯格综合征。例如，下课时孩子突然给朋友讲起了历史问题，从高丽时代到太祖李成桂建立朝鲜，甚至牵扯到当时中国的具体情况。朋友可能会奇怪这个话题的源头是什么，但一开始还是能够竖起耳朵做倾听状。而孩子却完全不能察觉到朋友的想法，也不在意朋友是如何看待自己的，依然自顾自地坚持讲述着历史故事。这时即使朋友已经表现出了不耐烦的情绪，孩子也仍然无法停止话题，因此朋友便会转而和其他人一起聊天，留下孩子一人闷闷不乐。

这类孩子通常具有社会适应能力不足、无法和他人持续沟通交流以及对于特定事物过度关心的特点。他们无法解析人们的**肢体语言**（body language），说话直白，不懂得照顾对方的自尊心，时常令人感到尴尬。同时，这类孩子又多数具有一些异于常人的能力，会在他们感兴趣的领域表现出惊人的集中力，但当朋友们在谈论综艺节目或偶像艺人时他们总是显得兴趣寥寥，运动神经也大多有欠缺。同时对话时不肯与人对视，表情单一，让人捉摸不透他们此刻的情绪。

而一些孩子则仅仅是理解能力与现下年龄阶段不相匹配，或无法与他人建立良好关系，并不存在严重障碍，通常这些孩子的问题要到小学高年级以后才能被察觉出来。

面对这样的孩子，父母应保持绝对的耐心，不能敷衍、责怪或无视他们。要知道孩子绝非有意为之，是因为没有正确认识到社会交往的重要性及必要性，或是缺乏基本的沟通表达能力。父母不理解这一点，不分青红皂白要求孩子“好好说话”的话，便会伤害他们的自尊心，造成负面情绪问题。因此，了解孩子在沟通交流方面究竟存在怎样的问题最为重要。即使孩子并不存在某种特定障碍，但在家庭内部没有实现流畅的交流，或家人普遍忽视沟通的重要性，那么孩子在成长过程中也完全可能面临人际交往障碍及难以与他人建立良好关系的问题。

需要帮助这些孩子练习正确理解和表达自己的情感。具体来说，可以将描述情绪的词汇一一整理下来，让孩子练习在恰当的情况下进行使用。在日常交流中多多询问孩子“在这个情况下我们可以用哪个词来描述心情呢”等问题，让他们熟练掌握相关表达。

再来，从细节入手改善孩子的言行举止。例如告诉他们，用力推挤朋友是不对的，但如果是在需要经过时轻轻碰到了朋友的身体则无关紧要。如果孩子仍然觉得难以理解，便可以让他们观察朋友的行动，模仿其中令人感到愉快的举止。

还可以通过持续的阅读训练培养孩子对他人情绪的理解和共情能力。例如一边阅读童话书一边与孩子交流感受，或询问他们此时主人公的心境怎样、原因如何，等等。

父母要多多鼓励孩子，帮助他树立信心。例如可以称赞他，“你虽然跟别的孩子有些不一样，但也拥有只属于你的独特魅力哦”“你们班××不是阅读差，但数学很棒吗？你也是一样，虽然不太善于把握他人的想法，但是记忆力好，又很有操作电脑的天赋，对很多别人都不懂的问题感兴趣，真的很棒”，等等。

有一些孩子则是存在某种与社交障碍症状类似的非语言性学习障碍。这类孩子的视知觉能力和视觉空间感不足，因而其负责录入和处理某些信息的**操作智商**（performance IQ）低于主要负责认知和分析语言类信息的**言语智商**（verbal IQ）15%以上。他们感知和处理**视觉－空间情报的能力**（visual-special perceptual capacity），以及在握笔或拿筷子时所需的**视觉－运动协调能力**（visual-motor integration），还有在学习和完成作业时需要快速理解和解答问题的**心理运动速度**（psycho-motor speed）等显著偏低。因此通常难以把握现有状况并建立起适当的计划，缺乏处理问题和解决问题的能力。尤其是在遇到全新的问题或身处陌生环境时，这类孩子常会表现出手足无措的样子，同时难以全面理解状况背景，不懂得融会贯通，且不善于把握因果联系，对事情的判断和推测能力有所欠缺。再来，由于运动神经不够发达，他们多有讨厌运动和基本体育活动的倾向，同时因为**精细运动技能**（fine motor skill）欠佳，在握筷子、使用铅笔书写等方面也可能存在一定困难。这在ADHD患儿身上也十分常见。遇到这类问题时可以通过折纸、滑滑板、做小肌肉运动（例如用筷子夹豆子、用线串玻璃珠）等锻炼右脑的活动来帮助孩子克服障碍。

小学阶段应当如何学习

孩子常问我人为什么一定要学习，总说“即使成绩不好，只要能赚钱不就行了吗，反正将来这些知识也没什么用处”这样的话。这种时候我应该怎样回答比较好呢？

父母们都盼望孩子成绩好，且认为人活着必须好好学习，这是我们社会中无论男女老少人人都具备的共同想法。同时如果仔细观察还会发现，人们的出发点通常并不一致。父母们自然希望孩子将来能够过上更好的生活，认为他们只有学习好才能拥有更多选择机会，同时由于学历在社会生活中仍然占据着重要地位，他们也可能要求甚至强迫孩子好好学习。然而事实上，孩子有时是为了得到父母的称赞，满足父母的心理期待才选择用功。

比起“为了长大后成为优秀的成年人‘现在’努力学习”，“‘此刻’多玩一把游戏”对孩子来说具有更大的诱惑力。他们之所以无法理解学习的重要性，最主要是因为缺乏目标和内在动力。要让孩子们树立起目标，首先需要让他们充分认识到学习的必要性。好的成绩不仅与人的智商潜力、适当的外在环境相关，还涉及孩子的学习动机、个人意志、性格、学习习惯和方法，以及父母的态度、夫妻关系等综合因素。因此，想要孩子积极主动地学习，便需要事先赋予他们动机和长期的目标，并让他们体验获得成就时的喜悦。

曾有实验研究过孩子的耐性，即所谓的“棉花糖实验”。20世纪60年代美国斯坦福大学的W.米歇尔教授（W. Mischel）与同事一起进行了这项实验，他们将4岁的孩子作为对象，研究他们在面对“当下诱惑时的自制力”，其实验方法如下：

首先，老师将装有棉花糖的盘子放在房间内，留下孩子独自一人在房间里等待15分钟，同时告诉他们，随时都可以吃掉棉花糖，但如果能等上15分钟，在老师回来之后再吃，便会多得一个棉花糖作为奖励。最终其中几名孩子坚持等足15分钟并获得了奖励，而另外几名孩子则在半途吃掉了棉花糖。

此外，在15年后的追踪调查中教授们发现，比起半途吃掉棉花糖的孩子，当年耐心等待15分钟的孩子普遍高考成绩更加优秀，社交能力与人际关系也更为理想，同时他们之中具有肥胖、吸毒等问题的人也较少。通过这个实验我们可以看出，幼年时期的延迟满足能力对成年后的生活起着至关重要的影响。

与这一实验相关的后续研究则显得更意味深长。研究者们设置了不同的实验条件，例如单纯将棉花糖放在盘子里，或盖上盖子让孩子们等待；以及让一些孩子在等待期间思考有趣的事情，或答应在结束后多奖励他们两个棉花糖等。实验结果表明，在棉花糖被盖子遮住及要求思考别的事情转移注意力的两组中，能成功坚持等待15分钟的孩子更多，这就说明忍耐力既与天生的意志和自控力相关，也能够通过一些恰当的方式和策略训练得以提高。

孩子很难从一开始就自觉主动认真学习。因此在初始阶段，父母可以给予他们一些帮助。例如在注意力最为集中的早晨或晚餐后的安静氛围中一边阅读书籍和报纸一边陪孩子制订功课计划表。或与孩子进行讨论，排除各种妨碍因素，为他们提供最为高效的学习环境。

而为了诱发学习动机，长时间维持孩子的学习热情，心理学家J.苛勒（J. Keller）提出了**注意力**（attention）、**关联性**（relevance）、**自信心**（confidence）、**满足感**（satisfaction）等4个关键因素。

首先，要激发孩子对于相关知识的好奇心，人们只有在注意力高度集中时才能有效学习。

其次，孩子需要准确把握学习的目的和重要性。如果找不到必要的学习理由，就会感到厌倦和虚无。同时，想要长期坚持高效的学习，自信心也极为重要。对待学习结果要充满信心，这样才能获得对成功的期待感。

最后，满足感是帮助我们维持学习热情的力量。取得成就后的奖励能够进一步强化孩子的学习动机，激励他们提高自控力。

然而，在学习时，渴望成功的欲望过强或过弱都可能带来负面影响。研究发现，如果孩子从小只注重学习成绩，内在动机就会变得畸形，这使他们视野狭窄、急功近利或过度在意眼前的成果，并因此失去学习兴趣。父母如果内心期望孩子取得满分，反而不应将这个要求说出口。这会给孩子的自信心和满足感带来负面影响，从而导致学习动力下降。

设想下，上小学的孩子一进门就嚷嚷“妈妈我考了95分”，此时如果回答“真棒，继续加油下次考个100分”，孩子心中的喜悦之情瞬间就会被浇灭，并因此感到挫败。父母要学会将“真棒”之后的心里话咽下去，这一时期比起成绩，多多激励和称赞孩子，维护他刚刚萌芽的自尊心更为重要。

同时，父母要多与孩子交流。即使是成年人，如果能够不时反思自己的做事动机和人生目标，重复的日常多多少少也就能够生出新意，并感到心中的欲望再次燃烧起来。孩子们也一样。一定要让他们从根本上认识到做一件事的目的，以及为此应当付出怎样的努力。

小贴士

时间管理

——让孩子自己制订日程表。这样反而可能为他们带来更多的休息时间。

——将日程表贴在家中显眼处。

——睡前和孩子一起朗读日程表，第二天提醒他们今天要做的事情。

——按星期和时间段制订表格。

	星期一	星期二	星期三	星期四	星期五	星期六	星期日
7时至8时							
8时至9时							
9时至10时							
10时至11时							
11时至12时							
12时至13时							
13时至14时							
14时至15时							
15时至16时							
16时至17时							
17时至18时							
18时至19时							
19时至20时							
20时至21时							
21时至22时							
22时至23时							

（续表）

	星期一	星期二	星期三	星期四	星期五	星期六	星期日
23时至0时							
0时至1时							
1时至2时							
2时至3时							
3时至4时							
4时至5时							
5时至6时							
6时至7时							

培养学习习惯

• 要求孩子每天选定一两项必须完成的学习内容。

• 督促孩子将每天的日期和学习页数记录在笔记本上。

• 每天晚上和孩子一起检查学习成果。

• 孩子做得好时给予称赞。

• 监督孩子每周进行一次归纳整理。

• 注意每天的学习内容不宜过多。

• 将纠正孩子的习惯作为培养目标。

• 即使孩子偷懒也不能训斥他，亲子关系的疏远最终可能导致孩子放弃学习。

• 可以使用孩子熟悉的习题册进行练习。

例：2月25日

数学习题册第24至25页（实际只完成了第24页）

学校作业（学习数学课本第55至56页）

***学校发的家长信（孩子的家庭管理）**

• 将孩子的三项主要作业写在家中黑板上。

• 和孩子一起认真阅读作业内容。

• 让孩子独自大声朗读作业内容。

• 让孩子默写各项作业内容。

• 将孩子默写的内容与黑板上的内容进行对比并朗读。

希望孩子爱上阅读

孩子上小学之前还算爱看书，现在却完全不碰书本了。都说阅读习惯是非常重要的，我真的很担心孩子呢。

父母们时常觉得，对孩子来说，阅读就和英语、数学这些科目一样重要，动不动就要求孩子多读书，列出的必读书单足足几米长，孩子却总是显得很勉强。在学校，读书也已成为一种新的考核方式。例如小学阶段常举办“挑战金钟读书大赛”“读书王选拔大会”等活动来测试和奖励读书多的孩子，而这也恰恰成了阻碍孩子阅读的一个因素。

想帮助孩子培养起阅读习惯，父母首先需要多读书，为孩子做出榜样。尽管实践起来并不容易，但的确没有比这更有效的方法了。父母的言传身教是最重要的，孩子会一路模仿父母的行为举止长大。再来，要为孩子塑造良好的家庭氛围，让他与书本更加亲近。可以每天拿出固定的15分钟，全家人一起阅读，或减少玩具的购买比重，多为孩子增添书籍，并严格控制他看电视的时间。家里还可以订阅报纸，挑选一些有趣的书籍放在孩子一眼就能看见的地方。当然，订阅报纸时需考虑孩子的认字水平，至少保证他能够读懂新闻题目才行。

还可以带孩子一起去书店或图书馆，让孩子亲自挑选自己感兴趣的书籍。同时，不用每次都将书买下来，也可定期去图书馆借阅。尽管有些麻烦，但这些方式都会帮助孩子提高阅读的频率，很值得尝试。

当然，强迫讨厌书籍的孩子阅读，对彼此来说都十分痛苦。此时可以尽量让孩子读一些漫画类书籍，慢慢消除他们对书的反感，养成读书的习惯，循序渐进地转向其他书籍。（参考“怎样才能让孩子爱上阅读”一节。）

此外，父母还需要考虑孩子的年龄阶段和所处年级。小学一二年级之前，帮助孩子培养起独立阅读的习惯最为重要，可以将一些内容简单（如童话故事）有趣的书籍置放在孩子触手可及的地方。到了三四年级时，孩子由于思考能力得到发展，大多喜爱冒险及充满想象力的故事，可以让他们多多阅读各类人物传记等丰富自身体验。而到了五六年级，孩子的好奇心进一步增强，逻辑思维开始萌芽，此时父母可以同他们一起读书，一边阅读一边引导他们进行深入思考，例如询问他们“你觉得主人公为什么要那样做呢”“换作你，你会怎么做”等。

如果在试验过上述的方法之后，孩子仍然没有喜爱上阅读，或是在阅读时感到困难，则需要警惕孩子是否患有某种学习障碍。有时一些前来咨询的父母便会表达诸如此类的担心，询问我们孩子是否患有**阅读障碍**（reading disorder）。而所谓的阅读障碍，与行为散漫的ADHD或缺乏学习热情等问题并不相同。康奈尔大学A.天普（A. Temple）博士曾在研究中表明，阅读障碍的根本成因在于孩子不能处理语言的声音，因此阅读时也不能对文字做出反应并把握其含义。相关脑成像研究显示，阅读障碍患者的颞叶（掌管语言的部分）存在某种异常的对称状态，这就说明阅读障碍与大脑功能异常具有一定的联系。

阅读障碍
大脑在处理信息刺激时遇到困难进而出现的一种障碍。主要表现为阅读速度极端缓慢，常有漏读或无法按照顺序阅读的问题发生。有时甚至字体稍加变化便无法辨认文字。

成年人在刚开始学习英语时，也一定曾有过混淆“b”和“d”的经历，孩子们在学习韩语拼音时同样容易混淆“ㄱ”和“ㄴ”。这是由于在大脑发育过程中，他们处理信息时发生了错误。而这些错误如果没有得到修正便会导致阅读障碍的发生，此类孩子尽管在听和说等方面不存在任何障碍，却往往无法正确流畅地朗读单词，且伴有拼写困难、错别字连篇等问题。

尽管阅读障碍与大脑发挥机能的方法有着千丝万缕的联系，但它并不影响人的智力发展，也不会对我们思考问题和理解概念的能力造成影响。在解读文字以外，阅读障碍患者的听说能力都不存在任何障碍。相反，患有阅读障碍的人常表现出惊人的心算能力或操纵机器的天赋。对于这类孩子，我们可以通过一些崭新的学习治疗方法帮助他们适应阅读，克服相关障碍。（参考“孩子学习始终跟不上”一节。）

孩子学习始终跟不上

不久前去了趟学校，老师说我家孩子一直跟不上进度，学习挺吃力的。现在已经六年级了，还老写错别字，数学基本是放弃状态。听了老师的话我真的非常慌张，不知道该如何是好。

父母去学校听到老师说孩子上课精力不集中，或跟不上课堂进度的话，难免会感到手足无措，想不通孩子为什么学习这么差，为孩子的状态感到担忧。

得知孩子学习遇到困难时，首先需要弄清原因。有时孩子表面上看起来学习十分用功，实际上却效率低下，或学习方法存在误区。再来需要观察一下孩子是否存在智力、集中力和心理方面的问题。

如果出现严重学习障碍的孩子处于小学阶段，则首先需要确定孩子的智商问题。如果孩子出现跟不上学习进度，比起同龄人更倾向于与年纪更小的朋友一起玩耍，或语言表达能力不足等问题，便需要警惕他们的认知能力是否存在问题。

尽管智力水平会随着学习内容的增加不断增长，同时“踏实”对于取得好成绩更为重要，但是智力决定了我们在学习时的轻松程度。然而，由于父母多数怀有盲目的望子成龙心理，通常无法正确地把握孩子的智力水平。

父母在察觉到孩子的异常时会带他接受智力测试，却往往得到智力低下或处于临界水平的检查结果。所谓智力低下，是指认知能力和行为发展达不到所处年龄阶段的应有水平，通常在智力测试中获得的分数较低。智商在70分以下的儿童约占儿童总数的1%，而得分为七八十分，即智力水平处于临界状态的孩子约占5%至7%。除了学习障碍，这些孩子通常多数还存在人际交往问题，无法与同龄人友好相处，缺乏正确应对状况的能力。

尽管艰难，但如果孩子智力水平真的不足，父母则必须降低自身期待，接纳孩子天生学习能力不足的事实。同时，为了防止孩子自尊心受挫，需要尽快帮助他们培养其他方面的才能（例如亲近大自然的能力，人际交往技能，运动能力或音乐、美术等方面的才能）。再来，父母不要过度执着于培养孩子的职业或生存技能，可以多培养他的艺术情操和兴趣爱好，保障他安稳地度过一生。当然这就涉及父母的价值取向问题。同时，还可以利用认知学习治疗或药物疗法等帮助孩子提升集中力。

此外，还需要排除ADHD相关的障碍。ADHD患儿通常注意力涣散，难以集中精力，做事敷衍，视觉-运动协调能力不够发达。其中智力水平较高的孩子在进入小学前通常不会表现出太大异常。再来这类孩子通常比较粗心，尤其是在解数学题时容易犯小错误，也极其讨厌需要背诵记忆的事情。然而在他们掌握一定的数学解题规律，获得自信心之后，反而可能比普通的孩子做得更好。这也是ADHD患儿的主要特征之一，他们通常能在自己擅长或感兴趣的领域发挥出高度的集中力。

同时还需要观察孩子是否存在抑郁或焦虑等心理问题。长期的失败经验可能给孩子带来巨大的挫败感，让他们在努力学习却仍然没能取得好成绩后便索性放弃，并因此陷入恶性循环之中。

1968年美国一所小学在对全体学生进行智力测验之后，随机抽取某个班上20%的学生，让老师鼓舞他们，令他们相信自己拥有较高的智力水平，且学习成绩充满巨大的提升潜力。8个月后再次进行的智力测验结果显示，这些孩子的智力分数均有所增长，在校成绩也相应有所提升。从中我们可以看出孩子的智力水平并不是决定成绩的唯一因素，老师的期待和鼓励也同样发挥着重要作用，保证孩子的情绪安定会给学业进步带来极大的正面影响。

另外，一些学习障碍也可能导致孩子无法正常学习。这主要是指那些智力水平正常，学习成绩却与实际学习能力不相符合的孩子。学习障碍主要包括阅读障碍（阅读单词、理解文章内容困难）、书写障碍（错别字多、写作能力差）及数学学习障碍（计算、把握图形、推理及解题困难）等问题，有时这些问题也可能同时出现。

具有阅读障碍的孩子在单独阅读文本后往往难以理解文章内容，或难以区分一些字的形态。数学学习障碍则表现为不会做基本的加减乘除（无论说明多少次，孩子仍不能掌握）等问题。这些问题会导致孩子在某些特定的科目上无法发挥出与自身年龄、智力水平相应的学习实力。

具有学习障碍的孩子尽管基本智能水平正常，但通常存在一些大脑特定部位功能或细胞间连接异常，这导致他们在阅读、写作、算数等方面能力相对低下。同时相比ADHD和心理问题，被诊断为学习障碍的孩子相对较少。（参考"希望孩子爱上阅读"一节。）

此外，家庭关系不和或受教育机会欠缺等因素也可能导致孩子出现学习困难。对于职场人来说，在公司的时间占据了日常生活的主要部分，而孩子的大部分时间则是在学校里度过的。肉眼可见的"学习成绩差"通常只是冰山一角，背后则隐藏着智能低下、ADHD或心理疾病等巨大的问题，对此父母需要引起高度重视。

小贴士

对于智力水平的诸多误解

我们常将孩子的智力水平与学习成绩画上等号。"我家孩子很聪明，就是不肯学习，带他做了智商测试，分数相当高，是属于3%上位圈的英才呢"，生活中我们常会听到这样的话。然而准确来说，IQ并不完全等同于人的智力。通过查阅字典我们可以发现，"智力"一词一方面被解释为"根据人在计算或写作等知性领域获得的成就而被衡量出的适应能力"，另一方面则指代"智慧与才能的统称"。而特定的智商测验并不能够全面反应一个人的适应能力、智慧与才能。从精神医学层面来看，我们则可以将人的"智能"定义为"面对新的对象与环境时，采用智力性活动理解状况并找寻解决方案的能力"。

关于智力水平的误解有许多，其中一个便是认为智力是人与生俱来的东西。尽管关于"智力是由遗传决定还是受环境影响"这一命题现在仍有不少争论，但大部分学者都倾向于认为它是遗传与环境综合作用下的产物。

在这个理论基础上，"人的智力是恒定不变的"这一谣传也就不攻自破了。在发展过程中，孩子的智力水平其实是会不断变化的，这一变化在幼儿期最为显著，而进入小学之后发展仍然不会停滞。

再来，孩子头脑越聪明不代表成绩越好。通常我们将智力水平处于顶层2%或3%的孩子称为英才，但无法完全依靠这一数据预测其今后的发展。美国心理学家L.推孟（L. Terman）通过观察发现，比起智力测验分数超过140分的所谓"英才"儿童，分数在125左右的"优秀”儿童在未来获得成功的情况反而更多。

根据多元智能理论，人类的智能是由多种能力构成的，此时所谓“智能”应被理解为“让每个人在自己擅长的特定领域取得有价值的成果的能力”。其中便包括语言智能、数学逻辑智能、空间智能、身体运动智能、音乐智能、人际关系智能、自我认识智能、自然观察者智能及半个宗教性质的存在智能等。从这个层面看来，金妍儿选手便是拥有超高身体运动智能的天才，而大提琴家兼指挥家张汉娜则是音乐智能极为出众的英才。▶（参考“孩子智力水平不高，应该放弃学习吗”一节。）

056

如何为孩子挑选适当的兴趣班

身边的妈妈们总说要让孩子从一进入小学就开始参加各种各样的兴趣班。钢琴、美术、跆拳道这些都得学吗?

自从听说乐器演奏有利于孩子的成长发展,不少父母便沉迷于让孩子学习各种乐器。不仅如此,美术、跆拳道、游泳等艺体活动也被理所当然地看作每个孩子的必备技能。怪现象便由此出现:父母时常无视孩子真正的兴趣爱好,或只要孩子对某事透露出半点关心,就不加挑选地为他报名各种各样的兴趣班,在学习一两年后还是随大流将他塞进语数英的补习机构里。

事实上,兴趣爱好是我们每一个人发自内心真正喜爱的事情,能够激发成就感,并帮助我们更好地适应社会生活。孩子们年幼时通过自由玩耍便可以提高创造力、独立思考能力,培养独立性和社交能力,兴趣爱好则能够进一步帮助他们实现这些方面的发展。真正的兴趣爱好应该是可被纳入职业规划的事物,有了足够的喜爱,它们才能成为支撑我们的力量,帮助我们消除生活中的压力和烦恼。

小学阶段培养各种兴趣爱好可以帮助孩子养成勤奋的好习惯,这是这一时期孩子必须面对的重要课题。埃里克森的发展理论认为,小学时期孩子会因为成功的经验而学会勤奋,而如果频繁遭遇失败则可能陷入自卑的旋涡。孩子们会通过各种艺体活动经受挫折,但心理承受能力也会因此得到强化,这会成为他们一生发展的重要基石。

再来,兴趣活动可以从视觉、听觉及其他感觉等方面刺激大脑发育。大脑并不仅仅是为了计算和推理而生。科学研究已经证实,像这样多方面刺激孩子的感官系统,的确对他们的发展极为有利。

美国佛蒙特大学儿童精神医学研究小组对6至18岁孩子的大脑影像进行了分析

研究，结果发现学习过乐器的孩子大脑皮层相对较厚。大脑皮层的增厚与我们的肌肉运动和协调能力、空间感、情感处理及冲动抑制等能力息息相关。这就是说，音乐教育可以促进大脑发育，并最终帮助我们提高肌肉协调性和视知觉能力，同时协助我们有效抑制冲动和调节情绪。例如，弹钢琴时需要一边看乐谱一边快速移动手指，同时调动耳朵进行倾听，这时我们的眼睛、手部和耳朵便得到了综合训练。此外，音乐教育还可以加强人们处理情绪的能力，为我们带来稳定的精神状态。

讲到这里虽然有点老生常谈，但兴趣爱好的发展的确并不一定需要依靠补习班才能得以进行。所谓强扭的瓜不甜，最适合孩子的必然是他们发自内心热爱、能够从中获得快乐的事情。折纸或气球造型等活动短暂地体验一阵之后便放弃倒也无关紧要，但音乐、美术、运动等项目一旦开始则至少应坚持学习五六年以上，这一点至关重要。

比起跟风强迫孩子参加各种兴趣班，营造出良好的氛围，让孩子主动产生学习欲望才是更为有效的培养方式。同时，这一阶段孩子通常好奇心旺盛，对各种新鲜体验充满渴望，要注意不能因此就胡乱让他们学习所有感兴趣的内容。另外，对孩子来说，阅读和单纯休息的时间同样重要。许多父母可能认为游泳训练也是一种休闲和放松，但事实并非如此。孩子的创造力通常是在那些大人们看来“纯属浪费的时间”的活动中悄无声息地发展起来的。

一到考试期间孩子就很焦虑

即使只是小小的随堂测验，孩子也会表现得很紧张。考试前夜会不断上厕所，有时还嚷嚷自己肚子疼。孩子是不是心理素质太差了呢？

我们每一个人都会因为考试而产生压力。所谓考试，原本是指“通过一定的方式方法来检测和评价人的实力与才能”。如果对孩子来说学习本身是一件乐事，考试便也只是一次小小的冒险，是展示所学知识的良好机会，甚至是一个值得享受的过程。但多数时候并非如此。有的人会担心考试时难以发挥出自己的真实水平，有的人则因为害怕暴露自己的一无所知而感到焦虑。此时考试似乎成了一面照妖镜，会折射出一个胆怯的自我。

事实上，考前压力下孩子们的反应和行动与成年人并无太大差异。有时甚至会恶化演变为极度害怕考试及相关状况的“考试恐惧症”。适当的压力可以帮助我们更高效地学习并在考试时最大限度集中精力，但如果出现看不清试卷，考前不断进出厕所或感到腹痛等状况，则需要引起重视。

如果孩子过度担心考试，父母则需要对原因进行分析和思考。在考试之外，孩子是否也常因其他琐事和一点点刺激而感到焦虑？最近是否发生了类似的事情？通常首先要把握可疑的外部环境因素。而如果孩子天生属于容易感到紧张和焦虑的性格，则需要全方位地帮助他们消除不安感。（参考“孩子过于缩手缩脚，让我很担心”一节。）

父母也需要回过头来反省自己的行为方式。看看是否将孩子的成绩当作炫耀的手段，或无意中透露出的强烈期待带给了他们压力。有的父母将孩子的成绩看作对自己能力的评价标准。“你要是考差了爸爸妈妈该多丢脸啊”“现在不好好学习将来就得跪在地上求人”等看似简单的一句话却可能成为孩子心中沉重的负担。

要让孩子在紧张时学会深呼吸进行调节，或使用一些抑制身体反应和放松肌肉紧张的方法来帮助自己抵挡焦虑。对处在小学低年级阶段的孩子来说，佩戴一些可以吸走压力的“焦虑口袋”或“勇气手链”等具有象征意义的事物能够起到一定的缓解作用。如果情况始终不见好转，则可能需要从孩子天生的气质问题和父母的养育方式入手寻找根本原因，并及时前往医院接受治疗。

058

有必要送孩子去国外念书吗

最近老听人说起让孩子从小留学的事情。早早将孩子送去国外读书真的是件好事吗？或者至少需要让他们在放假期间去国外参加短期的语言研修或夏令营吗？

根据韩国教育部的统计显示，2014年韩国留学生总数为21.9万余名，比前一年减少了3.3%。事实上在2011年26万名的最高纪录之后，在外韩国留学生的人数一直呈连年递减状态，尤其是小学、初中阶段的留学人数与2006年相比下降了40%，而与2000年左右早期留学极为盛行的大雁爸爸[①]时代相比，降幅则更为明显。除韩国国内英语教育环境的变化、考试政策的革新及经济方面的原因带来的影响之外，许多从小留学的孩子在归国后面临着因母语水平低下及文化差异而难以适应国内生活的问题，这也成了父母们不再对早期留学狂热执着的重要原因。

从小留学或参加短期英语研修会能给孩子带来哪些好处？是否会让他们得不偿失？事实上从小留学也好，专门为了提高英语水平参加短期研修也好，都不是值得推崇的事情。特地功利地学习英语是只存在于少数国家的怪现象，据说连美国总统都羡慕这样的治学热情和教育体制。

将孩子送去国外，首先需要明确目的究竟是什么。如果是出于跟风，最终只会面临时间和金钱方面的巨大损失。当然，如果是为了利用国外截然不同的文化氛围和崭新的经历帮助孩子更好地成长，留学的确具有一定的正面影响。不是单纯为了学习语言，只是希望孩子去探访一下曾出现在书本里的国家和城市，亲眼看看那些喜爱的画家们留下的画作的话，送他们去国外旅行一趟也是充满价值的事情。

换句话说，即使不能为孩子的语言学习带来实际帮助，去国外旅行也能够从很

① 大雁爸爸即是指那些将孩子送去国外读书，妻子陪读，自己留在韩国国内赚钱，长期与孩子和妻子分隔两地的父亲。——译者注

多方面促进孩子成长。既能让孩子真切体会到学习英语的重要性，激发起他们“必须学好英语”的内在动力，也可以帮助他们思考自己未来人生的轨迹。各种有趣的经验可以丰富孩子的内心世界，许多孩子从国外回来之后的确变得更有自信了。因此，在“到底要不要送孩子去国外读书”这个问题上，父母们要从多方面进行考虑。孩子到了国外也可能会疏于学习，父母则要为此承担巨大的经济压力。一定要在全面衡量过得与失之后慎重做出决定。（参考“大雁爸爸的孤苦人生”一节。）

第3章

中学阶段的问题

059

孩子到了青春期，感觉彼此疏远了

大女儿从小就跟我很亲近，因为是女孩子，一直以来我也努力保持一定距离，尽量尊重她。但是现在说一句话她就不高兴，整天发脾气。我自己有时候也会凶她，很担心这样下去会和女儿变得疏远了。

孩子进入青春期后，身体发育会发生显著变化，第二性征也更加凸显。这是男孩女孩们正式拥有繁殖能力的开端，他们对于性的冲动与好奇心也随之变得旺盛起来。尽管这一时期孩子的大脑及情绪等方面也会出现巨大变化，但最为引人注目的仍是他们在性方面的发育及觉醒。

随着性欲的发展，孩子会开始对自己与异性的身体产生强烈的好奇心，同时羞于与父母进行身体接触。这是孩子们误将自己对于父母的爱意与性欲混为一谈，并因此变得不安导致的。尝试与父母保持距离的心理既是为了进一步促进自我的形成，也含有潜意识中的忧虑成分——保护自己避免“近亲通奸”悲剧。

动物在开始性发育之后便自然而然地脱离父母独立生存了。而人类作为群居动物，便可能出现上述提到的一些问题。孩子刚进入青春期时，父母要尽量减少与他们身体的接触，尤其是容易让人产生联想的胸部、腹部、背部和臀部等处。等到孩子感到能够调节和掌控自己的性欲之后，也就不会那么抵触与父母的身体接触了。

在青春期初期，如果孩子的感受遭到忽视，或父母试图事无巨细地控制孩子的行动和情绪，虽然短时间内能维持彼此间的亲密关系，从表面上看起来风平浪静，但事实上会使孩子因为试图摆脱对于“近亲通奸”的恐惧而努力抑制自己的性欲，甚至渐渐成为在性方面缺乏自信或冷淡的成年人。

观察周围一些迟迟结不了婚的男孩就会发现，他们中的一些人便从小受到母亲的过度压制和干涉，或是家中有好几个姐姐的小儿子。与女性近亲过度密切的交往会在性态度方面给男性带来消极影响。女性的情况同样如此。父亲过于独断专行时通常会给女孩带来一些自我认同障碍及性方面的压抑，长大后容易出现性冷淡或难以适应婚姻生活等问题。尽管如此，如果将拥抱、牵手、亲吻脸颊等最为常见的身体接触也一律理解为与性相关的行为则未免显得有些太过神经质了。

青少年期的孩子会一直生活在矛盾之中。一方面渴望像小时候一样与父母拥抱或亲亲，另一方面随着独立意识的增强又会对此有所抗拒。这就可能导致他们在人前拒绝与父母进行任何身体接触，但回到家之后则表现出截然不同的态度。孩子在青春期阶段如果没有得到父母充分的爱与关心便可能极度缺爱，或走向另一个极端，成为情感冷淡不懂得表达爱意的人。面对青春期的孩子们，除了要给予他们鼓励、理解、信任和爱等内在的东西之外，还需要多拥抱他们，常带他们去外面用餐，不时买礼物送给他们。当然这一切实践起来并不容易，但努力了解孩子的内心世界，用恰当的方式与他们相处是每一位父母应尽的责任。

前文也曾提到，青春期的特点并不仅仅体现在身体方面的变化。这是一个相对尴尬的阶段，孩子们不再是儿童了，却又离成年人的世界尚远。他们一方面还想要依靠父母，一方面又渴望着独立，因此会产生一些自我认知方面的混乱，这正是这一时期孩子们心理变化最显著的特点之一。

就像幼年时期的孩子会甩开父母的手独自学习走路一样，青春期的孩子也总是想要寻求独立，因此会抗拒父母的情感支持，甚至反感一些好的建议和意见。这是孩子们不断试错并得以成长的时期，需要给予他们充足的耐心，让他们知道父母一直在身后默默注视并关心着他们。

有时候父母也会生起气来，不知道应该如何管教孩子。但越是这种时候越应该让孩子们看清，生而为人最重要的东西是什么。比如礼貌，比如踏实，比如正直的品格。父母如果能够简洁却具体地向孩子说明这些品质的重要性，并以身作则，孩子在做出叛逆举动或无法抑制冲动情绪时也会懂得遵守一些必要的底线。同时这也能够帮助父母和子女建立起相同的价值观，减少家庭内部的冲突。如此一来，如果父母能在孩子刚刚迈入青春期时就找寻到合适的方法与之相处，刚柔并济，那么最晚在15岁之后，亲子关系便能够进入良性循环的发展之中。

小贴士

青春期的大脑变化

在人进入青少年期，经历了儿时的诸多体验与学习后，神经细胞也开始进入整合阶段。此时大脑内部开始对新的神经元树突进行**修剪**（pruning），轴突的**髓鞘化**（myelination）过程也悄然开启。在这个过程中，大脑会产生诸多变化，例如神经传递信息的速度会比从前快100倍左右。

与此同时，掌握记忆力、思考和判断能力的大脑前额叶部分也开始了重建的过程。这就像我们翻新室内建筑一样，此时突触们在未恰当连接的状态下进入新的适应阶段，人的思维幅度有限，还未具备预测未来和建立计划的能力。同时，由于抑制冲动的额叶与制造冲动的脑干发展速度并不一致，人有时会显得抑郁，有时则又表现得过度冲动、难以控制亢奋情绪。

青少年时期，主管情绪的大脑杏仁核控制能力弱，因此人会表现出较强的攻击性，容易愤怒。这一时期男孩的雄性激素睾酮分泌量为女孩的10倍左右，而调节冲动情绪的5-羟色胺却分泌过少，因而时常显得更为不安生。女孩的攻击性则会通过更加间接的方式体现出来，例如在背后说别人坏话等。同时她们情感起伏大，无法调节情绪，常会莫名其妙地大哭起来。

这一时期人的另一个显著变化即是无法正确理解他人表情的含义。例如面对一个分明面露吃惊的人，询问孩子他的心理活动如何时，常得到“他生气了”“他陷入了混乱”“他很伤心”等回答，对他人表情的误读十分常见。

同时观察发现，青少年在解读他人的表情时与成年人不同，比起大脑前额叶，发挥作用的其实更多是杏仁核部分。杏仁核掌管着人类愤怒、恐惧等本能情绪，但由于掌管理性判断的前额叶发育尚不成熟，因此难以做出合理的判断和处理。因此许多青少年在与他人对话时，通常较难通过对方的表情和语气把握一些微妙的含义。

如何与青春期的孩子正确沟通

想和孩子亲近一点，一直以来也很注重彼此间的交流和对话，希望能够成为像朋友一样的父母。但孩子上了初二之后好像就有些逃避我们呢。当然我也理解人都更喜欢和同龄人一起玩，但每次跟孩子对话时看见他一脸不耐烦还是会觉得有些伤心。

所谓“中二病”，是指孩子在刚刚进入青春期时表现出来的夸张状态。此时他们总幻想自己是某个无比重要的大人物，苦大仇深、多愁善感，轻视大人们的言行，觉得一切都很可笑。

到了这个阶段，一直都很听话的孩子可能会表现出突然的叛逆，封闭自己的内心，这便是他们为了形成独立的“自我”而做的准备工作。H. 科胡特（H. Kohut）在**双轴理论**（double axis theory）中提道，孩子在自我发展的过程中，会产生两个有些背道而驰的目标，一个是怀着类似于“我是正确的，我是最棒的”的合理野心，试图树立起一个被夸大的自我；另一个则是将父母理想化，赋予他们完美的形象，要求自己“成为像父母一样的人”。

科胡特认为，在这个过程中，孩子如果得到了来自父母（或身边的人）的理解和友善回应，就能够维持那个“被夸大的自我”形象，并且依靠模仿父母或周围其他成年人良好的言行举止进一步成长起来。换句话说，通常只要能在理想和现实之间保有适当的紧张感，人类就能够朝着正确的方向不断发展。相反，如果在这个过程中没有获得理解和支持并因此失去了目标，孩子此后的成长就可能变得举步维艰。

▶（参考“我好像太在意他人的评价了”一节。）

除了父母以外，青少年期的另一个特征便是将同龄朋友，甚至一些前辈或偶像艺人理想化，作为自己的目标建立起来。绝对信任朋友的言行，将他们的痛苦强加在自己身上。反抗父母的干涉，同时为了防止自己不够坚定，通常会虚张声势地将还未完全发展起来的虚弱自我变得更加膨胀。所谓的中二病现象其实就是在建立这个“被夸大的自我”的过程中产生的。

此外在这一时期，随着抽象思维和假设能力进一步得到发展，孩子有时会分不清理想和实际情况。这个问题如果演化成纯粹的理想主义，孩子就会变得不认可一切与自己的理想和假设不相符合的事物，常在父母提出不同意见时“揭竿而起”。

孩子进入青春期后，兴趣爱好都会发生极大的改变。此时父母对待孩子的方式却仍然停留在小学阶段，因此难免会让他们感到幼稚，更加倾向于与能够理解自己、一起分享生活的同龄朋友交流。

此时父母需要做到以下几点：

第一，不贬低或轻视孩子。那样做其实是将父母自身的不安转移到孩子身上，会阻碍他们形成健全的自我。不要随意评价孩子，减少冗长的说教，认可孩子现阶段的状态，理解他的情绪起伏，即使不赞成也尽量接纳他的言行和选择。

第二，要努力分享孩子的兴趣爱好。可以试着与孩子一起打游戏或跳舞。所谓沟通应该是双向且对等的，父母如果想与孩子维持长久的亲密关系，就要学会从孩子年幼时起便认真倾听他说话。

第三，获得孩子的尊敬仍是必要的。父母要从各个方面为孩子做好示范和榜样，例如读书、学习、工作、兴趣爱好等。让孩子对父母产生好奇和询问的欲望，也只有这样才能让他产生试图对话的念头。

第四，孩子为了摆脱干涉可能会故意做出无视父母，或过度强化夸大的自我的举动，这些情况则需要加以警惕，深入了解孩子的内心，准确把握他对于父母的看法和感受。

这一阶段，父母常会因为孩子的言行举止而感到失落。但这其实不过是孩子成长发展的一个阶段，父母也需要正确认识这一点。在失落情绪流露出来之前，可以先宽慰一下自己——“孩子是从我这里出发的，他还会回来的”。等过去一段时间之后，孩子就能够更好地理解父母的心意了。

061

如何正确教训孩子

孩子学习不认真，我因此教训了他好长时间，他却叫我不要一直唠叨同样的话，连丈夫也说我话太多了，让我赶紧停下来。有时我也会觉得可能自己有些夸张了。但是如果连我都不教训孩子，他又该怎么办呢。

父母们或许都知道自己的确存在唠叨的问题。唠叨的特点便是反复说同样的话和内容，是人们内心难以抑制的焦虑感的外在投射。这样的唠叨如果真的能够帮助孩子朝好的方向发展倒也无妨，但许多研究结果都已表明事实并非如此。

大脑的边缘系统主要负责处理人的负面情绪，额叶部分掌管调节控制情绪，同时顶叶及颞叶则会帮助我们理解他人的感受。曾有实验将14岁的青少年作为研究对象，测试在他们听到妈妈的唠叨录音时这几个区域的活跃程度，结果发现大脑边缘系统活跃程度有所提高，额叶、顶叶和颞叶交界处的活跃程度却有所降低。这就表明孩子通常并不会站在父母的立场去理解他们，只会反感和拒绝他们的唠叨。

如果希望有效地传递信息，则需要尽量做到简明扼要。例如，与其对孩子说“整理下房间”，不如说“把刚刚换下来的衣服挂到衣架上”，像这样具体地向孩子做出指示往往会更加高效。这时即使孩子没有采取行动也不必生气或转而提出别的要求，应该告诉他们“妈妈在等你完成刚刚说的那件事哦”，并给予孩子一定的时间去处理。妈妈们想说的话总是太多，没办法像这样一次一点地慢慢说完。但这就像在网速受限的电脑里下载东西一样，所谓欲速则不达，孩子的大脑能够接受的信息量是有限的，父母要注意反省自己说话的方式。

再来，从“我”出发表达自身的感情也不失为一种有效的方式，即前文提过的“我向信息”沟通法。父母在唠叨时热衷于使用“你……”“你必须……才行”这类句式，但这会带给对方受指责和批评的不快感受。相比之下，“这件事我是这样认为的”“妈妈在——的时候最开心”等开头将“我”作为主语的对话方式则显得更容易让人接纳。

在教训孩子时如果父母流露出过多的负面情绪或一味指责孩子，态度不耐烦，孩子当然会反感。同时家长需要注意说话时的语气，不能挖苦讽刺孩子或故意刺痛他们的自尊心（当然这大多是因为父母遭到了孩子的无视极度愤怒）。

父母可以在孩子下课后或晚餐时录下自己与他的对话，几分钟即可。此后一边回放录音一边想象孩子在听到这些话时的感受，尽量修正自己错误的语气和表达。同时需要注意控制唠叨的时长，要知道对听的人来说，短短3分钟也会显得格外漫长。（参考“如何应对青春期提早到来的孩子”一节。）

孩子似乎不再需要父母了

孩子进入高中后学习十分忙碌。每天到了很晚才可以见到面，但是除了让他好好学习这些话以外，似乎就再也没有什么可聊的话题了，孩子每次回到家后也是一头钻进自己的房间去。虽然也能理解，但心里还是有些难过，觉得孩子不再需要父母了。

即使到了青春期，父母也仍在孩子的生命里扮演着不可替代的重要角色。但是类似于“你一定要好好学习将来成为有用的人啊”这样的话其实是很空洞的，因为对孩子来说，适应刚刚开始的高中生活才是眼下最紧要的事情。在小时候，父母就是孩子人生的全部。而现在到了十几岁的年纪，孩子则开始站在父母的肩膀上探索世界。此时父母便成了一种背景和基石，是站在孩子身后沉默却坚强的后盾与支撑。

然而，如果像开篇提到的情况那样，彼此之间只剩下学习和成绩的话题，父母自己也感到无话可说，便有必要对家庭关系进行一次全新的审视了。有时可能是因为父母无法理解孩子真正关心的东西，跟不上他们的兴趣爱好，有时则可能是因为孩子感到父母的想法与自己相差甚远，因而觉察不到沟通的必要。

对话的中断并不一定是缺少话题导致的，有时候可能是孩子主动选择了拒绝。尤其是一些父母总是在对话时不断增加孩子的负担，自己心中的不满和怨气说也说不完。这样的方式在孩子年纪尚小时或许不会带来太大的问题，但随着他们不断长大，建立起和朋友的人际关系网之后，自然就会显得不再那么需要父母了。

有趣的是，就临床上常见的一些所谓“问题少年”来说，他们的父母基本都没有太大异常，反而做事踏实且人际关系良好。但仔细观察便会发现，这些父母多数为人刻板不懂变通，难以深入了解和把握孩子的内心想法，明明知道孩子存在问题却不积极寻找解决方案，只知道一味教训和劝阻孩子。

且不谈养育方式的问题，如果想要建立起“良好的人际关系”，就需要学会察言观色，并在当下做出适当的反应。父母如果将在社会上处理人际关系的那一套固定模式套用在孩子身上，让孩子感受不到父母的真诚，觉得“好像和我没什么太大关系”，便可能导致亲子之间的纽带松散，令孩子难以体会到积极与父母对话的必要。

长此以往孩子便可能做出一些超出父母想象的异常举动。而许多父母却不知道应该如何正确应对，只顾责骂孩子，反复嚷嚷着“真是搞不懂了，我小时候就不是你这样”之类的话，而孩子的状态也只会因此更加恶化。

我们和一些青少年的父母聊天时常会产生一种感觉，好像在这些父母看来，孩子的人生到20岁左右差不多就会结束了一样。人类彼此间的纽带需要一生用心维持，任何时候都不算晚。父母要克服羞涩，从现在起积极着手改善与孩子的关系，这样在几年之后就可以获得令人满意的亲子关系了。

孩子不肯和我一起玩耍

我自己特别喜欢运动，孩子却恰恰相反。也曾试着带他一起爬山、踢足球，他却丝毫提不起劲。这让我有些伤心。

父母难免希望子女能够分享自己的兴趣爱好，而在遗传因素的作用下，理论上亲子之间的确应该呈现出彼此相近的兴趣取向。但由于孩子身上混合着父母双方的基因，有时又受隔代遗传的影响，所以孩子天生感兴趣的事物也可能与父母截然不同，这与孩子的成长经历也有着千丝万缕的联系。

如果孩子没有遗传到父母的爱好或才能，则可以从以下两个方面进行思考：

第一，孩子可能在与生俱来的气质方面就与父母不同。父母可能热衷于运动，因此想把孩子培养成运动员，孩子却偏偏喜欢读书。相反，有时父母明明希望跟孩子一起看书听音乐，孩子却只对体育活动感兴趣，让人倍感失望。像这样彼此喜爱的事情背道而驰时，父母就可能表现出某种傲慢。所以家长应该保持反省的态度，看看自己是否太过固执，对孩子培养兴趣爱好是否造成了阻碍，等等。

第二，这可能是父母过于强求导致的。关于一些天才音乐家或顶级运动员父母的逸事相信我们每一个人都有所耳闻，这些故事基本是在“天才都是从小受过严酷训练才取得了成功”的框架下写就的。但家长们一定要明白，这些都是天赋与强制性努力和谐作用带来的偶然性结果，是极为罕见的个例。如果沉浸于这样的传说，企图将自己的孩子也打造成类似的英雄人物，最终通常只会引起孩子反感，让他们对一切失去兴趣。

有不少父亲将自己对于运动的喜爱强加到孩子身上，最终导致孩子提到运动就皱眉头。也有一些妈妈本身热爱且擅长学习，却几乎不与孩子一起读书看报，长期沉浸于自己的世界。这些情况都可能导致孩子的爱好和才能与父母大相径庭。

事实上，比起家人在一起共同度过的时间长短，在一起时是否充满快乐等问题反而是更为重要的因素。父母不应武断地强迫讨厌运动的孩子去运动，可以先试着将球摆在家中便于他随时玩耍，或带他去球场观看比赛，一起鉴赏相关的电影和漫画等，循序渐进地培养孩子对运动的亲近感。

我们也曾一再强调，要让孩子爱上读书，父母首先要以身作则。一开始不必强求孩子阅读必读书目里出现的书籍，可以挑选那些有趣的、能诱发孩子好奇心的书或漫画，让他对阅读产生兴趣。如果梦想和孩子一生兴趣相投，分享快乐，就要学会如何带领孩子朝着同样的方向一起行走。

孩子脾气大，总和我闹矛盾

和孩子大吵了一架。看到他整天在家无所事事，我便随口说了一句“你要这样还不如别在家里待着”，结果孩子竟然因此勃然大怒，还骂起了脏话。孩子从小一直很听话，现在的样子实在让我很震惊。青春期的坎儿真是跨不过去啊。

十几岁的孩子常会莫名其妙地感到愤怒。在父母看来孩子生气一定是有某些客观原因的，因此总是不断询问他们，是不是有什么不满或烦恼。而事实上这些问题本身只会加剧孩子的烦躁。孩子之所以会表现出这样的暴躁情绪，大致有以下几点原因：

首先，进入青春期后随着身体渐渐发育成熟，孩子体内的激素分泌也会发生巨大变化。尤其是男孩体内性激素睾酮的分泌量会猛增约100倍，导致他们大脑掌管愤怒和恐惧情绪的杏仁核过度活跃，因此他们在这一阶段极为容易生气且攻击性强。女孩的情况则稍微有些不同。大量雌性激素的分泌不断刺激着大脑中掌管记忆的海马，因此这一时期的女孩们通常较为记仇，无法忘记他人无心的一句话对自己造成的伤害，当然同样会表现出较强的攻击情绪。

其次，在青春期阶段，除了激素以外，大脑神经递质（例如维持情绪安定的5-羟色胺、补充活力和能量的去甲肾上腺素、保证人们心情愉快的多巴胺等）的分泌也会发生急剧变化。相反，负责理性判断的前额叶部分尚未发育成熟，因此人在这一时期时常容易冲动，面对细小的刺激和变化也会感到极度愤怒，父母需要理解孩子在这一时期的情感特征，但对于他们愤怒背后的意图和负面情绪则不必过度解读。（参考“人为什么会得抑郁症呢”一节。）

如果孩子表现出让人意想不到的愤怒情绪，父母最好的应对方式便是“不生气”。保持内心的平和是处理一切愤怒的万能法则。孩子发脾气时，相比让他感到愤怒的原因本身，父母更应展现出正确的态度。如果一直生气责备他，便会让他陷入思维的怪圈，觉得“父母果然就是不爱我”，或赋予自己某种正当性，“既然爸爸妈妈都讨厌我，那我现在可以随便瞎搞了”。要防止事态进一步恶化，不能亲手将孩子推向更大的深渊。

越是对方表现出愤怒时，越需要沉着应对，以此浇灭对方的怒火。弱者在对抗强者时常会陷入一时的亢奋状态，父母作为亲子关系中的强者，本身不必着急在与孩子的斗争中获胜，而是应该平和缓慢地说服他。

如果孩子的愤怒过于激烈甚至摔门而去，此时说“你给我站住！出去了就别想再回家门了！”只会火上浇油，应该尽量使用譬如“消气了就回来，妈妈/爸爸不是故意要烦你的”之类的表达。临床上时常见到一些性格暴躁的父亲，他们整天发脾气，逼得孩子不断选择离家出走，最终在一两年之后父子/父女关系便恶化到了难以修补的地步。

在孩子的愤怒情绪平息之后，可以简洁有力地向他说明处理情绪的正确方式，并让他知道父母的心情也并不算好。时不时还可以小小地警告他一下。要对孩子释放出的情绪信号保持敏感，有时孩子已经多次通过语言和行动表达了自己的不快情绪，父母却对其视而不见，最终导致孩子愤怒爆发。

父母也是普通人，很难做到永远不发脾气。愤怒通常来源于人的慌乱和状况本身的不合理。无论情况多么糟糕，只要能够事先有所预测和把握，控制愤怒情绪也就不那么困难。可以采取一些心理训练的方式，例如事先设想一些场景及孩子会做出怎样的行动，同时构思自己应该如何处理。父母既需要教会青春期的孩子调节情绪的方法，又需要通过温和的管教给他们做出示范和榜样。尽管一开始可能很难给孩子带来直接的正面影响，长期下来孩子便会不自觉地模仿和学习父母的言行举止了。（参考“容易烦躁，难以调节愤怒情绪”一节。）

065

孩子突然厌学了，看起来有气无力的

孩子看起来和平时不太一样。问他是不是心情不好也不肯说话，总是看起来闷闷不乐的，时常一声不吭把自己关在房间里。很担心孩子是不是患上了抑郁症。

孩子的情绪突然出现巨大变化，背后自然有着一定的原因。青春期的孩子十分容易陷入抑郁症，尤其是女孩们。青少年时期的抑郁症表现与成年人不同，比起抑郁情绪，更多是被不愉快、烦躁等感受纠缠，症状表现不典型，因此在临床上被称为**隐匿性抑郁**（masked depression）。患上隐匿性抑郁的孩子通常存在旷课、打游戏上瘾、流连网吧、对性方面的认知紊乱、挥霍财物、离家出走、举止恶劣等多种行动问题，还可能出现一些躯体化反应，学习成绩也会随之下降。

隐匿性抑郁

表面看起来很快乐，内心却一直感到压抑、痛苦和无力，即一种症状表现不够外化的抑郁疾病。比起抑郁情绪，更容易出现心跳加速、疲惫、食欲下降等躯体反应或依赖酒精、沉迷赌博、痴呆等问题。

之所以与成年人的抑郁症状表现不同，主要是由于这一阶段孩子的思考能力和语言水平尚未得到完全发展，他们难以整理和表达自己的情感及想法。在压力因素之外，遗传倾向、家庭矛盾、成长烦恼等都可能给孩子带来不好的影响，同时一旦掉入抑郁症的旋涡便可能长期无法摆脱，即使接受治疗也难以断言其预后如何。

童年期抑郁症通常带有“并不担心未来”的特征，这主要是由于孩子尚不具备完整的时间观念。而到了青少年期，随着时间观念的不断形成，孩子便会开始产生对于未来的不安，又无法像成年人一样根据经验提出有效的对策，因此只会陷入茫然的焦虑之中，甚至采取自杀等极端的方式来解决问题。

在这个阶段，孩子即使得了抑郁症可能也不会开口求救，因此父母要细心观察，如果孩子出现异常，例如成绩突然下降、睡眠习惯改变（如晚睡），以及常对家人发脾气等则需要引起重视。简单来说，如果孩子一反常态地频繁做出“该骂”的行为，父母就应当有所警惕。

此时孩子急需一个能够让他彻底敞开心扉吐露心声的对象。这个对象是父母的话当然最为理想，但如果不行，则要为孩子找寻一位平日里信赖的大人（亲戚、老师等）。实在没有合适的人选时便可以将孩子送去学校或保健站接受心理咨询。而如果父母感到咨询效果甚微，则说明孩子的情况可能较为严重，应尽快带他到医院接受精神科医生的专业诊疗。

看到孩子说想死，我真的吓了一跳

最近发现孩子在和朋友发短信时提到了“想死”这样的话，着急逼问他怎么回事，却说只是偶尔有这样的想法，随口一说而已。但我还是觉得非常担心，这真的只是青春期阶段的孩子暂时产生的情绪吗？

我们可以将青少年口中的“想死”理解为“我真的好辛苦啊”的意思。其背后当然隐藏着诸多负面情绪。例如孩子对于逃避学校或家庭生活的渴望，因怨恨父母、老师和朋友等人而产生的报复心理，同时对自己无能的憎恨，甚至偶尔还包含着想要见到已故亲人或朋友的念头等。

孩子声称想要自杀时并不一定会付诸实际行动，但父母绝不能掉以轻心，要谨慎观察孩子释放出的信号，防患于未然。首先要留意孩子的日记或短信中是否存在一些反常的言论。例如“我死了大家就都高兴了”“就算我死了也没人会在意吧”等。

其次则是行为举止的异常。例如突如其来的行为变化（除愤怒、烦躁以外，也包括亲切、微笑等），成绩下降，突然将自己珍藏的物品扔掉或送人等都是值得引起重视的信号。再来还需要考虑近期家庭环境是否发生了剧烈变化。例如亲近的直系亲属突然死亡、父母事业不顺、搬家、移民等。

青少年时期抑郁的典型症状与成年人不同，通常容易为人所忽视。不为人知的抑郁症状不断恶化之后便可能转化为实际行动。想要自杀的念头本身便与抑郁症有着直接关联，数据表明具有抑郁问题的青少年儿童中有70%的人曾试图自杀。尤其考虑到青春期的孩子普遍较为冲动，常在瞬间选择自杀，因此父母更加需要警惕。

为了能够尽早发现问题，父母在日常生活中一定要留心观察孩子的心理状态，细心把握他们的行动变化，同时营造出良好的家庭氛围，让孩子愿意主动且深入地与父母进行交谈。

在所有发达国家中，唯有韩国的青少年自杀率仍呈增长趋势，其中女孩所占比例更大。想要阻止悲剧发生，我们道阻且长。

孩子整天熬夜，不知道在干吗

孩子每天晚上都玩手机玩到很晚，早上起床困难，学校就在家门口还天天迟到。怎么才能让她改掉这个习惯呢？

青少年时期人的睡眠与成年后不同，这一阶段孩子身体变化剧烈，日常活动量大，容易感到疲惫。同时睡眠过程中大脑会进行信息整理，突触间形成连接，因此他们往往需要更长的睡眠时间，原则上满足9个半小时最佳。然而受**相位后移**（phase delay）的影响，诱导睡眠所需的**褪黑素**（melatonin）分泌延迟达两小时左右，导致人在这一阶段反而可能更晚产生睡意。

> **相位后移**
> 一定的时间周期整体往后延迟的现象。睡眠相位后移综合征（sleep phase delay）是指睡眠时间和起床时间整体变晚，相关生物钟出现紊乱的现象。

> **褪黑素**
> 为大脑松果体分泌的一种激素，帮助人们感知夜晚和白天的时间长短，关系到昼夜节律的生物钟控制问题。

根据韩国疾病本部的调查显示，韩国初中生的平均睡眠时长在6小时45分至7小时，高中生则为5小时15分（高三）至5小时50分。2015年美国国家睡眠基金会（NSF）曾表示，14至17岁的青少年应保证每天8至10小时的睡眠，7至11小时则较为合适，而低于7小时或高于11小时的情况都不合适。

在韩国，青少年的学习压力格外突出，从生长发育的角度来看这其实并不科学。由于竞争过于激烈，孩子们常挑灯夜读，同时，为了释放压力，还需要参加各种各样的娱乐活动，睡眠时间自然也就被挤占掉了。随着生物钟不断整体后延，晚睡晚起，白天体力不支，孩子们的日常也因此陷入了恶性循环。

尽管如此，无视孩子的需求，强迫他们早睡早起也并不是改善问题的方式。应当努力为他们营造出安静良好的睡眠氛围，而不是不分青红皂白地催促他们“赶紧睡觉”。

孩子如果出现睡眠生物钟整体后延的情况，首先需要确定他们近期是否承受着较大压力。大脑在感到疲惫时会努力阻断负面的刺激，同时寻求快感。因此孩子们会讨厌光亮和噪音，更加喜爱夜晚，并在休息时间依靠打游戏、看视频、聊天等令人感到愉快的方式来舒缓压力。但是手机、电视等电子产品由于光线过强，会对人的视觉产生强烈刺激，阻碍睡眠，最终只会导致孩子的生物钟陷入更大的混乱之中。

然而，过于武断地要求孩子放下手机或游戏只会给亲子间带来冲突和矛盾，同时让孩子产生更大的压力。要和孩子一起协商每天使用电子产品的时间，商定后便督促他们严格遵守。同时还可以鼓励孩子选择一些较为平和的放松方式。例如入睡前在枕边放一盏小灯读读书看看漫画，或一边欣赏音乐一边培养睡意等。阅读时使用的书籍不应是学校课本，可以挑选宗教、人文、娱乐等较为温和的内容，或是孩子小时候曾反复阅读的小说和漫画书等。烂熟于心的内容能够抚平孩子的情绪，帮助他们更快入睡。

别说整理房间了，连日常洗漱都成问题

孩子特别邋遢，房间又脏又乱，每天放学回到家脱下衣服就到处乱甩，让他收拾他还会发脾气。洗脸刷牙也不勤快，感觉他身上都有味道了。

似乎在父母看来，所有孩子都是邋里邋遢的。事实上的确如此，尤其是青春期的孩子们因为睡眠不足总是看起来精神不振，同时大脑额叶部分的欠发达导致他们行动力差，时常脑子里想着“是该收拾一下了”，却迟迟难以付诸实际行动。在这一时期，孩子们尽管内心渴望独立，在生活琐事方面却仍像幼年时期一样依赖着父母。然而父母却认为孩子已经长大了，期待他们承担起相应的责任，有时甚至会将自己的分内事转移到孩子身上，并因为孩子没能履行大发脾气。这样的态度只会引发反弹，让他们表现得更加叛逆。

就像本节开头的事例中提到的那样，孩子的个人卫生问题本身就是家长的分内之事，家长有责任为孩子提供相应的照顾和指导。只有这样才能保证他身体健康，同时帮助家长自己维持情绪稳定。因个人卫生问题和孩子发生冲突时，需要从以下几个方面进行思考。

首先是教导孩子的方式问题。前来接受咨询的家长常犯的一个错误便是，没有准确具体地向孩子指出需要改善的部分，而是一次性提出无数要求。孩子的自理能力的确存在方方面面的问题需要改进，但如果家长的要求过于复杂模糊，不仅孩子觉得难以消化，就连我们心理医生听起来也感觉摸不着头脑。人们在听到对方的要求后，通常需要一个较长的过程来做出改变。加之孩子尚不够成熟，一股脑儿地逼迫只会导致他们破罐破摔，索性全部放弃。

处理这种情况最好的方式便是每次只提出一个具体的要求。例如“我们还是至少两天洗一次头吧”“别的就算了，你的校服脱下来之后必须挂起来，好吗”等，循序渐进地帮助孩子改正问题。在指出某个问题的同时不要牵扯到其他问题，告诉孩子爸爸妈妈“暂时”不会在别的事情上唠叨，目前只希望他做到这一个要求。在一两个月后，如果孩子有所进步，便可以自然而然地过渡到下一个问题，例如“每天刷完牙再去学校吧”“上完厕所一定要冲水哦”等。

其次，在教训孩子的同时要保证他们独立自主的能力不会出现倒退，因此父母需要努力找寻其中的平衡，灵活地进行处理。例如在开始时可以将洗衣篮放到孩子的房间里，让孩子自己把要洗的衣物装进去，之后家长再帮他收走。或规定好每周必须洗头洗澡的日子，家长在当天进行一次提醒。应该像这样做，让孩子拥有一个过渡和缓冲的时间，帮助他慢慢适应新的习惯。

再次，还可以通过划定区域的方式来改善孩子的行为。例如，孩子自己的房间脏乱没有关系，但家里公共区域的整洁必须一同维护。禁止乱扔衣服，保持饭桌和厕所的清洁。同时要求他至少每天睡前稍微整理一下自己的房间。如此也可以减少父母的唠叨，促进亲子关系的良性发展。

同时，父母们还需要反省自己与孩子沟通交流的方式。双职工家庭家长或因“带孩子太过辛苦”而陷入抑郁的主妇时常容易忽视与孩子的情感交流，家里的对话往往只剩下“赶紧学习”“快收拾了”等命令的语句。然而青春期的孩子根本无法接受他人整天训斥和指责自己。学习的事情也许不得不说，但实在没有必要因为个人卫生等问题与孩子发生冲突。只有愉快的对话才能减少孩子对父母的反抗，让家庭关系变得更加亲近。

实在搞不懂最近孩子们间流行的玩意儿

孩子特别喜欢打打杀杀的游戏，我在旁边看着就觉得可怕。每个周末他都会在家打一整天游戏，要不就是看日本动漫，最近竟然又迷上了cosplay，整天在家做衣服呢。

父母们通常很难理解孩子们热爱的东西。但仔细想想，现在成为父母的一代人年少时其实也都喜爱嘻哈音乐、漫画、广播，都曾有过混迹游戏厅、台球室的经历。也许有人会说，不就是因为那个时候沉迷于这些莫名其妙的事情现在才生活得不好吗。但要知道，无论好坏，这些东西确实构建起了现有的整个社会文化。因此在观察这一代孩子们的文化时，也需要辩证地看待。

本节开篇事例中的孩子，还远远不到上瘾的地步。我们应当如何看待这类喜爱B级文化的孩子们呢？大人们通常主要担心以下两个问题：第一，这类文化本身通常具有煽动暴力的倾向，虚无缥缈，缺乏正面的影响力；第二，担心孩子们过于沉迷其中，不务正业，玩物丧志。

在第一种情况中，游戏、动漫、电影等成了最大的问题所在。尤其是对视觉刺激较为敏感的青春期男孩来说，这些暴力甚至情色的内容会对他们的大脑及思考方式造成极为不良的影响。因此父母平时要多多引导孩子，提醒他们注意区分虚拟和现实。

父母需要将孩子喜爱的东西看作一种艺术，思考一下他为什么会被这类内容迷住。艺术和现实生活相辅相成，人的自我身份认同是由一系列自己喜爱的东西构建起来的，孩子们借此来逃避现实，折射出了他们对于现状的不满和内心负面的情绪。

在青少年期阶段，游戏、电影、动漫、音乐等爱好不单是孩子们用来排解压力的娱乐工具，这些东西还会对他们的个性发展带来影响。看到电影中主角帅气的样子会认为那是自己需要效仿的对象，因为一句短短的台词就生出无限幻想。父母们可以回忆一下从前在这个年龄段时，一部电影或偶像的一句话给自己带来了多大影响，便可以更好地理解孩子们了。

而如果担心孩子过度沉迷其中玩物丧志，首先需要了解孩子究竟在什么东西上面花费了大量时间。就像刚才提到的那样，爱好是孩子内心的写照，兴趣爱好广泛的孩子通常内心世界也较为丰富多彩，相反喜爱的东西较为单一乏味的话，孩子的内心一般也较为枯竭。

例如，如果一个高中孩子整天沉浸于小学生玩的游戏，便需要担心他的思维水平是否过于低级。而在一些复杂的游戏中，一个初中孩子能够作为队长带领全队厮杀战斗的话，则可以认为这款游戏给他的价值观形成和人际关系构建带来了积极影响。在这种情况下，即使父母带孩子来接受咨询，我们也不会强制孩子完全戒掉游戏，而是利用这些东西扩展他的思维能力，劝告他要有所节制。（参考“孩子整天就知道打游戏”一节。）

孩子过度沉浸于电影、动漫或音乐时，父母就会非常焦虑，希望帮助他戒掉这些“陋习”。然而如果孩子能够做到对自己喜爱的事物心中有数，将对其的理解深入下去，父母反而应该给予支持才对。我们也理解父母们对孩子的担心——“整天看些没用的，怕是要因此毁掉人生”。但事实上越是现在充满热情埋头于B级文化的孩子，今后越是能够懂得“不要太过沉溺于什么，应该抬头看看人生别的东西”。

孩子整天就知道打游戏

孩子沉迷于打游戏，感觉就算是停下来时他脑子里也一直在想关于游戏的事情。怎样才能戒掉他的游戏瘾呢？

打游戏是人们娱乐玩耍的一种方式。荷兰文化学者J.赫伊津哈（J. Huizinga）提出了**游戏的人**（Homo Ludens）这一概念，即认为喜爱游戏是人类的本质，人类文明是通过玩耍构建起来的。法国社会学家R.卡伊瓦（R. Caillois）则以规则、意志、运气等因素为基准将游戏分成了竞争、运气、模仿和眩晕4个类别。竞争游戏中规则和游戏者的意志力最为重要，而掷骰子或玩扑克牌等运气类游戏的输赢则更加依赖运气。过家家、表演话剧等模仿类游戏通常规则松散，当然角色扮演游戏（role playing game，RPG）也属于这其中。眩晕游戏与意志和规则都无太大关联，主要是指荡秋千、滑滑梯、坐过山车等让人体验身体快感的项目。而现代电脑游戏则同时具备了以上各项因素。

打游戏时，努力和人的意志等可以确定的因素带来的影响相对较小，运气往往是决胜关键。人在对一些事物有所期待时，大脑便会分泌出一种名为内啡肽的快感物质，导致人们更加容易对其上瘾。在打游戏时，比起个人的能力高低，人的一举一动更多时候掌握在开发公司的手中，例如选择道具等环节都明显充满赌博成分。正因如此游戏受到了人们的强烈批判（认为其成瘾性强且毫无意义）。事实也的确如此。研究发现，沉迷于网络和游戏时人的大脑状态与赌徒基本类似。2012年一项实验表明，身处同样的赌博情境中时，正常人大脑中杏仁核和海马旁回部分更为活跃，意味着此时他们充满不安和恐惧。与之相反，沉迷于网络的一组人群脑部前扣带回部分则显得格外活跃，这就表明赌博让他们陷入了更加兴奋的状态。同时有证据显示，酗酒人群看见酒精时的大脑反应也与游戏上瘾的状态基本一致。

此外，由于游戏和网络世界充满复杂的特性，想要解决孩子的上瘾问题的确难上加难。网络、电脑的极速发展变化导致人们难以建议起统一的标准，对于分寸的把握也并不容易。想象一下电视、电影等新鲜事物刚刚问世时的场景便可以理解了。如今通信手段和电子产品更新换代过快，使用期通常不会超过1年，因此对于“正常和上瘾”的划分标准，专家们的意见也存在一定分歧。

我们首先需要规定孩子玩游戏的时间。理论上来说每天使用和网络（包括打游戏、上SNS等）的时长应控制在0.5至1小时，即每周4至10小时。对于高中生来说，每天需要完成大量的学习任务，的确需要通过打游戏来放松心情，缓解压力。相反，处在小学阶段的孩子则正是需要练习抑制冲动和欲望的时候，应该更加严格地要求他们，减少他们打游戏的时间。因此父母要学会灵活地处理这个问题。

可以先和子女进行商量，看每次玩一把游戏需要多长时间，而他们又希望每天能玩多久。例如，班上所有的朋友都在玩A这款游戏，玩一把需要花费1个小时，而孩子希望每天至少玩上两三把。这时父母强行禁止自然是行不通的。应该允许他们每次玩够两三把，但规定每周可以玩这款游戏的次数只有一两次。而小学生多数喜爱10分钟左右较短的游戏，父母便可以适当缩短相应时间。

其次，要对孩子游戏上瘾的原因加以反思，想想他们是因为感到疲惫想要逃离现实，还是试图通过游戏中的胜利来获得自我肯定，抑或是企图利用暴力来发泄对于生活的不满，等等。一味制止孩子玩游戏只是治标不治本，要学会对症下药，从源头上解决问题。

如果孩子是因为受到重压想要暂时逃离现实生活，他们中大多数人自己也会慢慢流露出希望控制游戏时间的意愿。此时父母应该展现出宽容的态度，逐渐将他们的注意力转移开来，慢慢孩子便会恢复正常。而如果孩子深陷游戏世界，坚决不与父母沟通交流，则可能是将游戏当作一种防御手段来发泄自己对于父母的愤怒。这种情况便需要接受专业机构的帮助，同时父母应该对家庭环境进行全面的反思和检讨。

也有一些孩子由于认知能力不足或人际关系差而缺乏自信心，因此容易沉迷于自己能够轻易做好的小事当中。如果孩子此时刚好处于好奇心旺盛、多种内在动力形成的重要发展阶段，深陷游戏会使他们今后的人生道路上出现极大阻碍，想要根治上瘾也更加困难。此时应严格限制他们的游戏时间，并寻求医生的帮助。

最后，要对孩子热爱的游戏有所了解。这是父母理解孩子的文化和内心世界的宝贵机会。时下韩国最为流行的一款游戏叫作英雄联盟（简称LOL）。就在几年前，孩子们还拥有多种多样的游戏选择，但现在几乎所有孩子都被英雄联盟迷住了。这不得不让人想起从前星际争霸风靡全球的时代。

观察孩子喜欢的游戏种类，还可以了解他们的性格特点。例如“LOL”分为AOS（Aeon of Strife）或MOBA（Multiplayer Online Battle Arena）等类别，玩的时候可以设置多种角色，获胜主要依靠成员间的角色分担和沟通交流实现。我们可以根据这些角色的特性推测出孩子在处理人际交往时的方式。

当同龄人都在玩“LOL”时，自己的孩子却在玩“反恐精英”或“突击风暴”等FPS类游戏的话，则需要考虑孩子是否存在缺乏眼力见儿、迟钝或无法与同龄人友好相处的问题。

的确有一些孩子会更加喜爱同龄人几乎不感兴趣的游戏。例如，多数的韩国孩子会在小学和初中一开始时沉迷于“冒险岛”这款游戏，但到了高中阶段便会逐渐放弃。如果孩子持续沉迷于flash游戏或一些单机小游戏，则需要警惕他们的人际关系和自我发展是否存在问题。到了十几岁时还是热衷于童话故事或儿童漫画，甚至无法理解动作电影等情节简单的故事的话，便需要引起重视，这可能不单单是孩子个人喜好的问题。与电影和漫画一样，游戏也可以作为我们评判和把握孩子认知发展的一个有力工具。

071

性教育问题真让人为难

孩子好像会自慰，而且他应该还看了黄色视频。丈夫倒是说这些都是正常的，让我不用太过担心，但是作为妈妈怎么可能不操心呢。我应该怎么做才好？

青少年期的自慰行为可以帮助人们进一步理解自己的身体，了解与性相关的身体反应，同时完善自我的性别认知。事实上自慰行为本身并不可怕，如果孩子们担心自慰对身体有害，觉得它是不好的行为，并产生罪恶感和不安，反而会带来更严重的负面影响。青少年期的性欲在很大程度上受内在情绪影响，其中可能包含对爱意的渴望、试图缓解孤独、强化自身性别认同、提高自尊感，或表达愤怒、摆脱无聊等诸多目的。

如果孩子出现类似本节开篇提到的问题，父母最好不要太过操心。这与性教育问题不同，如果对其强加干涉，则极可能导致孩子在性方面产生自卑感。调查显示，具有自慰行为的男高中生占全体男高中生人数的90%，这一比例在女高中生中为16%，在男初中生中为72%，在已婚男女中则分别为70%及50%以上。自慰属于正常行为，比起妈妈，爸爸更应该出面为儿子讲解一些基础的性知识，告诉他如何不被发现，更加隐秘地进行自慰。这样做便可以减轻孩子心中的不安和羞耻感，降低自慰带来的负面影响。

如果父母本身怀有偏见，认为性是肮脏的坏东西，或自身不具备充分的性教育知识，以及因为害羞或觉得孩子看起来还很年幼而索性放弃性教育，转而责骂或限制他们，便可能带来极为严重的后果。

当然，如果孩子太过频繁地观看色情视频或与性有关的影片，则需要做出一些规定。家长可以在一定程度上有所默许，但当发现片中出现践踏女性的行为、错误的性知识、变态性关系时，务必提醒孩子加以提防。要让他们知道，性关系的核心在于彼此尊重。无论何时，都必须在知情同意、互相照顾的前提下才能发生性关系。

072

如何才能让孩子交到优秀的朋友呢

孩子现在初中了，很担心他有交朋友的问题。总感觉他身边都是一些轻浮没内涵的孩子，怕他跟着学坏了。如何才能让孩子跟优秀的人成为朋友呢？

青少年时期孩子们都喜欢与能够分享兴趣爱好的人成为朋友。似乎每一个孩子都渴望成为人群中最受欢迎、朋友最多的那个人。希望自己展现出帅气的面貌，拥有号召力，和别的“人气王”建立起友情，并给其他的孩子带来一定影响。

然而，拥有优秀的社交能力并不代表人品一定出众。孩子们其实也都知道这一点，在渴望加入高人气小团体的同时，又觉得其中一些孩子品行差，心里充满轻视。一些人气很高的孩子为了树立自己的威信，会在背后诽谤他人，并游说别的孩子一起孤立自己不喜欢的同学。有人如果拒绝加入其中，便会成为下一个被诽谤和孤立的对象。这就导致在许多父母看来，孩子间的人际交往十分混乱。

“我家孩子真的很善良，但是他身边的朋友都挺坏的，很担心他近墨者黑呢”，相信不少父母都存在这样的担心。每一个家长都会觉得，自己家的孩子是天下最乖的宝宝。然而事实并非如此，例如，ADHD患儿缺乏集中力，无法深入思考问题，因此常在真挚慢热的孩子面前表现得不耐烦。等到他们上了初中以后，便很容易和那些与自己有着相同性格特点和思考方式的人亲近。这就是说，世界上并不存在“一个善良的孩子非要和坏孩子一起玩”的事情，所谓“物以类聚，人以群分”，能够成为朋友的孩子之间必定存在一些相互吸引的共通之处。

在父母们看来，所谓“有益的朋友”，多数是指班上那些学习成绩优秀的模范生。但这是大人们站在自己的立场上思考出的定义。事实上不是每一个孩子都能与所谓的模范生合得来。能够建立起朋友关系的两个孩子之间，一定充满相似和互补之处。父母无法对此进行强制干涉，最重要的是帮助孩子看清朋友身上的优缺点，并在他们产生矛盾时提供有效的解决方案。

当然，如果孩子和朋友给彼此带来了负面影响，父母便需要介入其中。孩子们对于彼此的盲目喜爱和包容可能会加剧对方身上的缺点。如果出现孩子身边的朋友酗酒抽烟，时常夜不归宿，或教唆孩子参与暴力事件等情况，则需要坚决阻断他们之间的来往。

需要注意的是，在没有完全摸清情况时便强行介入，干涉孩子的人际交往则可能导致亲子关系恶化。此时可以尽量减少孩子与朋友的往来，父母亲自陪孩子吃零食，买礼物给他，增加彼此交流的时间，或组织全家一起出游等，通过这些方式强化父母的影响力。当然这样做的前提必须是父母一直以来都与孩子维持着相对良好的关系。偶尔还会看到劝诱孩子抽烟喝酒的父母，这自然不是正确的方式。

父母必须明确地告诉孩子："我们家里的人道德观和价值观都十分明确。"提醒孩子谨慎交友，这在一定程度上也会给孩子身边的朋友带来正面影响。

073

孩子说在学校被孤立了

孩子回来说在班上被欺负了。他很内向，胆子小，在一些比较凶的孩子面前都不敢开口说话。欺负他的孩子中有一个做得特别过分，我已经向学校反映了情况，应该要求怎样处罚他们呢？

许多初中孩子都会因为人际关系问题前来咨询，几乎在他们开口之前我们就能猜到原因。男孩的问题通常是“施暴”或“被打了”，女孩则多为“A跟我说B的坏话，我什么都没说来着，结果之后B竟然和A一起来骂我，孤立我”之类的情况。

青春期是十分暴露人的动物本性的一个阶段。类人猿的一个特征便是，雄性会通过夸耀自己的性能力和身体力量来确立自己在同类中的主导地位，雌性则利用“话语”来树立自己的威信。不仅动物，人类社会同样如此。

之所以这样说，是希望大家能够明白，青春期孩子的所有残忍举动，其实都源于人的动物本能。尽管周边的环境不同，行为的轻重程度也有所不同，但想要从根本上杜绝这一问题几乎是不可能的。我们不必对此感到太过震惊，更重要的是去思考，在青春期这一人生的必经阶段，如何才能尽量保护孩子少受伤害？

在孩子受到孤立后，来医院接受咨询的父母们常犯这样一个错误——将医院和法院混为一谈。医院并不是评判是非、彰显正义的地方。最开始我们当然也会给予孩子一定的安慰和理解，但此后做得更多的是帮助他们找寻问题，摸清施暴孩子的心理状态。我们在这里恳请各位父母们务必注意，不要被愤怒冲昏了头脑，要客观地看待整个状况，从根本上把握和解决问题。

如果孩子遭遇了严重的暴行或孤立，首先要做的当然是安抚他的情绪。

要让孩子看见，尽管他因为朋友受到了伤害，此刻十分孤独，但父母和医生都站在他这边，会为了保护他而竭尽全力。在要求老师和学校解决问题时要光明正大，尽量和老师协调一致。如果父母因为心急而单独采取极端措施或私下揭发，孩子之后便可能遭到全班同学孤立。必须先摸清事情的来龙去脉，和专家商议后再做决定。

孩子的情绪稍微稳定之后，便可以开始对他遭受暴力的原因进行分析和解决。有的孩子可能因为身体弱小、气场不足，或表达能力有限而遭到其他孩子嘲笑。有的孩子则因为缺乏眼力见儿，不懂得察言观色而被大家排挤。此外，也有一些孩子是因为一些琐事毫无理由地遭到全班同学的反感或嫉妒。而最近，SNS活动也正在成为导致校园暴力的重要因素。

首先，在孩子身体弱小、气场不足，或表达能力有限的情况下，可以通过运动等方式增强他的体能，同时多多训练他正确表达自己的情感。特别是对男孩来说，体格问题至关重要。当然，有些孩子先天身材矮小，但至少可以让他们通过格斗训练或一些运动来感知力量，最终学会控制和保护自己。

其次，善于沟通表达对于每一个人来说都是不可或缺的重要能力。要做到这一点，首先需要懂得平视对方，这就要求孩子拥有一颗强大的内心，即必须充满自信，知道自己“不比别人差”。孩子要具备一定的自我认同，不仅是身体机能方面，同时要相信自己在学习能力，艺术，常识，某些技术、经历等方面都有着“他人没有的东西”。因此，如果想要通过对话充分表达自己的情感，最重要的便是建立起对自我的信心。许多遭受暴力的孩子都存在此类心理软弱的问题，可以通过阅读、培养兴趣爱好、运动、旅行等方式丰富他们的体验，锻炼他们的心智。（参考“实在搞不懂最近孩子们间流行的玩意儿”“孩子不肯去学校，在人群中成了一座孤岛”等节。）

在孩子缺乏眼力见儿、不懂得察言观色的情况下，则需要从更加细致的地方入手帮助他。所谓缺乏眼力见儿，除了言行举止莫名其妙不合时宜以外，还包括说话木讷、不注重收拾打扮、表情呆滞、穿衣风格过于突兀等问题。这时需要让孩子知道，别人都是如何看待他的，让他培养起可以和别的孩子一起分享的话题或兴趣爱好。缺乏眼力见儿大多是一个人与生俱来的气质问题，即使面对简单的问题，父母也需要保持耐心，充满逻辑，一点点地向孩子反复说明。

再次，若孩子毫无理由地遭到全班同学的反感或嫉妒，则多数需要从施暴的孩子身上寻找问题。但值得注意的是，有时我们也可能做出错误的判断。有时候情况比较复杂，例如孩子在说话时无意间惹得对方不愉快，或帮助被孤立的朋友，与其结伴同行等，这些难以被人意识到的小问题都有可能导致孩子受到排挤。出现这类情况时，自然应该向老师寻求帮助，惩罚施暴的孩子，努力改善孩子与朋友间的关系。同时一定要给予孩子支持，告诉他们“这不是你的错”。

最后，频繁使用SNS也可能助长校园暴力的风气。利用社交平台的沟通可以减轻人们情感上的负担，详细表述更为复杂的逻辑。但它也会掩盖问题的本质，更加方便人们伪造言论。我们时常看见这样的场景：孩子们在群聊时说某人的坏话，说着说着情绪突然激动起来，于是其中一个孩子便说：“今后我们都别跟他玩了！”此类冲动之下表露出的极端言论其实具有极大的煽动作用。遭受暴力的孩子就这样莫名其妙地被孤立了，意识到问题后试图在社交平台上为自己辩解也收效甚微。遇到生活中的一些小事最好面对面说清楚，问题严重时则需要向老师寻求帮助。

有时遭受暴力的孩子也可能混淆网络和现实。无法对自己说过的话负责，或过于敏感，因为他人细微的语气变化或对话氛围而怀疑自己被孤立了，由此变得萎靡不振，导致状况进一步恶化。此时应该阻止孩子过多接触网络，尽量让他与社交平台保持距离，同时对令他感到疑心或不愉快的文字信息表示关心，与他一起讨论、分析对方的语气和其中传递出的信息。

女儿跟朋友一起闯祸了

正在读高三的女儿和朋友一起扇了一个孩子耳光，说是因为那个孩子特别招人烦。幸好被打的孩子伤得不重，再加上已经高三了，对方父母也表示不愿计较太多，这才勉强让女儿避免了惩罚。女儿却丝毫没有反省，嘴里仍然念叨着讨厌那个孩子。

青少年时期，不同年级的孩子之间发生冲突的模式也有所不同。初中一年级上学期时，孩子们还处于互相了解的阶段，尚不会发生孤立等事情。到了下学期时，这些问题开始出现苗头。初二时，由于孩子们对于彼此已经有了充分了解，开始拉帮结派，搞小团体、孤立、欺负同学等问题也变得十分严重。初三时这些问题便在某种程度上固定了下来，虽然没有消失，却不至于有所恶化。

高一上学期开始后，孩子们大都还沉浸在初中阶段的氛围之中。中二病症状依旧严重，对老师和前辈莫名充满反感之情。到了下学期，人际关系才慢慢开始呈现出稳定趋势。高二之后，孩子们之间的暴力事件便会逐渐减少，学习的人学习，玩的人玩，孩子们已经到了即使生气也不会轻易表露的年纪了。尤其是进入高三之后，几乎已经没有孩子因为同学的孤立和暴力问题前来接受咨询了。

一些孩子从小就非常懂得为人处事，一直以来与身边的人维持着良好的关系，却会在刚刚进入初中或高中阶段时突然面临人际问题的困扰。这主要是由于随着年龄增长，孩子们的思想也在不断成熟，升入高年级之后，小时候的人际交往模式便显得有些行不通了。例如，一名初中时自以为是、唯我独尊的孩子到了高中之后行为举止仍保持着同样的模式，此时身边的同学们都已有所成长，便会因压力而选择与他保持距离。

小学阶段由于孩子们的自我尚未得到充分发展，兴趣爱好和行为模式基本不会出现太大差别。这一时期，孩子们通常攻击性弱，性情温和，懂得互相照顾，能够友好相处，不会歧视他人。反观那些所谓领导力强、人气高的孩子，则大多缺乏共情能力、固执己见，很多时候是别的孩子在努力迁就他们。

进入初中以后，首先学习模式发生了巨大变化。临时抱佛脚的套路不再起作用了，只有真正勤奋踏实的孩子才能取得好的成绩。同时，孩子们会开始懂得互相牵制、拉帮结派，努力为自己争取人群中的主导权。因此，在这一阶段那些体格健壮或攻击性较强的孩子往往能够成为一个小团体中的领头羊。而互助、冷静、礼貌等在小学阶段被看重的品质到了这一时期则沦为鸡肋。

高中之后，孩子们就越来越接近成年了。开始逐渐将关心的重点转移到学习中，学会了尊重彼此，同时保持适当的距离。这时大部分的孩子渐渐变得重视朋友的内在品德，试图建立起真诚的人际关系，而那些爱耍手段、自私自利的孩子则会慢慢被人群冷落。

本节开篇事例中孩子出现的问题，本身算不上太过严重。如果是初中孩子做出类似的事情，在口头上警告过他们之后便可以“翻篇”了。但作为一个高三的孩子，做出这样的幼稚举动的确称不上合理。此时我们有必要对孩子的性格、气质以及情绪状况等进行一次全面评估，观察其中是否存在问题。即使面对同样的校园暴力行为，孩子所处的年龄阶段不同，判断标准也应该有所不同。

本节开篇事例中提到的那类孩子，大多存在思想发展尚不成熟或心胸狭隘等问题。也许有人会感到好奇，这样的孩子在人群中如何能够拥有号召力？这是因为即使到了十几岁的后半段，泼辣、自私等性格特点仍会给人带来充满魅力的感觉。但是随着年龄的不断增长，继续这样则可能会带来许多问题。到了20岁之后仍然固守年少时的行为方式，便会逐渐遭到朋友的疏远。

孩子总是欺负同学

最近才得知孩子在学校老是欺负同学。本来因为他个头大，不担心他受到欺负，没想到他竟然会做出欺负他人的举动。班上好几名孩子都跟老师告了状，我也开始反省自己教育孩子的方式了。孩子自己好像也因此感到有些受伤，该怎么做才好呢?

青春期阶段是人类最为接近原始本能的一个时期，此时发生的暴力行为的确令人头疼。韩国青少年网络咨询中心的数据分析显示，最为常见的校园暴力为“集体孤立”，警察厅也有相关研究表明，比起殴打或勒索财物等问题，校园中孤立同学的现象更为普遍。孤立尽管不会带来身体上的伤害，却会给孩子留下极大的心理创伤。孩子们原本是在与同龄人的交往中不断认识自己，逐渐建立起自我认同的，而如果这样的交往出现问题，则会导致遭受暴力的孩子在成年之后仍始终无法走出阴影，施暴的孩子也大多会在今后的成长中出现更加严重的问题。

此处最大的问题便是，遭受暴力的孩子和施暴的孩子都尚处于成长发展的过程之中。遭受暴力的孩子自然受到了极大伤害，然而施暴的十几岁孩子往往也难以意识到自己的错误，进一步深入观察甚至可能发现，施暴的孩子在不久之前也曾站在遭受暴力的位置之上，他们周边的环境可能更为恶劣。

此前我们也曾提过，精神科并不能处理对于施暴孩子的审判和惩罚。当然，孩子一旦出现施暴或集体孤立同学的行为，则应尽早予以制止，让他们清醒认识到自己的错误。但如果真正想要防止孩子再次做出同样的行为，则应当用更加温和的视线注视他们，知道从某种意义上来看他们也都是被害者中的一员，否则与孩子的对话便无法进行下去，问题也难以得到解决。无论孩子低下头对自己的行为表示反省，还是始终保持敌对的姿态，首先都应该对他们表示理解，温柔地对待他们，在孩子真正敞开心扉之后再采取下一步的行动。

可以将孩子欺负同学的行为分为以下三类进行处理。

第一类是具有抑郁问题的孩子。这类孩子大部分家庭环境恶劣，父母关系不和、养育方式前后矛盾，以致孩子一直生活在高压状态之中，容易将自己对身边大人的愤怒发泄到同龄人身上。他们的情况大多并不严重，只要给予他们充分的理解和关爱，通常能够快速修正。此外，也可以使用药物辅助治疗。

此时最大的绊脚石反而可能是父母本身。孩子处于抑郁状态时，父母也极有可能面临类似的问题，因而自身难保，无法尽到自己的责任，有时甚至会选择逃避问题，将责任全部推卸到遭受暴力的孩子身上。也有不少父母不懂得反思家庭教育的问题，认为遇到这样的孩子是自己倒霉，不断指责他们。在孩子的治疗问题上，如果父母不积极配合，医生和老师的努力就只是杯水车薪，孩子的问题很难得到有效改善。

第二类是具有注意力缺陷或行为障碍的孩子。行为散漫的人通常思考能力差，性格冲动，容易将自己暴露在危险之中。有报道称，青少年犯罪者中约有半数以上具有注意力缺陷问题，而他们长大后做出反社会行为的概率也更高。比起道德感不足的问题，这些孩子通常缺乏长期目标，不具备深入思考的能力，常在做出冲动行为后感到惊慌失措。这样的情况一般难以通过对话进行解决，必须长期坚持药物治疗及接受心理咨询。

具有行为障碍的孩子多数道德感不足，无法控制自身的冲动情绪。这与孩子天生的气质问题有很大关联。比起注意力缺陷，行为障碍的改善则更加困难，通常需要花费10年以上的时间，不断鼓励他们发挥优点，调节自己的冲动情绪。孩子如果能在十几岁时获得充分的鼓励与支持，成年后即使仍然存在一些大大小小的问题，也已完全能够作为社会的一员顺利生活下去了。

▶（参考“孩子老干坏事，实在太难管了”一节。）

第三类则是缺乏共情能力、自我陶醉倾向严重的孩子。最近常有一些班上的模范生被发现竟然是欺负同学的主谋，在咨询时我们时常感到困惑，这些孩子除了成绩优异以外，实在看不出哪里高人一等。他们通常共情能力差，甚至难以敏锐察觉出自己真实的情绪现状。在学习这类对自己有利的事情面前，通常能够迅速反应，但面对更为复杂的状况和人际时，他们的情感表达、社交能力、道德、价值观等反而会低于平均水平。

我们可以将这类孩子的情况视为一种自我陶醉。他们总是企图通过操控他人获得满足并维持自尊。此时首先应该打破孩子的防御机制，深入把握他们处理人际关系时的模式。但在这里更为严重的问题却是，父母们往往不认为自己的孩子有某些异常。所以家长必须尽快承认孩子的问题，积极帮助他们进行改善。要展现出正面的态度，给予孩子信心，不断引导他们朝着良好的方向成长发展。（参考"孩子爱打架，总是欺负同学"一节。）

预防永远是解决问题最有效的方法。父母应该多为孩子制造机会，帮助他们正确认识自身的缺点，学会宽容和善待与自己不同的朋友。

小贴士

初高中阶段的ADHD问题

幼年时期具有ADHD问题的孩子通常到了初高中阶段便会有所好转。事实上在他们进入初高中后，小学时期较为外化的活动过度等现象基本都会消失，留存下来的多数为内在的注意力集中困难等问题（在70%至80%的孩子身上持续存在）。即使将孩子送去检查也很难做出正确的诊断，因而父母会误以为他们的ADHD已经痊愈。此时我们只能将与集中力相关的检测用作参考指标，而不是确诊ADHD的唯一标准。

在韩国，小学阶段，每个班只有一名老师，学业内容也都大同小异。而到了初中之后，孩子们突然开始需要适应多位老师，课程数量增多，放学后也无法得以清闲。由于客观环境变得更为复杂，ADHD患儿通常在青少年时期会感到更加痛苦。

简要概括起来，ADHD患儿的问题主要源于"思维浅显"。他们无法建立长期的目标，忍耐力差，在复杂的计划面前通常手足无措，爆发力好，却难以完成需要长期坚持的学习任务，也无法与人保持稳定的交往关系。同时他们性格单纯、思想简单，通常需要在亲身经历之后才能有所领悟。

ADHD患儿在十几岁时更加可能爆发出抑郁症、自尊感低下及人际关系等问题。报告显示这些孩子中有约26%具有反社会行为，约50%存在性格冲动、惯性说谎、打架、爱骂脏话等行动问题，具成瘾问题的比例也比普通孩子高出2倍之多。同时他们多数难以控制自己的性冲动，初次性生活的年龄偏小，且普遍拥有较多的性伴侣。

因此，在解决ADHD患儿的问题时，不应将重心放在学业或"听从父母的话"等问题上。更重要的是帮助他们练习观察他人的行动，建立起长期的目标，拓展思维能力，清楚认识到自身的行动究竟具备怎样的含义。可以与孩子就一个主题进行长期且深入的讨论，观察这件事情是否可行，以此来帮助我们判断孩子是否存在ADHD的问题。

076

孩子老说想转学

家里孩子现在上初二了，总说不喜欢身边的朋友，逼着我们给她转学。结果费了老大劲儿给她换了所学校之后，又说现在的学校更加让人讨厌，还不到一周又让把她送回原来的学校。应该怎么办才好呢？

和想要中断学校生活的孩子不必费太多口舌。这类孩子嘴里通常挂着以下三类句子：第一，“我想转学”；第二，“我想退学，赶紧进入社会赚钱”“想退学，然后自己参加高考上大学”；第三，“我不想出门，不想跟任何人接触”。所谓的隐蔽青年即属于第三种类型。

上述问题其实是比校园暴力更为严重的青少年问题，治疗起来十分困难。父母和孩子间的潜在矛盾、父母自身的问题、孩子的性格缺陷、青春期的冲动本能等种种问题交织在一起，普通的医生根本无法胜任。如果孩子出现类似情况，父母需要引起高度重视，这可能并不是单纯的学校适应问题，应尽早带孩子接受专业医生的帮助。

孩子大多会在初中一年级时提出转学要求，其中通常女孩居多。一些女孩在小学阶段便无法与朋友们友好相处，进入初中之后更加不会处理复杂的人际关系，因此频繁提出转学要求。再来，一些在小学时期曾呼风唤雨的孩子到了初中可能会发现身边的朋友都不听自己的话了，因而感到挫败，试图换所学校重新开始。

在前者的情况中，通常孩子的性格较为内向，缺乏自信心。此时父母应该多多鼓舞他们，并传授他们建立人际关系的具体方式。这类小心翼翼的孩子本身往往也很清楚自己的问题所在，只要有人在旁给予适当的帮助，便能很快改善。

后者的情况则较为严峻。这些孩子进入初中之后通常无法适应新的人际关系模式，性格幼稚，自我中心主义严重。他们的惯用说辞便是“大家都不听我的话”“啊，我不管，给我转学啦”等。自己难以正确认识自身存在的问题，改善又从何谈起？面对这类孩子，父母和医生必须齐心协力，引导孩子实现精神层面的发展与成熟。这是一场持久战，因此父母要做好心理准备，这个过程中可能至少需要为孩子办理一两次转学手续。

孩子要求转学的高潮多发生在初一初二，进入初三之后则会有所减退。继而在进入高一时有所攀升，高二之后则几乎不再会出现类似的情况了。大家都知道，初三或高二之后孩子大多已经适应了学校环境，因此较少产生转学的想法。另外，进入高中之后不少男孩也会提出转学、退学的要求，我们认为这主要是由于男生通常比女生成熟得更晚，两者间的个性发展至少存在两年左右的差异。

进入高一后提出转学要求的孩子增多，可能是由于许多孩子无法适应人际关系模式的改变。在结束初中生活，带着“中二病”和夸大的自我进入高中之后，孩子们大多会有些手足无措。加之学习任务加重，老师们也更加严苛，又时常被高年级的前辈“欺负”。种种问题可能导致孩子想要转学去初中朋友所在的学校，以此解决自己的困境。也可能导致他们破罐破摔，索性选择休学。这一时期，比起孩子的转学要求，退学的想法更为严重。

面对这样的情况，最重要的便是在一开始就不能轻易答应孩子的转学要求。孩子们总是认为换所学校重新开始一切就会有所好转，大多使用的借口即是“那附近的孩子更善良”或“我最好的朋友××也在那所学校，我和她玩就行了”等。他们大多看不见自己身上的问题，至今无法理解“小学时期的人际交往模式已经不复存在，必须去适应新的变化”这件事情。因而不断提出转学要求，转学后不久却又发现和朋友已经无法像从前一样相处，因此再次要求去新的学校。

非特殊情况下，在同一个教育厅管辖的范围内是不允许转学的。因此有时父母需要花费大量的钱财，通过搬家等手段来满足孩子的转学要求。孩子们不够成熟，无法考虑到这样的情况。经历3次左右的转学之后，他们可能自行得出“学校里面是没有我要的答案的”等结论，在进入高中之前便开始反复提出退学要求。

当然，无条件拒绝孩子的转学要求也并不合理。如果孩子持续表达出想要转学的强烈愿望，父母则可以先对转学的途径进行一定了解。同时要求孩子在转学前端正自己的行为，不能撒泼耍赖，并让他自己选择想去的学校，查询转学需要的相关手续。如果孩子无法完成上述规定，父母就绝对不能听从他的转学要求。

很多人会感到好奇，为什么那些一直以来“善良听话”的孩子进入初中之后就开始折磨父母了呢？其中最重要的原因便是，此时的孩子与小学阶段相比，其实并没有实际上的长进。身体块头不断变大，思想层面却始终停留在从前的阶段，而父母却对此毫无察觉，认为一切正常。在孩子不断成长发展的同时，父母也需要变得更加成熟才行。

孩子突然开始注重外表了，说自己不适应学校生活

女儿上初中三年级了，她本身是个性格活泼、很会交朋友的孩子。不知道是不是因为较晚进入青春期，她从初三开始便时常显得有些抑郁。紧接着夏天的时候突然开始减肥了，情绪特别敏感，反而因此暴饮暴食长胖了。初三下学期甚至威胁我说如果不让她去整容便再也不去学校了，并且真的旷了好几天的课。问她是不是和朋友吵架了，又说不是那样的。

发展心理学家D.艾尔金德（D. Elkind）表示，人在青少年时期通常自我中心主义严重，容易产生错觉，总认为自己是世界上最特别的存在，自己的情感和经历与别人的有着本质区别，将自己神化。他们会把自己当作戏剧的主人公，制造出“假想观众”，误以为他人都在注视自己。因此这一时期孩子最为注重他人对自己的看法和评价，会突然表现出在意外表的倾向。

然而，有的孩子却过于极端地执着于外表和减肥问题。严重时便会引发厌食症或暴食症等进食障碍。我们应该了解孩子是否在近期承受了巨大压力，家庭内部是否表现出了对于外貌过度在意的倾向，以及孩子最近的人际关系如何。这个过程中可能需要向专业机构寻求帮助。

本节开篇提到的事例中，好端端的女孩突然就不肯去上学了。此时应将焦点聚集在“突然”上面。一些大大咧咧的女孩通常在进入初中之后仍然显得有些幼稚。别的朋友已经在关注男生们的视线，在意自己的走路姿态了，她们却仍然在走廊上和男生打打闹闹，争论谁的内衣露出来了这些问题。青春期阶段最为重要的一个成长过程便是对他人视线的觉醒，开始在意别人是如何看待的自己的。但这类孩子通常比较晚熟，觉悟也总是到来得很“突然”。

如此一来，在自我没有得以充分建立起来之前，孩子们一想到自己的样子，便会突然生出羞耻心来。这类似于夏娃偷吃禁果之后突然开始感到害羞的情况。“别的女生都文文静静地坐在位子上，就我一个人嘻嘻哈哈的，男生们该怎么看我啊？别的女生肯定都在嘲笑我！”诸如此类的想法缠绕在她们的脑海里，越想越觉得无地自容。

此时，孩子们自然会对自己的外表产生极度的执着。事实上别人对我们的看法不仅仅取决于外表，还牵涉到我们的行为举止、表情、反应、兴趣爱好、品德、财物、能力等各方各面的问题。但青春期的少女少男们尚且不够成熟，因此只能将重心全部放在外表是否靓丽和体格是否强壮的问题上。

因此孩子们嘴里才会不断冒出诸如“要是没有减肥成功或者变漂亮的话我就不去学校了”等句子，错误的认知导致她们将太多的注意力放在了节食和减肥上面。即使父母满足她们的整容、微调、药物减肥等要求，孩子们也不会因此感到满足，她们十几岁的人生阶段会一直活在减肥和减肥失败的反复循环之中。

孩子如果出现类似的情况，便需要接受专业医生的治疗。当然一开始我们可以在一定程度上接纳孩子对于外貌的执着，具体的标准线则需要父母与医生商定。皮肤管理、减肥、运动等要求自然不成问题，但整形手术等问题则需要慎重考虑。因为整形会给孩子的外表带来不可逆转的改变，一旦失败，将来便需要面对再次手术或难以适应社会生活等问题。

接着还需要改变孩子看待他人的方式和对他人视线的想象。十几岁的时候大多会将关注点放在外表、身材等方面，可以通过阅读、玩游戏、旅行等方式丰富孩子们的经历和眼界，让他们学会从多个角度去评价他人。在这个过程中，孩子看待自己的视线也会发生变化。开始发掘和构建自身在外表以外其他方面的优点，渐渐明白他人的目光其实并非那么严苛，自己完全可以抬头挺胸地站在人群中，是应该大大方方地走在街上的社会一员。

078

孩子坚决不肯去上学

儿子正在念高一，突然说自己不想上学了。他一直学习很好，成绩排名在学校非常靠前。但他说自己没办法和同学们相处，不能适应学校环境，要退学自己参加考试上大学，还说现在不这样做的话人生就会从此毁掉。孩子太固执了，真不知道如何是好。

孩子的退学要求与此前我们曾经讨论过的转学问题有着类似的发展轨迹。许多孩子都是在反复提出转学之后突然提出退学要求的，因此可以利用同样的思路来看待这个问题。与转学要求不同，孩子们多数会在初中三年级左右生出退学的想法，在高一（最晚高二上学期结束之前）提出类似要求。初中一二年级时，由于孩子们尚且不适应学校环境，加之离开学校这个象牙塔会让他们感到不安，因此即使产生了退学的想法，行动上也难以予以执行，认为在学校里混着总比彻底离开要好。▶（参考“孩子老说想转学”一节。）

人际关系问题是促使孩子们想要转学的一个重要原因，而一旦孩子提出退学要求，则可以认为他们的人际关系已经恶化到了无法挽救的地步。要求转学说明孩子至少还在寻求解决问题的办法，退学则表明孩子已经彻底丧失信心，开始试图逃离社会了。

孩子想要转学的原因大致可以分为以下三种：

第一种便是人际关系的恶化。孩子可能在学校遭遇了孤立或暴力，相反，也可能是由于无法抑制自己的暴力冲动而希望能够退学。挨打的孩子和施暴的孩子都说自己无可奈何——“我适应不了，只想要快点离开这个地方”，从这样的话里我们可以想象出孩子们的状况已经到了十分严重的地步。

首先，遭受校园暴力的孩子通常性格小心翼翼、成绩不佳，常因为外表的缺陷和体形问题受到朋友们的轻视，这样的情况一般从孩子很小的时候便开始萌芽了。

施暴的孩子则通常在外表方面拥有某种优越感，内心却充满愤怒，因为无法获得社会和家庭的认可而感到自尊心低下。此时最重要的便是帮助他们建立起稳定的人际关系，带他们去医院接受专业医生的治疗。

第二种是孩子极度缺乏自尊感。家庭环境动荡，经济状况欠佳，成绩也平平无奇，因而导致他们“对于学校已经没有期待了”。这类孩子通常理智上认为自己应该坚持到高中毕业，但时常由于家庭经济状况不好而产生诸如“好想赶紧赚钱，得到家人和朋友的认可”等强烈的欲望。此时原本应该由父母为孩子规划出长远的人生目标，但要是真有这样的父母，孩子也就根本不会产生退学的想法了。即使孩子真的做出了退学决定，也至少需要为他们找寻一个可以在一旁支持和鼓励他的人，直到他们适应了社会生活为止。（参考“孩子不肯去学校，在人群中成了一座孤岛”一节。）

第三种则是最近时常见到的事例，即孩子认为学校老师的水平和成绩与本人的期待值不符，因此选择退学。与此前的两种情况不同，这类孩子多数成绩优异。他们更想进入以外语、理科见长的高中或其他一些名校，但最终失败因而失望起来。又或在进入心仪学校之后发现自己落后于他人，因此变得灰心起来。原本排在全校前10名的孩子突然变成了全校100名，自然会陷入抑郁，这在许多人看来也许只是“不知足”，但对于这些孩子本人来说的确十分严重。

这类孩子通常只对学习和成绩问题感兴趣。短暂休学，原本也是个与父母一起玩耍，培养兴趣爱好，探讨人际关系的好机会，但他们一心只想快点离开学校。一些原本十分骄傲的孩子在自尊心受挫之后反而会展现出固执的面貌，甚至极度狂妄。而此时父母们通常意识不到孩子的问题，因而无从下手解决。面对类似这样的情况，家长应该帮助孩子转变学习方式，与他们详细讨论心仪的大学和前途问题，引导他们找到自身想法与现实之间的平衡，这样之后孩子便可以重新适应学校了。

一些强行退学的孩子时间久了便会产生诸多问题。首先，因为退学，人际关系被切断了；其次，想要再次回到主流的生活之中会显得格外困难。孩子们总以为退学之后也能够与身边的朋友一直保持联络，但事实上当彼此的生活轨迹不再出现交叉，不出一年便会开始渐行渐远。即使是正常读书的孩子也大多不能明白，高中毕业之后人际关系会发生巨大的变化。最后，退学之前许多孩子认为自己今后拥有大把的时间，只要下定决心，学习和考试都不在话下，然而大量事实证明这其实并不容易。

因此，在面对一些因为想要退学前来接受咨询的孩子时，我们最先提出的问题一般便是，离开学校的话你觉得最开心的是什么？最遗憾的又是什么？孩子们通常都会回答“感觉会很爽”“心里应该很舒畅吧”，却想象不出有什么东西会令自己感到遗憾。

在实际解决这个问题时，我们可以采取折中的手段，先让孩子去补习班上一阵子课。补习机构及一些备考课程则可能由于学习氛围过于紧张而导致孩子无法适应。因此无论做出怎样的选择，都必须同时辅助孩子进行相应的心理建设。

在年级尚小时选择退学会带来更不利的影响，父母要尽量阻止孩子做出这样的选择。但是可以允许他们想象自己今后的道路，例如退学之后自己要做什么，或是一两年之后生活会变成什么样，等等。如果一个孩子为了音乐梦想放弃了学业，自己报名了辅导课程一直坚持练习，同时为了防止自己成为隐蔽青年每天早起做运动、上图书馆看书，医生则更应该努力说服父母。因为这样的孩子通常已经做好了充分的心理建设，独立能力强，完全可以试着相信他们。

079

孩子不肯去学校，在人群中成了一座孤岛

孩子正在上高一，现在不肯去学校了。整天通宵打游戏，早上赖床到12点才起来。去上学也总是嚷嚷没意思，不和朋友往来。问他是不是想退学或者转学，又说不是这样的。学校那边则说因为他一直旷课，可能要勒令他退学了，孩子却还是说自己没有想法。

本节我们来讨论一下所谓的隐蔽青年问题。据悉在韩国，隐蔽青年大约有20万至30万名，且最近十多年间呈不断上升的趋势。隐蔽青年的问题是世界性的，主要受极端个人主义文化的发展、社会生活适应困难、全球经济不景气等诸多因素影响。

隐蔽青年的问题通常都是从不肯去学校开始的。他们拒绝接受正规的学校教育，整天蛰伏在家。一部分人在坚决退学之后断绝了基本的人际交往，只与家人交流。

日本的一些隐蔽青年甚至连家人也拒绝接触，每天躲在家里打游戏或看动漫。韩国隐蔽青年的情况则有所不同，他们大多还能做到“坚持学习”，以及每天“与家人散散步”。同时，日本的隐蔽青年更热衷于主机游戏或电脑游戏等独自玩耍的游戏模式，而韩国的隐蔽青年更加偏爱网络游戏，因此算不上完全切断了人际交往，总的来说多少还与社会有些联系。

此外，压抑情感也是日本这个国家特有的文化特点。加之国家高度发达之后年轻一代欲望低迷，各式各样便于独自生活的商品的全面兴起等都助长着隐蔽青年文化的发展。而韩国社会的年轻人心中则尚且留存着一些对“世俗”的渴望，仍然希望能够获得社会认可，培养起良好的人际关系。因此更多人会选择机械地学习，或树立起不切实际的未来计划。

即使在退学之后，维持社会关系仍然是必要的。人类是一种通过他人的评价来认识自我的动物，而孩子一旦脱离学校环境，便很容易被自责、自尊感低下、抑郁症等负面事物吞噬。退学之后的孩子更需要加强与家人之间的联系，在补习机构等地建立新的人际关系网，这样才能够维持社交感，不至于失去对自我的肯定。总而言之，家庭关系是一切的基础。那些尚且维持着家庭关系的隐蔽青年，在接受治疗时收获的效果通常也更好。

在做法方面，首先，父母需要对自身的问题进行评估。当然有些孩子受气质影响天生性格固执，但多数时候问题其实是亲子间疏于交流导致的。有时孩子已经明确表达了自己“很孤独”“没意思”“觉得自己很软弱很丢脸”，父母却对此充耳不闻，放任孩子情绪的恶化。父母要首先意识到自身的问题，才能对孩子的治疗有所帮助。

此外，要引导孩子从偏执狭隘的思维中摆脱出来。隐蔽青年大多存在眼界狭隘的问题，对于社会普遍认可的金钱、胜利、成绩、善良、踏实等基本概念缺乏认知。要帮助孩子丰富体验、拓宽视野。在咨询时如果孩子发现了什么有趣的事情，我们索性会让他去玩耍一阵再回来继续交流。与空洞的对话和药物治疗相比，更重要的是让孩子通过某些体验收获一些感受，赋予他们“想要做一些事”的动机。

在治疗隐蔽青年的问题时，首先应将重点放在“帮助他们走出房间门”上面。像购物、散步、爬山或健身这类简单的事情，他们多数时候还是愿意配合的。为了进一步扩大活动范围，可以陪他们一起去他们感兴趣的场所（甚至是游戏厅），以及相关的漫展、跳蚤市场等地。

当然，他们通常不会轻易透露自己的兴趣爱好，在这里可能需要花费许多时间。然而一旦找到突破口，便可以通过刺激他们心中隐藏的小小欲望来帮助他们自己走出房门。在这个过程中孩子也可能会激烈反抗。这类孩子通常心中充满伤痕，甚至连去公园散步这样简单的事也难以做到。

所谓的走出房门，并不单指空间上的概念，还涉及孩子的内心状态。要拓展他们的兴趣爱好，让他们从对游戏，甚至学习的执着中走出来，哪怕只是透露出了一点点细微的兴趣，也可以以此不断刺激他们。如果对音乐表现出兴趣，便可以给他们介绍一些新的音乐类型，或劝导他们学习一种乐器。如果喜爱科幻小说，则可以为他们购买畅销小说、漫画等，或陪他们看一些科幻电影。

这时，能够给孩子的精神世界带来刺激的因素大约有以下两类。第一便是艺术。

音乐、电影、舞蹈等都相对容易上手，且能够带来不错的效果，唯一的问题是最开始时很难引发孩子的兴趣，尤其在父母也同样缺乏兴趣的情况下更是难上加难。第二便是旅行。通过旅行可以培养孩子的独立生活能力，让他们在自然或异域文化中收获不同的心灵触动，并因此产生内在渴望和动机。旅行可谓所有方式中最简单有效的。

具有人际交往困难的青少年尤其容易在旅行之后产生翻天覆地的变化。人在处理人际关系时，首先需要具备的是对自我的认可和尊重。必须知道“我不比任何人差”，可以抬头挺胸地与他人对视。如果能在学习、运动、各种才能、工作等世俗的价值评价体系方面有所建树，自然能够轻易收获对自我的认可。但这些都不容易。

青少年时期人的思想尚不成熟，最容易让他们培养起自信感的方式便是让他们拥有“别的孩子都没有的人生经历和体验”。

在赋予孩子多种多样的人生体验时，首先需要消除他们的反感情绪，激发他们的好奇心，破墙而入，让他们对父母产生一定程度的依赖。其次需要引导他们更加中立地思考问题，平和地看待他人对自己的评价。同时这些体验本身一定要充满新意和乐趣，让孩子享受其中，并值得在他人面前炫耀。能够一次性满足上述条件的便是“海外旅行”了。许多事例证明，在合理安排旅行计划和行程的前提下，80%至90%的孩子的问题都因此得到了有效改善。

当然，“旅行治疗”也需要满足一定的条件。首先孩子本人必须具备基本的正常精神状态。重度抑郁症或急需药物治疗的孩子反而不宜接收太多的外部刺激。同时必须有成年人陪同前往。相比父母，兄弟姐妹或一些性格合适的亲戚朋友反而是更为合适的人选。与父母在国外维持同样的家庭关系模式，反而会使旅行失去意义。

如果和父母一起前往，受父母工作影响旅行时间可能无法超过4至7天。但对孩子来说一两周的时间其实更为有效。目的地可以挑选孩子最喜爱的国家，不要强求他们去一些不感兴趣的地方。与亚洲文化差异巨大的欧洲国家当然是最理想的选择，但考虑到费用和时间等问题，我们多数时候会给父母们推荐东南亚，这些国家从社会文化、饮食传统、安全性等方面来看都是不错的选择。

需要注意的是，一定不能选择跟团旅行。即使不是百分之百自助游，机票和酒店的预订、交通方式的选择、行程安排等也必须亲力亲为。

因为天生气质问题，有的孩子在旅行期间也提不起一点兴趣，总是谎称自己头痛或腹痛来反抗父母的帮助。严重时甚至可能在旅行中和父母争吵，使关系更加恶化。此时父母也需要反省自己的责任，看看是否因为旅行途中的烦躁或贪图安逸而疏忽了孩子的治疗工作。

顺利结束旅行回家之后，孩子通常都会有所改变。家庭关系模式会发生细小变化，孩子心情愉快起来，略微带有兴奋感，对刚刚去过的国家也开始产生好奇心。这些东西在一般人看来也许并不起眼，但想想孩子从前的状况，便知道这些不起眼的改变是多么来之不易。一些此前看起来毫无希望的孩子在旅行结束后甚至突然展现出了戏剧性的变化，例如恢复了学业，与家人关系变亲密，重新开始与朋友交往，等等。

当然，旅行也不是万能钥匙。旅行中收获的体验并不持久，通常只能持续一两个月。父母要做好心理准备，知道孩子在不久后就可能恢复原状，积极着手准备下一次旅行或赋予他们别的新鲜体验。要明白这样的情况至少会经历一两年时间的反复。

对前来接受咨询的父母来说，在收到旅行建议之后，到真正付诸实际行动之前，大多需要花费较长的时间，一般至少半年以上。 这是由于很多父母自身也缺乏相关经验，需要一些时间来消化和理解这些新的概念。无论如何，父母的正确认知是治疗青少年时最为重要的基础。

在隐蔽青年的治疗问题上，往往需要付出大量的时间和努力。父母的配合至关重要，咨询医生也需要抱有坚定的决心。通常要在至少两三年不间断地介入治疗后才会收获一定成效。

080

孩子老干坏事，实在太难管了

孩子性情特别暴躁，从小学开始就老是殴打班上的朋友，还经常张着嘴巴乱说话。上了初中以后竟然开始偷自行车，砸别人的车，还学会抽烟了。我也算是尽心尽力为孩子付出了，为什么会变成这样呢？

有些孩子看起来是无可救药的。人类为了培养社会生存能力，会尽力模仿他人的行为，同时学会理解他人的情感，但一些人的确缺乏这样的能力。如果孩子像上文那样持续做出危害社会的行动，则可以认为他们可能具有**品行障碍**（conduct disorder）。

品行障碍
反复违反社会法律法规，侵犯他人权益的一种行为障碍。多发于青少年时期，成年后则可能转化为反社会型人格障碍。

品行障碍的诊断标准大体如下。首先他们多数从小具有较强的攻击性，喜欢欺负他人、打架、动刀动枪，甚至做出虐待动物的行为。再来，热衷于破坏他人的财物，惯性偷盗，时常随意砸毁车辆或建筑物。13岁之前父母一直强调不能晚归，却仍然频繁在外逗留至深夜。旷课、离家出走等举动则更是家常便饭。

如果孩子出现上述情况中的3种且持续1年以上，便可确诊为品行障碍。患有品行障碍的孩子可能有偷盗，故意伤害他人，性犯罪等举动，这是十分严重的问题。通常男孩更易患上品行障碍。女生的情况多数表现为性心理障碍，男生则会表现出明显的暴力倾向。这些问题可能会在孩子很小的时候萌芽，且难以收获理想的治疗效果。但随着孩子年龄的增长，诸如此类的反社会行为也可能有所减少。

出现品行障碍的原因是多种多样的。首先便是遗传问题和家庭环境的影响。如果父母严重酗酒或具有**反社会型人格障碍**，则很有可能遗传给

反社会型人格障碍
持续无视他人，侵犯他人权益的一种人格障碍。通常在15岁之后凸显出来。

孩子。研究表明，通常他们在生气或经受挫折时，会比正常人分泌更多的**皮质醇**，并出现严重心跳加速等症状。同时他们对人们说的最后一句话往往印象深刻，久久难以忘记一些不好的话语，会将他人对自己的敌意和攻击性无限放大。

皮质醇
肾脏肾上腺皮质分泌的一种压力激素。

这类孩子家庭内部的养育方式也存在一定问题。例如父母总是对孩子提出模糊的指示或要求，在管教孩子时过于死板，前后矛盾，且对孩子的行为举止反应迟钝。再来，家长时常将孩子的错误归结为他们的性格问题。不少意见认为，在这样的家庭环境中长大的孩子更加容易出现这类行为障碍。

一经确诊，父母或医生必须用严格的态度对待孩子。孩子年纪小小就做出违法犯罪的举动，并且丝毫没有后悔和反省的意思，这的确会让父母感到无比绝望和愤怒。但在治疗过程中，如果父母的情绪和心态出现动摇，便会给治疗带来更大的阻碍。要不断引导孩子理解他人的情感，让他认识到自身所作所为的严重性，为之负责，并甘愿接受相应的惩罚。父母单方面强迫孩子接受处罚并不会为治疗带来太大的帮助。

行为障碍如果在10岁以前出现，则极有可能恶化成反社会型人格障碍和物质成瘾等问题。因而在这里，“预防”是解决问题最为重要的一个环节，否则等到患者情况严重，则需要将他与学校和家庭隔离开。要努力为孩子营造稳定的家庭氛围，帮助他减少人际关系的问题，而这通常需要学校、家庭和主治医生等各个方面的积极配合。

081

孩子好像染上了抽烟喝酒的毛病

孩子上高中之后，好像偷偷学会了抽烟。之前有一次很晚回到家里，身上还一股酒味。怎样才能阻止孩子抽烟喝酒呢？

父母发现孩子抽烟喝酒时，自然会认为应该坚决禁止。但这并不是一件容易的事，青少年时期的孩子抽烟喝酒基本是在朋友的影响下开始的，大多是为了让自己显得合群，或认为大人抽烟喝酒的样子十分帅气，因而加以模仿。有报告显示，有抽烟问题的孩子抑郁情绪更为严重，比不抽烟的孩子高出约1.5倍。同时，比起家人，身边有朋友抽烟时，孩子染上烟瘾的比例会高出10倍以上。从中我们可以得知，压力带来的抑郁情绪，以及要与朋友“同甘共苦”的想法等都是导致孩子开始沾染烟酒的重要因素。

尽管最新研发的戒烟药物“畅沛”等在降低烟瘾（90%）或戒断（40%）方面都产生了显著效果，但对于青少年来说，药物治疗并不是最好的方式。正如此前所说，很多时候，烟是孩子融入同龄人群体的媒介物，对处于青春期的他们来说是一种反抗工具，如果不能准确把握孩子的心理状况，即使投入药物进行治疗，也难以取得良好的效果。

此外，我们的社会风气也起到了一定的推波助澜作用。受不良风气影响，青少年自己也大多认为抽点烟、喝点酒不是什么严重的问题，这就使父母单方面的教育和禁止显得格外无力。在解决成年人滥用药物的问题时，比起各种治疗方式和药物使用，起决定性作用的其实是家人间的良好关系和正向影响。青少年烟酒问题同样如此，归根到底父母与子女间的亲子关系才是其中最为重要的一个环节。在强调“抽烟、喝酒是错误的行为”的同时，也需要努力把握孩子的心理状况，尝试理解他的内在情感。

偶尔也会看到青少年吸食丁烷或强力胶的情况，但这主要出现在20世纪80年代至90年代，此后随着网吧游戏风潮的登场逐渐消失，但最近由于使用手机打游戏也十分便利，孩子们去网吧的必要性减少，吸食丁烷或强力胶的风气也有所复燃。当然，青少年沾染毒品或大麻的情况也并不罕见。虽然在韩国国内这一现象并不普遍，但就在美韩国留学生而言，这类人群有所增长，值得引起我们的重视。

沾染普通的烟酒尚处于可理解的正常范围，但强力胶或丁烷则不然，需要高度警惕（尤其是其牵涉的青少年精神和心理问题）。在朋友的劝诱下被动接触烟酒的孩子，多数可能只是具有一定程度的抑郁情绪，或不能很好地处理人际关系。但主动吸食烟酒的孩子则很大程度上存在某些品行障碍。同时，毒品中包含的有害物质会损害大脑，导致一系列戒断症状出现，降低认知能力，甚至使人产生幻觉等。因此，一旦发现孩子有所沾染，必须立刻严厉禁止，要求他们入院接受专门的药物治疗。

孩子对于未来毫无想法

孩子不想上大学，说学习太辛苦了，只想休息。问他“是不是想休学？高中毕业之后准备做什么？”只知道摇头说自己也不知道。

一些青少年时期的孩子，不管被问到什么，都只能做出“不知道啊”“不喜欢”“不想做”等负面消极的回答，有的时候甚至干脆不肯开口。但在面临一些日常话题或轻松的对话时，则通常没有太大问题，因此父母会担心孩子心中是不是承受着不为人知的压力或陷入了抑郁情绪。▶（参考“孩子突然厌学了，看起来有气无力的”一节。）

然而，这类问题通常与抑郁情绪关联不大，多数时候是孩子缺乏主见导致的。抑郁症多由自身意愿受挫而起，而张口闭口只会给出消极答复的孩子，一般是缺乏主观意愿。“我想做什么”“我喜欢这个东西”一类的个人选择和倾向会帮助我们塑造起对自我身份的认同，当此方面有所欠缺时，便无法提出明确的个人意见，并且一味否定他人的提议。如果孩子在面对一些基础问题时尚且无法做出恰当反应，那么讨论大学或前途问题也就显得为时过早了。

当然，有一些孩子由于本身认知能力低下，或注意力不足等天生的气质问题缺乏主见，难以具备判断自身喜恶的能力，但也有许多孩子是因为在成长过程中被剥夺了自己做主的机会。面对前者的情况，家长需要在孩子的自我身份认知觉醒之前耐心等待，而后者则基本可以归因为父母操控欲过于强烈，或者家中的大孩子总是试图打压操控弟弟妹妹。

正所谓“当局者迷，旁观者清”，面对这样的情况，父母或第三方的介入影响显得尤为重要。此时即使感到孩子的判断能力尚且不足（青少年时期的孩子缺乏判断能力是十分正常的），也需要谨记，孩子的一生就是由一个个不完美的判断构建起来的，应当安静地在一旁注视他们。

我们可以从最基本的问题入手与这些孩子对话，例如“你喜欢什么”等日常的提问。如果孩子难以回答这类主观式提问，则可以采用客观题的方式进行。“苹果、葡萄、香蕉，你觉得哪个最好吃?”像这样一问一答的基础训练可以帮助孩子建立起对自我身份的认知。“你喜欢平壤冷面还是咸兴冷面？”“这个车和那个车，你觉得哪个更帅？”从这些简单的提问开始，逐渐过渡到“你觉得男女之间有什么差异”“你觉得将来怎样才能赚到钱”等难度更大的问题。

同时，我们需要帮助孩子培养起与所处年龄阶段相符的独立自主能力。如果孩子不能依靠自主意愿对未来的职业或前途做出规划，父母就需要进行引导。例如送孩子去上一些职业规划的辅导课程，或鼓励他去做兼职等。这样做并不是要求孩子立刻从工作中收获成就感，而是希望他在全新的环境中与他人沟通交流，获取新的感受和体会。可在此类过程之后，再尝试与孩子进行涉及人生目标的重要对话。

083

孩子智力水平不高，应该放弃学习吗

孩子以前上小学的时候，我还觉得他挺聪明的。结果这次测智商只有85分，应该让他放弃学习吗？

人们在谈论智商时通常比较小心翼翼。尽管并没有任何一项指标可以完美评价一个人各方面的能力，但许多人仍然十分信赖智力测验这一工具。就结论而言，智力水平与学习成绩并不完全成正比，但的确也不是毫无关联。

目前，韦克斯勒（K-WISC）智力测验在全球范围内具有法律效力，而“智商低于70时便属于智力缺陷”这一判断，也是在使用韦克斯勒量表进行测验时会得出的。

智力测验能够对人的记忆力、处理难度较大的词汇时大脑的反应方式和速度等进行有效检测，但却无法判断出人的创造能力，或是更高层次的人类智能，也无法通过长期监测评价人的大脑、性格等。我们在学校学习时，必须具备一定的语言能力和逻辑能力。因此，如果智力水平处于最底端，想要取得良好的成绩的确有些困难。但只要智力发展能够达到平均水平，学习成绩便并不完全受它操控了。

天赋和汗水，哪个才是决定学习成绩更为重要的因素？这一直都是人们反复争论的问题。一些观点认为如果想要在某个领域取得成功，必须付出1万个小时以上的努力，相反也有观点认为，在音乐或体育运动等领域中，努力也许能够起到20%左右的作用，但在学习时，努力这一因素只能对结果产生4%的影响。这样的判断未免有些草率了。

我们认为，至少在韩国国内，进入初中阶段的学习之后，比起智力水平，成绩更多取决于孩子“认真踏实”的程度。事实上，“学习认真”本身就是一个人的智力水平、学习动机、适应力、踏实程度、情绪安稳性等各项因素综合作用的结果。缺乏学习动力的孩子如果乖巧听话或踏实做事，也有取得良好成绩的可能；智力水平不足的孩子如果能够保持情绪稳定，同时内心强烈渴望获得外界认可的话，通常也能收获理想的成绩。

正如上述所言，成绩好坏会受到各方面因素的影响。因此父母需要检讨自身，是否赋予了孩子足够的学习动机，是否为他做出了良好示范，是否时常称赞孩子维持他情绪的稳定，是否已将“认真踏实”作为重要的品质进行言传身教等。

在本节开篇的事例中，父母对于“孩子是否应该放弃学习”的问题，事实上可能包含着“人生就是由成绩决定的，那我家孩子应该放弃人生了吗”的心态。这样提问从一开始就没有抓住重点。如果始终狭隘地认为只有考上好大学、找到好工作人生才能称得上成功，那么人生便会非常艰难，成功更是无从说起了。

084

孩子学习很认真，成绩却不见提高

带孩子做了智力测验，比平均值还高出一些。看起来孩子学习也很认真，但成绩却始终不太理想。作为父母我们应该如何帮助孩子呢？

在前文我们提道，学习成绩取决于智力水平、学习动机、适应力、踏实程度、情绪安稳性等综合因素。孩子学习成绩不佳，除去智力水平和动机不足等因素以外，首先需要考虑的应是学习方法问题。例如孩子的时间管理、记忆方法、学习顺序等方面。此时需要为孩子提供适当的学习指导，让他们接受专业机构的学习治疗。（参考“小学阶段应当如何学习”“孩子学习始终跟不上”等节。）

其次，无法取得理想成绩时还需要观察孩子是否目标意识强烈，考试时过于紧张。这类情况需要引导孩子重新思考学习的目的，采用多种休息、放松法帮助他们缓解紧张情绪。如果孩子的考试成绩与真正的实力水平差异过大，还可以考虑服用一些缓解紧张的药物。这类药物通常效果极佳，且几乎没有副作用。如果孩子服药后再次面对考试时产生了一定的自信，便可以逐渐减少药量，并最终停止服药。

再次，孩子也可能因为缺乏自觉性而成绩不佳。尤其现今这一问题更为普遍。长期的被动学习会使孩子在需要发挥能动性自觉学习时感到慌张，过于依赖补习班或学习机构等。补习班或学习机构的教学方式的确能在一定程度上提升孩子的成绩，却很难帮助他们融会贯通，将学到的东西转换为真正属于自己的知识，或使他们学会举一反三。我们在学习知识之后，必须在大脑中运用自己的方式对知识进行再次编辑和处理，如果缺乏这一过程就难以把握知识的核心原理，脑海中留下的也只是零碎的知识片段而已。

多元智能理论表示，人的智能是由语言智能、音乐智能、数学逻辑智能、空间智能、身体运动智能、人际关系智能、自我认识智能、自然观察者智能等8个方面及半个宗教性质的存在智能构成的。也就是说，即使学习成绩不佳，我们仍有可能成为音乐天才、杰出的商业领袖。我们需要开阔自己的视野，不要将成绩当作评价孩子的唯一尺子，认为成绩不好便代表前途一片暗淡。

085

孩子对名牌大学过于执着

我家孩子复读三年了，今年考上了A大学。但他还是觉得不满意，想再回去复读。孩子到高一为止成绩都挺好的，我也觉得他可以再挑战一次。应该怎么办好呢？

读什么大学是由每个人自己决定的。有的孩子复读三年最终考上了好大学，有的孩子则白白浪费了时间。因此在这里，要给出具体的建议很难。

在韩国，大学是一道重要的关卡。我们的社会甚至将大学视作划分阶层的基准。而这就在很大程度上导致许多青少年也依据大学的好坏来评定自己人生的价值，赋予大学过度的含义。

孩子太过执着于名牌大学，首先可能是因为他们心中怀抱着不切实际的憧憬。认为只要考上某所大学，就能参加很多的联谊活动，享受美好的大学生活。然而，当被问到毕业后的规划或对未来的想法是时，他们却常常哑口无言。尤其是许多父母极少与孩子谈论一生的目标和规划，导致孩子将考上好大学视为人生的终极目的。

其次，一些遭遇失败的孩子也可能因为某种补偿心理而对好大学产生执着。例如原本是班里垫底的水平，却立志要重修考上首尔大学或医学院，认为自己现在打起精神来了，要认真学习一次。对于周围的劝阻也很敏感，认为自己都还没有开始努力，凭什么遭受否定。这样的反应通常来源于孩子的自卑感和对家人的愧疚心理。努力尝试当然不是一件坏事，但需要警惕孩子陷入不断复读的泥潭里，白白浪费时间。

想要了解孩子对名牌大学过度执着的原因，首先需要对家庭内部的状况进行反省。通常当我们询问孩子时，得到的回答多是“因为父母对我的要求很高”或“想得到家人朋友的肯定”等。这些孩子的父母和家人多为名牌大学出身，带来的压力不言而喻。此时如果父母被动地流露出“我们并不是很在乎”或“不一定非要考上好大学”等模糊的态度并不能真正让孩子放下负担，应该明确地告诉孩子，最重要的不是获得家人朋友的认可，而是努力活出自己人生的价值。

另外，一些父母自身过度执着于孩子的学历或成功。多数时候他们当然是出于对孩子的爱，希望孩子能够拥有更好的人生，今后不要成为彼此的负担。但另一些父母则是将自己人生的意义寄放在了孩子的成功之上，众所周知，这样的心态反而会妨碍孩子的成长。

即使孩子没有达到自己的要求，父母也应该给予他肯定，展现出生活幸福的状态，为他做出榜样。还需要积极地告诉孩子，人的一生很广阔，除了世俗意义上的成功，还可以拥有家族亲情、自我实现等许许多多充满价值的东西。

20岁出头获取的成就，能够直接给人带来的影响不会超过10年。执着于将孩子送进好大学，不断要求他们复读，可能会导致孩子错失20岁阶段理应获得的许多更加美好的东西。父母应当仔细衡量一下，看这样做是否值得。

孩子说想成为艺人

孩子说今后想成为艺人。她平时不怎么学习，整天爱玩，唱歌还不错。对此我倒也不是非常反对，但是又很担心，毕竟明星不是谁都能当的。

青少年阶段的孩子大多会被歌手、舞者、画家、运动选手等职业吸引。这类职业通常成果显著，华丽而有趣，只要拥有天赋就能够轻松获得成就，因而充满诱惑力。但需要警惕的陷阱是，这样的工作通常需要做到最顶尖才能真正发光，因此在选择艺体类工作时，需要考虑的最重要因素应当是天赋（在某种程度上，踏实、坚持也是一种天赋）。

子女透露出希望从事艺体类工作的愿望时，父母首先应当表示支持。十几岁的孩子热爱艺体相关的事物，能够帮助他们树立起一定的价值观，并不意味着他们将来一定会将其当作职业。比起赚钱的手段，父母可以将这些视作培养孩子兴趣爱好及促进彼此沟通交流的工具，并将自己的想法告诉孩子。要理解孩子的兴趣爱好，知道对他们来说，“明星”是模仿的榜样，也是他们的朋友圈子里最重要的交流话题。

父母和孩子都需要轻松一些看待这件事，可以将其作为兴趣爱好培养，坚持至少2年以上的学习。即使一开始达不到理想的状态，也不要轻易放弃，这是我们生而为人最重要的品质。长时间埋头某一领域可以帮助孩子提升自信感，培养好奇心，赋予他们一些积极的动力，这些通常能够保障他们在其他领域也有所获益。

例如，沉迷于学习漫画的孩子在参加一些漫画比赛后，发现自己讲述故事的能力有所欠缺，于是突然开始埋头读书或学习了；因为成绩差在学校一直遭受排挤的学生因为坚持学习表演意外地获得了称赞，自信心提升，开始过上了安稳的学校生活，等等。

最重要的问题是，一些孩子嘴巴上说着想做艺人，实际上却从不付出努力。此时父母应该与子女进行如下讨论：

第一，将兴趣成功转变为人生职业的概率有多少？究竟要达到怎样的水平才称得上成功？可以首先就这些问题进行一些探讨。“你说想成为歌手，不出名的歌手也可以吗？学校的音乐老师如何呢？”在面对诸如此类的提问时，越是逃避现实的孩子越会给出“我很厉害的好吗？一定会成功的”“我不管，我反正就是喜欢音乐”等虚无缥缈的回答。

第二，失败时如何规划今后的人生，也是值得沟通的一个问题。当然，很少有孩子们会思考十几年后的事情，关键是需要确认他们是否建立起了“也可能会失败”的心理准备。

父母应该告诉孩子，喜欢的事情即使仅仅停留在兴趣爱好阶段，没有发展成一生的事业，也仍然是充满价值的。艺术和运动不单单是赚钱或收获名声的工具，也是使我们的人生变得丰富多彩的必需品。如果父母表现出这样的态度，孩子心中的负担反而会减少，不切实际的期待也会降低。

第三，要确保孩子亲自参与准备一切相关事宜，例如学习的途径，补习班报名等。如果孩子流露出“我只想唱歌，其他的一概不关心”的态度，之后的长期学习便可能难以坚持。

第四，是否拥有天赋是最重要的问题。通常只有极少数的人拥有出众的才能。当然，热情和踏实也能够在一定程度上弥补天分不足，积极进取的人也可以获得成功，因此预测孩子的未来并不容易。然而比较确定的是，在艺术体育领域中获得成功的人，一定在某方面拥有异于常人的东西。可能是永不熄灭的热情，可能是与生俱来的天赋，可能是出类拔萃的踏实品格，等等。总之一定要让孩子懂得，必须拥有大多数人不具备的东西才能够站在顶端绽放光芒。

此外，父母还需要怀抱着开放的心态耐心等待孩子，不要焦急地催促他决定人生的道路。

第4章

青年阶段的问题

087

遭到了朋友背叛

我有一个从学生时代开始就很要好的朋友，我们曾一起玩耍，彼此安慰。这次商量着一起做事，筹了一笔钱，朋友却突然拿着钱人间蒸发了，整整一年都联系不上。我也从别人那里听说他确实经济状况不好，努力想要理解他，但仍然非常生气和失望。

在人与人的交往之中，信任是必不可少的。然而被信任的人背叛的现象却层出不穷——被朋友坑骗、另一半出轨、一直让自己感到骄傲的子女做出了令人失望的举动，等等。

曾有一个著名心理学实验探讨过人际关系中的背叛问题，这便是所谓的**“囚徒困境”**（prisoner's dilemma）实验。警察将有共同犯罪嫌疑的两个人分别关押起来，告诉他们只要供述出对方的罪行便会得到赦免。两个犯人当然都企图供出对方的罪行以便自己脱身，但又都担心对方供出自己的罪行，最终导致两个人都受到处罚。

如果自己不背叛对方，对方是否也不会背叛自己？应该果断背叛对方还是坚决咬定两人都没有犯罪？两个犯人自然十分苦恼。这样进退两难的困境会带来极大的折磨，应该如何做出明智的选择？

事实上，我们在日常生活中也时常陷入与之类似的困境之中。例如，一位40岁左右的主妇A某在高中同学的劝诱下投资了一栋商务公寓，事后发现自己被骗了。愤怒到无法自拔的A某有一天突然想开了，觉得无论多么伤心事情都已经无法挽回，于是重新回到日常生活中，努力工作尽力挽回损失。相反，那位朋友诈骗的事情却在朋友圈子中流传开来，失去了正常的人际交往，甚至后来自己也遭到了背叛，事业一败涂地。

这个世界上总是不乏背叛者。但这些背叛他人的人最终也会遭遇同样的背叛，被世界抛弃。因此，背叛他人的举动绝不是合理的选择。（参考“总在背后说别人闲话”一节。）

明知如此，背叛却仍然一再发生，这主要是因为人与人在交往时，对于彼此的期待往往不同。上述事例中的人，比起钱财方面的损失，其实更主要是因朋友无视了与自己之间的情谊和信任而格外生气。令人意外的是，做出背叛行为的人可能也会觉得对方并没有将自己视为亲近的朋友，或隐约感到自己被当成了弱者对待因而有所反感。当然也有一些人是因为只顾自身利益不在乎人与人之间的情感，或是一时被金钱蒙蔽了双眼，做出了错误的举动。

遭受背叛的一方同样如此。一些人性格单纯，别人说什么就信什么，难以嗅出其中的诈骗气息。也有一些人因为天性软弱，不懂得拒绝他人，被牵着鼻子走，最后遭到了背叛。甚至还有一些人因为具备某种程度的受虐倾向，在身处受害的状况中反而能够感到安心。

例如一些不断原谅丈夫出轨的女性，可能便是因为在幼年时期遭受了父母的虐待，从而产生了“苦痛是理所当然的，苦痛使我感到舒适”的奇怪心理。

在遭遇背叛时，首先应该将愤怒放置一旁，理性地分析自己与对方之间的关系。对方的可恨之处我此前是否有所察觉？长久以来我们是否维持着糟糕的关系？像这样，不要将遭遇背叛当作自己一人的事情，而是当成两者之间的共同问题进行思考。

比如，在明知道对方自私自利的情况下仍然草率地与其合伙做生意，或是平时就常因轻信他人而吃亏，这次又发生了同样的事情，便需要对自己处理人际关系的方式进行反省。

信任不意味着盲目。如果能够保持一定的距离，客观地预测对方可能做出的行动，遭受背叛的概率也会减少很多。有时我们对他人怀抱着不切实际的期待却并不自知。要知道，人们可以爱我也可以伤害我，也难免产生一时的分歧。成年人在处理人际关系时，应该拥有冷静的态度。

其次，一定要战胜自己渴望报复的心理。人们总是认为报复可以带来快感，抚平自己的伤口，让对方体验同样的痛苦，但事实上，报复的滋味并不如想象中甜美。

曾有一个与此相关的心理学实验。研究人员将实验对象分为三组，分别是拥有向背叛者报复的机会的一组（报复组），缺乏报复手段的一组（非报复组），以及单纯想象如果有机会自己会如何报复的一组（设想组）。

实验结果显示，相较于非报复组和设想组，报复组的人员体验到了更多的负面情感，且一直生活在愤怒之中，时间越久越是难以平复。因此可以看出，报复行为实际上并不能给我们带来安慰，甚至反而可能激发背叛者的愤怒，给自己带来更大的伤害。

宽容是很重要的品德，比起报复，选择原谅和遗忘或许是更为明智的选择。当然也不必强迫自己。只要能够理解上述研究结果，站在客观冷静的立场看待自己与他人的关系的话，愤怒和试图报复的心态自然就会有所消散了。要获得这样的心态需要长时间的努力，我们可以将这个过程视作人生的目标之一。等到时间过去我们便会明白，原谅对方根本上是原谅自己。

088

总在背后说别人闲话

跟朋友聊天的时候，只要提到别的朋友，我总是忍不住说他们的闲话。自己也知道这是个坏习惯，但实在是嘴痒，憋不住想说。我担心老是这样的话会给人留下不好的印象呢。

两个人只要聚在一起，就难免喜欢谈论他人。谈论的内容通常不会是称赞，大多是关于他人的闲话和诽谤。人们总是想在他人面前炫耀一些只有自己才知道的秘密，并因此掌握对话的主导权。也有一些人则是希望通过这个行为进一步稳固双方之间的感情——“咱们可是无话不谈的关系”。在和不熟悉的人聊天时，我们时常通过分享名人的野史来拉近彼此的距离。在对话中，适当的闲谈也算得上一种促进沟通的调味料。

最近，荷兰心理学家将上班族作为研究对象，分别比较了其中整天抱怨公司的一组人和始终保持沉默的一组人。研究结果显示，平时爱抱怨的一组人反而在小组作业中表现更出色，业绩成果也更显著。研究人员称，这也许是由于在抱怨公司说他人闲话的过程中，体内5-羟色胺增多，帮助人们缓解了压力和焦虑。

然而，这样的行为也应该遵守限度，否则便会带来一些问题。有时我们故意贬低他人的行为反而会导致自身的形象受损。闲话背后隐藏的心理机制其实是人们希望通过贬低他人来抬高自己，获得听话人对自身的认可，却时常一不留神暴露出了自己的阴暗想法和自卑心理。从这个观点来看，在背后议论他人这一行为事实上称得上是一种生存游戏，是人际关系中不可避免的恶魔。

曾有心理学家做过一个名为“最后通牒博弈”的实验，实验人员给A了10万块韩元[1]，并要求他分一部分给B。究竟给多少由A自行决定，但如果B认为分给自己的

① 约600元人民币。——译者注

部分太少，不肯接受的话，10万块便由研究者全部回收，A和B都无法得到钱。多次研究结果显示，“A们”通常最终会分给“B们”4万多块钱。站在A的立场来看，取整只拿1万块给B似乎最为划算，而对于B来说，1万块虽然不多，但总比一分没有要好。但最终两人在对彼此的顾虑之下，差不多对半分掉了这笔钱。通过这个实验我们可以看出，人们心中既有自私的一面，也有希望获得他人认可的需求。而这样的需求会反映在为人处事的方方面面。

尽管想要得到他人的好评，也明知有时对于他人的评价会给自身形象带来负面的影响，我们却仍然热衷于说他人闲话，其中的原因究竟是什么？首先，内在的自卑感便是其中最为重要的原因之一。每一个人都是带着自卑出生的，而努力克服自卑则是我们生命强大的动力。▶（参考“想要克服自卑心理”一节。）

自卑心理时常会在无意识间显露出来。尤其是在谈话中，当自身的缺点被对方察觉时，我们便会不自觉地说起第三者的坏话来转移话题，试图掩饰自己的缺陷，更加舒适地进行对话。心中越是流露出自卑，我们越是倾向于在对话中谈论他人的短处，或抨击社会的问题。

当然，说闲话也可能因为我们真的讨厌对方。例如自己曾因对方遭受损失，或对方说话做事的态度一直让人不满意时，我们往往难以抑制心中的负面情绪，自然也就管不住自己的嘴。但此时需要注意的是，毫无理由地过度讨厌他人，很大程度上可能是因为他们身上具有跟我们相同的弱点，他们就像一面镜子，不断折射出我们自身的缺陷。

此外，也有一些人爱讲他人闲话单纯是因为本身容易感到焦虑而已。他们通常较为啰唆，言语中充满不安。例如因担心自己缺乏存在感而不断讲话，或是希望他人注意到自己因而热衷于泄露秘密或谈论一些猎奇的话题等。在这样大量的交谈之后，又觉得自己说了一堆废话，因为谈论他人心里感到愧疚，最终陷入更严重的人际关系焦虑之中。

竞争意识强烈的人通常也容易在背后议论他人。一些人平时看起来与世无争，却会在对话中突然透露出胜负欲；也有一些人日常争强好胜，轻易不肯称赞他人。这类人时常担心自己得到负面的评价，总是企图贬低他人。他们往往十分爱自己，炫耀欲强，固执己见，并且容易在他人并不认可自己时表现出愤怒。如果出现与自身意见不同的情况，便会表现出轻蔑，并开始诽谤他人。▶（参考“聊天时，话题的焦点必须集中在我身上”一节。）

当自卑心理转化为对他人的议论时，作为“斗士”的我们使用的那些“合理化”的**防御机制**事实上对我们自身有百害而无一利。许多时候当我们不愿意承认自己的缺点时，便会将这些问题投射在他人身上，但这通常都是“五十步笑百步”。我们在潜意识操控之下做出一些举动之后，会编出种种像模像样的理由来将自己的行为“合理化”。尤其是在羡慕或厌恶他人时，为了合理化这些情感，我们通常会采取指责贬低他人的方式。

防御机制

人在受到压力或感到不安时，为了保护自我，或维持自身心理状态与现实状况间的平衡，从而采取的一种应对模式。

在受到压力时，防御机制便会启动，帮助我们适应状况。此时如果能够运用成熟的防御机制，的确能从中得到帮助。例如，幽默即是一种颇为成熟的防御方式。如果能够在适当的限度内谈论他人，并将其与幽默感结合起来，虽然存在一定的攻击性，但仍然能为社会所接纳，对人们来说也是一种平和且实际的情绪疏导工具。从这个层面来看，说他人闲话可以帮助我们发泄，甚至可以顺带展现出我们的幽默和机智。▶（参考“搞不懂自己的想法和行为”“如何把握对方言行中包含的意图”等节。）

如果想要采取更为健康的方式来缓解自卑感，抑制炫耀欲，改掉总是谈论他人的毛病，可以尝试以下几种行为方式：

第一，认清自身的自卑心理，并认识到热衷于说他人坏话的行为实际上源于我们对自身的不满。一些人总会辩解说，“我说那些话都是实事求是的，不是因为自卑”，但真正拥有自信的人并不会有心思去谈论他人。正如阿德勒说的那样，我们必须要接纳自身的自卑心理，并且不断克服，努力成为自己羡慕的那种人。

第二，如果察觉到自己在不自觉地谈论他人，应即刻停止下来，观察周围的人是否因为自己的无聊言论流露出了厌烦的表情，避免自己成为他人口中“自卑心重”或“整天就知道在背后说人闲话”的人。如果谈论他人只会给自己带来不好的影响，便应该果断戒掉这一习惯。

第三，可以试着多多称赞他人。例如运用幽默感，嘲讽般地称赞他人，或开玩笑贬低自己等方式都可以使谈话氛围变得更为融洽。如果幽默感不足，至少需要在说话时懂得用好听的话来收尾。人际关系与“评价”息息相关，为了能够给他人留下好印象，收获正面的评价，我们应该培养起称赞他人的习惯。

第四，如果自身嫉妒心重，胜负欲强，同时内心隐藏着巨大的愤怒和敌意，便需要寻找别的方式进行化解。例如可以在玩游戏或运动时发泄自己的攻击性，满足好胜心理等。也可以选择为自己喜欢的球队呐喊加油，或通过踢足球等大量流汗的运动来缓解情绪。

渐渐和从前的朋友疏远了

上学的时候觉得朋友是最重要的，和朋友在一起总是很快乐很踏实。但是随着年龄的增长，和朋友间的关系似乎不复从前。见面也都是在彼此面前炫耀自己，我觉得很尴尬。友情也是会改变的吧。

人长大之后会有许多的烦恼，其中一个便是孤独了。除去工作和学校生活，大部分时间我们都是独自度过的吧。即使和家人一起生活也一样。现在我们已经是大人了，不会想要再和父母一起玩耍，兄弟姐妹也都拥有各自的生活，彼此间可以交流的话题也就随之变少了。

休息的日子里，一边想着“要不要找朋友玩呢”，一边又觉得自己很疲惫，出门也挺麻烦的，于是不了了之。即使约好见面待在一起也时常感到无聊，不知道应该干什么，彼此之间缺乏共同话题，再也不能像以前一样亲密和快乐了。

这时候，反而是工作中遇到的小伙伴成了更能让人感到舒适的存在。感兴趣的事情基本一致，也能够互相帮助互相照应。当然，和同事之间的关系往往也就止步于此，无法再深入下去。可能是因为年岁渐长，学生时代亲密无间的友谊变得难以获得了。

人类都是害怕孤独的。为了生存，我们的祖先选择了群居生活，自然会对独自一人的状况产生本能的抗拒。当人们感到被社会孤立时，不仅心理会变得焦虑，大脑机能也会受到负面影响，甚至可能破坏身体健康，例如免疫力下降、身体发育迟缓、衰老加快，且更容易患上老年痴呆等疾病。同时调节压力的机能减退，甚至可能诱发心脏疾患。

尽管如此，孤独还是成了大多数现代人生活的常态。在1985年做的调查中，我们曾询问一些美国人“你有几名无话不谈的朋友”，大多数人回答了“3名”。而到了

2004年，同样的问题之下更多人却回答“一个也没有”，人们变得越发孤独了。

孩子们则不一样。现在的孩子大多仍像从前一样天真烂漫。容易与人亲近，愿意和新朋友一起玩耍，无忧无虑的。然而通常到了20岁之后，人就会开始感到孤独了。为什么随着年龄的增长就会发生这样的变化呢？我们可以从人的大脑中寻找原因。

婴儿刚出生的时候由于无法独自生活，必须接受全面的照顾。然而在婴儿的大脑中仍然隐藏着巨大的潜力，这便是“学习的能力”。最初孩子会通过妈妈的言行来认识世界，渐渐则会在爸爸、兄弟姐妹、周边亲朋好友的影响下积累起各种经验。

在这样的学习过程中，“站在他人的立场上看待世界的能力”是不可或缺的。我们需要观察他人的言行举止，不断适应群居模式，认识到人无法独自生活。

根据心理理论，人大概到了4岁会表现出“读懂他人意图”的能力。我们推测人类之所以具备这样的能力，主要是某些特定的大脑神经细胞在起作用。受镜像神经元细胞的影响，人们在观察他人的行为时，大脑会做出相应的反应，也正因如此，人们才会具备学习能力，人类社会也才得以构建起来。▶（参考“孩子不与人对视，叫他名字也不回答”“如何培养孩子的社交能力”等节。）

幼年阶段是人类大脑细胞激增，细胞间的连接网也随之急剧增多的阶段。孩子们在学习模仿之际也会储存起记忆，同时培养起解决问题的能力。当进入通过家人以外的其他人不断认识世界的时期后，对孩子们来说最重要的便是与他们水准接近，可以一起愉快玩耍的同龄朋友了。到了10岁左右，大脑的发育会因此达到最高潮。孩子们会和朋友一起偷偷干坏事，培养起亲密的纽带关系。彼此信任彼此依赖，又在对彼此失望后重归于好。对青少年时期的孩子来说，朋友就像自己身体的一部分，是必不可少的。

然而等到过了20岁之后，大脑的爆炸式发育便会减缓，神经细胞间的连接网进入整理阶段，大脑开始进行“筛选”工作，去除掉大部分不必要的连接网。因此躁动的青少年到了这一阶段便会渐渐变得冷静沉稳，觉得和朋友一起玩耍没那么有乐趣，关系也开始有了裂痕，即使再认识新的朋友也难以建立起亲密纯粹的友谊了。

这原本就是正常的人类心理发展过程。由于心理状态在不断变化，成长阶段获取的经历也有所不同，因此长大之后，人们之间的性格与价值观也可能有差异，年幼时期因为共同之处建立起的亲密无间的关系自然也会变得疏远。首先，彼此的人生目标会变得有所不同。十几岁的时候，在朋友中拥有高人气便是最重要的事，20岁左右则逃不出恋爱的命题。而到了30岁之后，社会地位、金钱收入、家庭关系等的重要性便越发凸显出来。

其次，一些人能够很好地接受并适应人生的变化，另一些人则一直停留在十几岁的阶段，因而难免感到与朋友们格格不入。尤其是少年时期的小伙伴时隔多年再次重逢时，彼此在各自的路上已经走得太远，想到现在站在我面前的这个人不再是十几岁时的那个人了，心中的疏离感也就更为强烈。（参考“孩子老说想转学”一节。）

正如前文所说，人是无法避免孤独的。受大脑神经状态的影响，长大后我们难以与人亲近，适应能力也逐渐变差，这些都是正常的现象。然而，我们仍然可以寻找一些方法尽可能消除孤独感。我们需要回头检视自身是否具备与年龄相符的价值观和人生目标，看看自己的思维模式是否仍停留在青少年阶段，或心态过于沧桑，对待生活没有激情。

相反，如果朋友无法跟上自己的发展脚步，仍像小时候一样整天沉迷于喝酒玩乐、打游戏、撩女人，这样的关系也只会给我们带来强烈的虚无感。当然，有时也会出现莫名其妙就感到感情疏远的情况。例如，我想周末与朋友一起去爬山，朋友却只想去国外旅行，彼此的心意不同，亲密关系也就难以长期维持下去。

在一定程度上，我们仍需要接纳彼此的差距，求同存异。不是所有事都可以和朋友一起做，但我们需要建立起一段能够敞开心扉、无话不谈的关系。有时，此前不那么亲近的朋友会因为某个契机突然多了往来，职场或社会生活中也可能认识新的朋友。要记得，不是因为亲近才交往，是因为频繁地交往我们才能变得越来越亲近。

缓解孤独的另一个方式则是努力巩固除朋友以外的其他社会关系。即使和从前的朋友疏远了，也不要过于失落，可以发展恋爱关系，或是深化家庭内部的情感，加强与亲戚之间的交流。随着年龄的增长，人的人际关系网理应变得越来越宽广。

同时，在人际关系以外，我们还需要将更多的精力投入到其他事物之上，不断完善自我，创造生命的价值，参与各种各样的社会活动，丰富自己的人生体验。

090

结婚之后，想和朋友见上一面太难

结婚之后想见一面朋友可真难。朋友们也是，结婚之后联络都变少了，不知道在忙些什么。偶然碰到也都是聊些孩子的话题，真的很无聊啊，我觉得像被困住了一样。

结婚后人们的生活的确会发生很大的变化。婚前爱吃爱喝，总和朋友玩到半夜，无所事事的闲暇时间也颇多。但组建了家庭之后，不管男女，很大程度上都难以再拥有自由自在的生活，取而代之的是对家庭的归属感和责任心。

A.马斯洛（A. Maslow）认为，人类天生拥有各种各样的需要和欲望，而这些需要是分层次的。下图便向我们展示了各个层次的划分，最下端的需要是最本能的，越往上走越会出现高级的需要。

马斯洛提出，往往在最下端的需要得到满足之后，人才会产生更为高级

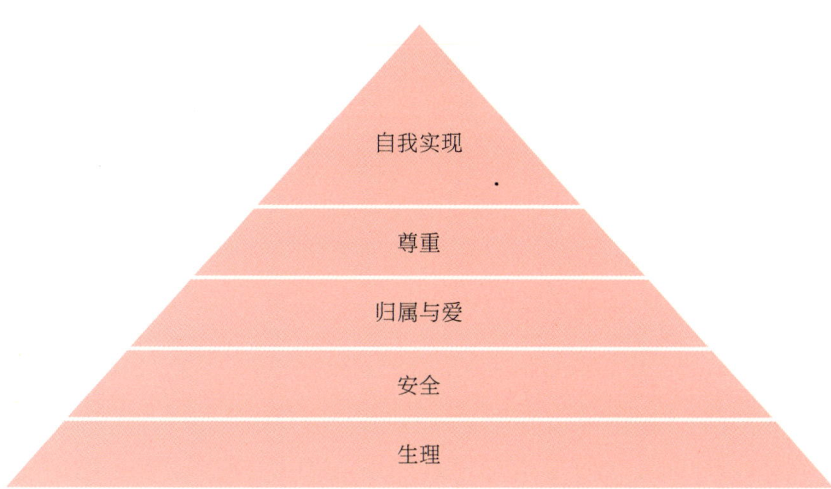

的需要，而越是追逐高级需要的人越成熟和可靠。

同时，每个人能够到达的需要层次并不一致，在满足各项需要时的行为举止也具有水准差异。根据这个原理我们可以得知，人在满足了最基本的生理需要和安全需要之后，自然会产生对归属和爱的渴望。

在这一需要中，朋友关系是相对容易获得的。只要彼此合得来，在一起能够开心玩耍，成为朋友便不是一件难事。不过，如果想在职场等处获得归属感，还需要具备处理业务的能力，从同事那里获得肯定。当然，让步和忍耐也是必不可少的。

这样看来，家庭关系或许会成为最棘手的问题。两个毫不相干的人要开始共同生活，大事小事一起处理。尽管在与对方和儿女的关系中能够获得安稳的归属感，随之而来的却还有莫大的责任。想要获得家人的爱，首先就要做出同等的付出。当这样的义务变得越来越沉重之后，从家庭关系中收获的爱与归属感可能就会变成束缚，让人感到动弹不得。

当人们感到被禁锢，时间久了自然就会产生想要挣脱的心理。渴望见到朋友，再像从前一样嘻嘻哈哈，没心没肺地又吵又闹。这样的诉求与现实相冲突时，一些人在心理上便会选择回到过去，甚至出现退行的现象。例如婚后仍渴望常与朋友在一起，试图逃避家庭的责任。对他们来说，新身份认同的建立十分困难，同时还可能流露出强烈的孤独并产生自尊感低下等问题。▶（参考“作为男人我还得操心养孩子的事吗”“渐渐和从前的朋友疏远了”等节。）

这些人总是希望朋友率先邀约自己出门，而在外面久久流连之后，另一半会产生不满，夫妻关系因此恶化。最终导致自己陷入越来越讨厌待在家里，不断想要出门和朋友玩乐的恶性循环之中。

此类问题产生的源头，时常需要追溯到父母的身上。尤其就男人而言，通常都是因为幼年时期父亲没有承担起家庭的责任。例如父亲喜欢和朋友待在一起，常玩到很晚才回家，对待自己也不上心。在这样的环境中成长起来的孩子，多数难以构建起正确的自尊心。同时由于没有可以效仿的优秀榜样，他们在成年结婚之后，也更加依赖朋友，对家庭缺乏责任心。

那么，我们应该如何维持家庭和朋友之间的平衡呢？每个人的处理方式或许不尽相同，但以下几点原则却是我们需要共同遵守的：

首先一定要明确的是，对于家庭的归属感绝对是更为重要的。家庭并不单单是满足归属和爱的需要的地方，也是我们可以实现更为高级的尊重需要的空间。例如，成年男性在婚后如果能够懂得为家庭付出，扮演好丈夫和父亲的角色，便会受到来自家人的尊重。诚然经营一个家庭绝非易事，需要扛住压力，耐住寂寞。但这个过程之中得到的收获却会带给人极大的满足感。事实上这一艰苦的过程也并不会太漫长，等到子女稍长，夫妻关系越发稳定之后，仍然可以拥有自由生活，和朋友一起自在玩乐。

其次，要知道朋友可能也和自己拥有相同的烦恼。不管在外看来多么光鲜亮丽，每个家庭内部都有一本烂账。没有一个妻子乐见丈夫因为和朋友吃喝玩乐而晚归，也没有一个男人愿意忍受另一半的唠叨。不必因为没能去成朋友的聚会而感到失落，也不能因为朋友没能出席而责备他们。

当然，也没必要时刻肩负起责任的重担，人都需要能够放松休息的时间。夫妻中的一人偶尔想要出门和朋友玩耍时，也应该予以理解。

再次，为了可以在归属感和束缚中获取片刻的自由，放松身心，人还应该拥有一些独处的时间。每天冥想30分左右，或独自一人安安静静散会步都是不错的方式。

最后，我们都需要明白，自由并不是解决一切问题的万能钥匙。自由和束缚就像硬币的双面，一味地随心所欲并不会为内心带来真正的快乐。有时归属感尽管会让人感到痛苦，却也能够让人感受到自己的存在。相反，自由也许可以带来独立和快乐，却也难免使人感到孤独。在结婚后也总是渴望与朋友一起吃喝玩乐的人，今后便可能遭到家人的疏远，难以获得亲情。

为什么找不到对象呢

我差不多也到了谈恋爱的年纪了吧？也曾相过亲什么的，但是始终没找到非常满意的人，也没有人对我表示过好感。看来大好青春我得独自一人度过了呢。

青春期的孩子常会听到“上了大学之后就可以随心所欲地恋爱了”这样的话，因而心生憧憬。等到真的上了大学发现一切不是想象中的那样美好时，便会陷入消极状态，嘴里一边念叨着“没戏了没戏了”“等着孤独终老吧”之类的话，一边和朋友一起借酒消愁。也会羡慕那些有男女朋友的人，但真正站在异性面前时却时常不知所措，并且会因为这样狼狈的自己感到丢脸。

20岁左右时人尚且青涩，不太能够准确把握异性的心理，尽管真心诚意地喜欢对方，通常也不知道应该如何正确表达自己的情感，最后留下的大多只是伤痕。渴望与异性相处，却又十分害羞，担心自己的心意被发现。也有一些人成天嘴里嚷嚷着“我超了解女人的”，但事实上在女生看来，这样的人通常毫无魅力可言。

找不到男女朋友的原因是多种多样的。从心理发展的角度来看，成长过程中留存下来的恋父或恋母情结导致许多人对眼前的异性抱有过高的期待，因而容易失望或感到泄气。（参考“我好像太在意他人的评价了”一节。）

也有一些人是因为担心在亲密关系中失去自我而无法建立起恋爱关系。这类人通常自尊感较低，容易错失机会，并且责怪自己缺乏爱与被爱的资格。相反，另一些人则自视甚高，总是带着“只有条件很好的人才配得上我”的心态，因而难以与人交往。

社会氛围也是不可忽视的原因之一。尤其现代社会外貌至上主义泛滥，人们寻找对象时对于条件和能力也过分看重，如果外在长相和职业方面有所欠缺，不管性格品德多么出色，通常也难以遇到合适的对象。

“如何才能找到对象？”这一问题本质上是与爱相关的命题。精神分析学家E.弗洛姆（E. Fromm）认为，人们大多并不明白爱究竟是什么，也从未真正学习过如何爱人。究其原因，大致有以下三点：

第一，绝大多数人都将爱理解成了“被爱”。事实上，我们首先应该检视自己是否具备爱人的能力。

第二，缺乏爱的对象确实会让人感到烦恼，但归根到底，我们是否将爱的问题错认成对象问题，而非能力问题？

第三，人们往往嘴里说着“我爱你”，并渴望爱能够长长久久下去，却不了解“坠入情网”和“持久的爱”的区别。

如果希望拥有理想的爱人，首先应当拿出“理性”，而非情感。这句话也许听起来有些荒谬不合逻辑，但的确，我们在爱人之前，必须具备正确评价和看待自己的态度，这便是所谓的理性。

客观理性的思考可以帮助我们从自恋中脱离出来。如果只懂得爱自己，认为自己是世界上最棒的人，那么在面对他人时，便可能感到力不从心。必须冷静准确地认识自己，才能够在处理与对方的关系时做出恰当的举动，同时获得对方相应的爱，使得关系逐渐迈入良性循环之中。

幼年时期父母会给予我们无条件的爱与照顾，但我们需要从这之中挣脱出来，不要妄想会出现一个人像父母一样无条件地深爱自己。必须主动付出，用更加美好、充满爱意的心态面对世界。对此，弗洛姆甚至使用了“信仰”一词进行表述，告诫我们要怀抱着坚定不移的信仰朝前方迈进。在找到爱人之前，我们可以先努力学习如何真正去爱惜和照顾他人。

092

无法与人长久交往

男朋友比我大8岁，人很宽厚，很懂得照顾人，在他面前有时感觉自己就是个小孩子。但是他很啰唆，我们常会因此吵架，我觉得很厌倦想分手了。

人们会通过恋爱获得再一次的成长。在恋爱关系中，两个人的心理距离通常十分接近，事实上恋爱的过程便是在不断重复婴儿初见母亲及成长的过程。心理学家M.马勒曾在客体关系理论中提到，刚坠入爱河时，双方的心理状态都会自然地退回到婴幼儿时期，为了更好地了解对方，暂时放下警戒，将对方与自己视作一体（与共生期类似的阶段）。这是我们接纳、承认彼此是自己的恋人的时期。（参考“我变成这样都是这个世界的错”一节。）

然而，很快两人就会从这样的退行状态中脱离出来，意识到自己是一个成年人，进入分离—个体化的阶段。这个阶段是十分重要的，是我们不断认识自己、了解对方的过程。这时我们会建立起对彼此的信赖和依恋，心中充满对爱的确定，即使不在一起也不会感到不安。也就是说，在这一阶段，我们会建立起关于彼此的客体永恒性。

可以认为，恋爱时人的心理发展过程便是婴幼儿时期心理发展过程的一次再现。有的人会通过恋爱治愈幼年时候的伤口，弥补内心的缺失，也有一些人则可能在恋爱中再次经历童年时期的痛苦。前者的恋爱自然是很幸福的，后者却通常感到吃力。本节开头的主人公便属于后者的情况。最初时，两个人可能因为互补而彼此吸引，但越到后来却越可能因为性格迥异而不断争吵，最终走向分手。

也有一些情侣在深爱对方的同时又彼此憎恨。这可能是**强迫型人格障碍**和歇斯底里结合导致的结果。这类人通常具有较强的性别吸引力，因而在最初相遇时往往会狂热地陷入爱恋中，认为自己与对方是命中注定的天

强迫型人格障碍
固执，恪守规则，缺乏变通，完美主义倾向严重的一种性格障碍。情感表达匮乏，常难以对他人产生亲近感。

生一对。

患有强迫型人格障碍的男性通常容易对歇斯底里，明朗、积极表达情感的女性产生好感。由于他们自身感性因素缺乏，因此希望通过对方来弥补自身的不足。然而，具强迫型人格障碍的男性往往性格刻板、不懂得变通、完美主义倾向严重，难以忍受总是想起一出是一出，行为举止缺乏计划的女性，一再企图纠正她们的每一个问题，并将此误认为是关心和爱。

同时，具有歇斯底里问题的女性也会从强迫障碍严重、看起来踏实正直的男性身上获得安全感。她们认为自己缺乏一定的规矩和套路，在希望对方纠正自己的同时，又总是期待对方能像父亲一样包容自己。然而，强迫症严重的男性通常情感表达匮乏，往往只能扮演出严厉刻板的父亲形象，此时女性便会认为对方自私、专制、不懂得关心他人。最初相遇时那些迷人的特质全都变成了让我们感到厌倦的理由，恋爱也因此陷入恶性循环。

相反，如果是男方歇斯底里，女方强迫障碍严重的情况，男方通常会想要展现自己强大的一面，不断与女人交往，并且情感表达十分缺乏。而女方则恪守规则，完美主义倾向严重。此时便会出现在男方做出不可理喻的举动或出轨等恶劣行径后，女方不断选择原谅并认为自己可以改变对方，因而不停在对方面前唠叨的情况。虽然彼此都认为这样的行为是出于爱，但双方只会因为同样的问题不断争吵，并最终彻底厌倦。

从心理学的角度来看，强迫型人格障碍和歇斯底里的产生都是幼年时期缺乏爱和关心导致的。为了能够获得父母的关心和认可因而“正确地”行动的人形成了强迫型人格障碍，为了能够得到更多的爱和关注因而选择“漂亮地”行动的人则变得歇斯底里。这样的两个人相遇后，虽然最初容易被对方吸引，但随着时间的流逝却会发现，对方的内心里存在着跟自己一样的阴影和伤痕，因而想要更加努力地去爱对方，最终却走向了破裂。

此外，一方独断专行，另一方绝对服从的恋爱关系也存在很大的问题。从心理学的角度来看，这可能是**边缘型人格障碍**和**依赖型人格障碍**结合

边缘型人格障碍

情感起伏大，人际关系或自我身份认同混乱的一种人格障碍类型。常理想化他人，行为举止冲动。

依赖型人格障碍

总是企图依赖他人，希望对方照顾自己的一类人格障碍。通常难以自己制订和实施计划。

的例子。

患有边缘型人格障碍和依赖型人格障碍的人通常缺乏检视自我内心的能力，同时容易感到空虚。具边缘型人格障碍的人总是企图按照自己的意愿操纵对方，又担心自己被他人抛弃。相反，对于具依赖型人格障碍的一方来说，如果没有人替他们做决定，身边缺乏可以依靠的对象，自己就非常容易感到不安。所以这样两人相遇时，一开始自然是十分和谐的。

最早开始恋爱时，具边缘型人格障碍的一方往往会将对方照顾得无微不至，具依赖型人格障碍的一方只需要乖乖跟随对方便可以，因而会感到舒适。但在之后，随着交往的不断深入，两人间的平衡被打破，这样的关系就可能变得危险起来。一方总是按照自己的意愿行动，另一方则因为一直无条件服从对方而感到辛苦，并产生想要离开的念头。极端时，甚至可能出现暴力、剥削等问题，或转变为在遭遇殴打和虐待之后仍无法离开对方的关系。

具边缘型人格障碍的人通常行事冲动，具依赖型人格障碍的一方会因此感到不安和害怕。因此如果身边出现了更有安全感、更能让人放心依靠的对象，他们便会想要离开。而当具边缘型人格障碍的一方意识到爱人想要离开时便会感到极度焦虑，无缘无故朝对方发脾气，或因为害怕被抛弃而率先通知对方分手。

上述问题都是一些恋爱关系中较为极端的情况，但在现今的生活中，类似的状况并不罕见。听起来虽然不可思议，但许多自认命中注定的情侣在恋爱过程中都会遇到上述问题。那么，真正好的恋爱关系和所谓的“恶缘”之间的区别是什么呢？

我们认为，一段好的恋爱应该是成熟独立的两个人在相遇之后，以恋人的身份一起成长、发展的过程。而所谓的“恶缘”则不会给人带来任何长进，身陷其中的人只希望享受对方的好处，试图将对方改造成自己喜欢的样子。

因此，如果总是无法长期维持恋爱，便可能需要对自己的性格和过去的恋爱模式进行反思。成熟的恋爱需要具备诸多条件，而这也是我们收获成功的婚姻，度过幸福后半生的必要条件。

为什么总是遇到渣男

最早遇见男朋友的时候，他真的表现得很有礼貌、充满自信、有决断力，也很懂得照顾我。后来我才发现，原来他对每个女人都一样。交往的3年间，3次被我抓住和别的女人勾搭。一开始他还会向我道歉，后来反而冲我发火，嚷嚷要跟我分手。理智上我也认为分手是正确的，但实在离不开他。索性跟他结婚的话，是不是就能彻底抓住他的心了呢？

我们常在现实中或电视剧里看到被坏男人吸引的女性形象。这类男人通常外表帅气，也总是充满自信，在追女生的时候热情主动，出手也很阔气。然而等到关系深入之后，这些男人身上的“渣男特征”便会显露出来，此时许多女性虽然感到辛苦，却被无法离开对方的心态牢牢抓住了手脚。

心理学家D.巴斯（D. Buss）认为，人们陷入爱情时最常做出的举动，便是“为对方付出”。也就是说，当男人不去勾搭别的女性，专注于关心照顾自己，用心倾听自己说话时，女性就会认为这些都是他深爱自己的证据。然而，这些行为也正是渣男在恋爱初期最为擅长的，只不过不能一以贯之罢了。

在现实生活中，渣男的类型是多种多样的。J.洛克（J. Rock）将坏男人分为试图彻底操纵对方的男人、说谎成性行为败坏的男人、不成熟的男人、情感发展欠缺的男人等12种类型。他们通常都具备出色的外表，擅长花言巧语，乍一看的确充满吸引力，但实际上往往缺乏内涵。第一次见面时他们很容易给人带来亲切感，认识久了就会发现他们通常自私自利，根本不懂得关心照顾他人，有时甚至会表现出对他人的压迫。也有一些男人对于恋爱或结婚态度模棱两可，惯性出轨谎话连篇，甚至会对女人施以语言或身体暴力。

这些男人固然让人痛恨，但选择和他们恋爱的女性，究竟为什么不愿意分手？

首先可能是因为过于受对方外貌的吸引心生迷恋。这类女性通常有些虚荣，认为和长相帅气的男人走在一起很有面子。同时认为只要自己全心全意地对待对方，一定可以让他有所改变，因此不断干涉对方的言行举止。然而，这样的心态往往会反过来被渣男利用，成为他们操控女性的工具。

在对方出轨，或施暴等伤害行径之后仍无法选择分手的女性可能是因为在对方身上看到了幼年时期父亲的影子。这类女性的父亲通常有出轨经历、暴力倾向严重、缺乏同理心或在家庭中十分专制。

此时我们可以从多个层面来阐述受害女性的心理状况。年幼时渴望得到父爱的迫切心情，或性格中恋父情结的残留等，都可能导致她们在长大后执着于寻觅与自己父亲类似的男人。甚至可能将自己和母亲看作一体，因而不断选择原谅犯错的男人。▶（参考“不能理解自己为什么那样对待他人”一节。）

女性在对父亲感到愤怒的同时，往往又很容易被类似的男性所吸引。总是认为自己可以改造对方，让其在恋爱关系中成为一个好人。因此陷入恶性循环，不断受伤又不断原谅，心存侥幸，想着“或许哪一天他会变成一个好男人的”。

在这个过程，女性会再次体验到幼年时曾经历过的愤怒和不安情绪，并对自己深陷其中而感到自责和无力。自尊心薄弱、被害意识强烈的女性更是如此，她们潜意识里总是担心自己受到惩罚，因而难以摆脱糟糕的关系。

再来，一些女性可能因为幼年时期的不安经历和恐惧情绪而形成**反恐怖症行为**（counterphobic behavior），这也可能是她们无法离开渣男的原因之一。

反恐怖症行为
为了克服不安和恐惧而做出的行为。认为比起逃避，索性积极面对更好。

所谓的反恐怖症行为，是指反而倾向于靠近恐惧，或过度沉迷于恐惧事物的一种行为。例如去医院打完针的孩子回到家后反而玩起了医院过家家游戏，恐高的人却偏要爬上高处等。

仔细观察这些渣男的特质以及为他们所吸引的女性的心理特征我们会发现，他们之间的关系是极为不健康的。因为在对方的身上看到了自己缺乏的特质而开始并维系一段关系时，双方都绝对不会做出改变，只会陷入恶性循环的痛苦之中。类似本节开篇的主人公的情况，便必须看清自己会被渣男吸引的内在原因，并及时斩断与其的心理连接。

094

太在乎另一半了

小时候因为父亲出轨，父母离婚了。不知道是不是因为这个原因，我对婚姻的期待很高，认为结婚后绝对不能离婚，跟现在的男朋友也还算顺利地交往着。但有时如果对方说自己很忙忽视了我，我就会怀疑他是不是有了别的女人，像疯了一样地感到不安。因为我无时不无刻不想要跟他保持联系，男朋友也觉得压力很大。真的很讨厌这样的自己。

恋爱中，我们常会因为“他/她会不会离开我呀？”“他/她是不是跟别人好上了”等念头而感到不安。然而这份不安往往会变成分手的一大原因。如果这些问题不能得到很好的解决，我们就可能陷入焦虑与执着的恶性循环之中。事实上面对这样的情况时，比起对方的行为举止，我们更应该从自己的内心去找寻原因和答案。

很多原因都可能导致我们在关系中过于在乎对方。首先正如前一节所言，我们可以针对子女与父母的关系进行思考。对女性来说，父亲是她们认识男人的起始点，她们难免会将自己对于父亲的期望投射在男朋友或丈夫的身上。

本节开篇事例中的女性，在年幼时经历了父亲出轨导致的父母离婚，对她而言，父亲因为别的女人抛弃了自己，潜意识里她可能因此认为自己就是个不值得被爱的女人。成年之后，为了不再经历类似的痛苦，她在处理与另一半的关系时常会用力过猛，事实上这是因为她仍然活在被父亲抛弃的阴影之中。因为总是担心男朋友也像父亲一样随时可能抛下自己，所以时常感到不安，内心痛苦，并因此做出不断给男朋友发信息、打电话等折磨人的举动。

再来，我们还可以从幼年时期与父母间的依恋关系出发来分析这一问题。小时候与父母的依恋关系会伴随我们一生，并反映在我们与他人的关系之中。

正如我们在安斯沃斯的陌生情境实验中看到的那样，与父母建立了良好依恋关系的孩子不会激烈反抗父母的离开，只要父母回到自己身边，便很容易镇定下来。同样，建立起了健康依恋关系的成年人不会容易感到焦虑，即使对方暂时离开自己或出现一些可疑情况，他们也能够表现出信任并耐心等待。而如果依恋关系不稳定，孩子便会恐惧父母的离开，甚至因此发脾气。这种现象也会反映在成年人身上，只要与恋人不在一起，便容易感到痛苦难熬。▶（参考“孩子一秒钟也不肯离开我”“如何培养孩子的社交能力”等节。）

如果这样的倾向表现得过于严重，则需要警惕是否患有边缘型人格障碍。这类人通常在恋爱之外的其他关系中也容易表现出类似的执着，无法独处，总是担心自己被抛弃，在关系最开始时通常较为狂热，却又会在某一个瞬间表现得恶劣和愤怒。此时关系中的另一方则往往会因为最初获得的强烈爱意而一直被牵着鼻子走。▶（参考“频繁自残”一节。）

另外还有更为严重的偏执表现。所谓的奥赛罗综合征，即一种总是毫无根据地怀疑另一半的精神疾病。此外，跟踪等行为也是一种极端的偏执表现，是病理性的，且具有犯罪性质。李始亨（이시형）博士曾说，跟踪行为源于不成熟的自我。而所谓“不成熟的自我”，即是指我们对于自爱的忐忑和在爱人时遭到拒绝的恐惧。

“父母的离婚或依恋关系建立的失败等幼年时期原因导致我们过于偏执”，这个结论或许对于当事者来说有些难以接受。因为这有可能会给他们带来绝望——“一切已经注定好了，我什么也改变不了”。事实上这类问题很大程度上受惯性的影响，只要能够找到问题的根源，便可以修正。不过，在这个过程中一定要保持耐心，一点点做出改变。没有什么可以一劳永逸、斩草除根的方式，我们需要在改变并维持与恋人关系的同时，关注自己内心状态的变化。

095

人一定要结婚吗

最近身边的人总是问我，都三十几岁了，也有男朋友，为什么不结婚呢？其实我自己是很犹豫的。结婚之后可能需要放弃工作，生养孩子压力又很大，也很担心处理不好婆媳的问题。可不可以只谈恋爱不结婚呢？

在过去的**制度化婚姻**（institutional marriage）时期，结婚主要是为了给人们提供衣食和住处，同时保护人们免受外界危险的伤害。这之后，到了**陪伴式婚姻**（companionate marriage）时期，人们开始强调结婚需要彼此相爱，注重性关系是否和谐、情感交流是否顺畅等问题。而最近，对人们来说结婚已经成了表达自我的机会，我们应该通过婚姻生活发现自我、提高自尊心、实现个人的发展与成长。这便是所谓的**个人化婚姻**（self-expressive marriage）时期。正因如此，现代社会人对于婚姻的期待值也越来越高，变得越发苛刻。

随着期待值的升高，人们心中对于婚姻的恐惧也与日俱增。研究表明，越来越多的年轻人索性选择不婚或晚婚，而越晚结婚的夫妻对于婚姻的满意程度也往往越低，所谓期望越大失望也就越大。

从原始社会到今天，除去社会发展的宏观因素之外，个人心理因素也是导致人们越发恐惧婚姻的重要原因之一。一些人或许是因为对于婚姻的期待值太高或更加注重自我实现，也有不少人不愿意结婚却仅仅是成长背景或家庭环境导致的。

恐惧婚姻的女性中，一部分是因为幼年时期家庭生活给自己留下了太大的阴影。她们的父亲大多对家庭缺乏责任感，自私自利，时常喝得烂醉如泥回到家来，大声斥责妻子儿女甚至使用暴力。妈妈则为了子女无可奈何地忍受着这样的生活，目睹这一切的女儿则会因此对男性产生负面的情感，认为世界上所有的男人都和自己的父亲一样糟糕。在她们心中，婚姻就是一场赌博，走错一步便可能搭上整个人生，她们绝不愿意承担这样的风险。

也有一些女性的情况刚好与此相反。父亲温柔、顾家，尤其疼爱女儿，母亲则性情冷漠，甚至因为丈夫过于疼爱女儿而感到嫉妒。在这样的环境里成长起来的女性心中通常对父亲抱有无限爱意，认为世界上没有一个男人比得上自己的爸爸。心理学上将这样的心理称为恋父情结，拥有恋父情结的女性不仅逃避婚姻，甚至对谈恋爱也提不起兴趣。

当然，也有不少男性因为个人心理问题而变得惧怕婚姻。虽然他们嘴上说着不想结婚只是因为讨厌束缚，事实上潜意识里仍然隐藏着许多问题。例如恋母情节严重时，便可能导致他们难以与女性建立起正确的关系。对母爱的渴望格外强烈，性欲异常旺盛，并且十分容易在性关系发生之后产生厌倦之情。这些看起来如同性瘾患者一般的男性通常都是恋爱高手，却对婚姻生活毫无兴趣。

在决定结婚之前，有几个原则性问题值得我们慎重考虑。第一个原则性问题，我们一定要摆脱每个人都必须结婚的固定观念，冷静地进行思考。事实上许多统计资料都表明，越来越多的年轻人不再认为婚姻是必不可少的，选择晚婚的人也在逐渐增多。

环顾四周，我们可以发现许多选择不婚，注重自我实现的人，同样也生活得十分精彩。在他们的价值排序中，工作上取得成就或不断拓宽人际关系等事情更为紧要。甚至不少独身主义者完全不与异性交往，将所有的精力都发泄在工作和自我成就里。

埃里克森曾以神父和修女为例，认为他们便是放弃了养育子女的权利，选择了照顾他人的子女，致力于引领世人创造更好的世界。尽管他们一生没有结婚和生育后代，却仍然实现了巨大的人生价值。▶（参考“一把年纪了却一事无成，我觉得压力很大”一节。）

虽然算不上绝对意义上的参考标准，但统计显示，在诺贝尔获奖者中未婚人士比例较高。惧怕婚姻的年轻一代或许可以对此进行一些思考。

心理学家E.芬克尔（E. Finkel）教授近日曾表示，人们对于婚姻的满足度也越发呈现出两极分化趋势。离婚率不断增长，道德不断坍塌，致使人们对于婚姻也越发感到倦怠。然而也有一些一直维持着婚姻生活的夫妇表现出了极高的满足度。正如前文所说，这是因为在对于婚姻的期待值越来越高的今天，一旦这份期待没有得到满足，人们便会选择离婚，而得到了满足的夫妻则会长期将婚姻维持下去。

从芬克尔教授的文章中，我们可以找到决议结婚的第二个原则性问题。即要将对婚姻的期待值与现实状况结合起来。从单纯为了获取生存保障的原始诉求到今天追逐自我实现的高层次目标，结婚并不能满足人们的全部需求。如果仍然梦想着拥有蜜糖般的婚姻生活，那么从现在起修正这个愿望还不算迟。

对于婚姻期待值过高的心态自然有些问题，但婚后我们究竟是否有能力满足这些期待也是值得思考的部分。调查结果显示，越是经济条件宽裕的夫妻，耗费在工作上的时间较少，彼此相处的时间越多，离婚率也就越低，对于婚姻的满意程度也会提高。当然，收入并不是唯一的决定性因素，在无法改变环境的情况下，如果夫妻双方能够一起努力创造机会，共同享受美好生活，也就能够收获成功的婚姻生活。

最近在韩国，未婚率不断增长，出生率越发降低。人们通常认为这是由于房价、子女教育支出的暴增、职业不稳定等经济因素导致的，但事实上，缺乏乐趣的生活方式、俗不可耐的价值观、不正确的夫妻观念等因素也都值得我们考虑。个人是否充满意志，愿意为构建幸福的婚姻生活付出努力，便是我们在考虑是否结婚时需要检视的第三个原则。

第四个原则，如果存在一些负面的个人心理因素，一定要在决定结婚之前解决掉才行。在这些问题得以解决之前，我们常会选错伴侣，婚后也会经历摩擦不断、矛盾重重的糟心生活。当然，也有一些幸运的人，他们幼年时期的伤口会被另一半治愈，得到心理上的补偿，收获幸福的婚姻生活。但大多数情况下，没有事先解决自己的心理问题而贸然选择结婚，结果通常不太理想，因此我们需要自己首先付出努力。

如果出现了合适的结婚对象，自己却仍然有些担心婚后能否过得幸福，也可能需要果断做出决定。男性往往需要在婚姻中承担压力和责任，女性则会面临不安和焦虑情绪，我们也需要问问自己，是否能够承受和克服这些问题。如果能够适当降低期待值，双方一起努力满足彼此的期待，婚姻生活便会成为人生中一件十分有意义的事情。

096

男朋友迟迟不肯求婚

跟男朋友在一起5年了，身边的朋友都觉得我们已经和夫妻没有两样。但是，男朋友却迟迟不肯求婚。我也快30岁了，去年开始就觉得也是时候结婚了。应该怎么办才好呢？

虽然也是老生常谈的话题了，但我们想要再次强调，恋爱和结婚其实是两码事。结婚是指两个人以夫妻的名义结合，建立起新的家庭关系。这就意味着两人都已慢慢进入在心理和物质层面上脱离父母独立出来，在同一空间内部共同生活，进而生养子女，自身成为父母，为子女牺牲奉献的人生阶段。

然而，有时我们也会遇到长时间的恋爱之后，对方却迟迟不肯谈论结婚问题或干脆不想结婚的情况。与女朋友交往多年却逃避结婚的男性，通常可以分为以下几种类型：

第一种，**彼得潘综合征**。这类人群心理层面一直停留在幼年时期，无法成长为独立且有责任感的成年人。他们中许多人都极度依赖父母，在是否结婚等重大问题面前，往往难以抉择，将责任推给父母或女朋友。而当他们遵循他人的决定结婚之后，也只会将另一半当作自己的监护人，依赖型人格极为突出。

彼得潘综合征

指长大后仍然无法扮演起成年人角色的男性。他们通常会将对女性的理解视为女权主义，却又将责任全部推给女性，依赖心强。在社会中难以独立生活，总是表现出无能的样子。

第二种则是带有“还想要再与别的女人交往看看”的心理的男性。这类人通常在恋爱期间便常会拈花惹草，婚后出轨的概率也颇高。

第三种，本身父母的婚姻生活充满不幸的话，也可能因为童年阴影而导致对结婚这件事充满负面的认知。

那么对于女性来说，当遇到上述情况时，应当如何处理呢？必须和男朋友仔细地沟通，讨论是否结婚的问题。在这个过程中，彼此也会进一步成长起来，以更加成熟的姿态进入婚姻生活。尤其是面对上述第三种类型，即对婚姻生活充满负面认知的男性时，这样的对话交流尤为重要。可以多多参考其他生活幸福的夫妻，帮助他建立起新的观念和认知。

而如果男朋友是第一种和第二种类型的情况，究竟是耐心等待他们成长，还是索性选择分手？此时女性需要根据具体状况做出相应的决断。

097

不想再依靠父母，却又为此感到害怕

我快结婚了，想要从此就要离开父母独自生活，心中充满了苦恼。一方面我很担心自己能否独自经营好生活，另一方面心里很难过，想到我不在的话妈妈得有多寂寞啊。

人类在刚出生时是十分脆弱的，如果没有妈妈在身边无时无刻地照顾，便无法生存下来。然而，刚出生的婴儿是无法认知到妈妈的存在的。他们只能埋头于自身，这个阶段被心理学家马勒命名为称自闭期。（参考"我变成这样都是这个世界的错"一节。）

孩子肚子饿了就会哭泣，此时便能吃到食物，屁股黏嗒嗒地不舒服也会哭泣，此时便有人为他们擦拭干净。但这个阶段，他们还不能认识到，是"我"以外的其他人（也就是妈妈）为自己做了这些事情。他们无法区别将自身与妈妈区分开来，这一阶段被称为共生期。

这之后，孩子便会慢慢感知到他人的存在，知道有人在给自己喂食物，换尿布等。同时他们发现，这个"他人"不受自己意愿控制，因此会感到失望和愤怒。在接纳了妈妈和自己是不同的两个人这一事实之后，心中便会储存起关于妈妈的形象。这就意味着，对他们来说，妈妈是会在自己有需求的时候提供帮助的人，这一阶段被称我们称为分离—个体化时期，孩子大多会在满3岁之前进入这一时期。

然而，与此类似的一个阶段会在成年初期再次出现。即我们成年后与父母分开独自生活的阶段。婴幼儿在分离—个体化阶段只是在心理上与妈妈产生分离，而成年后的这一时期，却需要经历身体、日常生活的分离，实现真正意义上的独立。此时我们需要建立起对于成年人身份的认知，为独自面对未来人生做好准备。

但是，的确有一些人无法顺利度过成年后的分离—个体化时期。仍然希望得到父母的帮助，害怕与父母分开生活，迟迟不肯结婚。之所以会出现这样的情况，其实是因为这些人在婴幼儿阶段就没有彻底度过分离—个体化时期。在那个阶段，如果妈妈过于神经紧绷，一秒钟也不肯让孩子离开自己身边，便极有可能导致这一情况发生。这些孩子长大后通常无法建立起独立的自我，自律性差，搞不清楚自己想要的究竟是什么，也会因为找不到人生的方向而不断徘徊。这些一直停留在共生期阶段的人，被马勒称为“袋鼠一族”。

除心理层面的因素之外，社会环境也是导致一些人无法脱离父母独自生活的重大因素之一。受就业困难、房价飙升等问题影响，现在的年轻人如果没有父母的帮助，的确难以实现完全的独立。因此许多人便产生了退行心理，认为依赖父母是理所当然的事情。

也有一些在单亲妈妈的身边成长起来的孩子，他们总是担心“如果我离开了，妈妈肯定会很孤独”。事实上大部分的父母都能够积极接受“子女离巢”这个过程。要知道，如果本身家庭内部存在问题或矛盾，在独立之后通常也更容易得到解决。不要因为担心父母而迟迟不肯迈入人生的下一个阶段。

当然，的确也存在一些父母因为不安而无法放手让孩子独立生活。尤其是在子女存在一些难以解决的问题时，他们无论如何都难以感到放心。此时作为子女，应该果断独立出去，将父母的担忧留给他们自己处理。所谓“独立”，不就是意味着宣告“他人和我是不同的两个个体”吗？

不过，独立这件事情，我们也没有必要操之过急。某项长期追踪女性日常生活的研究结果显示，年轻女性在离开父母之后，到真正建立起自己的家之前，通常需要5至10年的时间。并不是说我们只要单独租下一间房子，就算是实现了独立。

真正实现独立是一个漫长的过程，不要贸然切断与家庭的联系。就与父母的相处而言，糟糕的部分应当舍弃，而那些利好的部分则值得保留下来。要建立起新的关系模式，表现出作为成年人或一家之主的担当。此时对我们来说，父母便不再扮演为我们提供衣食住行的角色，而是成了我们精神上的支柱、情感上的依托。（参考“我好像太在意他人的评价了”一节。）

大家都说我个性古怪

大家总说我个性古怪，我自己却没什么感觉。从高中起就时常听见类似这样的评价，倒是没有被霸凌或主动欺负同学的经历，也没有觉得有什么让我不舒服。但是被人这样评价，心里多少还是会有些在意吧。

人们似乎都挺热衷于评价他人的个性，例如，“哇，他个性真奇怪”“脾气好差啊”“他个性特别古怪，有点四次元”“你本来就是这种个性吗，还是有什么毛病啊”等。事实上这些话里多多少少存在些夸张的成分，或只要有人不符合大众的基准，便会被定义为“奇怪”。简单说来，类似于文章开篇事例中的情况，多数时候只是个性与众不同，或可能有些不够成熟的地方而已，基本不存在什么太大的问题。

当然，也有一些人的确存在先天性的气质问题。例如有的人语言能力较差，无法很好地与他人对话，或社交能力不足，缺乏眼力见儿；也有一些人对事物的关注有限，只对某个特定的领域感兴趣；还有因为集中力存在问题，无法仔细倾听他人说话的人，以及带有自闭倾向的人……这些都可能是天生气质存在问题，却很容易被我们看作人格缺陷。此外，情绪因素也颇为常见。因为抑郁症而无精打采的人、存在愤怒调节障碍的人、躁郁症患者等都时常被贴上“性格不好”的标签。

从现代精神医学的角度来看，上述所说的个性气质问题或情绪问题都尚且不能够被诊断为人格障碍，只有在个人的经验和行动等过于脱离社会标准时，才有可能被纳入确诊的范围。例如看待自己和他人的方式存在问题，情绪调节、冲动抑制、为人处事等方面存在障碍。

人格是指固定在每个个体身上的行动模式和思考方式。因此我们在评价人格时，也应该将此作为基础。众所周知的迈尔斯-布里格斯类型指标（MBTI），通常只能帮助我们判断被测试者是否具备某种奇怪的倾向，而真正病理性的问题，则需要通过

*DSM-5*等提供的标准来进行诊断。

*DSM-5*将人格障碍分成了10类，彼此较为相似的问题通常归为一个大类。下面我们简单来了解一下每种人格障碍的特点。

A类（cluster A）人格障碍患者通常性格怪异。该类包括偏执型人格障碍、分裂样人格障碍和分裂型人格障碍。偏执型人格障碍患者常会恶意揣测他人的动机，难以信任和依靠他人。分裂样人格障碍患者对建立社会关系网毫无兴趣，情感表达也极为匮乏。分裂型人格障碍患者则通常会因为亲密关系感到不适，认知和感受歪曲，行为举止极为不合常理。

B类（cluster B）人格障碍患者具有“戏精”特质，情绪化严重，喜怒无常。反社会型、边缘型、表演型、自恋型等都属于这一人格障碍的范畴。反社会型人格障碍患者，通常会极端无视或侵害他人的权利。边缘型人格障碍患者在人际关系、自我身份认同、情绪稳定性等方面都存在问题，会表现出严重的矛盾倾向。表演型人格障碍患者情感过于丰富，总是企图吸引他人注意。**自恋型人格障碍**患者则通常性情夸张，极度渴望他人的崇拜，同时缺乏同理心。

自恋型人格障碍

总是希望成为人群中的主角，需要不断找寻存在感，在竞争中失败或因为犯错遭遇指责时，通常感到无法忍受。过高评价自我，认为自己是人中龙凤，尽管在周围能听到不少“自私”“装逼”的评价，本人却对此毫无察觉。

C类（cluster C）人格障碍患者大多焦虑和恐惧情绪严重。例如回避型人格障碍、依赖型人格障碍、强迫型人格障碍等。回避型人格障碍患者通常具有抵触人际交往，以及过度在意他人评价的特点。依赖型人格障碍患者对“被照顾”的需求极高，乐意服从他人，容易做出纠缠等举动。强迫型人格障碍患者则会对整饬、完美等特质表现出过度的执着。

像“如果表现出了×××的症状，那便是具有×××的人格障碍倾向”这样的标准其实是非常宽泛的，在我们理解复杂的人格障碍的问题上充满局限性。因此，*DSM-5*在此前*DSM-4*的基础上新增了更多的细则标准和人格功能性因素，以便帮助我们诊断多层次的人格障碍问题。所谓的人格功能性因素，包含着“自我”（内在因素）和“人际关系”（外在因素）两个层面。“自我”意味着“自我身份认同的建立”及“自主性的发挥”等问题，而“人际关系”则主要指“同理心”和“亲密感”。这就是说，想要形成健康的人格，必须具备稳定的自我身份认知、一以贯之的独立自主性，还要带着同理心和对亲密关系的需求处理好人际关系。其中任何一个环节出现问题，都可能导致人格障碍的产生。

想要准确定义人格障碍是非常困难的事情。在遗传因素之外，我们在成长发育的过程中所受到的一切影响都可能成为重要影响因素。事实上我们每一个人的人格都不是绝对健康和完善的，多多少少都存在一些问题。

不过，人格障碍的问题并不是无法解决的。如果能够准确认识到自身的问题，不断寻找具有建设性的解决方式，并在这个过程中反复训练自己，人格障碍也是可以被修正的。状况相对严重时，也可以考虑与药物治疗相结合。

不懂得拒绝他人

身边人总是拜托我帮忙，我觉得压力很大。从小我就不太懂得拒绝家人或朋友的请求，事无巨细一律包办。我自己的事情常会因此被无限拖延，最终导致没有一件事能够做好。这个问题真的让我觉得很辛苦。

事实上，大多数人都不太懂得如何拒绝他人。尤其像韩国这样注重人与人之间“情义”的国家中的人们更是如此。然而，不少人都会因此陷入社交生活和人际关系的烦恼之中，最终索性逃避人群。文章开篇事例中的主人公，高中时母亲去世了，她于是代替母亲的角色，与父亲和弟弟一起承担起了家里的责任。她的父亲有严重的酗酒问题，经常搞得家里鸡犬不宁。这样不稳定的家庭环境多少会给个人的性格发展造成负面的影响。

首先可以考虑的情况是，一些人受天生的气质左右，无法承受在拒绝别人时产生的不安情绪。根据加德纳的多元智能理论我们可以知道，人的智能是由众多因素构成的。其中，人际关系智能过于发达的孩子通常因为害怕他人内心受到伤害，而无法做出拒绝的选择。

这类气质的形成通常受先天因素和成长环境的共同作用，幼年时期父亲酗酒，父母间冲突激烈等家庭问题都可能造成过度察言观色，将他人的诉求置于自己之上等问题。也有可能是因为自己在拒绝父母的请求后导致了家庭关系进一步恶化，因此不得不忍气吞声接受所有拜托。而当获得了“真是个乖孩子”等称赞时，便会进一步要求自己无条件接纳，隐藏自己本身的需求和欲望。

在成长的过程中，会对个性造成类似影响的时期大致为18个月至3岁，也就是埃里克森所定义的第二个发展阶段。到了3岁左右。孩子就会渐渐形成自我主张，独立性增强，开始反抗家长。此时如果妈妈强行压制孩子，认为“需要纠正他的坏毛病”，就可能引发问题。因为这个时期正是我们培养自律性和羞耻心的阶段。如果能够顺利度过这一时期，孩子就会建立起自律自主的良好品性，而如果遭到过度压制，便可能成长为萎靡不振、极易感到羞耻、自信心缺乏、不敢表达自我主张，只会无条件遵循身边人意见的人。

无法坚决拒绝他人的人，时常需要承担经济和时间上的损失，时间久了就会感到压力巨大。一些人甚至可能因为对这样的自己感到不满而陷入抑郁症的旋涡。长久以来压抑的需求也会在某个瞬间爆发出来，同时表现出“愤怒调节障碍”的倾向，身边的人却往往对此感到难以理解。

被动攻击型人格障碍

拖延症严重，喜欢计较，无法按时完成工作，犹豫不决，整天抱怨的一种人格障碍类型。时常怠慢或忘记重要的事情，本人乐意做的事情相对积极，相反则磨磨蹭蹭。无法利落地拒绝他人的请求，并总是因此陷入困境。

有时也会出现别人委托的事情处理起来不顺利的状况。答应了对方之后，真正实行起来总觉得浑身不舒服，找各种各样的借口拖延，并间接导致对方也感到自责、烦躁和郁闷。如果在人际交往中，无法拒绝他人的被动个性通过此种具有攻击性的方式表现出来，则可视为具有**被动攻击型人格障碍**。

当然，这些问题都不是在短时间内可以得到改善的。长久以来的行为模式刻在人的骨子里，对这些人来说，也许是最为安全的处世法则。然而，如果试图摆脱这样的困境，首先就需要认识到，它们可能都是极年幼时的我们为了生存下来而被迫做出的选择。表达自我的需求绝不是一件错事，也不是自私自利的表现，勇敢向他人说出自己内心的真实想法即可。

为了能够正确地拒绝他人，首先需要知道，对方并不会因为自己的拒绝而感到生气或失望。相反，在自己请求他人帮忙时，即使遭到了拒绝，也不必感到心情不好。比起懂得拒绝他人的人，那些缺乏主见、隐藏自我想法的人反而更会为人轻视。

在具体的情境下，不懂得究竟应该如何拒绝他人的话，可以将“对话法则”一一记录下来。“我不太清楚呢”“之后再帮您吧”“啊？是吗”等含糊其词的语句都可以带来帮助。

此外，如果是伴有严重的焦虑障碍的情况，则需要接受专业医生的治疗，练习如何拒绝他人。（参考“总是独自揽下所有的工作”一节。）

100

我是不是精神变态

我这算不算反社会人格呢？电视和网络上不是经常说那些杀人犯是反社会人格吗，像我这样缺乏共情能力的情况似乎也会被定义为反社会人格，而且我的愤怒情绪和复仇心理也很严重。这样下去会不会在不知不觉中闯下大祸？

最近时事新闻里出现频率最高的便是关于人格障碍，也就是所谓的**精神变态**（psychopath）的话题。毋庸置疑，反复做出无视或侵犯他人权利的行动时，自然可能是与犯罪扯上关联的。自电影《沉默的羔羊》开始，许多电影和电视剧中也不断出现类似的犯罪题材，吸引了大量观众的目光。

精神变态、**反社会人格**（sociopath），这类词语在新闻中屡见不鲜。但事实上，精神变态和反社会人格之间存在一定的区别，我们可以统一用反社会型人格障碍来进行概括。

反社会型人格障碍患者中，极少数属于精神变态，而反社会人格虽然与精神变态类似，发病原因和外在表现却略有不同。实际上在精神医学的诊断中，我们已经很少用到"精神变态""反社会人格"这样的词语了，因而可能会给人们造成概念上的混乱不清。

反社会型人格障碍者通常行为冲动，无法遵守社会规则，共情能力和自责情绪都极度匮乏。这主要是由于在他们成长发育的过程中，掌管道德标准的超我没有得以形成。而如果同时患有ADHD，则极有可能做出犯罪行

精神变态

反社会型人格障碍的一种，受天生的气质问题影响，几乎不具有伦理和道德观念，同时无法理解较为复杂的情况。对待恐惧的反应迟钝，疏于情感表达，额叶及5-羟色胺水平的异常导致行事冲动，无法调节情绪。

反社会人格

通常天生气质方面并没有太大的问题，受成长环境的影响而表现异常的一类障碍。擅长调节自身情绪，也十分懂得如何利用他人。同时与冲动犯罪的精神变态不同，他们通常计划周全、行为缜密，且能够意识到自己的行为是违反伦理道德的。

为。在某种程度上我们可以认为，反社会型人格障碍者中有一部分精神变态和反社会人格者。

随着舆论讨论度的上升，许多人会通过网上的精神变态测试来进行自我诊断，当测试结果较为负面时，便担心自己可能具有潜在的危险性。不过，这样的担心本身就否定了精神变态的可能性，因而可以放心，并不需要将其演变为对自我的怀疑，打击自信心。

缺乏人类特有的共情能力和情感需求，可能是精神变态和反社会型人格障碍最为核心的共同之处。当然，正常人身上也可能存在这样的问题。尤其是一些人喜欢在网络上攻击或嘲笑他人，并从中获取快感。需要谨记的是，道德对我们每一个人来说是不可或缺的，不考虑后果胡作非为的话，自然可能会被贴上精神变态的标签。

101

特别讨厌那些斤斤计较的人

丈夫整天就知道计较些鸡毛蒜皮的小事，疑心病也很重，我真是快烦死了。比如，有时我们麻烦别人帮忙转交葬礼慰问金时，他也会怀疑对方中饱私囊，动不动就担心有人在惦记自己的东西。甚至连我都会怀疑。从结婚到现在，这种情况真不是一天两天了，我觉得非常辛苦，过不下去了。

生活中有不少人热衷于起诉他人，乍一看这类人似乎拥有追求完美、做事仔细的性格特点，事实上深入观察就会发现并非如此，他们大多心中充满抱怨和怀疑，愤世嫉俗，整天抱怨。

此类人群通常具有偏执型人格障碍，他们往往毫无根据地怀疑他人欺骗了自己，无法信任对方的品行和信用度；同时由于担心自己的言行被恶意传播，总是谨言慎行，难以敞开心扉。他们整天疑神疑鬼的，试图从他人不经意的言语行动中寻找出对自己不利的蛛丝马迹。当受到侮辱和轻视时，久久不能忘怀，想要报复的念头也十分强烈。甚至会莫名其妙地怀疑另一半或性伴侣对自己不忠，疑妻症问题严重的人群便可能具有类似的人格障碍。

这类问题的产生多数与幼年时期的不幸遭遇有关。根据埃里克森的发展阶段论，我们对于他人的基本信赖最早会在口腔期建立起来。这一时期如果我们能够吃饱穿暖，睡眠充足，排泄顺畅，便可以获得稳定的信赖基础。

换句话说，婴幼儿时期的孩子饿了便会哭泣，困了就会耍赖。在这些时刻如果能够立即喂他们喝奶或哄他们睡觉，他们就会感到有人在一旁守护着自己，因而产生信任。而在这一时期没有得到充分关爱和照顾的孩子，长大后便可能出现基本信任缺失等问题。

具有此类障碍的人会让自身和周围的人都感到十分辛苦。他们总是企图让他人认可并接纳自己的偏见和负面观念，将内心的恐惧投射到他人身上，认为人人都对自己不怀好意。明明是因为自己不肯相信他人，却坚信是别人在欺骗自己。

这类问题通常治疗起来十分困难，需要坚持不懈地帮助患者认识自身的问题，鼓励他们培养起信任他人的习惯。

102

频繁自残

每当被男朋友伤害，或感到他要离开我身边而心生恐惧时，我便会做出割手腕等自残行为，这样之后心里才会觉得舒服，男朋友也会因此向我妥协。

自残和自杀并不相同。自杀是我们做出的杀害自己的危险行为，而自残行为虽然与之类似，却更多地透露出了当事人“像死一般痛苦”的讯号。**割手腕**（wrist cutting）这样的行为并不是百分百会导致死亡，选择这类方式伤害自己的人大多清楚这一点。归根到底，相比自杀行为可能带来的严重后果，自残本身更多意味着当事人的情绪状态极端恶化，这才是需要我们重点关注的问题。

一般来说，无论感到多么生气或害怕，人们都不会去选择割伤自己的手腕，当然这其中也有人是出于对疼痛的恐惧。习惯性做出类似举动的人通常对疼痛的感知度低，反而会在切割手腕的过程中体会到快感，缓解自身紧张情绪。反复的疼痛会刺激我们脑中内啡肽的分泌，导致我们如同上瘾一般频繁做出同样的举动。此外，不少人则是因为缺乏自我身份认同，只有在感受到疼痛时才能确定“我”的存在，情绪处于极度的不健康状态，需要通过自残来缓解对自身的愤怒。

这类问题在边缘型人格障碍中尤为常见。边缘型人格障碍患者通常不具备稳定的自我认知，他们人际关系糟糕、情感起伏剧烈、说话做事冲动，无法一以贯之地评价自我和他人，总是前后矛盾，会因为害怕遭到抛弃而付出极大心力，在理想化对方之后又不断厌恶对方。他们对待自己也同样如此，时而觉得自己是全世界最棒的，时而又觉得自己就是块垃圾。

这类人由于情绪化严重、冲动性强，时常反复做出自残甚至自杀的行径。

同时长期感到内心空虚，极为容易发火，难以控制愤怒情绪。（参考“太在乎另一半了”一节。）

在他们处理人际关系时，如果他人使自己感到满意，便会理想化对方，认为自己的一切都能为对方所理解和接纳，反复表达自己内在的不安情绪。然而，如果对方试图切断这段关系，他们就会开始产生厌恶心理，丑化对方，甚至将其视为加害者。他们极度害怕被他人抛弃，因此会通过自残来缓解这份恐惧和愤怒，同时迫使对方产生内疚情绪。除了此类愤怒调节障碍与冲动抑制能力匮乏等问题之外，也会有人在极短的周期内表现出躁郁症的症状。

边缘型人格障碍与依赖型人格障碍一样，是临床上十分常见的一类人格障碍。在治疗时通常会将药物治疗与心理咨询结合起来，但由于患者甚至无法处理好与治疗师之间的人际关系，因而时常辗转多处寻求治疗。所以在处理这类障碍时，最重要的便是在任何情况下都应坚持接受治疗，并且在治疗师-患者间建立起充满耐心的良性关系。这就需要患者和治疗师一起为之努力。

103

聊天时，话题的焦点必须集中在我身上

我是个女生，今年25岁了。时常莫名其妙地感到焦虑，我也不能理解自己究竟是怎么回事。特别是朋友们聚在一起聊天时，我不能忍受聊天的话题不在我身上。我总觉得那些朋友大多比不上我，谈论的话题也很无聊。但即便如此我仍然还是会因此感到焦虑。

人类都是爱自己的，尤其是年轻的时候，我们通常会表现出幼稚而夸张的自恋倾向。

每个人在少年阶段都曾幻想自己会成为总统或漫画电影中的英雄主角，这是成长过程中十分正常的现象。伴随着年龄的增长，我们会认识到自己的缺点和局限性，经历无数的挫折和批评，并通过这些负面的经验建立起正确的自尊心，培养起健全的人格。如果没有经历这一成长过程，便可能仍在潜意识里认为自己是无所不能的，一旦经受挫折便产生极为强烈的自卑感，或像文章开篇事例中的主人公一样时常感到焦虑。

在这里，最重要的即是在挫折面前维持自尊感这一环节。自尊意味着我们能够客观正确地认识、尊重并爱护自己。拥有良好自尊心的人通常相信自己的存在是可贵且充满价值的。因此即使遭遇挫折，也不会轻易动摇，能够在他人批评或指责自己时保持平常心。这就是说，无论发生什么事情，他们都拥有一种对自我的确信——“我是个很不错的人”。这类人通常懂得珍视自己和他人，人际关系颇为健全。

自尊感过高或过低都可能带来相应的问题。自尊感过高的人通常容易轻视他人，在挫折面前感到无比失望和懊恼，甚至企图否定失败的事实。相反，自尊感过低时，人便可能陷入自卑的怪圈之中。极度在意他人的视线，在任

何事物面前都表现得缩手缩脚。

健全的自尊意识和自爱能力是关系我们一生的重要课题。科胡特在自体心理学中曾经提过，人的一切心理状态最终都可以通过自爱的问题来进行分析。甫一出生，我们就会在妈妈给予的温暖眼神中慢慢培养起自尊和自爱的能力。此后，在不断长大的过程中，如果能够收获“尽管如此，但你真的是很珍贵的存在”等充满爱意的激励的话，自尊心建立的基础便会十分牢固。（参考“我好像太在意他人的评价了”一节。）

相反，过度的保护、毫无根据的称赞、太过严重的挫折和批评等也有可能带来不好的后果。人自然都是渴望受到他人赞美和关注的，但这样的心理往往会带来某些异常，严重时甚至可能使人患上自恋型人格障碍。

具有自恋型人格障碍的人群多数过于强调自己的重要性，对于收获巨大成功、权力、智慧、美貌及完美的爱情都存在无限幻想。他们坚信自己是特别的，极度渴望得到他人的崇拜和特殊的待遇。在人际交往中，他们常会做出压迫他人的举动。为达目的不择手段，共情能力相对贫弱。

如果想要克服这一障碍，需要说服自己，即使不成为第一名也没关系。这就是说，在遭遇挫折之后仍然需要保持正确的自尊心。站在治疗师的立场来看，我们需要帮助患者主动放弃对自爱的过度执着。然而，让他们接受自身个性存在问题这一点，本身就与自恋型人格有所冲突，因而实践起来并不容易。由于他们普遍具有理想化或轻视自己及他人的极端倾向，我们可以将此作为切入点进行治疗。同时，这一治疗通常需要耗费大量的时间，治疗师和患者都应该保持耐心。

104

想重新参加一次高考

复读两次之后我考上了大学，但心里还是觉得不太满意，想着是不是得再考一次。我从小就将首尔大学作为目标，在进入现在所处的地方大学后，又开始了新一轮的考试准备。朋友们都考上了名牌大学，我是不是也应该进入更好的大学为自己铺点更好的人生路呢？每天晚上我都被这样的想法折磨着，辗转反侧难以入眠。

人们之所以会患上抑郁症，通常都是因为思考和担心的问题太多。这其中大多是我们对于未来的忧虑。当然，世界瞬息万变，将来真的不知道会发生什么，对此感到担心也属于正常现象。

20岁出头是我们刚刚迈入成年，开始对自己人生负责的第一个阶段，不可避免地会感到焦虑和不安。同时在这一阶段，我们会突然意识到自身的不足和失败之处，如同患上了**重置综合征**（reset syndrome）一般想要抹去一切重新来过。对于一些人来说，大学可能就是他们人生的全部，从幼年时期开始，考上好大学就是极为重要的一件事情，在这样的情况下，自然会产生想要推倒一切，从头再来的心理。

然而，尽管我们都能理解这样的心态，但如果过度偏执，不考上名牌大学不罢休，也许就需要回过头来检视一下自己的内心。

首先需要考虑的是，自己是否具有无法面对挫折和失败，总是企图否定现状的倾向。事实上即使没有考上心仪的大学，也并不意味着就一定无法收获成功的人生。但却总是有人因此感到极度失望，仿佛人生就此终结了一样。

曾有研究追踪观察了一批与美国总统肯尼迪同一时期从哈佛大学毕业的人。结果显示，其中只有1/3的人展现出了“哈佛水准”，成为政治家或其他领域的名人。另外还有1/3的人过着十分平凡的日子，剩下的1/3则沦落街头，甚至走向自杀，以极其悲惨的方式了结了一生。从这个研究中我们可以看出，名牌大学并不能为我们的人生提供保障。如果想要获得成功，最重要的应该是学会忍受痛苦，抵抗艰辛。尽管接受起来有些困难，但承认自己的失败，保持头脑冷静，积极为下一个阶段做出准备，可能才是帮助我们获取成功的最为正确之道。

另外，过度执着于名牌大学的人通常较为死板，无法找寻出多种多样的问题解决方案。即使心中不甚满意，但既然已经进入了大学，便应该拿出积极主动的姿态，建立起良好的人际关系，参与各种各样的活动。害怕和逃避是行不通的，久而久之会让人感到无法适应和融入学校生活，因而更加责怪学校，认为“当初真是应该去上更好的大学”。分明是本人的适应能力有问题，与大学的水准无关，却因此产生想要复读重考的念头。这样反复几次之后，人就可能出现退行心理，对自己的身份认知产生错觉，认为自己就只是一名高考生而已。因为对他们来说，这便是最好的生存适应方式了。值得注意的是，最近受就业问题的影响，不少大学生都出现了退行问题，每天像高三阶段一样地过日子。

升学、就业问题当然都至关重要。但归根到底，学习和工作也都只是我们与人交往，获取幸福的手段和途径。因此我们要懂得随时回头看看自己的内心，即使遭遇挫折，也不能轻易动摇，坚定地朝着未来迈进。

105

担心军队问题

很快就要入伍了，下个月要去接受身体检查。我本身性格确实有些问题，高三也曾遭受过校园暴力。因此一想到要去军队，真的感到很害怕，晚上根本睡不着觉。我能够顺利地度过军队生活吗？

无论身处何种社会，男性在从少年期朝着成年的方向转变时，都会经历一个必然的过程。通过这个阶段，我们会从小孩成长为一名社会成员，肩负起作为成年人应该承担的责任。越是到了现代社会，人们越是看重这一过程，认为这意味着我们杀死了过去的自我，变成了一个全新的人。而对于韩国男性来说，军队生活便是这一不可避免的必然经过。

军队是训练我们集体行动的地方，自然带有强制压迫的性质，在军队，没有所谓的“个人”存在，里面的每一个人都只是集体的一员而已。这样的经历会帮助那些人格尚未发育健全的青年理解社会生活，克服自身缺陷，建立起自尊自信的概念。属于个人的自由时间消失了，从前热爱的事情也无法触碰，这可能反而为我们提供了一个很好的契机，让我们斩断与青少年期的联系。

如果存在无法通过意志力克服的精神问题，当然应该在入伍之前接受相应的检查。如今人们已经逐渐能够怀着开放的心态看待精神疾患了，慢性抑郁症、躁郁症、智力问题、冲动调节障碍、集中力低下等问题，都已经成为“无法适应军队生活”的判定标准。不过，也有一些人是在入伍之后才出现了问题。例如，此前在社会生活中一切正常，却无法适应严格的组织生活；也有人是因为曾在学生时代遭遇过校园暴力，进入军队后心理阴影爆发，才患上了抑郁症、焦虑症或失眠症。此前在军队中，如果出现这样的问题，便可能被直接诊断为精神状态不良，而现在，每个部队都配备了专业的精神科医生和心理咨询师，可以为军人们提供相应的帮助。

比较遗憾的是，在面临入伍的20岁初期，刚好是人们精神疾病的高发期。也的确有不少人在入伍的过程中出现精神问题，不断寻求治疗，同时内心充满对军队的怨恨。然而，尽管对于一些本身性格较为脆弱的年轻人来说，军队生活可能是极大的负担，但观察那些并不存在义务兵役制度的国家我们可以发现，在别国20岁初期也是精神疾病大量爆发的阶段，因此将一切责任全部推给军队，恐怕也并不合适。

106

什么时候才能找到稳定的工作

我对现在的工作很不满意。现在每天做的事情根本就没有发挥出我的才能，我就想着要不辞职算了。我什么时候才能找到适合自己的稳定工作呢？

我们都听过“铁饭碗”这个词吧？这个词出现在日本社会极速发展的时期，初次经历社会生活的人们往往会将第一份工作干到底，一生生活得十分安稳。然而我们生活的现代社会不一样了，因此不少人会为了获取更为稳定的工作而不断选择离职。

工作为我们发挥自身能力，实现个人价值提供了良好的机会。通过工作我们可以维持自尊，并且收获他人的肯定。一些人总是认为目前从事的工作没有发挥出自己的能力，或觉得像自己这样有本事的人应该拥有更好的职业选择。在这样的心态之下，自然会对现有工作产生不满，萌生想要辞职的念头。

刚刚步入社会的年轻人尤其容易表现出这样的状态。这主要是由于，在这一时期，人们通常会充满想要找到完美职业的愿望，同时急迫地需要得到他人对自身能力的认可。处在这个阶段的年轻人大多尚未经历过太多挫折，对自己的梦想和才能充满信心和期待，因此希望得到社会的肯定。这十分正常，是一件值得鼓励的事情。然而，如果表现得过于膨胀，便可能产生一些负面影响。不考虑自身的实际状况和水平，无视周遭的建议和忠告，坚决选择离职的话，到了新的职场也仍然会面临同样的困境。

妥当离职的前提是，我们清楚地知道自己究竟想要什么，而这其中最为重要的又是什么。一些人在意公司在外界的品牌形象或待遇水平，一些人却更加看重职业本身是否适合自身等问题。如果能够认清自己最大的需求，则还需要反思一下这样的需求是否合理。过于在意他人的视线，或绝对遵从父母的指令，对于未来感到焦虑因而希望选择最为保险的道路，执着于报酬故而对工作本身丝毫提不起兴趣，这些情况最终都有可能导致我们陷入不满和抱怨的无限循环之中。

相反，拥有健全需求的人群则通常能够正确认识自我，并且更加倾向于从工作中获取成就和进步。他们通常对于现状没有太多的埋怨，不过分在意他人的评价，同时在薪水报酬上表现大度，体现出了“曲线救国”的智慧。相比毫无意义地担忧未来，如果能够承担适当的风险，具备挑战精神，积极主动地谋求发展，便称得上拥有十分健全的需求了。

当然，认清自己的需求并不意味着问题已迎刃而解了。如果想要成功找到令自己感到满意的工作，还需要经历诸多过程。

首先，要准确客观地评价并接纳自身的能力水平，并随之调整自己的标准，避免好高骛远。看重外界评价和工资待遇的人尤其应该如此。因为高水准的工作其实并不多见。

同时，我们还需要扩展自己的兴趣领域。广泛的爱好、各种必要技能的积累都会在未来给我们提供帮助。通过这样努力和投资我们也更有机会找到适合自己的职业。对于那些认为现在的工作不太适合自己的人来说，这一过程更是必不可少。然而事实上，更多的人只是沉浸在自怨自艾之中，不肯付出任何努力，长久下去便成了只知道抱怨的懒人。

107

到了30岁，突然觉得很心慌

我今年30了，事业上虽然没什么成就，但还算能赚到钱，也有一个交往了很多年的女朋友。然而奇怪的是，我内心深处却始终有些怀疑自己的人生，时不时会感到一些落寞。是因为年纪大了吗？总觉得很虚无，自己只是宇宙中的一颗渺小尘埃。

30岁，或许对每一个人来说都有些意义非凡。血气方刚充满活力的时期渐渐过去了，我们一步步走向衰老。像样的职业、幸福的家庭、稳定的生活……30岁是让人满怀憧憬的年纪。然而真正到了这个阶段我们往往会发现，一切并没有想象中的那样美好。

翻过30岁便意味着人生开始走下坡路了，生命的终点越来越近。事实上，我们人体的各项机能也的确是在30岁之后便逐渐走向衰退，因此我们难免会感到不像从前那样活力四射，充满能量了。

D. 莱文森曾耗费10年的时间，对40名年龄阶段不同的男性进行了追踪研究。结果显示，对这些人来说，30岁的年龄是一个共同的关口。他们大多在这个时期突然变得沉重起来，开始严肃地思考自己的人生。

到了这一阶段，人们普遍会产生“现在再不出发就来不及了”的想法，并因此变得更加现实。如果没有顺利迈过这一关口，便可能会面临“30岁危机”。30岁了，竟然还没有一份像样的工作；30岁了，竟然还没有结婚。在这个阶段，我们似乎一定要实现一些什么，才称得上没有白活。

埃里克森的心理发展阶段理论认为，我们必须要在20岁左右时建立起扎实的“亲密感”，到了40岁之后才能够成功发挥出“生产性”。和各种各样的人往来联络，为自己今后的生存构建起必要的技能和实力，这些或许就是20

几岁时人们的目标。而进入40岁之后则需要发挥此前积累的东西，创造出更多有价值的事物。（参考“畏惧亲密关系”一节。）

因此，我们便可以将处在中间位置的30岁看作一个适应和过度的阶段，是我们从20岁迈向40岁的一个至关重要的成熟时期。在这个阶段我们会肩负起社会责任感，在工作中挑起大梁。而如果没能获得这类成功，40岁之后人生就可能陷入“停滞”状态。正是因此30岁左右的人们才会感到焦虑，担心自己今后的人生陷入困境之中。即使已经拥有稳定的工作，陪伴左右的爱人，却仍然会心生疑惑——“这样是对的吗？我的人生还算不错吗？”（参考“一把年纪了却一事无成，我觉得压力很大”一节。）

不妨这样思考一下。从29岁过渡到30岁，人生不可能突然就发生很大的转变吧？事实上这个年龄只是一个心理上的数字，意味着我们开始远离年轻岁月，进入下一个人生阶段了。并不是什么所谓的关口，而是充满准备的崭新出发点。因此不必将其看得过于严重，只需怀抱着美好的希望，认真过好每一天即可。

如果仍然感到空虚落寞，还可以试着将这一阶段当作整合自我的一个契机。虽然关于人生我们了解得尚少，但可以回过头来看看自己现在究竟站在哪里。在莱文森推荐的“30岁转换期的人生课题”中，包含了建立理想、寻找人生导师、选择职业、积累履历、追求爱人、结婚组建家庭等。事实上这就已经囊括了人生全部的重要课题，并不是只有在30岁的时候才需要实现。我们可以借鉴这一内容，检视自己的生活。

“我曾经的梦想是什么，现在变成了什么？”“每一天我是否在朝着理想一步步迈进？”我们可以拿出时间对这些问题进行反思。我人生的导师是谁，没有吗？那便需要想一想是否因为自己太过傲慢或有所欠缺。职业、爱情、婚姻、家庭……这些一直都是人生的重要命题，但到了30岁之后，我们可以对此进行再一次的整理。因为这时我们已经不再是二十几岁的孩子了，真正迈入了需要对自己人生负责的成年阶段。

108

无法承受工作压力

工作压力一直很大。当然我也知道，任何一份工作都是很辛苦的，但想问有没有什么方法可以缓解一下呢？跟朋友见面聊一聊的话会觉得好一点，但似乎这也不是个能从根本上解决问题的方式。

人在一生中会获得成就也会经历挫折，通过这样的过程我们才能建立起关于“我是谁”的正确认知。我们的性格、自我身份的认同等，并不是在进入成年阶段之后就全部塑造完成了。通常在成年初期我们会构建出自身性格和主体性的大致框架，此后的人生便是逐渐往其中填充内容物的过程。也就是说，成年之后我们的性格和自我仍在不断发展，而这其中，职场生活扮演着影响最为重要的角色。

当出现意料之外的事情或准备不够充分时，我们便可能受到巨大压力。为了克服这一问题，平时就应该积累一些帮助缓解压力的有效方法。每个人采取的方式不尽相同，我们需要通过不断地试错来找寻最适合自己的道路，并将其熟练运用起来。身边他人的套路，或在书本中捡到的方法，都难以转化为我们自己的东西。多多尝试、反复练习、不断修正，这样才能真正获得适合自己的方式。（参考“容易烦躁，难以调节愤怒情绪”一节。）

缓解压力的方式主要分为“情绪聚焦式”和“问题聚焦式”两大类。

情绪聚焦式主要侧重于解决压力带来的情绪问题。和朋友同事聊天来消减愤怒和烦躁情绪的方式便是其中的一种。此外，我们还可以转换思维方式，不要过于苛责自己，适当将问题归结于他人和客观环境。这类方式通常能够迅速有效地帮我们缓解压力带来的负面情绪，可以在紧急的情况下加以利用。

问题聚焦式则需要我们客观分析产生压力的原因，并寻找与之相应的对策。我们需要仔细全面地思考所面临的问题，而这其中最为简洁的方式便是向朋友或同事说明情况，并与他们一起讨论问题产生的原因，研究有效的解决方式。

这两类方式看起来或许极为不同，但如果能够同时运用，便可以获得双倍的效果。“情绪聚焦式”方法在帮助我们消除压力带来的负面情绪的同时，也会提供一些鼓舞的力量。只有在重获精神劲儿和能量之后，我们才有力气客观分析问题，寻找解决的方式。而“问题聚焦式”方法则能够从根本上帮助我们走出困境，不再重蹈覆辙。因此如果希望有效缓解压力，便需要均衡地使用这两种处理方式。

109

不敢表达意见

比我早进公司两三年的前辈总是对我发脾气，还经常在我面前唠叨，说话丝毫不顾及分寸。别的同事也都说并不是我的问题。我现在老是找朋友聊这些烦恼。

无论是谁，无论身处何处，我们都很讨厌从别人嘴里听到难听的话。说实话，即使真的是自己犯了错，我们也并不情愿听别人说东说西。如果总是身处这样的环境，自信就会受到打击，整个人都变得无精打采的，并因此陷入恶性循环。

此时我们需要对眼前的状况进行客观分析。在面对前辈的唠叨或辱骂时，首先我们可以将他人（前辈）的因素和自身的因素分离开来进行检视。这是因为涉及人际关系的问题，多数时候都是在他人和自身的双重作用下产生的。

我们先来看看前辈方面的因素吧。这就可能牵扯到他的人格特质和本身存在的一些问题。例如，前辈可能是一个刚愎自用、无法接纳不同意见和想法的人。因此只要他人做出不符合自己原则或标准的举动时，他们往往会将其全盘否定，认为对方“犯了错”。患有自恋型人格障碍及强迫型人格障碍，总是无缘无故发脾气的人，多数便具有这类问题。

此外我们还需要考虑**移情**（transference）的相关问题。这就是说，前辈有可能是将自身的过去经历或家庭内部的矛盾带到了职场中来。例如，一些人从小和弟弟妹妹关系紧张，彼此间竞争激烈，便可能在与职场后辈相处时产生类似的体验，因此只要一看见对方就感到烦躁不安。▶（参考“我好像太在意他人的评价了”一节。）

移情

过去从某人那里获得的体验，现在再一次在类似的人身上再现的一类现象。比如，精神治疗的过程中，患者就可能在医生身上经历这样的体验。

那么，我们究竟应当如何处理类似这样的问题呢？想要改变他人几乎是不太现实的事情，我们能够做到的仅是尽力保护自己。首先可以运用前一节中提到的“情绪聚焦式”方法来适当缓解压力。不管是依靠他人的安慰还是自身的努力，我们必须通过这样的方式来重新汲取能量。同时还需要收集一些关于前辈的情报。例如在与同事聊天诉苦的同时便可以顺便打听打听前辈的事情。这样可以帮助我们了解前辈的性格和背后的经历。如果发现原因是“移情”，我们或许更能松一口气。最后，还需要学会在具体的状况中保护自己。越是在明显具有自恋型人格障碍或强迫型人格障碍的前辈面前，越是应该挺直腰板，保持住不卑不亢的姿态。因为这类人群通常都是典型的欺软怕硬，一旦对方和他们硬杠或是表现得态度强硬的话，他们就会立马变得收敛。

接下来我们还需要了解自身方面的问题，这通常是多种多样的。一些人可能因为前辈移情问题而倍感煎熬，也有一些人原本就不擅长向上司表达意见。在准备不够充分的情况下，往往可能一句话也说不来，或出现无法继续忍耐，突然大吼大叫的极端状况。因此为了能够正确有效地与前辈或上司沟通，我们需要进行多个阶段的准备。（参考“上司太可怕，我感到瑟瑟发抖”一节。）

首先可以挑选出前辈的话语中最恶毒的那一句。在尚未准备完全却不得不开口的情况下，简明扼要讲述要点是最好的方式。此时如果企图准确全面地表达自己的意见，反而可能陷入哑口无言的境地。接着我们需要进行“遣词造句”。让不擅长说话的人毫无准备地突然开口，可能会非常困难。可以整理出三类频发状况，将自己在当时想说的话统统记录下来。然后可以对这些“台词”进行修饰打磨，并不断加以练习。练习的时候需要注意自己的声音大小、语调高低、手势控制、眼神处理等问题。像这样长期坚持练习之后，我们就可以找寻到适合自己的沟通方式。成功不是一蹴而就的，我们应该像爬楼梯一样，一点点获取进步。

110

上司太可怕，我感到瑟瑟发抖

我上司特别可怕。别的同事倒只是觉得他有些严格，不至于感到害怕，我在他面前却总是瑟瑟发抖，都不敢跟他对视。这是我的问题吗？

我们时常会在单位、家里、学校中遇到一些可怕的人。有时可能只需要短暂地打一些交道，有时却会面临长期相处的局面。如果这样的害怕超过了一定程度，我们就应该对其源头进行观察和思考。而最终我们会发现，其实大部分原因都隐藏在我们从前与父母、长兄、大姐等人的关系之中。

在20岁之前，我们能够接触到的长辈基本只有父母、亲戚和老师等。尤其是男性长辈方面，通常只有父亲一人。因此突然进入军队或职场之后，我们就可能从长官或上司那里再次体会到幼年时期与父亲相处的经历。即所谓的移情现象。对这一现象的认识能在一定程度上帮助我们理解和解决人际关系中遇到的情绪困难。（参考"不能理解自己为什么那样对待他人"一节。）

在本节开篇主人公的情况中，应该首先将上司和家人做一些比较，以此来整理自身的情感。例如，如果上司是比自己年长十几岁的女性，便更应该考量移情现象发生的可能性了。

小时候每次犯了错，妈妈都会超级生气，我一直都很怕她。长大后倒是和妈妈亲近了不少，但只要一看到年长的女人发脾气，我就会不自觉地怂掉，感觉是还活在妈妈留下的阴影中。

在理解这一心态的基础之上，我们还可以对克服这一问题的过程进行分析。或许是随着年龄的增长，一路坚持认真学习，懂得了如何讨妈妈开心，更加理解了妈妈的情绪之后，我们也就慢慢找到了减少矛盾的方法。在这之后，妈妈变得不那么可怕了。我们可以将类似的方式运用到可怕的上司身上，试着像理解妈妈那样，从多个角度去看待上司的行为。

当然，对一些人来说，即使是在已经成年的今天，与妈妈之间仍然存在着无法消除的问题。这就会导致他们在职场中面临更加辛苦的状况，并因此回过头来怨恨妈妈，陷入恶性循环之中。然而，对于移情现象的理解其实是为了更好地把握自身感情，从而解决问题。从与上司的关系模式中，我们可以推导出与妈妈的关系模式，进而消除彼此间的隔阂。如果处理得好，我们甚至可能“因祸得福”，借此彻底解决掉与父母的家庭关系问题。

此外，也有一些上司天生热爱压迫他人，希望下属无条件地服从自己。比如一些人业务能力极强，却不把下属当人看，只跟比自己职位更高的人沟通交流。这类人通常患有自恋型人格障碍，同时疑心病重。他们会将身边人划分为两种，一种比自己厉害，另一种则不如自己。不如自己的人自然应该遭到无视或欺压。而当下属对此有所反抗时，他们便可能勃然大怒，乱发脾气。事实上，他们多数是想通过这样的方隐藏自己的懦弱，体现自身的价值而已。在这样的人面前，越是缩手缩脚、唯唯诺诺，越是可能遭受不平等待遇，因而一定要挺直腰板，不能露怯。

如果出现“别的人都觉得没什么，就我害怕那个上司”的情况，则需要考虑是否存在沟通交流上的问题。在人与人的交往之中，我们难免会遇到因为表达方式的不同或传达路径的错误而误会对方的情况，这些细小问题就可能导致两人之间逐渐积累起矛盾。此时我们可能需要一些能够准确理解上司语言的“翻译”或“说明者”。一开始可以通过他们的解释来把握上司话里的含义，时间久了我们也就自然能够有所分辨了。

如果上司没什么问题，自己却仍然感到哪里不自在，或许就需要反思一下自己，是否将本人“无法适应环境”的问题赖给了他人，企图正当化自己的情绪。出于自我保护的本能，人类通常很难正视自身的缺陷。因此我们更加需要战胜本能，用客观的眼光来看待问题，这才是能够帮助我们获取成功，迈向成熟的有效途径。

111

因为频繁出错被教训了

我在工作上老是出错。不懂得管理日程安排，时常无法在规定时间内完成任务。事实上日常生活中我也存在这样的问题。例如总是丢三落四，找不着东西等。做事读书的时候我也有些难以集中精力，周边的人都说我太散漫了。

频繁在工作中出错，其原因是多种多样的。

首先，可以分析一下目前职业的特性和自身的特点。工作到底适不适合自己？事情是不是太多？还是公司的组织结构存在问题？这些都是值得考量的因素。同时我们还需要思考一下，在无法改变客观环境的基础之上，我们能否减少自己的失误？

其次，集中力的缺乏也有可能导致工作中错误不断。效率低下、无法安静地坐在工位上、总是违反一些工作上的规定，以及不能系统性地处理业务等情况，都可能是因为患有**成人ADHD**（adult ADHD）。尽管ADHD主要出现在年幼的孩子身上，却可能蔓延至成年阶段，要注意观察是否存在残留下来的症状。▶（参考“注意力差，我好像患上了成人ADHD”一节。）

再次，如果错误越来越多，则可能是焦虑或抑郁情绪导致的。人在不安和低落的情绪之中通常难以提起工作热情，集中力也会变差，并因此不断犯错，在职场上陷入困境。可能的话，最好先休息一段时间，补充内在的能量。如果焦虑和抑郁同时带来了失眠的问题，给日常生活造成了阻碍，则应当考虑接受专业医生的治疗。

最后，对手机等智能设备，以及社交网站的迷恋等也是导致我们业务能力变差的重要原因之一。这些东西不仅会造成注意力减退，也可能让人失去管理时间的能力。

这里我们可以为大家提供一些解决集中力低下等问题的方法。

首先，尽可能将工作环境打造得单调一些。在处理工作时，桌子上只摆放与业务相关的书籍或工具，除此以外的其他事物一律不能上桌。如果不是特别必要，手机等电子设备也最好置放在包里。

接着，还需要对日程安排进行有效管理。在工作中，我们时常会遇到需要一次性处理多个业务的情况，忙中出错的概率也就更高，为此我们必须学会严格管理自己。性格散漫、行为冲动的人通常只会在脑中安排一天的计划，因此容易错过重要的事情。一定要将日程安排记录下来，并在例如每天早晨达到公司之后、吃完午餐之时、下班回家之前等固定时候进行反复确认。

最后，要学会区分每项工作的先后顺序。可以根据自身的情况进行区分，也可以考虑同事或上司的需求。这些方式虽然看起来简陋，但只要坚持做好，我们便能够减少失误，收获充满秩序的良好日常。

112

总是独自揽下所有工作

工作久了发现，自己一个人承担了太多的工作量。上司好像把工作全都交给我，同事也把自己的业务推到我身上。上司倒是说事情交给我做他很放心，受到认可的感觉自然很好，但还是觉得压力太大了。跟同事抱怨说“事情好多好辛苦啊”的时候，同事竟然说“谁叫你不懂得拒绝人呀”。

面对类似这样的情况，我们首先需要考虑一下，“事情全都交给我”这个想法，究竟来源于主观上的认知还是客观上的事实。人类普遍倾向于事先接纳错误的情报，然后做出判断。即使是非常琐碎的事情，我们也很爱与他人做比较，时常觉得自己吃了大亏，而别人占了便宜。开车的时候总觉得别的车都在挤自己，于是不断加速，而很多时候这其实只是个人的认知偏差，人却会做出疯狂超车或因为愤怒辱骂他人的举动。过分与他人做比较只会带来持续的不满和烦躁情绪，让我们变得自卑而消极。

在他人托付事情的时候，大多数人都只会逆来顺受地回答“是，我知道了”，在不知不觉间成了不懂拒绝的“Yesman”。这类人通常有两种类型。一种是天生性格如此，无法拒绝他人。另一种则是只信任自己，觉得别人做事都不放心，因此独自揽下所有工作。

其一，天性如此的一类人总是过于担心拒绝他人的请求会让对方觉得不高兴，在他人拒绝自己时也会条件反射地认为“他/她拒绝帮我，肯定是很讨厌我”。于是全都答应下来，事情越堆越多，最终却无法完成，反而导致自身受到负面评价。这些人通常具有极强的共情能力，容易感到焦虑，幼年时期可能遭受过父母的过度管束，或家庭环境不太稳定。（参考“不懂得拒绝他人”一节。）

如果表现出了这样的特征，首先可以检视一下自己是如何认识和定义“拒绝”这个词的，修正既存的偏见。拒绝并不意味着讨厌对方，只是一种意见传达，也是帮助我们更加有序地处理日常的手段之一。不过，许多人尽管知道自己的问题所在，但在接到请求的那个瞬间，却仍然说不出拒绝的话。这可能是因为他们不懂得如何在不破坏对方心情的前提下进行拒绝。不要张口就说“我不愿意”“不行啊”，而是使用一些委婉的表达方式，例如“我今天身体有点不舒服诶”“啊！我今天真的有很紧要的事情要处理”等，表明自己无法提供帮助的原因。或利用“我不太清楚哦”“之后我帮您做吧”“我也搞不懂诶”等模棱两可的话语来表明自己的决定。当然，总是态度模棱两可的话，时间久了就会让别人感到厌恶，最终我们还是要找到适合自己的表达方式。

其二，那些无法信任他人的人，多数性格过于细致，或具有完美主义的强迫倾向。他们通常身上重担无数，由于不肯信任他人，所有的工作都只能自己扛。虽然业务能力的确过硬，周遭的评价却并不理想。之所以会出现这样的情况，大多是由于这类人掌控欲强烈，一不亲自经手事情便会感到不安。因此，需要明确认识到自己的工作范畴、业务领域究竟是什么，减少对其他事物的关注。不要试图揽下“办公室所有相关事务”，只需做好“此时我手边的工作”。若是决定了“今天就只整理和检查资料”，除此以外就一律不要看不要管。目标明确才能提高效率，不要给自己和他人增添不必要的负担。

想辞职了

工作压力太大了，不断问自己究竟为什么会从事这份工作。每到周日晚上我就会产生想要辞职的迫切念头，也知道人是一定要工作的，但最近真的筋疲力尽，陷入了迷茫。我应该继续上班吗？

工作，实在是很辛苦的。但即使辞职了，也总是要找下一份工作的。下一份工作会比现在轻松吗？未必吧。每份工作都是如此，同样辛苦，同样压力巨大。那么我们应该如何解决这个问题呢？

我们可以从问题聚焦式的处理方式出发，就以下3个问题进行思考。再将这些问题作为基础，客观地分析现在的状况和局面，整理自身的思路和想法。

第一，工作中究竟是什么让我们感到如此辛苦？可以在纸上列出10个方面。这些问题中我们希望优先解决哪一个？或者是否存在较为容易解决的问题？有的话可以构思一下如何做出改变。

- 工作量过大，或自身业务能力有所欠缺等问题。
- 与上司、同事以及后辈间的相处问题。
- 自我实现或未来打算等问题。
- 家庭内部矛盾导致工作热情降低等私人问题。

如果是事情太多，或工作本身没什么价值的问题，便可以考虑一下是否能够调整业务量，和身边人进行沟通商议。同时需要考虑自身的能力范围、承受限度等。而人际关系的问题则需要针对自身和他人的性格特点进行分析。不过多数时候矛盾都是双方性格不合或移情现象导致的，可以着重从这两个方面去寻找解决问题的方式。如果这个问题没有得到良好处理，即使辞职去了新的工作环境，也仍然会面临同样的问题。自我实现的问题则需要考虑清楚自己究竟想要实现怎样的人生价值，尤其是辞职后在家休息期间，更可以就此进行具体的思考。最后，如果是私人问题导致工作困难的情况，也应该具体分析一下。因为家庭矛盾而选择了辞职，那么待在家里这些矛盾就能解决掉吗？如果自身过于意志消沉，却时常感到烦躁，则需要警惕患上抑郁症的风险。有时我们的确可能因各种私人问题、抑郁症而感到无法继续工作，但等到矛盾解决之后，自己又可能为辞职感到后悔。因此，类似于这样的重大问题最好是等事情平息、自身精神状况变好之后再做决定。同时如果出现了抑郁症的征兆,一定要接受专业医生的治疗。

第二，工作对我来说究竟意味着什么？我渴望从事什么样的工作？这些问题也值得我们仔细考量。每一个人都懂得为自己挑选最合身、最舒适的衣物，职业的选择也是一样。哪一类工作最适合我，能够让我感到幸福的事情是什么，我们需要对这些问题有所把握。此时最简单的方式便是，分析一下现在从事的工作，对比其中的“优点”和“缺点”。

在这些“优点”中，是否存在自己必不可少的要素？或者有没有能够让自己进一步成长发展，甚至保持心情愉悦的东西？而“缺点”之中又是否存在明显让自己感到辛苦的地方？可以对这些进行一一检视。在整理的过程中，我们可以认识到对自己来说这份工作究竟有着怎样的含义。如果能够从中发现一些“正面的意义”，那么即使在感到辛苦的时候，也能有支撑下去的动力。

第三，辞职之后准备做什么呢？这个问题一定要事先考虑清楚。除去找新工作以外，还要计划一下在家休息期间可以做些什么。不要茫然地表示“我就准备玩”“在家学习呀”，要做出具体的打算，例如“我准备看完那几本书，顺便休息一下”“我准备学游泳”等。如果暂时没有明确的想法，也可以先慢慢构思起来。这些计划既可以为我们寻找下一份工作积累必要技能，又能够帮助我们重拾活力和对生活的热情。

第5章

中年阶段的问题

114

无法面对人多的场合

我在外企工作。每次需要在大家面前做报告时我就觉得很痛苦。倒不是没有自信，以前读书时也挺擅长做报告来着，只是刚进入公司时做报告犯了很多错，渐渐就变得有些恐惧了。现在老是把做报告的事情推给同事去做。

这位主人公看起来是患上**社交恐惧症**。患有此类障碍的人大多极度害怕在他人面前失误或犯错，因此总是逃避类似的场合，无法逃避时便会感到剧烈的不安和恐惧。

社交恐惧症还被称为人际关系焦虑症、舞台恐惧症、人际交往恐惧症、麦克风恐惧症等。但是，即使害怕处理人际关系，也并不意味着真的对所有人感到恐惧或完全回避，因而在称呼上，社交恐惧症这一名词最为准确全面。具有社恐问题的人并不是害怕舞台或人类本身，而是对众人的视线集中在自己身上这个事情感到恐惧，我们有时也会直接使用“**恐惧症**”这一名词来指代这个问题。

社交恐惧症
在陌生人面前，或身处聚餐、做报告等人员众多的社交性场合中时，感到极度恐惧和不安的一种障碍。

恐惧症
对特定对象感到过度恐惧的障碍，例如恐飞，害怕动物、打针、鲜血等。

社交恐惧症的问题通常会在十几岁时出现。这是由于在这一时期，孩子们开始渐渐懂得了“评价”的重要性和意义。比如，上课时老师让自己站起来读书，因为紧张读得结结巴巴的，结果班上孩子全都哄笑起来。于是不断担心下一次老师再点到自己怎么办，想到自己满脸通红的样子就觉得很丢人。这个事情很多时候会成为伤口留存下来，蔓延到我们成年之后。此外，本节开篇主人公遇到情况也并不少见。随着年龄的增长，在职场中承担起了越来越大的责任，站在人们面前展现自己的机会也越来越多了，却反而产生了恐惧。他们总是觉得“都这把年纪还在紧张个啥”，反复要求自己不准紧张，症状却反而变得更加严重了。

因社交恐惧症前来咨询的患者们往往具有类似的职业。时常需要在他人面前说话或演讲的大学教授、讲师、教练、顾问；不断经历考试，表演声乐、器乐的学生；原本讲话机会较少，有一天突然被通知要做报告的程序员；还有总是站在舞台之上、镁光灯之下的明星和艺术家们……他们都被社交恐惧症困扰着。

从进化论的角度来看，人类在他人面前表现出些微紧张怯懦的姿态是十分正常的现象。我们当然会在直视他人的眼睛时感到紧张，因为这本身就是带有攻击性的举动。曾有实验显示，人们在搭乘电梯时，若是独自一人，通常表现得较为自在。而一旦中途有人进来，便可能在瞬间收敛自己的动作和表情，一会儿去触碰楼层按钮，一会儿又掏出手机看来看去，总之坚决避免与他人对视。人们普遍将视线管理当作一种社交礼仪。一些受天生气质问题影响，缺乏社交能力的人便时常做出直勾勾地盯着他人的举动。这在自闭症、精神发育迟缓及**精神分裂症**患者身上尤为常见。

精神分裂症

导致个人认知、情感、知觉、行动等全方位恶化的一种精神疾患。通常会表现出幻听、妄想等症状。

由此可见，在他人面前脸涨得通红、不停流汗、双手颤抖、紧张、恐惧等外在表现都可以从进化论的角度解释，属于正常的“适应反应”。但当这个问题恶化成社交恐惧症时，我们便会感到极度困扰。其原因可以在心理理论中找到。心理理论认为人类天生具有揣度和观察他人内心活动的能力，并可以此为基础，理解和学习有关社会关系的问题。而当我们处在紧张恐惧的心理状况下时，就会变得过度在意他人的视线和评价，错误地认为对方能够洞悉自己全部的心理活动、不安感和缺陷。

幼年时期曾遭遇的负面经历可能增加我们患上此类障碍的风险。总觉得他人在批评、嘲笑甚至侮辱自己的人，可能是因为还没能走出从前父母或兄弟姐妹带来的阴影。这是在很小的时候遗留下来的问题，却会一直持续到成年之后，让人变得对于他人的评价极度敏感。这类人心中普遍存在着两种不合理的荒谬想法，一种是“真的好害怕别人拒绝和批评我”，另一种则是“我必须做到十全十美”。此时必须抛弃想要“变得完美”的想法，拿出不再惧怕批评的勇气，我们才能有机会摆脱这一障碍的束缚。

事实上，如果想要真正解决这个问题，药物治疗是最好的方式。症状较轻的患者只需在预感到恐慌前服用一粒药，便能获得很大的帮助。社交恐惧症的症状主要是大脑中的交感神经过度兴奋引发的，药物可以有效抑制不安。曾经感到无比恐惧的报告时间就这样轻松过去了，人就会因此产生信心，渐渐走入良性循环之中。

除了药物治疗，我们还可以采取广而告之疗法来缓解这一问题。例如在做报告之前，主动告诉大家，“我这个人特别害怕人多的场合，现在脸通红吧，心里真的紧张得不行，手也在发抖呢，麻烦大家多多谅解我啦”。像这样事先告知众人之后，心态反而可能会变得轻松起来。这样的方式可以给自身带来安慰——“即使出糗了大家也不会太过嘲笑我的”。而观众也会克制自己在台下的反应，甚至在结束之后主动鼓励对方：“你看起来也不是很紧张呀？”

此外，还可以采用一种“逆向行动”的方式。通常我们越是回想那些让人感到害怕的状况，恐惧感就越强烈吧？然而，索性在脑中不断想象做报告时的场景，不断告诉自己“今天站上台去肯定会紧张得流一身的汗”，等真正开始做报告之后，却反而不会像想象中的那样紧张了。因为他人的注视感到手抖、紧张，连笔都拿不稳，不如干脆放开心态乱写一通，这样反而可能收获更好的结果。正如那些口吃的人一样，如果故意使用更加结巴的方式说话，反而可能变得流利了。这些都是所谓的逆向行动带来的好处。

115

恐高症严重，不知该如何是好

作为一名27岁的男性，恐高症严重真的让我十分困扰。去游乐园玩过山车自然是很讨厌了，甚至连走天桥的时候都觉得腿抖。结果这次新进的公司特别折磨人啊，上下班全得搭透明电梯，办公室在10楼，四面却都是落地大玻璃，真是连头都不敢抬。我已经在考虑辞职的事情了。

就像每个人小时候都惧怕黑暗一样，不管几岁，人多少都会有些害怕的东西。然而，如果恐惧的成分过大，尤其是在面对特定对象或状况感到害怕，自然就算不上“正常”了。患有这类特殊恐惧症的人，通常会感受到极为强烈的、超过合理范围的恐惧感，且这种症状会一直持续反复发作。虽然努力想要回避这些事物，但只要回避失败，便会体验到更为激烈的恐惧和不安情绪，严重时甚至可能造成**惊恐发作**（panic attack）。

每个人的成长背景不同，所经历的事物也都有所不同，但让人们感到害怕的特定事物通常可以整理为以下几种：第一，害怕某个特定动物的动物恐惧症，例如蜘蛛、昆虫、狗、蛇等；第二，就像本节开篇的主人公那样，害怕高空、暴风、水等自然环境的情况也普遍存在；第三，则是极度害怕打针或其他身体检查，也就是所谓的输液-注射-损伤型恐惧症。还有便是恐惧搭飞机、乘电梯，以及一些密闭空间的幽闭恐惧症。

对于这些特殊事物的恐惧心理，多半来源于我们幼年时期的负面经历。小时候被邻居家的狗咬了，或与弟弟妹妹打闹的时候不小心被关进了衣柜，又或目睹了有人溺水的场景、在新闻上听到了飞机坠毁的消息等，自然都有可能导致我们患上与之相关的恐惧症。没有人想要再次经历类似的情况，因而会刻意选择回避，这就是我们常说的“一朝被蛇咬，十年怕井绳”。

让人感到意外的是，这些恐惧症的产生多数与外界因素无关，往往可以在家庭内部寻找到源头。在一些家庭中，全家人可能共同患有同一类型的恐惧症，这就说明恐惧症的发生可能与遗传有着一定的联系。在现代社会，交通事故堪称最频繁发生的恐怖事件，我们却从未见过患有汽车恐惧症的病人。相反，一些从未亲眼见过蛇的人可能极度怕蛇。这可能是因为在人类历史上，蛇一直是威胁我们生命的可怕事物，因此对蛇的恐惧便遗留了下来，成了保护我们生命的工具。从这个观点来看，尽管许多人们害怕的对象在现代社会并不足以构成威胁，但在遥远的古时，却的确是可能带来毁灭性灾难的一些东西。蜘蛛、昆虫、狗、高处、水、暴风、尖锐物品、难以逃脱的密闭空间，这些在原始社会都是极为可怕的事物。这也许是一个悖论吧，患上严重的恐惧症反而是因为遗传到了对于生存有利的良好基因。

尽管大家普遍认为恐惧情绪有百害而无一利，但它对于人类来说其实是不可或缺的。从生物学的角度来看，恐惧情绪的产生与位于我们大脑正中的杏仁核结构息息相关。我们曾试着在实验中去除掉动物脑中的杏仁核，结果发现失去杏仁核的老鼠或小鹿虽然因此变得大胆了，但在面对从前极度害怕的猫和狮子时也表现得若无其事，不懂得逃跑，反而因此丧了命。人类也一样。如果失去了恐惧。便可能轻易做出从高空纵身而下、将手放进火里等危险的举动，车水马龙的街头也会有数不清的孩子在乱跑乱跳。

事实上，我们已经在临床上观察到了不少类似的荒诞事例。例如，一位40岁的女性在杏仁核受损之前的幼年时期，曾和正常人一样对一些事物存在恐惧心理。而受罕见病影响，在杏仁核受损之后，看恐怖片时她也没有任何害怕的感觉，坐过山车时检测到的恐怖情绪为0，尽管称不上喜欢，但却可以若无其事地抚摸蛇或蜘蛛等令她恶心的动物了。此外，还有一位因羊痫风接受了左侧杏仁核切除手术的男性，竟也意外地摆脱了伴随多年的蜘蛛恐惧症。

因此，体验到恐惧感本身并不是什么严重的问题。但如果像本节开篇的主人公那样，日常生活受到了严重影响，便需要接受相应的治疗。例如可以去精神科开一些类似于治疗社交恐惧症的药物，服用后通常效果都很不错。在药物治疗的同时还可以不断训练自己，不要逃避那些恐惧的事物，而是尽可能多与它们接触。时间久了我们的大脑中就会积累起正确的认知，知道“我是安全的”，此时也就可以停止服药了。

116

情绪激动时常感觉呼吸不畅，手脚发麻

刚换了新公司，组长整天折磨我。我觉得自己工作还算认真，业绩也不错，但是组长每天都在指责我。他是我父亲一辈的长者，一开始我也觉得他那些话都是为了我好，但是时间长了就觉得很委屈。几天前被他骂了之后，回到家反复想起那些话语，想着想着竟然突然觉得呼吸不畅、头晕眼花，像是要晕倒了一般。

不管是出于什么原因，当出现上述症状时，我们都将其称作**过度通气综合征**。过度通气综合征与肺病、甲状腺功能亢进症等疾病类似，大多因激素异常和药物副作用产生，但在首次出现症状时，我们还需要检查是否存在身体器官方面的问题。而如果与开篇主人公的情况类似，在受到巨大压力时突然出现心跳过速、手指麻木、头痛、焦虑等问题，且在适当运动之后症状能够得以缓解，则更多需要考虑心理方面的因素。在本书中，我们只讨论压力导致的过度通气综合征。

过度通气综合征

呼吸突然加剧导致血液中二氧化碳浓度降低，因而出现头痛、腿脚感觉异常等现象，严重时甚至可能陷入昏迷。

在受到压力时，人的情绪会变得激动，这是因为我们体内的压力激素分泌增多，交感神经过度活跃。压力激素为了维持我们的生存，会传递出“快逃跑”“得有所行动”等信号，因此我们会不自觉地加快呼吸的频率。（参考“濒死感袭来，我被送去了急诊室”一节。）与心脏肌肉不同，呼吸肌的跳动依靠人类的意志，因此当我们感受到情绪上的焦急时，自然就会加快呼吸运动。

然而，呼吸过快就会带来一些问题。我们体内的氧气和二氧化碳浓度必须维持在适当的比例之内，而当身体静止，只有呼吸加快的时候，体内氧气成分上升，二氧化碳含量减少，平衡被打破了，因此就会出现例如手脚麻木、眩晕、感知失调、心脏疼痛、视觉异常、肌肉紧张感消失、头痛甚至昏迷等异常症状。电视剧里不是经常出现这样的场景吗？财阀家族的少爷带着贫穷人家的女儿回家宣布要结婚的时候，他的母亲非常生气，扶住后颈并昏厥过去。这就是过度通气综合征的典型表现。

要防止过度通气综合征的发作，最重要的就是不要过度焦虑，保持情绪上的平和。感到着急和压力大时，尽可能放慢呼吸的速度，甚至可以短暂地憋住气，暂停一下呼吸。曾经在一部漫画中，男主角过度通气综合征发作时，女主角突然吻了上去，止住了他的呼吸，症状也就随之消失了。真是一种浪漫而有效的治疗手段。

如果无法自主降低呼吸的频率，可以尝试戴上口罩，用手捂住嘴巴，或朝着塑料袋里呼吸等方式进行缓解。朝着塑料袋呼吸的方式可以帮助我们将呼出的二氧化碳再次吸入，提高体内的二氧化碳浓度。不过同时需要注意时间不宜过长，以免出现缺氧的问题。此时由于情绪激动，揉搓手脚等方式通常都不会带来太大帮助，人工呼吸等手段也需要谨慎使用。

过度通气综合征反复发作时，我们就需要检视一下造成压力的根本原因究竟是什么。如果对其置之不理，状况就会进一步恶化下去，严重时甚至可能会出现惊恐发作，最终演变成**惊恐障碍**（panic disorder）。通常药物治疗具有良好的效果，患者在日常生活中还可以试着练习腹式呼吸，并通过冥想、瑜伽等舒缓的运动来训练、调整自己的呼吸。

惊恐障碍

在经历过恐慌发作之后，因为担心再次发作而提前选择回避某些引发恐惧的事物。平时焦虑指数高、疑病心理严重的人尤其需要警惕惊恐障碍的出现。

117

去人多的地方会感到焦虑和眩晕

我的愿望是和7岁的儿子去一次电影院。不知道从什么时候开始，我每次去像百货店这样人多的地方就会感到焦虑不安，电影院就更不用说了，待在里面总觉得要发生什么不好的事情，分分钟想离开。也不能坐飞机，结果我一次都没有出国旅行过。

在公共场合会感到焦虑不安的症状被我们称为**广场恐惧症**。广场恐惧症的患者大多害怕乘坐公共交通工具（公交车、火车、船、飞机），在开放的空间（百货店、市场、停车场）和密闭空间（电影院、商店、隧道）中都会感到不安，同时害怕身处人群之中，难以在除家以外的其他场合独处。上述五种症状如果同时出现了两种，便基本可确诊为广场恐惧症了。

广场恐惧症
因身处的场所或状况而感到极度不安的一种障碍。

由于广场恐惧症的患者也会表现出“恐惧他人视线”等症状，因此与社交恐惧症有着相似的一面。同时对于密闭空间的畏惧在某种程度上也与幽闭恐惧症出现了重叠。同时正如我们在此前的章节中提到的那样，广场恐惧症与其他恐惧症具有类似的模式，即一旦在某一次经历了焦虑和恐怖的体验，以后都会不断选择逃避，事先害怕类似情况的发生。

相对不同的是，广场恐惧症通常症状表现多样，同时在患者脑中“一旦发生了不好的事情肯定无法得到帮助”“如果发生了糟糕的事情我肯定逃脱不了”等错误的想法占据了主导地位。这其实都与个人的认知相关。例如一些人觉得要是在公交车上没有找到靠窗的位置，一旦发生了事故便无法逃离，因此害怕乘坐公交车，不过，他们却认为坐地铁是非常安全的。相反也有一些人害怕搭乘地铁，担心在地下出意外没有人会帮助自己，却觉得坐公交车没有任何危险。广场恐惧症患者的症状是千奇百怪的，并且病友之间都无法相互理解。由于错误的认知会不断加剧恐惧感受，因此广场恐惧症患者大多格外害怕在户外独处，而如果身边有值得信任的人陪伴，症状便会有所减轻。心理学上推测，此类症状表现可能与患者幼年时期在依恋关系中经历的不稳定因素有关。

广场恐惧症在很多时候都可能发展成为惊恐障碍。许多确诊惊恐障碍的患者在此前都表现出了广场恐惧症的症状，而在逐渐发展为惊恐障碍的过程中，广场恐惧症的症状反而有所减轻。临床上，这样的患者约占半数。

广场恐惧症的治疗思路与其他恐惧症大同小异。可以使用药物帮助患者顺利克服眼前的恐惧状况，并反复主动尝试经历类似的情景。不过，由于广场恐惧症通常伴有惊恐发作，因此在治疗时需要考虑更加复杂多样的方式。

118

濒死感袭来，我被送去了急诊室

之前有一次，我突然间感到呼吸和脉搏加快，濒死感袭来，最后还被送去了急诊室。奇怪的是，在被救护车载着去医院的路上，我的症状突然就减轻了许多，等到达急诊室之后，又像没事人一样，各方面完全正常。做了检查，心脏和肺部也没有任何问题，于是医生劝我到精神科接受治疗。

不少艺人便患有惊恐障碍，许多人对这一障碍的认知也来源于此。惊恐发作是惊恐障碍的最典型症状，伴随而来的还有**交感神经兴奋症状**和一系列的恐惧反应。

▶（参考“情绪激动时常感觉呼吸不畅，手脚发麻”一节。）

交感神经兴奋症状
在受到压力时，我们体内的压力激素会大量分泌，引起交感神经兴奋。压力激素是在人类感到生命受威胁时，释放出“逃跑/行动”信号的一种激素，因而会使我们表现出呼吸加快等症状。

惊恐障碍在很大程度上应该被视为“恐惧和焦虑极端恶化的结果”。在面临危险状况时，人类大脑中一个被称为“蓝斑核”的部位会分泌出大量的去甲肾上腺素，使交感神经系统变得活跃起来。因此，在我们感受到威胁时，会出现心跳加快、血压升高、呼吸急促、全身肌肉发紧等症状。而惊恐障碍在发作时，则会最大限度地刺激以上症状发生，即使没有真的身处危险之中，我们的紧急对应机制也会做出那种反应。当然，诸如此类的症状也有可能是呼吸系统本身的问题引起的，或与酒精戒断反应等有关，但影响最大的仍是压力因素和去甲肾上腺素等压力激素的分泌。

人们在处理压力时做出的反应，在心理学上通常被称为“**战斗或逃跑反应**”（flight or fight response）。然而对现代人来说，“顺从敌人”是一种更为常见的做法，因此在面临危险的瞬间，我们通常不会选择逃跑或战斗，而是默默承受和坚持。反复经历类似的压力状况后，压力激素的分泌就会导致我们免疫机能下降，产生慢性头

战斗或逃跑反应
原始人在面对危险状况时，决定是逃跑还是战斗的一个过程。

痛、消化不良、过敏性肠道疾病、失眠、慢性焦虑、肌肉痛等诸多压力性疾患。这些问题会对大脑机能产生影响，在某个瞬间突然引起惊恐发作。

即使出现了惊恐发作，也不必感到过于害怕和焦虑，只要能够处理好压力，一般都不会有太大的问题。

119

担心自己再次惊恐发作

我本身患有惊恐障碍，日常生活也因此受到了很大影响。最开始在公交车上突然经历了惊恐发作之后，我就再也不敢乘坐公交车了，上下班通勤成了个大问题。和家人在一起时会稍微感觉放松一些，于是家人有时会陪伴我一起上下班。但这样也不是长久之计，最终只能把家搬到了公司门口。诸如此类的事情太多了，我实在觉得很痛苦。

出现惊恐发作的问题并不一定意味着患上了惊恐障碍。不具备反复性，某次偶然的惊恐发作更大程度上可能是抑郁症或酒精成瘾的表现，或由急性压力状况导致。通常只有在经历了某次惊恐发作后，出现极度担心类似情况再次发生，逃避一些令自己感到害怕的情况或日常生活出现巨大变动等状况时，我们才能够将其诊断为惊恐障碍。由于大多数患者都是在某次发作后对“发作”本身产生了恐惧情绪，因此也可以将其理解为惊恐发作恐惧症。

正如我们此前提到的那样，惊恐发作通常与广场恐惧症有着密不可分的联系。容易出现问题的场合和状况也极为类似。百货店、电梯、电影院、隧道、公交车、地铁等都是惊恐障碍患者百般逃避的场所，可以发现，这些基本都是一些人群较多、视线密集、一旦发生危险无处求救的密闭空间。有时也会出现因为在睡觉前或开会时突然经历惊恐发作，而导致对卧室、床和开会产生恐惧的情况，总之，惊恐障碍的症状表现是多种多样的。

惊恐障碍的患者大多害怕孤立无援的场合，例如他们认为，在家里时即使发生紧急情况，家人也会前来提供帮助，因此自己是安全的；而在百货店或地铁等空间里却没有人可以求救，自己便会深陷困境之中。所以逐渐回避类似的“危险”场所，甚至可能无法单独走出家门。事实上，惊恐发作有时只是偶发性的症状，即使再次出现也基本会在20分钟之内平复下来。惊恐障碍严重的患者却因为极度担心再次出现惊恐发作而整天惴惴不安，甚至因此走向抑郁症的深渊。数据显示，大约50%的惊恐障碍患者也同时具有抑郁症问题。

由于惊恐障碍的问题里包含着惊恐发作、期待性焦虑、回避行为等各种复杂的问题，因而在治疗方面，虽然与治疗其他恐惧症的脉络大致一致，却还需要考虑更多层次。首先，提前预防惊恐发作是最为基础的措施。前文中我们提过，惊恐发作大多是持续的压力状况引发的，因此对压力情绪的处理就显得格外重要。可以通过冥想、瑜伽、腹式呼吸法以及一些缓解肌肉紧张的运动来调节自身的压力。例如，握紧拳头，保持手臂用力，并将双臂用力拉至肩膀3秒后突然放松，反复进行诸如此类的运动可以帮助我们舒缓肌肉紧绷感，减轻全身的压力。

其次，在解决期待性焦虑的问题时，首先需要减少“对于灾难的思考”。惊恐障碍患者会将轻微的不安感和细小的担心无限放大，认为自己可能会面临灾难性的状况。例如“再次出现惊恐发作可怎么办”“会不会导致心脏出问题”“这样下去我可能会死的”等错误预判。在症状相对较轻的早期阶段，可以采用**“暂停—转移注意力—呼吸”**（stop-refocus-breathe）的方式来缓解焦虑情绪。在期待性焦虑即将产生的瞬间，先试着在内心大喊“等一下”（stop），然后环顾四周，将注意力转移（refocus）到周围的商店招牌、手机或来来往往的公交车上，然后尽量使用腹式呼吸（breathe）的方式来进行调整。这样的方式听起来并不困难，但仍然需要在平时反复训练，这样才能在真正出现症状时顺利运用。

惊恐障碍的药物治疗主要针对以下两个目的。第一，像镇痛剂辅助镇痛一样，使用抗焦虑剂和阻断植物性神经的药物能即刻帮助患者减轻焦虑感；第二，使用抗抑郁药物从根本上缓解患者的不安情绪，抑制压力水平。然而，尽管药物治疗效果极佳且几乎不存在副作用，但令人感到头痛的是，惊恐障碍患者本身对吃药这件事就十分抵触，总是担心到底有没有副作用，会不会产生依赖，今后不再依靠药物时究竟能不能凭借自身意志力克服问题。正是数不清的犹豫和纠结耽误了治疗。

只要服用的药物正确，惊恐发作通常可以得到极大缓解，即使再次发作，也能在吃药后很快镇定下来。坚持服药就能够使情绪长期稳定，一些患者到了后期甚至只是将药物拿在手里也能够感到安心。尽管一开始可能会对药物产生依赖，但时间久了就会发现即使不吃药也没有太大问题，逐渐积累起信心之后，对药物的依赖也就自然减少了。此时便可以和医生商量，在恰当的时机停止服药。

120

总是觉得不安，需要对一件事进行反复确认

我今年24岁了，作为一名男性，我觉得自己真的很没有魄力。总是需要对一件事进行反复确认，比如离开家的时候时常感觉门没锁好，每次都要检查5遍以上。有时又会突然担心家人走在街上遭遇事故，因此不断给弟弟和父母打电话。我到底是怎么回事呢？

曾有报道显示，随着高考日趋简单化，考生患强迫症的人数每年都有约1%的增幅。由于一个小小的失误都可能带来巨大的排名差异，孩子们也变得越发焦虑，总是担心自己出错，不断练习同样的试题。而这种焦虑最终扩散至了生活的各个层面，导致人们在一些小事上做出反复确认的举动，最终发展为强迫症。这类患者通常表面上看起来沉着冷静，实际上大多内心充满了不安情绪。

强迫症又可以细分为强迫性思维和强迫性行为。多数患者的症状首先表现为反复进行消极思考，并可能伴有冲动情绪。强迫性思维会带来焦虑、恐慌、羞耻感等令人痛苦的情感体验，而越是想要抑制这样的情感，我们越是可能反复深陷同样的思维当中，并做出强迫性行为。尽管每个人的情况有所不同，但打扫卫生、极度追求平衡和对称、思考禁忌之事、危害想象等症状一般较为常见。

与打扫卫生相关的强迫障碍中存在对污染的强迫思考和强迫清洁行为。总是担心自己因接触脏东西而生病，因此反复打扫清洗，力求百分之百整洁干净。有的人会因为摸了一下门把手而洗手30次以上，也有人会因为无意间触碰到了讨厌的人的皮肤而洗澡一个小时。出门一趟总感觉身上沾满了灰尘，于是脱下所有的衣物全部清洗，甚至还有人使用含蜡油的水洗澡，希望彻底

去除身上的污秽物。

然而，很多时候所谓的“脏”，其实只是观念上的问题。“屎尿屁”等物质自然是很脏的，但它们却存在于我们身体内部。人们总是认为很多物体一旦离开自己的身体就意味着“死掉了”，一旦再次接触到类似的物质，便仿佛自己的身体受到了攻击一样，因而会感到十分害怕。

与平衡和对称相关的强迫症则主要表现为追求百分百对称、要求绝对的整齐划一、严格遵守顺序等。例如走在街上时要求自己不能踩到地砖缝隙、上下楼时必须正确地数出阶梯数量、在考试前夜按照顺序整理书本或衣物等。过于追求准确性也是此类强迫障碍的一种表现，比如在工作时计较每一件小事是否符合流程顺序，打印用纸、书写格式、句子间隔等必须百分百符合本人意愿才能进入下一阶段的业务处理。还有在准备考试时没有完美地记住这一章节的内容就绝对无法开始下一章节的复习，最终自己常常因此情绪崩溃，考试成绩一塌糊涂，而在自身抗拒考试和工作的情况下尤其如此。这其实是患者将自己想要整理焦躁情绪的心理外化成了整理物品等行动。

思考禁忌之事的症状主要表现为脑中反复出现与性和暴力相关的念头。例如脑子里不断浮现性生活场面，企图抑制却适得其反，又或者总是想象自己杀害了某人，而这个对象通常都是十分亲近的家人或朋友。所谓的禁忌之事，无非就是与性和暴力相关的两类。这其实是人类的本能，却为社会所禁止，因而总是导致问题的发生。强迫症患者并不是真的充满对性与暴力的渴望，却时常因为这样的想法而感到自责和痛苦。在这类患者前来咨询时，我们通常会告诉他们“这些都是再正常不过的想法，人人都有，只不过没有将它们付诸行动而已”，以此来减轻他们心中的道德负担。

与危害想象相关的症状便如本节开篇的主人公一样，总是担心自己或身边的人遭遇危险或意外，因而反复做出同样的举动进行确认。最为典型的表现便是“好像忘关煤气了”“门没关就出来了”于是不得不再次返家。这类人通常具有严重的完美主义倾向，同时无法信任自身的计划和行动。这可能是幼年时期因为做事毛手毛脚而不断挨骂留下的后遗症，而大多数情况还是当下的焦虑问题导致的。对这类患者来说，可以用手机拍下天然气或大门已经关好的照片，在感到不安时拿出照片进行确认即可。虽然想要彻底克服这一问题不太可能，但的确可以迅速有效缓解焦虑。

此外，还有一些强迫症患者则表现出了收集物品的症状。这在此前被我们认为是最具代表性的强迫症表现，但在最新修订的*DSM-5*手册中却将其划分为了**囤积障碍**（hoarding disorder）。我们时常在电视剧里看到的那些到处回收破烂、坚决不肯丢掉家中废弃物品的人，他们便属于这类情况，而这样的行为实质是试图利用物品来填补自己焦灼的内心。

从精神分析学的角度来看，强迫症可能是一种退行问题。人们在受到刺激，力比多得到唤醒的情况下，为了抑制**性欲**而倒退回肛门期。例如通过反复洗手或其他强迫行动来消耗时间，一边满足内心的需求，一边抵抗这些需求带来的痛苦情绪和记忆。精神分析学创始人弗洛伊德提出的**鼠人**（rat man）便是十分经典的强迫症案例，为精神分析学科的研究奠定了基础。

近期，随着脑科学的发展，人们将强迫症产生的原因解释为大脑功能异常。大脑额叶的眶额皮层部分通常会指导人们做出正确的行动。然而，当这一部分的功能过于活跃时，人就会表现出强烈的担忧、不安和焦灼。再来，如果大脑中负责过滤不必要信息的尾状核部分出现异常，人们便会接收到大量的错误情报，并最终导致脑中想法不受自身控制反复出现。而这些异常基本是受体内5-羟色胺不足影响产生的，因此在治疗时可以使用促进5-羟色胺分泌的抗抑郁药物。不过，强迫症涉及的大脑区域众多，通常较为复杂，因此药物治疗的效果可能并不显著。在用药时一般需要投入较大的剂量，同时需要与心理咨询及其他治疗手段并行。

认知行为方面的治疗方式可以分为寻找强迫症产生的原因和训练纠正强迫行为两类。在寻找原因时，首先需要对造成患者精神剧烈波动的因素进行分析，让他们从心理学的角度去理解此时自己的内心出现了什么问题。事实

囤积障碍

不管物品本身是否具有价值，一律无法丢弃。此类患者通常会夸大自我的重要性，认为必须亲自保管物品，或是无法忍受抛弃物品的痛苦。

性欲

精神分析学将其理解为本能的欲求。人的一生都受本能性欲的影响，因而会不断出现矛盾，这一理论也被称为“内驱力心理学”（drive psychology）。

鼠人

曾接受弗洛伊德精神治疗的一位律师患者是其原型。这位律师总是不断想起在军队时听说的一种与老鼠有关的酷刑，强迫性地认为“老鼠会钻进我父亲和妻子的肛门，然后吃掉他们的内脏”。事实上，幼年时期他曾在自慰时被父亲撞见，因而被严厉教训。而父亲早在多年以前就已经去世，他没能为其送终，心里又迫切地想要尽快得到父亲的遗产。另一方面，如果妻子死掉，他就可以马上和另一位富家小姐结婚，因此心里十分盼望妻子赶紧去世。对于父亲的畏惧，性需求没有得到满足的无力感，以及对于死亡的愧疚感交织在他心中，于是产生了与老鼠有关的强迫性思维。

上，大多数患者都无法认识到根本性的问题。例如有患者说“好奇怪哦，我总是会对A产生性欲”。这个时候患者只是对自己“产生性欲”这件事情本身感到奇怪，而当医生询问他们“那你觉得应该如何解决人的性欲”“你如何看待人的性欲”等问题时，却通常无法做出回答。因此要与他们一起寻找答案，在这个过程中帮助他们正确了解性的含义，并认识到自身根源性的困扰究竟是什么。强迫症状的产生大多是为了掩盖情绪上的焦虑，因此准确认识内心焦虑感的源头，是帮助我们有效缓解强迫障碍的关键步骤。

而在训练纠正强迫性行为时，虽然一开始会感到死一般的痛苦，但其实忍住之后不安感就会随之减少。例如。如果担心自己没有关火而纠结要不要回去，则不要真的折返回去，而是坚持继续往前走一段路，走着走着“好想回去确认一下”的念头就会消失不见了。此后便可以循序渐进地训练自己，例如在接触了觉得“肮脏”的东西和场所之后，坚持住不要洗手，担心门没有关好时不要回家确认，家里的物品、杂货就那样放着，忍住想要整理收拾的念头等。

最后我们为强迫症患者提供几点值得尝试的行动要领：

- 规定好一定的时间，在这段时间内可以随心所欲地产生强迫性思维和行为。
- 规定时间结束过后，即使感到焦虑也停止下来，将强迫性思维和行为推迟到下一个规定时间进行。
- 承认自己的想法和行动都很离谱，不要为之烦恼。
- 记录下自己的强迫性思维。
- 唱歌或努力想象其他画面。
- 在心中呐喊“这种想法现在是毫无意义的”。
- 进行腹式呼吸，放松身体，并缓慢地从一数到十。

121

容易烦躁，难以调节愤怒情绪

我今年26岁，已经待业3年了，还没找到满意的工作。最近父母和妹妹都说我像个定时炸弹一样，动不动就发脾气，像是厕所没纸了或者找不到东西这种事情也能让我立刻爆炸。我自己也觉得这样很对不起家人，但是每次真的忍不住。

人在顺应本能做事时，就能够感到舒心。而如果迫于形势或他人要求而不得不采取某些行动时，就可能受到压力。同时，因为想要获得成功而受到的束缚，以及对未来的消极想象等都会成为压力的重要来源。当琐碎的压力不断累积，某个瞬间人就会“爆炸”，对一切都感到厌烦。这可能就是所谓的“压死骆驼的最后一根稻草”了。这种时候即使是“把地上的纸扔进垃圾桶”这样的请求也会让人感到烦躁，转而向提出请求的人大发脾气。而在发泄完冷静下来之后又会开始反省自己，产生比如“我这是怎么了？好郁闷，我真是个坏人啊”之类的想法。

长期的压力积累会导致我们的身体出现问题，大脑功能也可能因此受到损害。慢性压力问题会给海马等边缘系统带来负面影响，最终引发记忆力等方面的障碍。掌管情感和冲动调控等功能的区域位于大脑额叶中前额叶部分的内侧下方。这个区域被我们称为**腹内侧前额叶**（Ventromedial Prefrontal Cortex，vmPFC），主要负责抑制人的冲动情绪，调节快感，引导人们做出道德性判断和理性化抉择。而长期的压力会导致这些功能减退，冲动情绪难以得到抑制，人因而容易愤怒和烦躁。这也是抑郁症患者的常见问题，同时曾有研究结果显示，在监狱服刑的犯人中，有许多人此区域功能先天低下。

vmPFC部位中最为关键的物质便是5-羟色胺，因此我们在治疗容易感到烦躁和愤怒的压力性抑郁问题时，通常会让患者服用提升5-羟色胺的抗抑郁药物。最近，**经颅磁刺激**（Transcranial Magnetic Stimulation，TMS）也成了对抗抑郁症的重要手段，即用电磁刺激vmPFC部位，使它的功能再次活跃起来。

经颅磁刺激

使用电磁线圈刺激大脑特定部位，使磁场经过，从而促进神经细胞活跃起来的方式。通常在治疗重度抑郁症、强迫症时会使用这一方法。

如果持续受到压力，长期处在焦虑之中，大脑功能必然减退。自制力不足、无法抑制冲动，人的攻击性就会频繁外露，这就是所谓的“烦躁”。此时我们通常会选择攻击身边最亲近、最好欺负的人，时间长了就会成为常态。自责、自我埋怨等都是抑郁症最早期的典型表现，因此如果频繁出现烦躁易怒的问题，一定要尽早接受治疗。

通常我们在应对压力时会用到3种方式。分别是“尽量避免压力累积”“变成更强大的自我”和“排解现有压力”。

我们应该如何“尽量避免压力累积”呢？例如，事情做不完就往后拖延、索性辞职去休假、不是非做不可的事就放弃等方式都有良好的减压效果。当然，突然辞职肯定不是一件容易的事，称不上什么完备的方式。但是，如果出现了事情太多喘不过气来，所有工作必须亲力亲为因而压力巨大，或上司的责骂让人精神崩溃等情况，一定要果断放下工作开始休假。做好心理建设，不要担心别人对自己有负面评价，选择让自己内心最为舒适、情绪最为稳定的方式生活才有可能从根本上解决问题。

那么，何谓“变成更强大的自我”呢？这实际上就是要求我们改变自己的思维模式，它也是我们在心理咨询中最常使用的方式。人们普遍认为强大的内心来源于自身坚强的意志，但站在心理学的角度我们通常认为，个人自尊心的提升，对分歧的包容和对不合理的接纳才能真正让人们获得不易摧垮的神经。回头检视一下自己的生活方式、人生目标、到目前为止取得的成就，想一想现在让自己感到辛苦的事情究竟是好是坏，是否可以放弃等问题。事实上只要能够正确认识状况和自身，压力自然就会减轻很多。有人惹我不快时，不要过于专注于矛盾本身，而是思考一下自己为人处事的原则和方式。同时尝试理解对方的生长环境和困难之处，进而减轻心中的愤怒和负面情绪。从更加宏观的角度把握问题，了解自身的底线和可能性，压力产生的源头也就会随之变少了。

此外，“排解现有压力”则是建议我们在受到压力时多做一些自己喜欢的事情。

喝酒、听歌、看剧、读书、约会等都可以带来帮助。对大多数人来说，“动嘴”是一件最为简单的事情了吧？因此可以选择暴饮暴食、抽烟、与恋人接吻等方式来发泄压力。除此以外，听音乐、打游戏、看电影等使用眼睛和耳朵的方式也都能够带给人们轻松愉快的感受。还有运动、参与社团活动、读书、思考、冥想等选项也值得考虑。然而，这些爱好只能满足感官需求，尽管能够让人短暂地感到愉悦，却也存在一些不可忽视的副作用，并不能从根本上解决问题。比如，我们在选择通过暴饮暴食缓解压力时，也可以稍微动动脑子，考虑一下食物的口味、料理方式等，从而获得更为深刻持久的乐趣。同样，在打游戏发泄破坏欲时，也可以顺便与人沟通交流，看看其他队友是如何处理问题的，甚至钻研一下这款游戏是如何设计出来的等。

如果无法自己调节压力，就需要去医院接受一定的药物治疗。盐酸氟西汀、帕罗西汀、舍曲林、西酞普兰等**选择性5-羟色胺再摄取抑制剂**（selective serotonin reuptake inhibitor，SSRI）普遍具有良好疗效，服用一两周便可有效缓解愤怒和抑郁情绪。同时这些药物并不具有明显的副作用和依赖性，可以放下偏见放心服用。通常我们不会在一开始就劝告患者采用药物治疗，但的确，如果想要有效调节自身对于家庭和工作的负面情绪，同时预防精神状况进一步恶化，服用药物是最有效的方式。

选择性5-羟色胺再摄取抑制剂

目前最为广泛使用的一种抗抑郁药物，可以防止5-羟色胺的再摄取，提升体内5-羟色胺浓度。抑郁症以外，许多焦虑障碍也主要使用这一药物进行治疗。

小贴士

压力指数测评

近一个月内以下情形出现的频率如何?

（1）-（6）题

完全没有（0）/有一点（1）/偶尔（2）/经常（3）/极其频繁（4）

（7）-（10）题

完全没有（4）/有一点（3）/偶尔（2）/经常（1）/极其频繁（0）

（1）你时常因为意外状况感到慌张吗?

（2）你是否时常感到自己无法掌控人生中重要的事情?

（3）你是否时常感到神经敏感，压力巨大?

（4）你是否时常感到自己无法处理一些必须处理的事情?

（5）你是否时常因为事情不受控制而感到生气?

（6）你是否时常感到事情全部堆在一起，自己无法处理?

（7）你在处理个人问题的时候，是否具备自信感?

（8）你是否时常觉得事情都如自己所愿?

（9）你一般能够处理好烦躁情绪吗?

（10）你时常感到自己此刻拥有最棒的状态吗?

19分以上：处在巨大的压力情绪之中，抑郁症和失眠严重，需要立即接受检查和治疗。

17至18分：压力较高，存在抑郁症和失眠风险，需要接受检查。

14至16分：压力指数较低，但要警惕现有状态持续带来的精神问题。

13分以下：压力情绪正常，日常生活基本没有阻碍。

122

身体不舒服却检查不出任何问题

从30岁开始，我就老觉得身体这里那里都不舒服，随时都在跑医院，却检查不出来什么问题。肚子痛、胸闷气短，还常感觉心跳很快、呼吸急促，总是担心自己会突然晕倒过去。医生都说没什么大问题，但我总是没办法放心，不断重复做检查。有时在偶然听到一个疾病的名字，我就会觉得自己也出现了类似的症状。

一般过了40岁之后，人们就会更加关注自身的健康问题。二三十岁时很少觉得哪里不舒服，到了40岁却会突然出现关节疼痛、糖尿病、高血压、肥胖症等慢性疾病。而如果家人中有人遭遇了事故或因为癌症、心脏病等去世，就更会让人忧虑自己的健康问题。

这时，只要出现了些微身体不适，我们就很容易怀疑自己得了大病，整天到处求医，就算做了一系列的检查也不能感到安心。事实上，这些问题大多是植物性神经系统兴奋产生的**非特异性症状**，瘙痒、酸痛、肌肉疼痛等表现也都较为突出。这是由于在压力累积时，人会变得格外敏感，十分容易察觉到细微的身体信号。这样的超敏反应在抑郁症患者中也极为常见，面对同等程度的刺激，他们感受到的疼痛通常会比一般人高出四五倍。像这样不断就医、接受身体检查的症状在心理学上就被我们称为**疑病症**。

非特异性症状
非躯体器质性问题，而是心理因素造成的一时性症状。

疑病症
受身体症状和错误感知的影响，坚决认为自己患上了某种大病的一类障碍。

如果出现了类似问题，最重要的便是给予患者认可，承认他们感受到的不适都是真实存在的，并且理解他们因为检查不出问题而愈加焦虑的心情，告诉他们只是因为现有的医疗技术有限，还没有出现肉眼可见的证据来解释他们的不适而已。而在治疗方面，除了对症下药治疗身体疼痛以外，还需要帮助患者缓解情绪上的压力和紧张。患者也需要认识到，自己并没有真正患上不治之症，也并不存在诸如此类的危险，所有的不适和疼痛都是心理问题带来的，因此需要放松心态，进行一阵子的休养。多多与人聊天，保持运动的习惯，时不时出去旅行一趟，再配合医院的专业治疗，疑病症的问题便可以在很大程度上得到解决。

患上疑病症的人通常天生更为敏感，性格也更加谨慎细致，也有不少人从小体质不好，容易生病。在疾病和健康的问题以外，他们也十分容易对危险、贫困、掌控力丧失等问题感到焦虑，夸大事情的严重性，过低评价自身的应对能力。在与他们对话时，忽视健康相关的话题，将对话的重心转向他们与另一半之间的矛盾或与家人间的冲突时，他们的身体症状反而就消失了。

有时候我们的潜意识也会加剧这种身体的不适和疼痛。例如，独居的老奶奶知道自己生病了子女就会前来看望，受这样的潜意识影响，身体的不适也会反复出现。但是我们不能将这样的问题视为装病，否则症状就会不断恶化下去。

疑病症和其他焦虑问题一样，都会给我们的日常生活带来严重阻碍，让我们丧失人生的乐趣。患有此类障碍时可以周期性地进行全身体检，同时服用精神类药物，坚持接受心理咨询，保障内心的平稳和从容。

123

时常感到疲惫，神经过于紧绷

最近时常感到浑身千斤重，躺在沙发上就爬不起来。早上起床时总是感觉睁不开眼睛，非常不舒服。

如果在没有特别受到压力或其他困扰的情况下，持续6个月以上毫无理由地感到疲惫，怎么休息都没有好转，记忆力减退，嗓子、关节各处疼痛，浑身像被打了一样无力感严重，就需要考虑是否患上了**慢性疲劳综合征**（chronic fatigue syndrome，CFS）。比起身体方面的因素，这些症状更主要是受大脑功能减退影响产生的。同时相比男性，女性更容易出现这一问题。

一般来说，最开始出现类似症状时，患者大多会认为自己是患上了感冒，因而前往内科寻求治疗，却往往没有明显改善，于是在时隔很久之后开始接受精神方面的咨询。因为总是检查不出来身体方面的问题，身边的人就会认为他们是在装病，以致患者甚至无处倾诉自己的不适，心情一天比一天郁闷。同时怀疑自己可能就是身体变虚了，开始采用一些自然疗法或大量服用维生素和其他保健类食品，但状况并未出现显著的好转。

慢性疲劳综合征
不明原因地长期感到疲劳的一种症状。通常症状持续6个月以上。

去了医院也检查不出问题，就说明我们的身体的确不存在病变，这在客观上来说当然是一件好事（需要注意与甲状腺疾病、各种感染问题和多发性硬化症进行区别）。由于症状表现方面存在80%左右的类似之处，慢性疲劳综合征有时也会被误诊为抑郁症。不同的是，慢性疲劳综合征患者并不具备罪恶感、自杀倾向和体重减轻等问题，同时发病的原因也基本与家族遗传和外界压力性因素无关。

此时尽管许多患者都会产生“因为过劳把身体搞坏了，得赶紧休息”的想法，但事实上，在能够承受的范围内坚持工作反而可以重振精神，为症状的好转带来帮助。此外，有着类似问题的人们可以聚集在一起建立**自助治疗小组**，互相分享有效的治疗经验，但如果成员间传播了错误的信息，则可能导致症状进一步恶化，因此需要慎重选择。

虽然分类不同，但最近常被人们谈起的**心身耗竭综合征**也与此有着类似的症状。患有此类综合征的患者通常神经紧绷，“休息”这件事本身会使他们感到焦虑。尽管他们时常通过吸烟、饮酒、运动等方式来暂时忘记压力，但这样做反而会导致状况不断恶化。这些人需要放下对工作的偏执，彻底进行休息。

自助治疗小组

患有类似症状的人聚集在一起互帮互助的一类治疗方式。成员之间会分享各自的经验、应对方法等。心理学上主要用于治疗与上瘾相关的一些疾病和焦虑障碍。

心身耗竭综合征

在某个工作中倾注了全部的心力，因而难以处理日常生活和其他事务，并时常感到抑郁和焦虑。

124

总是想起可怕的往事，心里很痛苦

直到现在我都无法忘记那一天。一年前我经历了一场大巴车车祸，当时如果再晚几分钟到医院我可能就已经死掉了。从那之后，我就总是非常恐惧交通事故，甚至无法正常乘坐汽车。现在看见大巴车我还是会觉得心惊胆战，旁边有车子经过时也总是吓一跳。

人生在世，总是难免遭遇一些意外事故。出车祸受伤，成为某场犯罪活动的受害者，这些差点失去生命的经历自然可能留下相当严重的后遗症。

即使身体上的伤口已经愈合，内心的阴影也会一直折磨我们，即使努力不让自己回想起来，那些痛苦的记忆也根本挥之不去。同时噩梦也会接连出现，让人感觉怎么也走不出来，活在事故的反复循环之中。一旦出现类似的状况或与那些遭遇相关的因素，植物性神经就会变得活跃起来，使人极度担心和痛苦。伴随而来的还有认知能力和情绪状态的恶化，与事件相关的记忆慢慢模糊，留下的只有"因为我是个坏人，所以才会遭遇事故"等错误的信息，以及长期持续的恐惧和愤怒感受。

此类后遗症不仅会在人们直接经历创伤时产生，在间接目睹他人经历、身边的家人朋友遭遇不幸，甚至过于了解事故的细节问题时也可能出现。此时大脑做出的情感反应与当事者情感反应的重合度高达80%。受大众媒体和手机网络等的影响，我们常会目睹事故现场的可怕场面，并体验到与当事者极为类似的恐惧和焦虑。

2014年"世越号沉船事件"发生时便出现了此类的情况。是什么让全韩人民陷入了巨大的悲痛和绝望之中？最直接的影响因素就是船沉没之前遇难者们拍摄的可怕视频。我们眼睁睁看着他们走向死亡，整个过程带给人的恐惧和不安都太过真实，让人感到仿佛自己也置身其中。

医学上将此类问题称为创伤后应激障碍（PTSD），最早是在越战之后的参战士兵身上发现的。著名的战争电影《第一滴血》（*First Blood*）实际上就是探讨PTSD问题的片子，而不是歌颂某位战争英雄的。在影片中我们可以看到地狱般的战争场面，长期活在危险之中的战士们则因为这样巨大的压力面临大脑边缘系统受损，因而表现出难以适应日常生活等问题。PTSD是不少电影创作的重要素材，《美国狙击手》（*American Sniper*，伊拉克战争），《从心开始》（*Reign Over Me*，"9·11"事件），《秋天路》（‹가을로›，三丰百货崩塌事故），《生于七月四日》（*Born on the Fourth of July*，越南战争）等都是其中的代表之作。

除了战争以外，像本节开头的主人公一样经历了重大交通事故、洪灾、山体滑坡等自然灾害及犯罪事件后，出现PTSD的情况也极为常见。在乘坐黄色的出租车发生车祸险些没命之后，一些人看见黄色的杯子也会感到害怕，不敢再次乘坐出租车，甚至无法直接驾驶车辆，路过事故发生的地段也会感到恐惧和不安。

然而，如果上述症状在持续一个月之后就逐渐消失，那么患者可能只是出现了**急性压力反应**，而不是更加严重的PTSD问题。因此，在创伤刚过时应该积极进行调整，将后遗症影响降至最低。而如果症状持续一个月以上仍然不见好转，便应该立即接受专业医生的治疗。50%左右的成年人能在创伤后3个月以内有所恢复，但症状持续一年甚至数十年以上的患者也并不少见。

如果想要摆脱这一状况，比起对于事故的记忆，在这些记忆中反复体验到的情绪才是我们应该重点关注的部分。事故发生时的恐惧和不安情绪会在此后反复出现，我们需要对此进行克服。因此，心理咨询和药物治疗都应将侧重点放在调节相应的情绪、恢复大脑功能等方面。**眼动脱敏与再加工治疗**（eye movement desensitization & reprocessing，EMDR）是我们在治疗PTSD时最常使用的方式之一。这种方式便是通过眼球运动来重新处理大脑的记忆，降低我们对其的敏感度。从认知行为治疗的角度来看，持续暴露在相关记忆和类似状况中的方式也可以帮助我们治疗PTSD问题。例如，对于因为遭遇交通事故、性侵而产生了PTSD的患者，我们可以不断鼓励他们主动回想起当时的场

急性压力反应
与PTSD症状相似，但通常会在一个月内出现好转的一种障碍。

眼动脱敏与再加工治疗
通过眼球运动，刺激大脑信息处理系统的一种方式。眼球快速运动时，负面的记忆便会渐趋消失，EMDR治疗法就是在这一原理上发展而来的，常用于治疗PTSD和诸多恐惧障碍。

景，反复多次之后恐惧和不安情绪就会有所好转。不过需要注意的是，如果患者在每次回想时都表现出了更为强烈的负面情绪，则可能说明他们的症状有所恶化，因此需要格外小心。

125

冥想有助于缓解压力吗

经常听人说冥想对身体和精神健康都有好处，我是有点不相信。冥想真的那么好吗？冥想为什么可以引起大脑状态的变化呢？

据说，苹果创始人乔布斯生前曾坚持每天冥想长达30年之久。人们经常误以为冥想是非常东洋的方式，事实上，美国也有大约1 500万人每天冥想，世界各国热爱冥想的人们不计其数。冥想究竟能够带来怎样的好处？它又是如何作用于人体的？

韩国首尔大学及韩国脑科学研究院的科学家一起，对坚持冥想的人（冥想者）和一般人的大脑进行了比较，结果发现，冥想者的平均压力水平仅为6.6左右，而一般人的则为15.8，比前面一组高139%，冥想者显然更少受压力问题困扰。同时，冥想者和一般人血液中多巴胺的含量分别为21.7%和15.8%。多巴胺作为帮助人类获得幸福感、专注力和激情的激素，含量越高自然是越好。因此这一研究结果向我们表明，冥想可以减轻我们精神上的压力，在提高幸福感、注意力和干劲等方面都有着积极作用。

那么，这样的效果又是如何产生的呢？冥想究竟是如何作用于大脑的？曾有研究对西藏175名僧人的大脑进行了研究，这些僧人全都有着1万个小时以上的冥想经历。研究结果显示，长期坚持冥想的人左侧前额叶区域的活跃程度普遍比右侧更高，也就是说，如同运动可以锻炼我们身体的肌肉一样，冥想也的确可以锻炼我们的大脑。

此外，坚持冥想的人还会出现什么样的心理变化呢？在冥想的过程中，我们的身体会放松下来，五官感知更加敏锐，将注意力保持在呼吸之上。冥想可以帮助我们更加清楚地感受身体的变化，不同的是，此时的我们不会草率做出任何决定，仅仅是“领悟”自身内部的变化而已。“原来我出现过这样的想法啊”“原来我因为这件事情感到焦虑了啊”“原来我一直在对他发脾气啊”“原来我执着放不下的是这件事啊”等，这些想法会从我们的脑中一闪而过。通过冥想我们可以认知到内心的压力所在，并寻找抚平压力的方式。幸福就存在于进行冥想的这个瞬间，而不是某个过去或未来。冥想会帮助我们专注于此刻的人生体验，而不是追悔过去或担心未来。

126

不记得自己做过的事情

就像《化身博士》里演的那样，身边人说我有的时候会表现得好像完全变了一个人一样，做出一些“不像我”的举动，我自己却对此丝毫没有印象。这是怎么回事呢？

我们常会在现实中看到多重人格的患者案例。这些患者一般具有多个人格，并且无法回忆起其他人格登场时自己的所作所为。然而事实上，即使出现了这类现象，很多时候也并不意味着真的具有**多重人格障碍**。这类问题大多与**分离性身份识别障碍**相关。所谓分离性身份识别障碍，便是指患者在遭遇严重心理创伤（即精神创伤，譬如幼年时期曾遭遇虐待、绑架、性侵、事故等）时产生了后遗症，记忆出现断层的现象。也就是说，为了保护患者的内心，他们的记忆自动删除了其中一些过于痛苦的内容。

在尚未完全构建起自我之前，性侵或虐待等创伤会导致我们分裂出许多个自我，以此来逃避现实。这些分裂出的自我会各自发展起来，甚至具有不同的性别、年龄和性格等。一些自我发展得不够成熟，看起来好像被鬼附身了一样，或是表现出与精神分裂症类似的症状。此外也有研究表明，有一部分人会在催眠过程中透露出不曾显现出的其他人格。

多重人格患者需要长期坚持治疗。将各个不同的辅助人格整合起来，构建起统一的自我。要帮助患者的主人格劝导和安抚其他人格，就像一位充满能力的班长一样，在学生之间做好协调工作，让他们可以和谐共处。同时需要打通各人格间的“记忆屏障”，帮助他们进行沟通交流，连接成为一个整体。

与多重人格类似的问题还有**分离性遗忘症**。我们常

多重人格障碍
表现出两个以上的人格或自我身份，同一个人却像多个不同的人一样说话做事。*DSM-3*中曾使用多重人格障碍这一名词，但新版的*DSM-5*已将其更名为分离性身份识别障碍（DID）。

分离性身份识别障碍
自我认知、记忆、知觉等出现短暂变化，或渐进式/慢性/突发性转变的情况。

分离性遗忘症
突然离开家、办公室等熟悉的场所在远处徘徊或旅行，自己却想不起来为何身在此处的一种症状。

在电影和电视剧中看到的记忆丧失患者便属于这类情况。分离性遗忘症一般可以自行恢复，但复发的概率也不容小觑。在治疗时应当以恢复患者的自我身份认知和帮助他们寻找近期记忆为主，通常催眠等手段能够带来良好的效果。然而，如果此前患者受到的心理冲击和精神创伤太大，在催眠的过程可能再度陷入崩溃和混乱之中，这一点我们需要格外留意。

忘性大，总是慌慌张张的

不知道从什么时候开始，我变得很爱发呆。有时跟别人聊完天，转眼就不记得了聊了些什么了。担心是不是脑子出了毛病。我还做了MRI检查，但是结果都很正常。这到底是怎么回事呢？

许多年轻人的记性也变得越来越差了。想不起昨天做过的事情，刚和朋友聊完天转身就忘记对话内容。去做MRI检查通常查不出任何异常，那么究竟为什么会出现这种情况呢？原因主要有以下几点：

第一，有患痴呆症的可能性。然而，尽管我们会在电视或电影中看到一些三十几岁就患上痴呆症的人，但在实际生活中，只要不是头部遭遇了严重外伤，一氧化碳中毒，或遭遇了感染等问题，在60岁以前患上痴呆的可能性是极低的。因此，年轻人不需要过于担心这个问题。

第二，注意力下降导致的问题。通常年轻人身上出现健忘或记忆力减退等问题大多都是由于注意力不集中。只有充分发挥注意力和集中力，我们才能将事情记忆并储藏在我们的大脑之中。注意力涣散、精力难以集中时，记忆难以储存，事后也就无法回想起来。此类情形中，即使去医院接受检查通常也并不会发现任何问题，我们只需要努力集中注意力，“用心”去记忆即可。

第三，业务的大量堆积、压力的剧烈增长，以及最近人们对于电子产品的沉迷都可能引发记忆力减退的症状。这些问题都会导致大脑长期处于超负荷状态之中，难以存储记忆。此时我们需要让大脑得到充分休息，比如度假、参加各种兴趣活动、散步等。同时，发呆也可以有效减轻大脑负荷，最近绘本、填色书也成了人们在缓解压力时偏好的方式之一。（参考“因为频繁出错被教训了”一节。）

第四，酗酒严重的人也可能表现出记忆力衰退的问题。即使并没有到严重依赖酒精的地步，频繁地过度饮酒也会造成大脑海马的功能减退。尤其是喝酒后经常发生**断片**（black-out）的话，便说明个人的记忆力和注意力已经开始显著下降了。此时必须改变饮酒习惯，可以的话最好禁酒一段时间。

断片
过度饮酒后出现的记忆空白现象。通常醒来完全不记得某一段时间发生的事情。

128

这样下去会得精神病吗

儿子最近有点反常。一开始只说是因为楼上邻居太吵起了点冲突，但是最近越来越感觉他不对劲了。总是说邻居在故意整他，他去卧室邻居就跟去自家卧室，他去厕所邻居也会跟去，然后在楼上不断辱骂他。

精神病性症状
无法用常理解释的感受认知，言行举止异常等症状。幻听和妄想是其中颇具代表性的表现。

妄想症
人格相对正常，但会出现系统化的妄想。认为有人在持续监视自己的被害妄想、坚决认定另一半出轨了的嫉妒妄想等都属于妄想症。

幻觉
能够体验到虚幻的感受，但无法区分现实和虚幻的一类障碍。例如正常人偶尔可能也会将风声听成人说话的声音，但在没有任何声音产生的情况下坚持认为自己听到有人说话，便可能是出现了幻觉。

幻视
幻觉中与视觉相关的一种。例如许多酒精依赖者就常会对着空气大喊："那里有只鸡！快抓住它！"

幻触
幻觉中与触觉相关的一种。患者总是觉得身上有虫子在爬或所有人在不停抚摸自己的皮肤。

在他人说话、做事不合常理时，我们通常都会评价对方"疯掉了"。事实上这句话有些过于滥用了，现在它大体会被视为一句攻击对方的脏话。而在精神医学的领域中，我们会将这种行为举止异常的表现称为**精神病性症状**（psychotic feature）。

最为典型的精神问题当属精神分裂症了。此外，**妄想症**、躁郁症、抑郁症、痴呆、酒精/药物成瘾障碍，以及戒断反应严重时都有可能表现出类似症状。此类患者通常缺乏现实检验（reality testing）能力，对于自身的疾病缺乏洞察力（insight）。不断表现出违背常理的言行举止，并且本人难以察觉。

有精神问题的患者还会时常出现**幻觉**，其中**幻听**是最为普遍的症状。本节开篇的儿子便是如此，他总是能听到其他人都听不见的声音，认为有人在辱骂、揣测、嫉妒自己。这一状况恶化时还可能影响人的对话能力，出现不断喃喃自语、口齿不清的问题。此外，**幻视**、**幻触**、**幻嗅**、**幻味**等也是常见的精神病性症状表现。电影《美丽心灵》（*A Beautiful Mind*）便是根据患精神分裂症的数学家约翰·纳什（John Nash）的真实故事改编拍摄的，在影片中我们可以看到幻听、幻视等的症状表现。

至于思维层面出现问题的情况，最常见的便是**被害意识**和**被害妄想**了。“国家情报机关正在换着法子监视我，你看到现在外面那辆车没？那个就是来监视我的车子”，诸如此类的被害妄想会一直纠缠着患者。出现类似问题的患者通常状况已经较为严重，“上司一直折磨我，我走哪儿他跟到哪儿，我睡觉的时候他也在旁边辱骂我”，这样的症状便说明患者思维的一贯性和逻辑性方面出现了障碍。

与被害妄想症类似的还有**牵连观念**和**关系妄想**等症状。前文提到的认为外面车上有人监视自己的患者便同时具有被害妄想和关系妄想两种障碍。事实上，虽然严重程度不同，但一旦心态出现退缩，我们每一个人都可能面临在人际关系中感到不安和焦虑、自信心丧失、别人看自己一眼都觉得受到了嘲笑等问题。而关系妄想症患者症状通常更为严重，会产生“所有人都知道我的过去”“电视里那些人看穿了我的内心”等极度缺乏现实感的想法。

此外，**夸大妄想**、**嫉妒妄想**（总是认为配偶出轨了，也被称为“疑妻症”或“疑夫症”）、总是幻想自己与名人结婚的**钟情妄想**（会因此产生病态跟踪行为），以及觉得自己的身体内部有其他异常生物存在的**疑病妄想**等都被我们视为精神病性问题。

曾有一项美国研究询问忠于信仰的教徒们，在过去一年间是否有过不符合科学理论的超自然体验？其中有大约60%的信徒对此做出了肯定回

幻嗅

幻觉中与嗅觉相关的一种。不少患者会认为自己闻到了尸体甚至体内五脏六腑腐烂了的味道。

幻味

幻觉中与味觉相关的一种。患者在用餐时总是认为饭菜里有毒药的味道。

被害意识

总认为他人会伤害或监视自己，是思维障碍中症状较轻的一类。

被害妄想

坚信他人具有伤害和监视自己的意图，无法被说服。

牵连观念

明明和自己毫无关联，却坚决认为有关，总是认为他人在注视自己，因此感到不安。症状表现通常较轻。

关系妄想

明明和自己毫无关联，却坚决认为有关，通常经历了在某些特殊事件（key experience）后症状加重，认为他人和自己之间存在着某种特别（多是负面的）的关联。

夸大妄想

认为自己是十分了不起的人物，是世界上最特别的存在，是神、明星或某位著名的政治人。

嫉妒妄想

在没有证据的情况下坚信另一半出轨或做了对不起自己的事。也被称为疑妻症或疑夫症，与奥赛罗症候群类似。

答。类似这样偶然出现的经历，或在过度沉浸于烟酒、冥想、音乐、艺术活动以及极端疲惫时突然出现的异常症状，尚属于正常范围。然而，如果是既有疾病恶化之后出现了类似症状，则需要接受专业机构的精神状态评估。最近有不少前来就医的患者都是因为在从事宗教活动时突然出现了超自然体验，情绪才出现了严重障碍。

钟情妄想
总是认为自己在和某位著名人士交往，进而引发病态跟踪行为。妄想内容大多浪漫而不切实际，患者在现实生活中通常没有另一半。

疑病妄想
认为自己身体出现了问题，或是总觉得全身散发着恶臭、身体里有虫子在爬，于是嚷嚷自己得了大病。疑病妄想的症状通常是精神分裂症出现的前兆。

精神分裂症是最为典型的精神疾病之一。生物学上通常使用“多巴胺假说”来解释这一问题的发病原因。中脑边缘系统通道（mesolimbic pathway）是多巴胺的通路之一，其中多巴胺成分过多时就可能引发幻觉和妄想。一些毒品就是利用了这一生物学原理，刺激这一部位多巴胺的大量分泌，因而使人产生幻觉。正常人即使出现了幻听，也会在额叶的作用下认识到自己听到的并非真实的声音。精神分裂症患者由于额叶部分功能出现了异常，因而难以分辨现实和虚幻。

从生物学的角度来看，精神分裂症等精神疾病的产生大多与遗传有着密不可分的关联。但这并不意味着这些疾病100%具有遗传性。亲子同病的情况仅占10%，我们难以将其看作一个很高的比例。精神分裂症通常是在遗传和压力等因素的双重作用下产生的，这被我们称为**“扳机理论”**。大家都知道，即使手枪里有子弹，也必须扣下扳机才能将其发射，此时手枪便是我们本身的“遗传体质”，而压力性因素则是直接导致我们发病的“扳机”。

在治疗精神病性问题时，药物治疗是最为有效的方式，应该首先予以考虑。例如，服用抗精神疾病药物（antipsychotic drug）可以抑制多巴胺的过量分泌，减轻患者的幻觉和妄想症状。抗精神疾病药物在抑郁症、躁郁症、痴呆症、成瘾问题等的治疗中也有着广泛应用。20世纪50年代，一种名为氯丙嗪的精神疾病药物被发明出来。60多年来，相比其他领域，治疗精神类疾病的药物取得了最具飞跃性的发展。

然而，现代社会人们仍对精神类药物存在不少的偏见，认为吃药会影响大脑，让人变傻变笨。事实上，20多年前我们使用的精神类药物的确会给一些重症患者带来诸如反应异常、认知能力下降、丧失情感表达等后遗症，这被我们称为**锥体外系**

综合征。然而近期使用的药物却并不会带来这样严重的副作用，完全可以放心服用。

锥体外系综合征

过去一些精神病药物带来的副作用之一，例如帕金森病（静止时身体颤抖、僵硬、行动迟缓、姿势不稳等）、静坐不能（坐立不安）、急性肌张力障碍（脖子、肩膀等不适、眼球运动障碍）等。

精神分裂症也和其他疾病一样，发病后治疗越是延误，就越有可能导致大脑功能受损，病情也越难好转。病情每出现一次恶化，预后也就更差。因此，如果在出现症状的早期积极就医，服用药物治疗，患者的日常生活就不会受到太大影响。一旦因为偏见耽误了治疗时机，此后便可能长期受此折磨。

相比其他精神类问题，精神病性障碍的症状通常更为严重，患者本人和家属都会因此感到痛苦不堪，治疗过程也十分容易拖垮人的意志。尽管这样，一旦患病仍必须坚持治疗，在症状好转前持续服用药物，同时与负责的医生建立起稳定的信赖关系。

129

注意力差，我好像患上了成人ADHD

我感觉自己的问题挺严重的。上班的时候老是喜欢东张西望偷看别的同事在干吗，最后导致自己手上的工作做不完，还总是犯错，差不多平均一两年就要换一份工作。请问我是有成人ADHD的问题吗？

在咨询中，我们常碰到年龄二三十岁，认为自己患上了成人ADHD的患者。许多人是因为在考试之前完全静不下心来学习而对自己产生了怀疑，但事实上其中大部分人都只是受压力影响，无法集中注意力，因而认知能力开始下降。在此类情况中，注意力水平测试的结果参考价值较低，通常需要持续观察6个月以上才能准确判断出是否患上了成人ADHD。

研究结果显示，ADHD问题延续到成年阶段的概率是40%至60%。儿童时期的ADHD主要通过一些在家庭和学校中的异常行动表现出来，辨别起来较为容易。相反，成人ADHD患者的症状表现并不明显，大多只会感到在职场上存在某些不便之处。ADHD患儿的主要症状为活动过度、冲动性强等，到了成年阶段则会转化为不安、焦躁，以及各方面能力的减退。

ADHD患儿通常十分好动，总是无法安坐下来，会像摩托车一样不停跑动或讲话。这些问题到了成年之后，就有了其他表现形式，例如像疯了一般拼命工作、将日程安排得过于紧张、坐立不安等，随之而来的还有和家人间的矛盾。童年期的ADHD问题大多伴有明显的冲动性，患儿缺乏等待的耐心，甚至会做出妨碍他人的举动，成人ADHD患者则更多表现出抗压能力差，容易丧失理智，动不动就放弃工作，无法处理好人际关系，在驾驶中突然情绪激动等问题，甚至上瘾问题也相对严重。一些患者天生智力水平较高，因而勉强可以克服这些问题维持日常秩序，大多数患者则会因此受到严重的负面影响，无法正常工作和生活。

成人ADHD障碍大多是幼年时期遗留下来的，因此我们需要从小注意观察孩子是否存在类似的问题。由于孩子通常很难察觉到自身的异常，父母和家人应该参照此前提到的多动症诊断标准来判断他们的行为。

在成人ADHD患者中，有至少1/4同时患有抑郁症问题。此外，高度依赖酒精和药物的现象也颇为常见。如果患者同时具有多种问题，需要将抑郁症和上瘾问题作为切入点率先进行治疗。目前药物治疗仍是最普遍使用的手段。不过，对成人ADHD患者来说，最为核心的问题其实是生活习惯和思维模式的改变，因此患者在服药的同时还需要配合认知行为疗法、就业咨询以及社会生存能力训练等方式进行治疗。▶（参考“孩子太散漫了”一节。）

130

我是否患上了抑郁症

我今年27岁了。最近总是动不动就流眼泪，在别人面前控制不住情绪。3个月前因为男朋友劈腿所以分手了，我实在太生气了，到现在还是天天失眠，也完全吃不下饭，什么事情都不想做，甚至打算辞职了。之前老是跟家人朋友抱怨自己辛苦，现在大家好像都有点躲着我了。不是说时间会治愈一切吗？我觉得自己好像不会好起来了。

抑郁症的表现是多种多样的。通常人会感到十分低落，容易烦躁，对生活失去热情，欲望低迷，无法将一件事情坚持到底，同时胃口也变差了，体重下降，当然也有与此截然相反的暴饮暴食患者。此外浑身疼痛、记忆力减退、注意力涣散等问题也十分常见。还有80%以上的抑郁症患者同时具有失眠问题，90%以上的患者焦虑情绪也很严重。

首先我们需要对正常的抑郁情绪和需要治疗的抑郁症加以区分。受到压力时人多少都会陷入抑郁之中，但这样的状态通常会在2天之内得以恢复。如果上述症状持续2周以上不见好转，则可以诊断为患上了抑郁症。

就不同年龄阶段的患者而言，抑郁症症状也有所不同。儿童青少年时期的抑郁症主要表现为拒绝上学、成绩下降、持续的身体不适、行为异常、烦躁、叛逆等。中年患者则大多疑病心理严重、长期感到内疚、怀疑另一半、记忆力严重衰退、易怒，同时还可能表现出空巢综合征的问题。老年抑郁症患者通常会出现模糊的身体不适，失眠，焦虑，以及注意力、记忆力减退带来的**假性痴呆**症状。此外对女性来说，产后抑郁、育儿抑郁、主妇抑郁等问题产生的概率较高，到了50岁之后还需要警惕更年期抑郁症的出现。

假性痴呆

一种表现出痴呆的症状，让人误以为真的患上了痴呆的特殊疾患。解决关键其实在于通过抑郁症治疗恢复患者的记忆力等方面。

在抑郁症的诊断问题上，不能只考虑外在的症状表现，还需要对患者的年龄、性别、生活背景等因素进行分析。希波克拉底曾率先提出了**忧郁症**（melancholia）的概念，是目前为止我们指代抑郁症状时最具代表性的称呼。乐趣丧失、睡眠浅、早醒、食欲下降、体重减轻、容易在小事上感到内疚等症状都是包含其中的典型症状。相比心理方面的因素，抑郁症的产生更多受生理方面的影响，例如当体内5-羟色胺缺乏时，人们就容易表现出类似的症状。

忧郁症

希波克拉底曾提出了四体液学说，认为体内黑胆汁较多的人通常具有喜静、被动、懒散等抑郁的特性。19世纪后医学上开始将这类特性视作抑郁症症状。

非典型抑郁症（atypical depression）则是指代那些看起来不够典型的抑郁表现。患者并不存在失眠或食欲低下等问题，更多是表现出嗜睡（睡很久但还是觉得很困），食欲暴增（肚了不饿但是一直吃东西），**铅样瘫痪**（leaden paralysis，浑身像绑了铅球一样沉重），与人交往时极度敏感（非常容易受到他人伤害）等四类症状。这些同时也是主妇抑郁症的典型症状。

季节性抑郁症是指在某些时节感到抑郁的一种障碍，多出现在女性身上。患者通常在秋冬状态恶化，到了春夏则自动好转。当然也有少数患者与此相反，会在夏天表现出抑郁症状。冬季抑郁症主要受紫外线不足、日照时间短等因素的影响，而夏季抑郁的问题则大多是在高温和高湿的综合作用下产生的。季节性抑郁症最为典型的症状便是周期性的严重无力感。冬季发病时患者可能会陷入暴食的怪圈。相反夏季发病时则会出现食欲不振、体重减轻等症状。

相比女性，男性通常较少因为抑郁症问题前来医院接受咨询，坐在我们面前时也难以吐露真实的内心状况，只是说自己容易觉得烦躁，或总感觉事情不太顺利。由于对心理治疗的抵触情绪较大、抗拒药物治疗，同时日常关心的领域较为宏观，男性的抑郁症问题通常会随着客观状况的好转自行减轻。事实上，可能由于女性们更善于表达自身的情感，常将细小的抑郁感受外露出来，抑郁症的确诊比例也就相对更高。然而需要注意的是，男性抑郁症患者的数量并不真的比女性患者更少。

尽管女性罹患抑郁症的人群相比男性高出2倍之多，男性的自杀率却高出女性2倍左右。这就意味着男性一旦患上抑郁症，情况就可能十分严重，同时越是年长的男性越是容易表现出类似的自杀倾向。在韩国的自杀人群中，老年男性占据了极大的比例。

虽然并不是说一旦出现了类似的轻微症状就应该立即就医，但我们大多数人对于抑郁症的认知仍然不够充分，社会体系对于抑郁症患者的帮助也有所欠缺。身体出现不适时，我们就会去医院接受检查，那么心理出现了不适自然也应该寻求专业医生的治疗，这是再正常不过的事了。如果疑心自己患上了抑郁症，便应该大方前往医院接受心理状况评估。对我们来说，这或许也是一次回顾人生、重新检视自我的机会。

131

人为什么会得抑郁症呢

几个月来一直觉得浑身乏力，身边的人都说可能是得了抑郁症，让我去看下心理医生，我自己却拿不定主意。这么久也没有发生什么特别不好的事情，人难道会无缘无故患上抑郁症吗？

抑郁症产生的原因是多种多样的，其中最重要的因素仍是从外界获得的过度压力。人在压抑自身需求的同时就会受到压力，此时产生的内在攻击性就会通过两种形式表现出来，一种是外向的，即不断表现出烦躁、愤怒、怨恨自己。而那些从小就习惯自我批评的人，在受到巨大压力时自身就会变得更加矛盾，抑郁情绪也会席卷而来。

脑科学领域已经将大脑神经递质的不均衡问题认定为抑郁症产生的罪魁祸首。神经递质类似于激素，在各个神经间担任“信使”的角色，以保证大脑神经细胞（神经元）之间取得联系。在这些神经递质中存在一种名为**单胺氧化酶**（monoamine oxidase，MAO）的小型蛋白质，当单胺氧化酶成分不足或失去平衡时人就会出现抑郁症状，这就是所谓的“抑郁症单胺假说”。5-羟色胺、去甲肾上腺素、多巴胺是单胺氧化酶中最为重要的三种物质，它们各自发挥的作用并不相同。5-羟色胺负责保障人们的情绪稳定和平静，5-羟色胺不足时人就可能产生焦虑和糟糕的情绪体验，同时表现出攻击性，难以控制自身情绪。去甲肾上腺素，主要负责为人们提供“精力”。肾上腺素分泌不足时就会导致我们浑身乏力、容易疲惫、无精打采，并且感受不到事物的乐趣。相反，肾上腺素过剩时也会让人们产生焦虑情绪。此外，如果多巴胺成分不足，人就会丧失动力，缺少愉快的情感体验，同时会表现出烦躁易怒、性欲降低、注意力涣散、精力不足、疲惫懒散等症状。治疗抑郁症的药物大多都以调节这三种物质为主，患者需坚持服药至少两周才能看见效果。

在脑科学的研究之外，从心理学的角度来看，心理健康方面的因素也是抑郁症的成因之一。两者就像电脑的硬件和软件一样，彼此作用，互相牵连。一些人受遗传因素影响天生带有“抑郁性大脑”，但如果从小生活环境安稳，培养起了健康的思维模式，也并不会轻易被抑郁症困扰。相反即使天生拥有健康的大脑，在持续受到巨大压力时仍有可能表现出抑郁症状。

通常以下三种情况会给人们带来无法承受的巨大压力：死亡、离别、丧失。例如一直以来亲近的人突然去世了，与爱人面临分别，失去财产、心爱的宠物等情况都可能让人彻底崩溃。诸如此类的状况中都包含着心理层面的“分离”，人会因此体会到自我身份认知的破裂，从而被抑郁的情绪吞噬。此时，情绪的安稳程度，身边是否存在支撑或替代的对象，以及从前是否具备类似的经历，自身精神构造是否坚固等因素决定了我们是会长期深陷抑郁症的旋涡还是建立起成熟崭新的自己。

也就是说，在外界的压力因素之外，每个人本身的能力和思维结构也可能成为引发抑郁症的重大因素。一些人能够理解自身内在情感，也懂得如何解决情绪问题，骂骂咧咧的同时却也知道必须维持精神状况的稳定。还有一些人则无法体会到自己内在心理的变化，一直在他人面前假装开朗，然后在某一天突然崩溃，陷入巨大的抑郁之中。一些小时候生活艰辛的孩子会努力奋斗将抑郁感转化成钱和名利，因为缺爱长期孤独的人也可能将内心的不快投射到艺术方面创造出自己的人生价值。压力是外部环境带给我们的刺激，成熟的人懂得将其接纳并消化，不成熟的人则只会表现出焦躁，不停发火，寻找可以依赖的对象。

《韩文版贝克抑郁自评量表》和《庄氏抑郁量表》(Zung Self-Rating Depression Scale)是最具代表性的抑郁症自我检测方式。读者可以在网上查找相关的量表对自己的心理状况进行测评，但不能直接将此作为确诊的依据，如果出现了“抑郁”的检测结果，必须前往医院接受详细的检查和评估。

132

心理咨询真能治疗抑郁症吗

我今年30岁了，患有抑郁症，正在进行药物治疗。因为我本身比较敏感，担心药的副作用问题，想换成其他的治疗方式。医生说药物治疗和心理咨询必须同时进行，我心里期待还是很大的，心理咨询真的会带来帮助吧？

弗洛伊德认为，抑郁症患者容易贬低自我的愤怒情绪，是由于他们拥有更加严格的超我，超我是我们每个人内在的道德标准，过于严苛时人就容易感到自责，不断给予自己负面的评价。心理学家M.克莱茵（M. Klein）曾说，抑郁症患者常会担心自身内部那些向善良好的部分被欲望和潜在的攻击性破坏掉，因而觉得自己毫无价值。许多精神分析理论都认为，幼年时期的负面经历会留存在潜意识当中，并在日后引发人际摩擦和自尊心受到伤害等问题，进而导致抑郁症的产生。

所谓的精神治疗，便是从这样的理论基础出发，把握患者的问题所在，同时帮助他们找寻新的生活方式。这并不是什么复杂高深的东西。一开始患者只需要和医生进行对话。在反复对话的过程中，医生便可以逐渐摸清患者的言行举止、思考方式等，并且像镜子一般将其映射出来，最终实现让患者自己醒悟的目标。这就是说，心理医生在这里扮演的仅仅是引导患者觉醒的角色罢了。

家人和朋友在面对抑郁症患者时，最容易出现的错误就是一直鼓舞他们，不断强调人生积极的一面——“有什么好抑郁的，再努力一点事情就会变好啦”，类似这样的话事实上并不能够带来共鸣，只会让患者更加感到痛苦罢了。在心理治疗的过程中，我们会对患者陷入抑郁的原因给予相信和认可——“这个事情确实值得人抑郁啊”。不管是幼年时期的阴影，现在生活中的人际关系，还是患者本身的个性问题等，我们都会进行讨论分析，对痛苦情绪表示理解。究竟是为了什么感到愤怒？又在哪里受到了挫折？持续的自责感来源于何处？我们需要做的就是帮助患者理清这些问题。一些患者常会为了没有实现的愿望而感到痛苦，但有时这些愿望本身就严重脱离了现实，因此我们可以引导他们放弃执念，摆脱不切实际的幻想，鼓励他们做一些有可能实现的梦。

自动化思考

没有深入思考的过程，在脑中一闪而过的念头。某个瞬间下意识产生的想法，通常难以进行纠正，会对我们的情感和行为举止带来很大影响。

抑郁症患者通常存在认知方面的问题。例如他们对于自身、周边环境和未来时常表现出消极的态度（即认知三联征，cognitive triad）。心理学上有一个逐渐流行的概念叫作**自动化思考**，比如，一些人会因为犯了小小的错误就下意识否定自己所有的言行举止，甚至对尚未发生的事情也感到沮丧和担心。“考试居然错了两道题，我人生算是完了”“和这个男朋友分手的话，我肯定找不到别的男朋友了”等。

我们需要对这样的自动化思考过程进行分析，了解其中并不真正符合逻辑的矛盾之处。例如：“考试错了两道题，最终得了××分→名次下降了2名→这个成绩跟去年有次差不多→当时我也感觉很悲观→但后来成绩还是提高了→我的水平完全可以做到的→要是因为错了两道题焦虑的话，别的考试可能会出更多的错”，像这样一点点整理自己的思路，从多个角度去看待问题，不要下意识地做出判断。这是认知治疗过程中极为常见的方式，对于抑郁症和焦虑症的缓解都有良好的效果。

小贴士

在结婚、离婚、辞职、求职等重大问题面前

（1）记录下这件事情的优点和缺点。

（2）记录下目前本人的决定。

（3）一两周后重新记录下这件事情的优缺点以及自己的决定，不要翻看此前的记录。

（4）两周后再次重复这一过程。

（5）比较三次的记录，如果三次都做出了相同的决定，那么这件事便值得尝试。如果每次结论并不一致，则需要再次记录，且尽量在自身情绪稳定时进行。

133

抑郁症的药物治疗方式

最近总是出现抑郁的情绪，不能控制自己的情绪，还有失眠的问题。接受过几次心理咨询，但基本没有好转，医生劝我服用药物治疗。听到需要吃药我有点害怕，想知道抑郁症的药物治疗一般是如何进行的呢？

抑郁症的治疗涉及药物治疗、心理治疗、认知行为治疗、生物学治疗等多个方面。事实上，只要长期坚持，80%至90%的抑郁症问题是能够得到治愈的。如果不接受任何治疗，患者就有可能走向自杀或从此转变为容易抑郁的人。心理治疗能够帮助我们从根本上把握患者的内在精神状况，然而现在心理学界普遍认为，药物的使用才是最为迅速和有效的方式。

在投入药物治疗一两周内，患者身体方面的不适便会逐渐出现好转。例如睡眠质量的改善，心跳加快问题的缓解，食欲渐增，或暴食问题得到控制等。两三周之后，焦虑情绪不断减轻，或许患者对于自身的转变难以察觉，但观察身边的亲朋好友就会发现，他们脸上慢慢流露出了欣慰的表情。等治疗进入三四周时，患者本人也会开始产生自信，情绪状况变好，活力逐渐显现。当然，有时症状的好转可能是一种错觉，需要坚持观察一周以上，再对病人的状况进行评估。一些患者在接受治疗两周左右时就会出现许多缓解表现，一些患者则要等到两个月左右才能对药物治疗产生反应。此外，即使抑郁症状已经得到了改善，但如果带来压力的根本因素没有解除，同时患者的**病识感**不到位，药物治疗便不能轻易暂停。

关于抑郁症药物究竟是否有效等问题的争论一直没有消失过。在使用药物治疗时，**安慰剂效应**（placebo effect）是值得我们注意的一个问题。有

病识感
患者对于自己生病了这件事的认知。

安慰剂效应
服用一些患者以为有效，但其实根本没有治疗效果的药物时，症状在心理作用影响下出现了好转。

时给患者开一些根本不存在任何抗抑郁效果的“假药”，告诉他们只要坚持吃就会有所好转，也会有30%的患者症状真的会因此得到改善。还有逾60%的患者的确是因为药物的抗抑郁作用产生了好转。当然，在药物之外，对于医生的信任和治疗效果的期待等因素也会产生重要影响，不能单纯将病情的缓解归功于病人自身的意志力。事实上，在任何一种疾病的治疗过程中，除去药物本身真实的效果以外，患者对于药物治疗的积极态度都十分重要，因此我们必须要抛弃偏见和质疑坚持服药。

常有患者询问，吃完抗抑郁药物心情就会变得很好吗？然而，抗抑郁药物的功效并非存在于此。其英文名“anti-depressant”，也就是“抵抗抑郁”的意思，这类药物作用的本质其实在于防止我们陷入抑郁状态。因此，在服药初期，比起情绪的良性转变，抑郁症患者更多会觉得自己“没什么感觉”，曾经那些敏锐的感知都变得非常迟钝和模糊。在坚持服药一段时间之后，不愉快的心情就会逐渐消失，此后的两三周间，患者就会慢慢恢复活力，变得开朗起来。

还有不少患者都感到十分困惑，治疗抑郁症等相关的精神类疾病时，究竟应该依靠个人意志去战胜还是接受医生和药物的帮助？人们总是认为，依靠药物会导致个人意志力进一步减弱，药物也可能带来上瘾、损坏身体器官、头脑变差等副作用。但这些想法都不过是没有科学道理的偏见罢了。如果意志力的作用如此强大，那么世界上的大多数疾病就都不需要通过药物和手术进行治疗了。人们常常误以为精神疾患的治疗在于患者“下定决心”，这主要是由于对脑科学缺乏正确的理解和认知。同时，药物上瘾等问题也已经是很久以前的事情了，如今我们在治疗中使用的药物几乎没有这样的风险。当然，尽量控制抗焦虑剂和安眠药等可能给患者带来心理依赖的药物的使用仍是必要的。

镇静剂
帮助患者缓解兴奋、不安、异常行动的药物。

还有不少人认为，精神治疗中使用的药物从根本上来说只不过是一些“**镇静剂**”，其中甚至可能还有毒品成分。治疗抑郁症时我们使用的药物包含了抗抑郁剂、情绪舒缓药物、抗焦虑剂、安眠药、神经刺激药物等几十种。这些药物与一般内科使用的药物并无本质区别，甚至由于在制药时考虑到了患者需要长期服用，反而比其他药物更加安全。

抗抑郁剂是我们最常使用的相关药物。在服药初期，患者可能会感到恶心和困倦，长期服药也可能出现性功能的相对衰退。但除此以外，这类药物几乎不具备其他问题，患者可以放心服用。恶心等症状会在服药两周内不断出现，但等到自身状况变好，减少或停止药物服用后就会立即消失。最近有报告称，在使用抗抑郁药物的初期，患者的自杀率反而可能有所增加。但这其实是极为罕见的现象，药物难以为其“背锅”。百忧解、左洛复、马来酸氟伏沙明、依他普伦、帕罗西汀等与5-羟色胺相关的SSRI系列药物，以及怡诺思、欣百达、安非他酮等具有调节肾上腺素和多巴胺分泌作用的药物是最具代表性的抗抑郁剂。

抗焦虑剂可以抑制人的不安情绪，近来最常使用的药物中大多含有一种名为苯二氮䓬的成分。由于抗焦虑药物可以帮助患者缓解紧张情绪，因此也常作为安眠药使用。这一系列的药品通常效果良好，但由于会导致患者产生困倦、呆滞，甚至很快陷入睡眠的问题，因此心理上依赖性较强，需要在专业医生的指导下服用。阿普唑仑、劳拉西泮、地西泮等主要用于治疗焦虑问题，而唑吡坦、三唑仑等则是辅助睡眠的代表性药物。

在药物治疗以外，还需要兼顾生物学相关治疗。可以通过刺激大脑来帮助抑郁症患者恢复大脑机能和活力。如若自杀倾向严重，可以在入院的前提下进行**ECT治疗**。**重复经颅磁刺激**（repeated transcranial magnetic stimulation，rTMS）治疗也是近来治疗抑郁问题的重要手段。

ECT治疗
让少量的电流通过大脑，引起患者痉挛，对于自杀倾向严重的患者效果良好。

重复经颅磁刺激
利用磁场反复刺激大脑神经，在治疗脑梗、偏头痛、抑郁症、耳鸣、帕金森病、精神分裂症、慢性疼痛等问题中均有使用。

小贴士

其他克服抑郁症的方式

•爱自己。

在患上抑郁症之后，人会失去自尊，对自己产生许多负面评价。“我不行”“我什么都做不好”等否定自我的想法会频繁出现。人活在世界上，最应该珍视的并不是父母、另一半、子女等人，而是我们每个人自己。抑郁症患者总是太过在意他人的视线和评价，将自己放得很低。必须把自己放在第一位，避免那些可能带来伤害的人和事。

•有时做点坏事也无妨。

抑郁症患者通常具有“老好人情结”，面对一些在他人看来并非负面的情况时，他们却认为自己如果做了类似的事情就会被当作坏人看待。但很多时候根本不存在这样的问题。即使做出会挨骂的举动，脑中出现毫无价值的想法，其实也都是十分常见的。不要过度在意他人的看法，勇敢表达心中的想法，去做自己想做的事，反而更有可能得到外界的好评。保持心情的舒畅和愉快，抛弃掉试图照顾所有人的博爱精神，活得轻松一些，尽量关照身边的亲朋好友即可。

•不是我的错。

许多人在经历了分别和失去之后，会将问题怪罪到自己身上。从精神分析学的角度来看，这可能是我们在无意识中将对另一半的埋怨和愤怒转移成了对自己的攻击情绪。"为什么抛下我走掉了""为什么留在我一个人"，类似这样的埋怨心理会在不知不觉间上升为道德问题，让我们还是批判自身。"都是我的错，他才离开了我""他是因为我才去世的"，诸如此类的自责感自然会将人推向抑郁的漩涡之中。此时最好的治疗方式是，将这些想法倾诉给身边的朋友或家人，在倾诉的过程中发泄愤怒，整理并纠正自己的想法。我们每一个都应该学会在感到辛苦时寻求身边人的帮助。

•多多接受阳光的照射，生活在明亮的地方。

陷入抑郁之后人就会讨厌一切活动。越是抑郁越是喜欢躺在黑暗的房间里一动不动。这种时候可以回想一下让我们感到心情愉悦的事情。心情好的时候人才会产生活力和食欲，甚至想要去旅行，站在明亮的地方。这就是所谓的光疗法，即让患者在一两周内每天早上接受强光照射。如果没有相应的仪器，每天早上被太阳光照射30分钟左右也可以达到良好的效果。此外，在收看电视时也要多看一些好笑有趣的节目。心情好时人自然会露出笑容，反之亦然，笑得多了心情也会逐渐变好。

•维持规律的生活。

人体存在着所谓"生物钟"的概念。睡眠周期规律才会让人情绪稳定，同时摄取均衡的饮食才能保证体力充足，坚持运动也可以帮助我们缓解抑郁症状。需要尽可能做到维持规律生活的节奏。

•尝试改变思维模式。

大部分人并不懂得在感到抑郁时从事一些愉快的活动或想象一些乐事来调整自己的情绪。这类人通常不懂得人生的乐趣，生活里只有工作、目标、人际关系的痛苦等具有压力的东西，因此需要建立起更为简单的认知构造。旅行和艺术可以改变人们的思维模式。人生应该充满"我喜欢的事物"，可以通过食物、恋爱、游戏等重新搭建对于自我的认知。

•养宠物也可能带来帮助。

养宠物可以给许多轻症患者带来帮助。当然，如果病情严重，宠物反而可能成为更大的负担，这一点需要多加注意。

•允许自己在抑郁时表现出颓废。

因为意外摔断了腿时，也需要打上石膏在家休养6周左右。在受到抑郁症困扰时，也不要责怪自己的无能为力。生病了本来就做不了很多事情。抑郁症患者常会因为患病这件事本身而感到抬不起头，心中充满对亲朋好友的抱歉和愧疚。但在这个时候，支持我们的人、照顾我们的人、听我们倾诉的人是必不可少的，必须接受他们的帮助。在通过治疗和休养恢复健康之后，再去做出回报便可以了。

134

如何帮助身边的抑郁症患者

不久前，父亲被确诊为抑郁症。他本身话就不多，平时与家人的交流也少。好不容易开口坦言自己患上了抑郁症，妈妈却责怪父亲意志力太薄弱，认为只要坚强些，一切就可以迎刃而解。身处其中的我也不知道能够说些什么。我应该如何帮助父亲呢？

身边人患上抑郁症时，最重要的是聆听他们的倾诉。越是感到抑郁和辛苦，越是需要有人在身边坚定地支持他们。抑郁症患者通常下意识地认为他人无法给自己带来帮助，因此家人和朋友更是要主动表现出爱和关心才行。然而，现实生活中许多人都会轻视抑郁症的问题。“打起精神来”“靠意志撑过去”，这些鼓舞的话语反而可能起反作用。不管对方说了什么，我们都不应着急反驳和批评，而是要鼓励他们尽情表达。即使感到不能理解，也要流露出共鸣，表示自己知道他们很辛苦。如果担心说出尴尬的话，还可以拥抱他们，为他们擦拭眼泪。

抑郁症患者通常会表现得十分懒惰。此时比起责怪，家人更应该给予他们一些正面的刺激，除去那些会给自己和他人带来伤害的行动以外，不要尝试限制他们的所作所为。不要放任他们独处，可以尽量多抽出时间陪伴他们运动或散步。

抑郁症患者的家人有时也会将这件事情怪罪到自己身上，因此感到内疚。家人一起生活时的确会受到彼此影响，但这绝非抑郁症的全部成因。为了能够更好地帮助身边患抑郁症的家人朋友，我们首先需要保证自身的情绪健康和稳定。

一些抑郁症患者的家属会突然要求患者中断药物治疗。这多数是由于他们受到身边一些负面言论的影响，不信任专业医生的话。可以在家中放几本有关抑郁症治疗的书籍，在了解相关知识后再与患者对话，以尝试帮助他们。

小贴士

一些关于抑郁症的常见提问

Q：抑郁症严重时应该辞职吗？

A：抑郁症会给我们的工作、学业、社会生活等带来诸多的困难。浸泡在无力感、疲倦、绝望情绪之中，一切活动都让人难以承受。此时患者通常认为休学或辞职后自己便会有所恢复。然而事实上，抑郁症患者完全可以选择治疗，只需两三周就会呈现出好转的迹象。因此，虽然感到辛苦，我们仍建议患者维持现有的生活模式。许多果断选择辞职或休学的人都在症状好转之后流露出了“早知道就再忍一下了”的想法，感到无比后悔和自责，并因此再度陷入抑郁。如果实在无法正常处理生活和工作，则可以去医院开具诊断书，向公司或学校申请休假。

Q：吃了药怎么还不见好转呢？

A：抗抑郁药物必须持续服用一两周以上才能帮助患者缓解食欲和睡眠问题，而抑郁情绪的消解则至少需要等到3周以上。希望脆弱的神经系统（神经递质的浓度）恢复过来，原本就需要类似这样的一个时间周期。尽管由于引起压力的因素迟迟没有解除，一些患者的症状要很久之后才会好转，但只要坚持相应的治疗，症状大都能在几个月内得以缓解。研究报告显示，60%至80%的患者基本能在3个月内摆脱抑郁症的困扰。不过，如果是天生气质、幼年时期的依恋关系，以及错误的人际问题等造成的抑郁问题，治疗起来则相对有些棘手。此时必须同时投入药物使用和心理咨询，严重的患者可能需要坚持几年以上的长期治疗。

Q：抑郁症会遗传给子女吗？

A：许多疾病都具有一定程度的遗传性。如果有家人患有糖尿病、癌症，我们的患病风险自然也就相对更高。像这样，抑郁症等精神疾患也的确具有一定的遗传性。但它们的遗传风险事实上并不像孟德尔定律说的那么高。由于并没有发现确定的遗传因素，我们无法将其定性为“遗传病”。调查显示，父母患有抑郁症时，子女也出现同样问题的比例为其他人的两倍。而人在一生中患上抑郁症的概率仅为15%，因此即使就带有抑郁病史的人而言，他们的子女出现抑郁症的概率也不过只有30%。抑郁症的产生受环境、压力、个性等诸多因素的影响，不必过于担心遗传的问题。

Q：抑郁症患者可以怀孕吗？

A：二三十岁是抑郁症的发病高峰，因此不少女性都会担心怀孕生小孩的问题。怀孕本身并不会导致抑郁症的产生或复发，但如果正处于治疗的过程中，则需要慎重考虑这一问题。虽然没有明确的证据表明抗抑郁剂会导致胎儿畸形，但在怀孕期间仍有必要尽量避免服用。在怀孕头3个月，谨慎中断服药后，可以增加和医生面谈的次数防止抑郁症的发作或恶化。在胎儿基本成型之后，则可以少量服药。尤其需要注意的是分娩后的几个月，这一时期抑郁症复发的比率高达50%。

Q：服药期间可以给孩子喂奶吗？

A：抑郁症患者最需要注意的便是分娩后这一阶段，差不多有一半的患者在这一过程中出现了复发，其中10%左右的人群甚至演变为产后抑郁症患者。抗抑郁剂的成分会通过哺乳传递给婴儿，尽管我们尚不清楚这些成分究竟会带给孩子怎样的影响，但无论如何让这些药物进入孩子体内绝不算一件好事，因此在服药时最好中断母乳喂养。一些产妇会因此感到自责和内疚，但事实上，韩国社会产妇的母乳喂养率本身就只有25%。因而不必执着于此，妈妈自身良好的精神状态对于婴儿的成长发育更为重要。

Q：浑身不舒服，失眠，这些都是抑郁症状吗？

A：大家都知道韩国著名的“火病”吧？这个病在世界上被称为愤怒综合征（anger syndrome）。当人们感到极度愤怒和委屈却无法用语言表达时，累积的愤怒情绪就会通过躯体症状表现出来。不将自己的痛苦情绪外露，是韩国社会特有的文化特征，自然就会有越来越多的人因此出现身体方面的不适了。例如心慌气短、喉咙堵、植物性神经失调引起的浑身疼痛、失眠、消化不良、眩晕等多种症状。此时如果能够学会表达自己的内心情绪，症状就有可能减轻，同时治疗抑郁症的药物也会起到一定的帮助。

Q：抗抑郁药物毒性大吗？

A：人们大多对于精神药物抱有强烈的偏见，其中一个便是“药物毒性大，而且会上瘾”。然而事实上，由于考虑到患者需要长期服药，制药人员反而会将其研制得更加安全。现在普遍使用的药物大多不存在明显的副作用和成瘾性。过去的一些药物或许会给患者带来口干舌燥、容易困倦、便秘等负面影响，但近期被广泛使用的抗抑郁药物其实并不值得担忧。即使在服药初期出现消化不良、食欲减退等各式各样的副作用，也可以采取相应的措施对其进行缓解。

Q：客观状况没有得到改变时，服药会有作用吗？

A：长时间的压力积累和个人的不适应性会导致大脑功能减退，抑郁症便随之产生。事实上，有50%左右的抑郁症患者在真正发病之前就已经表现出了许多抑郁症状。

这些症状会引发恶性循环，促使抑郁的大脑对状况做出更加消极的判断，最终造成人的精神状况进一步恶化。

研究结果表明，有60%至70%的抑郁症患者仅仅依靠药物就实现了症状的好转。随着情绪的良性发展，人也就有心力去解决或接纳曾经带来困扰的问题，逐渐步入良性循环。许多人认为，对于经济状况或现实困难引发的抑郁问题，即使进行治疗情绪也不可能变好，但其实我们可以通过努力寻求自身精神面貌的变化。“即使进行治疗情绪也不可能变好”，这一消极想法本身就是抑郁症带来的。

135

每到经期就变得十分敏感

月经前几天被领导训了一顿，我竟然因此产生了辞职的想法。每次来月经的时候我总会因为一点小事就发脾气，还跟男朋友吵架，狂吃零食。月经结束后两三天的样子又会觉得后悔，开始反省自己，“我当时干吗那样？”“我几天前是咋了？”每次月经前后都会经历这样的状态反复，真的觉得很奇怪啊。

生理期女性体内的激素会发生一定程度的变化，从而引起身体方面的转变。人的体内会分泌各种各样的激素，这些激素扮演着各种各样的角色。其中，被称为雌性激素和雄性激素的两类激素主要作用于人的生殖器官，同时会对大脑产生影响。尤其是雌性激素会带来情绪上的变化，因此怀孕期间女性普遍会变得更加敏感，情绪大起大落。这些激素还会在分娩前后促进母爱的产生，并随着生理周期的变化带来情绪的起伏。

月经便是随着激素的周期变化而产生的。月经前雌性激素的分泌会达到较高的水平，然后突然减少，月经便会随之到来。生理期前后由于雌性激素浓度产生了剧烈变化，因此女性大多会在月经之前出现腹部胀痛、乳房痛、头痛等身体反应。同时情绪变得更加敏感，烦躁易怒，甚至可能陷入抑郁，食欲方面也会发生变化。这些现象被我们称为经前综合征，通常出现在月经前一周左右，而在月经开始之后的一两天内则基本能够得到缓解。

虽然大部分女性都会在月经前后的出现情绪变化，但每个人的严重程度并不一致。一些女性只会感到些微的身体和情绪异常，另一些女性则可能因此无法正常生活。较为严重的情况被我们称为经前情绪障碍，这在某种程度上已经属于抑郁症的范畴了。

至于本节开篇主人公那样，每到生理期就会出现严重情绪问题的情况，首先应该做的是在日历或月经周期表上记录自己的症状表现。坚持记录并观察自己的生理周期和变化特征，三个月之后就可以发现它们之间的联系。如果突然出现了一些异常的情绪问题，还可以在生理周期表上确认自己现在处于哪一个阶段。如果发现已经到了“生理期之前”，便应接受自己的各种异常变化，同时确保精神上的放松，将重要的事情往后推迟几天。此外，还可以向身边的亲朋好友说明自己的周期性变化，请他们谅解和包容自己。

然而，如果这一问题对我们的日常生活、工作、学业等造成了严重影响，甚至因此引发焦虑和抑郁情绪，则需要接受专业医生的咨询，必要时也可以在排卵期前后服用药物进行治疗。情况极端严重时甚至可以选择“阻断”月经。此外，想要克服这一问题，患者还需要改变生活习惯。记录自己的周期和变化，减少盐、烟、酒、咖啡因、糖以及一些精制碳水化合物的摄入，同时还可以做一些有氧运动，注意控制自己的压力。补充钙、镁、维生素B_6、维生素E、Ω-3等微量元素也可以带来帮助。

136

刚生完孩子，觉得他特别丑

不久前刚生完孩子，生活一片混乱。一开始整天流眼泪，觉得自己根本没有能力去抚养孩子。随着这样的恐惧感不断增多，我现在甚至都不愿意看孩子的脸一眼了。有时候还会出现想带着他一起自杀的可怕念头。很担心孩子会受到不好的影响。

从有了孩子开始，夫妻关系就迈入了新的阶段。二人世界的平衡被打破，新的家庭模式逐渐形成。尽管大多数女性都为怀孕生子感到高兴，但也有不少的女性（尤其是那些从小对妈妈怀抱着不满和怨恨的女性），却可能感到无比焦虑，担心自己扮演不好母亲的角色。与此同时，这一阶段丈夫也会出现情绪上的变化。在怀孕期间和孩子生下来后，所有的家庭成员都围着妻子和孩子打转，丈夫便可能因此产生被忽视的失落感受。研究结果表明，那些在母爱方面有自卑情结的男性，在妻子怀孕后期出轨的比率也较大。

对女性而言，生孩子本身就是一件人生大事。因此在生完孩子后，出现虚脱感也是十分正常的。大约有30%至75%的产妇会在分娩后出现产后抑情绪，这一比例称不上低。体内雌性激素的急剧变化、分娩带来的压力、成为妈妈后需要肩负起的责任，这一切都可能让女性感到焦虑和崩溃。

我们需要将产后抑郁情绪和产后抑郁症区别开来。如果分娩后，抑郁情绪持续2周以上不见好转，则应当引起足够的重视。尤其是那些本身具有抑郁症病史的产妇，在生完孩子后患上产后抑郁症的概率比一般人还要高出25%。这个阶段如果不及时接受治疗，抑郁症便可能持续几年之久，甚至恶化成慢性抑郁症，一生折磨患者。产妇抑郁状况严重时，自然无法照看孩子，糟糕的精神状态也只会给孩子带来负面影响，因此这个时候应当雇用保姆或寻求家人的帮助。

此外，还有0.1%至0.2%的产妇会在分娩后患上**产后精神病**。严重时会认为孩子已经死掉了，或否定自己已经分娩的事实，甚至出现妄想和幻听的症状。此时产妇和孩子都处在极度危险的状态之中，必须立即寻求精神科的帮助，服用药物控制病情，必要时还可以住院接受治疗。

产后精神病

产妇并非单纯情绪低落，而是表现出了会对自己和孩子造成伤害的想法和举动。

137

总是思考死亡的事情

我今年22岁了。总是会想一些奇怪的事情，比如“人真的有必要这么辛苦地活在这个世界上吗，死了说不定更好”。我长得不漂亮，家里环境也很一般，感觉一辈子都会很辛苦的。觉得身边人的安慰也都只是空话，没什么实际意义。

很早以前社会学家E.迪尔凯姆（E. Durkheim）就将自杀分为了利他型自杀、利己型自杀、失范型自杀和宿命型自杀等4个种类。事实上，韩国社会的自杀问题也不能仅仅归因于个人的精神状况或抑郁症等问题。从大的方面来说这是所有资本主义社会的通病，往小了说韩国社会中的成功至上主义文化、高度激烈的竞争、难以保证最低生活标准的社会福利政策等都是其中不容忽视的重要因素。当然我们无法将所有问题全都怪罪在国家和政府头上，但必须认识到的是，自杀绝不只是任何个人的责任。

韩国社会在经历了急剧变化的发展阶段之后，现在渐渐走向了停滞。有论文称，动物或人类在获取某项成果之前，大脑会更多分泌出一些补偿性的激素，这个时刻的愉快感受通常会让人上瘾。例如，赌博或购物（尤其是网购时收快递前）体会到的快乐便属于这类情况。从这个观点来看，尽管从前韩国人因为国家发展和成就而表现得干劲十足，而现在，随着社会发展的停滞，我们已经不再抱有任何期待了。每天能够做的只是努力维持现状而已。这样的努力并不能带来成就和快感，只会让人感到持续的痛苦和虚无。

因为个人理由而表现出自杀倾向的人群，大多深受抑郁症的困扰。不过，青少年期的自杀问题在很大程度上则更应归因于冲动情绪。所有的抑郁情绪中都包含着自责和愤怒，认为自己毫无价值，因此他们选择用自杀的方式来惩罚自己。相反，也有一些人是出于怨恨他人，希望通过极端的方式惩罚对方，因而选择了自杀。此外还有一部分人因为幻想着与逝去的人再次重逢，或是期待从现世的痛苦中解脱出来，去下一世寻找幸福等，于是产生了自杀的念头。（参考“我是否患上了抑郁症”“看到孩子说想死，我真的吓了一跳”“担心母亲自杀”等节。）

虽然看起来像是某个瞬间的念头，事实上人们最终走向自杀都有一个过程。最早可能只是因为感到辛苦而产生了自杀的想法，逐渐就会开始建立计划，甚至准备必要的工具。在初次尝试自杀后可能会感到犹豫，最终通过无数次的试验真正走向死亡。如果身边有认识的亲朋好友表现出了自杀的念头，一定不能视而不见或敷衍对方，而应仔细地询问其状况和想法。事实上，那些有过自杀经历的人再次做出同样选择的概率相当高。

思考自杀的人群通常会对最后死亡的瞬间感到迟疑，会思考起“到底要不要死”“死的时候会很痛苦吗”“死了的话一切真的就结束了吗”“会上天堂吗，还会重新出生吗”等问题。对于未知的结局，我们每一个人都会感到迟疑和恐惧。在与有着自杀倾向的人群讨论这一问题时，可以针对各种可能性进行探讨。例如，现在的人生为何痛苦，死去之后人究竟会去哪里，死亡时人是否会失去尊严等。渴望自杀的人群通常处于视野狭窄封闭的状态之中，固执地认为自己的消失便可以解决一切问题。

如果在某个瞬间突然感到抑郁或想要自杀，首先应当尽可能地抛下一切进行休息。停止思考，暂停工作，不触碰情感，一动不动地休息一阵子。人在筋疲力尽的时候往往难以做出正确的抉择，因此，包括自杀在内的所有事情都可以往后拖延一阵子。还可以向身边人倾诉自己想要自杀的想法，请求他们多多提供帮助。倾诉可以帮助我们发泄内在冲动的情绪，如果自杀的念头并非一直强烈存在，而是时不时闪现出来，那么和值得信任的人进行对话则十分有效。可以在每次自杀冲动涌现时请求对方介入，帮助自己抑制错误的冲动。

一些长期抱有自杀念头的人则可能怨恨身边的人。认为他人不会倾听自己的表达，也不会有人愿意帮助自己这种坏人。他们一边通过责怪他人发泄自己的情绪，一边将自己塑造成天生的坏人角色从而减轻心中的愧疚感。这类人通常会在心理治疗中途选择放弃。在他们每次流露出自杀倾向和怨恨时，我们需要做出稳定的反应，表现出平和的情绪，这样才能够帮助他们也获得平静。

如何预防自杀冲动的产生呢？这些话也都是老生常谈了。但的确，只有从多个角度去看待自己的生命，找寻更为深刻的人生意义才是最具根本性的解决方法。“我到底具备怎样的能力”“我人生的目标是什么”“应该建立起怎样的价值观”，可以通过这些深入的思考整理自己的思路，建立起恒定的内心世界，这样在今后掉进了抑郁症深渊的时候，才有可能重新爬上岸。

情绪起伏大，似乎患上了躁郁症

公司有个同事很奇怪。去年的时候话很多，看起来很有活力，连续几天加班也精神劲儿十足。但是今年像完全变了一个人似的，也不跟我们聊天了，整个人看起来很疲倦、呆滞。

最近大众媒体上关于精神健康问题的报道有些泛滥了。这就导致许多人变得过于敏感，每当身边人出现情绪起伏时就怀疑对方是不是得了躁郁症。事实上，抑郁症在发病初期时，也会在一定期间内出现相应的好转之后再度恶化，而在这一期间，患者通常难以察觉到自身情绪的各种转变，但在他人看来，这样的状态似乎就是患上了“躁郁症”。一些父母也会因为担心家里青少年期的孩子患上了躁郁症前来咨询，但可以告诉大家的是，即使出现类似的症状，真正患上躁郁症的情况也是少见的，更多时候反而可能是抑郁症的一些初期表现。

至今学界尚未研究出躁郁症的发病原因，一些学者认为，这可能是生物学、遗传学、心理学等多个方面综合作用导致的。目前我们能确定的是，多巴胺、5-羟色胺和肾上腺素等神经递质的分泌失衡会导致类似症状的出现，例如，躁狂症患者的大脑中多巴胺的分泌明显增多，同时他们左前额叶皮层（left dorsolateral prefrontal cortex）中也会出现更多的谷氨酸钠（glutamate）成分。躁郁症患者大约占全球总人口的1%左右，其中有家族遗传病史的人患病的概率则比普通人高出12%。幼年时期有过创伤经历的人患病风险更高，同时在换季期症状也更为明显。

虽然躁狂症听起来是跟抑郁症完全相反的概念，但在心理学上，我们认为这其实是与抑郁症类似的一种疾病，都是一种对于抑郁情绪的否定和**反向形成**（reaction formation）的防御机制。所谓反向形成，就是指人做出与自身要求相反的思考和举动。否定“我很抑郁”，认为“没有啊我情绪很好”，进而衍生出“我超幸福”的想法。

因此躁郁症的确诊通常需要一段时间的观察，看看患者是不是在一定时期的抑郁之后出现了躁狂症的情况。这样的问题可能伴随人的一生，因此我们身边总是有一些人会出现间歇性的“潜水消失”。如果在一天内出现好几次严重的情绪起伏，相比躁郁的问题，反而更应该警惕是不是因为压力而患上了抑郁症。事实上，就所谓的“躁症”而言，患者呈现出的绝非普通的“心情好”，而是一个十分极端的状态。

在躁郁症的判断中，我们需要观察患者是否出现了情绪极度亢奋、自信感爆棚、缺乏睡眠也毫无疲惫的神色、过于喜爱一些能够带来快感的活动等问题。由于患者的状态时而极端抑郁，时而过度亢奋，因此躁郁症也被我们称为**双相情感障碍**。躁狂症的主要表现为“自信心严重夸大、缺乏困倦感、表达欲过分旺盛、思考欠缺、注意力涣散、急功近利的举动增多，沉迷于享乐”等。如果出现了其中三种症状并持续一周以上，便值得引起怀疑。患者本人通常难以察觉到自身的变化，因此身边的家人好友需要多加留意。患者通常不是普通的心情好，而是停不下来说话，每天只睡三四个小时也不觉得疲惫，甚至可能出现花钱如流水，买一些毫无用处的物品的情况。尤其在这些行为已经给患者自己和身边人造成了不利影响时，个体便极有可能真的患上了躁郁症。

双相情感障碍

情绪在抑郁症和躁狂症之间来回波动的一种疾患。

重度躁狂症通常表现得十分明显，判断起来也并不困难。还有一些人则只是轻度躁狂症。事实上，许多才华横溢的天才都多少带有轻度躁狂的气质，因而总是显得精力旺盛，也能在自身的领域取得成功。艺术家、明星艺人，以及工作狂中有许多患有轻度躁狂症的人。美国华尔街金融界成功人士、通宵拍摄也不见疲惫的媒体人、能说会道巧舌如簧的销售人员和政客们，大多都有轻度躁狂的问题。

然而，对于许多没有高智商和天赋支撑的普通人来说，轻度的躁狂症只会导致注意力下降，甚至无法继续从事工作。还有许多人在接受治疗逐渐摆脱躁狂症时，反而表现出了怀念此前能量爆棚、情绪高昂的倾向。认为亢奋才是自己的常态，将正常的情绪错认成抑郁。因此不断表示自己情绪低落，拒绝坚持吃药，希望自己保持情绪高涨、热情洋溢的状态。这类情况通常处理起来就有些棘手。

人们普遍容易忽视掉躁郁症患者的抑郁状态。相比一般的抑郁症，从躁狂的状态转为抑郁时，患者会经历更为剧烈的情绪波动，因此可能感到格外的低落和痛苦。如果说普通抑郁症患者的情绪是从4楼跌落到1楼，躁郁症患者则是从7楼跳到1楼。实际上这是最容易导致患者自杀的一个状态，因此家属和患者本人都需要格外留心。

抑郁症也好躁郁症也罢，只要状态好转，患者的日常生活也基本可以100%恢复正常，并且不会因为患病而导致某方面的个人能力出现减退。比较不幸的是，躁郁症的5年内复发率高达90%以上。复发后患者的工作、学业、日常生活等都会受到严重影响，人际关系也可能出现恶化。因此，在躁郁症的治疗上，防止复发是最为关键的一个环节。而防止复发最有效的方式则是药物治疗。即使患者表现出了一定程度的好转，也一定要继续坚持服用药物。

139 酗酒的判断标准是什么

最近我似乎喝太多酒了。算上每周两三次的聚餐，差不多是每天都会喝酒。有的时候喝得烂醉甚至找不到回家的路，在街上过夜。还有过惹上了是非被拖去过派出所的经历。时常喝断片，根本不记得发生了什么事，也经常因此上班迟到。

人类大多是宽于律己的动物。韩国社会的饮酒问题通常都是出自这样的心理。人们不愿意去反思自己的饮酒习惯，聚餐时候的劝酒文化也十分严重——“哎呀喝这么点不会死的”。更有甚者会将醉酒后发生的犯罪行为轻描淡写地表述成“失误”。

然而，从遗传的角度来看，韩国人最常出现的33种问题就包含酗酒这项。依赖酒精的人群比例甚至不低于自杀率。一所医学院曾对某地所有人口进行了全面的调查研究，结果显示，存在酗酒问题的人约占总人口的22%。而如果将调查对象范围限制为二十几岁的年轻人，得出的酗酒比例则高达50%。

热衷于喝酒的人们都应该仔细反思一下，看看自己在6个月内出现了多少次喝断片的情况？如果6个月内发生了两次以上类似的状况，则说明可能存在酒精成瘾的问题。对20岁左右的成年男性来说，酒精在体内代谢的半衰期约为12个小时，喝完一次之后通常要过3天以上才能完全解酒。

也就是说，对于那些一周内醉酒两次的人来说，他们的身体没有一个时刻是真正处于“清醒”状态的。

每两次饮酒的时间至少应间隔一周以上。每周最多喝酒一次，且并没有因为醉酒而做出负面的行动，或者出现戒断现象，才称得上是不依赖酒精的“自由健康饮酒人士”。如果一周醉酒两次以上，周围人都为此感到担心，则需要引起重视，早日咨询专业医生。

学界曾将猴子作为实验对象研究酒精成瘾的过程。研究人员将无数食物、水和酒类摆在10只猴子面前，让它们不受限制地痛快吃喝。结果发现，其中只有4只猴子选择了不加节制地饮酒，而这些猴子在集体中都处于底层的地位。我们可以从3个角度来分析这一问题。处于下层社会的猴子可能因为心理压力大而不断选择借酒消愁；长期处于醉酒状态的猴子逐渐就会因此跌入社会底层；自制力不足的个体自然会落后于他人。此外，不管是独居还是和别的同类一起共同生活，猴子出现酗酒问题的概率都很一致，因此我们可以知道，对于酒精的依赖并不仅是出于情绪上的孤独或社会生活带来的压力。

贝尔纳·韦尔贝（Bernard Werber）在小说《蚂蚁》（*Les Fourmis*）中以大脑奖励中枢和快乐中枢为主题进行了创作。我们的大脑中的确存在着快乐中枢，这一中枢神经是一条从中脑腹侧被盖区（ventral tegmental area，VTA）出发，经过中央核一直延续到额叶的回路。多巴胺是其中的媒介因素，当人们感到愉悦时快乐中枢就会随之活跃起来。毒品、酒精、咖啡、烟草等成瘾物质都会对其造成影响，赌博和游戏等成瘾性行为自然也不例外。研究表明，对游戏上瘾的人脑中活跃的区域与对毒品上瘾的人基本一致。

并不只有成瘾性物质和行为才能刺激快乐中枢使其活跃起来。人们在实现目标时收获的快乐和满足感也具有同等的功效。例如，为了跑完马拉松而不断练习最后达成了目标时，快乐中枢也会因此受到刺激，使人感到幸福和满足。相比其他令人上瘾的事物，这样的方式显然健康许多。其中的差异就在于是“先苦后甜”还是“先甜后苦”。由于顺序不同，一些事物具有正面积极的意义，另一些则会不断消耗人的意志和信心，甚至带来巨大的伤害。虽然选择获得怎样的快乐是每个人的自由，但需要记住的是，我们的人生就是被这样一个个小选择构建起来的。

小贴士

减少饮酒量的方法策略

美国国立卫生研究院下属的美国国家酒精滥用和酒精中毒研究所（National Institute on Alcohol Abuse and Alcoholism，网址为www.niaaa.nih.gov）为酗酒人群提供了以下改变饮酒习惯的方式：

刚开始的时候，可以在一两周内尝试其中一两种方法，然后再投入其他的方式。如果在两三个月后酗酒问题仍然没有出现改善，则需要考虑完全戒酒，以及接受专业医生的帮助。

·记录饮酒量。

将记录饮酒量的卡片放在钱包随身携带，或标注在日历、手机备忘录中。可以的话，每喝一杯进行一次记录的方式最能带来帮助。

·计算摄入的酒精量。

根据酒杯的大小换算酒精的含量，并将其记录下来，通过这样的方式可以随时提醒我们摄入的酒精已经超标。

·制定规矩。

“每周饮酒几次？”“每次喝多少？”为自己设定限制和规矩，也可以定好哪些日子不允许饮酒。350毫升的啤酒、150毫升的红酒、威士忌类的烈酒50毫升，它们分别是一个“单位”的量。男性每天饮酒2个单位，女性每天1个单位算是正常范围内的状况，但这也并不是说我们真的可以每天按量饮酒。

·慢饮。

调整自己的饮酒速度。例如，一个小时最多喝完一个单位，每喝完一口后都饮用一些清水或果汁。

·需搭配食物。

空腹喝酒对身体的伤害巨大。一定要在进食后饮酒，这样酒精的吸收也更加缓慢。

·寻找其他的生活乐趣。

如果存在依靠喝酒打发时间的情况，可以培养一些健康的爱好和习惯。

·避开带来饮酒欲望的事物。

有时本人并不想喝酒，却会碰上一些不得不喝的场合。需要尽量避开这些可能诱发饮酒冲动的场合。

·建立计划抑制酒瘾。

如果一些饮酒的场合无法回避，便需要思考一下自己为什么一定要改变饮酒习惯，将其记录在手机备忘录或书桌上方等显眼处。此外，坚持运动也可以带来正面的效果。在与酒瘾做斗争的时候务必保持耐心，酒瘾就像海浪一样，席卷而来之后很快就会退去，一定要在每个关键时刻坚决忍住。

·试着说“不”。

有时对方会劝我们“就喝一杯”，此时要懂得温和但坚定地拒绝。犹豫的结果只会是被对方牵着鼻子走，不知不觉间一杯又一杯就下肚了。因此要学会果断说“不”。

韩国酗酒问题诊断测试（National Alcoholism Screening Test）

（1）时常感到悲伤，同情自己，依靠酒精来释放这类情绪。

（2）喜欢独自饮酒。

（3）醉酒后第二天要靠解酒饮品振作精神。

（4）只要一碰酒杯就停不下来。

（5）酒瘾上来时（一旦产生想喝酒的念头）就无法忍住。

（6）最近6个月间曾2次以上喝断片。

（7）感到酒精对个人的生活和工作造成了负面影响。

（8）喝酒的问题给工作带来了诸多困难。

（9）因为喝酒的问题导致另一半离开或准备离开。

（10）酒醒后出虚汗，且伴有手抖、焦虑、失眠的症状。

（11）在醒酒的过程中感到恐惧和颤抖，甚至出现幻觉和幻听。

（12）曾因饮酒问题接受过治疗。

在这一测试中答“是”3次的人存在酗酒问题，而答“是”4次以上则可以判定为酒精成瘾，务必及时接受精神科的治疗。同时，测试中的第10点和11点是针对戒断症状的一些描述，如果出现了这两点症状，那么不管分数如何，都应当尽早入院治疗。

140

家人酗酒严重，应该怎么办

丈夫原本并不喜欢喝酒，性格非常谨慎。每次公司聚餐喝一点点酒就会醉得不省人事，第二天也一直嚷嚷难受，需要给他准备很多解酒的东西。但是，不知道从什么时候开始，聚餐时他开始不抗拒喝酒了，甚至还会在家一个人喝得烂醉然后生事。我真的不知道该怎么办才好。

酗酒问题会给当事者和家人都带来极大的痛苦，可以说是“一人上瘾，全家遭殃”。事实上，观察酗酒患者的家庭，我们会发现家人通常会对他们做出一些病态的保护，同时可能存在一定的**共同依赖**（co-denpendence）的模式。丈夫染上酒瘾时，妻子自然会因此受到巨大的精神压力。但矛盾的是，她们也会不断表现出纵容、保护酗酒的丈夫的倾向。

许多妻子嘴上说着自己因为丈夫喝酒的问题感到痛苦，行动上却并非如此。她们仍然会帮助醉酒晚归的丈夫洗漱、入睡，甚至在第二天起床为对方准备醒酒汤，这些行为事实上会在无意中助长问题，使状况进一步恶化，妻子也就变成了丈夫酗酒的帮凶。站在丈夫的立场来看，他们知道即使自己喝得烂醉如泥回到家来，妻子也会温柔地照顾自己，因此难以有所节制，反而可能因为心中隐隐期待妻子的伺候而不断放纵自己饮酒。

丈夫会变得越发依赖妻子，然而依赖并不会带来感激，只会导致不满加剧。对丈夫来说，妻子的所作所为其实是一种**正强化**（positive reinforcement），他们心中会逐渐产生“酒 = 妻子的服侍 = 我可以为所欲为”之类的公式。因此，在最开始丈夫喝醉酒回到家后，妻子就应该严厉指责他们，温柔只会带来放纵，而娇惯其实是对错误行为的一种鼓励。

当然，夫妻之间想要处理这些问题并不容易，稍有不慎就会造成彼此关系的极端恶化。这些问题需要通过几年的时间慢慢去改变，要保持耐心，同时懂得在对方做出错误举动时坚决表明自己的态度。而如果对方表现良好，也应该温柔地给予鼓励和肯定。说到底，这些问题的处理方式其实与教育孩子时是一样的。

141

一秒钟也不能离开手机

我刚进公司3个月，还算是职场新人吧。我的问题是真的一秒钟都不能离开手机。开会时候收到信息也会不自觉地去回复，为此被上司教训了不知道多少次。想了一下，现在每天早上被闹钟叫醒，一边吃饭一边浏览网页新闻，搭地铁上下班的时候也在手机上看漫画，办公途中甚至也会不断确认股市的情况。说实话，每天就算只玩社交网站都能花上好几个小时了，真的是一刻都停不下来。这是不是对手机上瘾呢？

韩国科学技术院进行的一项调查显示，在韩国全体人口中，手机上瘾的人群占比高达39.8%，其中重度上瘾人群则占19.5%。然而，在询问“是否认为自己存在手机上瘾问题”的调查中，则仅有1%的人做出了肯定回答。当然，这一现象不仅是韩国社会特有的。在美国的一项问卷调查中，有高达1/3的成年人表示，自己宁肯放弃性生活也不能没有手机。此外还有45%的人选择放弃休假，30%的人表示为了手机可以抛弃朋友。这些研究结果都提醒着我们，手机的成瘾性有时就像毒品和赌博一样，会让人欲罢不能。

对手机上瘾和其他上瘾问题一样，也会出现耐受和戒断现象。如果表现出了无比珍视手机，相比其他事情，玩手机花的时间过多，同时手机不在身边时便感到焦躁等症状，则需要怀疑自己是否出现了上瘾。本节开篇的主人公便是对手机上瘾的典型代表。

那么，究竟是什么原因导致人们对手机上瘾的呢？事实上，其中的原理与酒精、毒品上瘾等问题基本一致。从心理学的角度来看，我们可以从马斯洛的需要层次论来说明这一问题。对于手机和电脑的依赖可以满足我们的性需要、认知需要、成就需要、自我实现需要、归属感需要、社交需要等各方各面的需要。事实上，的确有许多人会通过网上的视频来发泄自己的性欲，通过游戏来满足成就感，在社交网站获得归属感并建立人际关系。将在现实生活中难以实现的理想和目标，通过虚幻的世界来体验满足，并且逐渐深陷其中。▶（参考“结婚之后，想和朋友见上一面太难”一节。）

然而，这一切的满足都是虚幻的。人类无法摆脱肉体，更是难以脱离真实存在的物质世界。社交网站也许会让我们产生与他人紧紧相连的错觉，但本质上也只是追求快感、发泄个人欲望的混乱场所。即使在游戏中获得胜利，那又如何呢？假想空间带来的满足感是廉价的，只会让现实中的自己变得更加狼狈，体验到更大的落差感。

数码痴呆症
沉溺于手机、电脑等数码产品的使用，记忆力开始出现下降的一种现象。

大家应该都用听过**数码痴呆症**这一词语吧？就像突然记不起父母的电话号码，离开导航就找不到走过多次的路，只要不去KTV就无法开口唱歌……最近几年间，许多患者都表示自己患上了健忘症。这其实就是手机和互联网带来的负面影响。从前需要“开动脑筋”的事情，在现在全都托付给了手机，因而大脑长期处于休息的状态，记忆、探寻、判断，这些功能全都“闲置”了起来。

爆米花头脑
像爆米花一样，大脑会对信息提醒等带来刺激的快餐型信息做出迅速反应。

长期“闲置”的状态下，人的大脑会出现怎样的变化呢？所谓的**爆米花头脑**便是指一些人的大脑已经不再是“能够思考的大脑”，而是退化成了“只能做出条件反射”的大脑。比较电子产品上瘾的人群和正常人的大脑我们可以发现，前者的大脑左右活动不均衡的现象通常更为显著。事实上，过度的电子产品使用会导致右脑功能的退化。而右脑发达欠缺的时候，人的集中力、创造力、社会适应能力和直觉能力等都可能有所减退。

在伦敦，出租车司机考取资格证之前，还需要一项特殊的测试。司机们需要将伦敦市内25 000多条道路和几千个广场全部记忆下来才有可能拿到资格证。为了通过这项考试，通常需要耗费两年以上的时间准备。而将16名出租车司机与50名一般人的大脑构造比较之后研究人员发现，相比一般人，出租车司机们大脑中掌管记忆的海马部分体积普遍大3%左右，脑神经细胞数量也多出20%。这就印证了人们常说的“大脑越用越灵光，不动脑子时间长了就会变成傻瓜”。

以下是我们为大家提供的几点防止电子产品上瘾，提高注意力的有效方式：

第一，将身边的手机和电脑全都收走。如果不是必须要使用的情况，则尽量避免放置在显眼的位置，否则就会出现不自觉地摆弄触碰手机，一会儿看一眼聊天界面，毫无理由地打开 App 又关上等情况。如果实在离不开手机，至少先将电脑或笔记本从眼前收走，同时保持关机。

第二，收到信息提示时，也不要立即确认。事实上，多数时候我们收到的都只是一些垃圾信息、毫无价值的闲谈或跟自身毫无关联的群消息等。比起这些，我们的人生有着太多更加重要的人和事了。所以要专注于手头的事情，珍视眼前的人。要知道我们并不是活在手机屏幕里的，而是真实地存在于这个世界的。

第三，关掉社交软件的提示音。现代人在面对家人和朋友时也都十分注重界限和隐私——“不经允许不能进我的房间”，却无限宽容那些毫无价值的信息，凭借它们不断干扰自己的日常。关掉那些不重要的提示吧，在必要的时候进行确认即可。还可以每天固定一段时间查看邮件，尽量不要一起床就做这件事，否则一天的计划就可能被打乱，被对方的事情牵着鼻子走。

第四，不要同时处理多项工作（multitasking）。人在集中精力处理一件事的时候效率是最高的。从影像观察结果来看，在看电视的同时发信息，确认邮件的同时听音乐的人群，大脑中掌管认知功能的灰、白质部分密度普遍偏低。这就意味着我们的业务能力和学业成绩会随之下降。此外有报告称，习惯于一次处理一项事务（single tasking）时人通常更不容易感到焦虑和不安。在使用电脑时，试着关掉不必要的窗口，只留下一个必用的页面即可。

（参考“孩子整天抱着电视手机不撒手”“每天都是手机战争”等节。）

小贴士

数码痴呆症自我诊断标准

（1）有过回想不起来熟悉的字词的经历。

（2）喜爱的歌曲不看字幕便不记得歌词。

（3）没有导航的情况下找路极端困难。

（4）不记得父母的生日或电话。

（5）总是回想不起自己的账号或密码。

（6）突然不记得家里的电话号码。

（7）时常说同样的话。

（8）回想不起今天中午吃过的食物。

（9）没有手机日常生活就会陷入困境。

（10）只记得本人的电话号码。

这些症状如果出现了两个以上，便要小心患上数码痴呆症。

那么，我们应该如何纠正自己的习惯呢？刻意减少对手机和导航的依赖，将使用频率较高的号码记在脑中，拨打时尽量手动输入。走在熟悉的路上时关掉导航。需要备忘录时，选择纸张代替手机，将必要事项用笔书写下来。虽然一开始会感到十分不方便，但时间长了就可以慢慢戒掉对手机的依赖，不断开发大脑的潜能。

142

想努力维持好身材

我个子不高，体重大约53公斤。我这个身高差不多应该把体重维持在47kg才算看得过去的。也去过减肥机构，运动节食都试过了，但是很快就出现了反弹。这个问题一直纠缠着我，真是一口饭都不敢多吃，有时甚至还会去催吐。一直有在坚持吃食欲抑制剂，但是感觉效果并不好。

现代人过度看重外表了，**外貌至上主义**（lookism）越发盛行。在这个以貌取人的社会，相比人的内在，外在形象显然重要许多。随着经济水平的提高，人们的物质生活得到了极大满足，肥胖的人也在不断增多，且他们通常被看作是“不懂得管理自己”的人。

一个调查机构曾针对全球60个国家3万名对象实施了问卷调查，结果显示，有60%以上的人群认为自己身材超重了，而有55%的人则表示自己正在进行减肥。这也是目前韩国社会的现状。大多数人都认为自己体重过剩，长期处于节食的状态之中。

所谓的体重管理，也就是要让人体消耗的能量大于摄入的能量，即“少吃多排”。然而如果在减肥这件事情上过于执着，就会显得有些主客颠倒了。摄取食物是我们为身体提供营养最基本的方式，是填补人们的情感需求、释放压力、获取快感的重要途径。因此，在摄取食物时感到自责和内疚的心理自然是有些病态的。

神经性厌食症、**神经性贪食症**、**反复催吐**等都属于进食障碍的典型问题。

外貌至上主义
“look”和“ism”的合成词，指代重视外貌大于一切的社会现象。

神经性厌食症
摄取的食物明显少于身体所需的量，体重显著偏低的障碍。

神经性贪食症
受生理或心理因素影响，过度进食的障碍。

患有神经性厌食症的患者通常无比恐惧体重增长，为防变胖每天只摄取极少量的食物，体重长期处于偏低的状态。世界卫生组织（world health organization，WTO）及美国疾病预防控制中心（centers for disease control，CDC）规定，成年人的正常**身高体重指数**（body mass index，BMI）应为18.5kg/m^2。波动值在17与18之间时为轻度偏瘦，16与17之间为中度偏瘦，15与16之间为严重偏瘦，而15以下则属于极度偏瘦的情况（青少年儿童的情况则需根据年龄段进行相应判断）。许多人追求病态的瘦弱，即使自己的体重已经处于严重偏瘦的状态也仍不断嚷嚷着要减肥。这其实并不单是饮食习惯的问题，还涉及一个人的价值观、思考方式和对自我身份的认知等各项问题，因此治疗起来并不容易。患者通常无法接纳自己对于食物的欲望，否定食欲本身，甚至会因此与强迫自己进食的父母产生激烈矛盾。这类问题大多始于青少年阶段，有时可能持续数十年之久，其中还有大约5%至18%的患者因此走向自杀，或因营养不良等问题去世。如果患者体重尚未达到正常体重的80%，则说明健康问题处于急待恢复的状态，需要入院接受治疗。一些患者的家人也可能需要一并接受心理方面的治疗。

反复催吐
神经性贪食症患者多数会表现出反复催吐现象。催吐时能够体验到快感，消除暴食引发的自责感。

身高体重指数
计算肥胖程度的标准，根据身高和体重测定出脂肪含量。BMI = 体重（kg）/ 身高的平方（m × m）。

神经性贪食症患者大多缺乏调节进食量的能力，同时会在不断暴饮暴食之后因为体重增长而责怪自己，并采取错误的方式进行弥补。这类患者通常体重处于正常范围内，但由于他们对于身材极端执着，会为自己的暴饮暴食感到羞愧，接着陷入催吐、服用利尿剂、断食、过度运动等恶性循环中。患有神经性厌食症的人群普遍难以抑制冲动，依赖药物，人际关系模式也较为极端，对于食物抱有矛盾的感情，认为其“是特别好又特别不好”的东西。

我们观察神经性贪食症患者，会发现他们通常存在故意催吐的现象，即**拉塞尔症**（russell's sign）。而在神经性厌食症和重度神经性贪食症患者中，甚至还会有人为了能够呕吐而进食。轻度神经性贪食症患者通常会在一周内出现1至3次的补偿行为[①]，中度患者为每周4至7次，而重度和极端患者做出

拉塞尔症
在故意催吐时，人会将手指插入喉咙，长久之后手背或手指关节就会出现牙齿的咬痕或死茧。

① 如引吐、导泻、禁食、灌肠等方式或服用药物。——编者注

补偿行为的频率则分别为每周8至13次及14次以上。

比起神经性厌食症，神经性贪食症的治疗效果通常较好。但一旦患者拒绝接受治疗，则可能发展为慢性疾病长期留存下来。患者需要接受认知行为方面的治疗，纠正自己对于食物、体重和**体像**（body image）的错误认知，同时服用药物进行治疗。

此外，还有不少人为了减肥而长期服用抑制食欲的药物。这里需要遵守的原则是"短期内，少量服用"。抑制食欲的药物通常耐药性强，需要不断更换药物的种类，同时停服后食欲便会出现反弹。

这类药物还存在不小的副作用，可能带来失眠、血压升高、胸痛等问题。在长期服用后也会出现入睡困难，浑身乏力等戒断症状，甚至有患者因此怀疑自己患上了抑郁症并前来咨询。

那么，究竟哪类患者真正需要服用抑制食欲的药物呢？根据韩国食品和药物管理局的指南来看，控制饮食和坚持运动体重仍不见降低的人中，可以拿到医院抑制食欲药物处方的患者仅限于以下两类：

1. BMI大于30的重度肥胖症患者。
2. BMI为27左右，但同时患有高血压、糖尿病、高血脂等问题的肥胖症患者。

然而，在给这两类患者开处方时，还需要注意以下几点问题。第一，抑制食欲的效果通常会在几周内产生耐药性，此时便应当中断药物的服用。第二，尽可能将药物的服用期限控制在4周以内，可根据病人的情况适当延长，但一般不能超过3个月。第三，不能同时服用类似的抑制食欲剂。

总结说来，只有那些使用其他方式时效果差，且重度肥胖的患者能够在短期内服用抑制食欲的药物。

再来，药物是有效的，即使效果再好，也不能够帮助人们从根本上改变习惯。无论医学多么发达，少吃多动仍是解决肥胖问题的黄金法则，药物只能在短期内帮助人们解决眼下的问题。

143

戒不掉的夜宵

我今年28岁，失眠问题严重，正在接受治疗。因为想维持身材，我一般早餐和晚餐都只吃一点，但是到了夜里就完全忍不住，总是暴饮暴食，每天都必须吃夜宵。体重不断增加，又睡不着觉，真的很担心自己的健康问题。

经过压力巨大的一天，回到家后，即使肚子不饿也总是控制不住想吃点什么，相信我们每个人都有过这样的经历。人在承受压力时，激素的分泌会让我们的食欲受到抑制，而一旦挣脱压力（例如离开公司回到家等舒适的场所），食欲就会突然迸发出来。

如果长期在晚上进食夜宵，就需要考虑**夜食症**的问题。近日有研究表明，每10名成年人中就有一名具有“夜食倾向”，而每100个人中就有一个夜食症患者。20岁左右的人群中具有“夜食倾向”的人占19%，四五十岁的人则占8%。

夜食症
症状表现主要为早晨食欲不振（morning anorexia）、傍晚或夜间暴饮暴食（evening or nocturnal hyperphagia）、失眠（insomnia）等3种。

瘦素
脂肪细胞中分泌出的抑制食欲的蛋白质。

正常来说，到了夜晚，人的大脑会大量分泌一种名为褪黑素的成分帮助我们产生困倦感，诱导睡眠。同时**瘦素**分泌增多，食欲得到抑制；压力性激素皮质醇减少，确保大脑得到充分的放松和休息。然而，患有夜食症的人群到了夜晚褪黑素和瘦素的分泌量并不会有所增多，因而会出现失眠、情绪抑郁以及食欲高涨的问题。睡眠质量也会因此受到影响，身体长期处于疲惫的状态之中。

事实上，想要解决这一问题首先需要准确把握其背后的原因，应该将重点放在如何缓解白天的压力之上。

早餐和午餐尽量多吃一些，减少晚餐时的饭量。除进食以外，培养其他的习惯帮助自己缓解压力。例如每天坚持散步30分钟等适度的运动可以促进食欲的调节。此外，在填补食欲时，尽量避开高卡路里的膨化食品，选择蔬菜水果等食物代替。

小贴士

夜食症诊断标准

（1）晨起食欲不振，早餐可有可无。

（2）夜间暴饮暴食，每天的热量摄入一半以上来自晚餐后的夜宵。

（3）睡眠中易醒，每周出现3次以上类似症状。

（4）睡着醒来之后，需要立即进食高热量食物。

（5）上述症状持续3个月以上。

（6）不具备其他进食障碍。

144

受到压力时便疯狂想吃饼干或巧克力等甜食

我今年24岁，进入职场一年了。我不太正常吃饭，每天抱着零食和巧克力这些东西不撒手。明明觉得自己也没有吃下多少东西，体重却不断上升，皮肤问题也变得很严重。一直以来也想改变自己的习惯，但真的做不到。我在电视上看到了关于嗜甜问题的报道，我是不是也患上了这种障碍呢？

虽然听起来不太可信，但的确，糖分也可以让人上瘾。人在受到压力时便会想吃甜食。事实上，在摄入糖分后，皮质醇等压力激素的分泌就会减少。同时，糖分可以刺激大脑的快乐中枢，诱导多巴胺等神经递质的分泌，因而能够让人感到更加快乐。其原理与酒精、游戏、毒品等对大脑的刺激基本一致。一旦在某个瞬间体验到了快感，压力得到驱散，人就会从此变得欲罢不能，嗜甜问题也是如此。

然而，糖分对压力的缓解只是暂时的，血糖降低后人就会再次变得无精打采。这种症状被我们称为“**糖抑郁**”。摄入糖分绝不是解决压力问题的有效方式，一旦减少食用或完全戒掉的话，便会出现严重的戒断症状。例如烦躁、焦急、敏感等问题。

糖抑郁
体内糖分降低产生的抑郁感。

若是控制不住不断摄取甜食，甜品便像毒品一般难以戒掉。正因如此，许多人将其称为“合法大麻”。加之甜食与酒精或真正的毒品不同，对人们来说几乎是随处可见、唾手可得的东西。同时，大部人都知道酒或毒品是对自己有害的东西，但对于甜食通常难有负面的评价。这也是我们尤其需要警惕的部分。

总而言之，嗜甜者必须把握以下几点：

第一，牢记糖分也会让人上瘾这件事。

第二，产生了想吃甜食的念头时，先询问自己，现在究竟是身体缺糖？还是想通过巧克力等发泄压力？还是因为嘴巴无聊想吃点零食打发打发？如果身体并不是真的缺乏糖分，那么可以选择其他的方式解决自己想吃甜食的念头。例如做一做拉伸、跟朋友聊聊天、读本书、喝点茶等方式都能够带来帮助。

第三，如果实在感到难以控制嗜甜的欲望，便可以和自己的冲动进行协商。不要总是想着“我就只吃这一次”，而是问问自己，“可以待会再吃吗？”“先忍耐一个小时，如果一个小时后还是想吃，再吃吧，怎么样？”用此种轻松的心态面对这个问题。

“今天吃完明天就不吃了”，这就是典型的上瘾思维。想要摆脱这样的思维，就需要采取截然相反的方式。“就忍这一次，下次还想吃的话就吃吧。”等到下一次诱惑出现的时候，再采取同样的思路进行“协商”即可。

145

又想做整形手术了

我的经济状况彻底完蛋了。在整容上面花了无数的钱，欠了几十万的债。然而我心里还是觉得不满足，割完双眼皮想垫鼻子，垫完鼻子又觉得下巴有点短，额头也不够饱满。到现在有的部位我已经动过好几次了，就连医生都劝我赶紧收手，但我每次照镜子的时候还是觉得受不了自己的脸。我是不是心理上有什么问题呢？

进入21世纪后，外貌至上主义越发突显出来，电视上“改造丑女”“帮忙减肥”的节目也收获了极高的人气。长相不出众或肥胖的人逐渐沦为人们的笑柄。在这个时代，长相被赋予了太多的含义，而对于外表的重视似乎也成了理所应当。

对于真正需要的人来说，做整形手术或造访减肥机构的确可以带来巨大帮助。然而如果像本节开篇主人公一样整容上瘾停不下来，则可能是心理上出现了问题。从精神医学的角度来看，此类状况可能是**身体畸形恐惧症**（body dysmorphic disorder）的一种表现。具有这类问题的人通常无法忍受自己外貌上的缺点，会不断通过整形手术、皮肤管理、微整形等来“完善”自己，却往往难以对结果感到满足，就这样深陷恶性循环之中。

身体畸形恐惧症

在外貌并不存在重大缺陷的情况下，仍然坚持认为自己外表问题严重，并无法摆脱这一怪圈的一类障碍。

为什么会对诸如此类的事情感到上瘾呢？此类患者大多依赖心理严重，即使表面上看起来性格独立，也极度在意他人的评价，对于爱和情感的需求高于普通人群。也就是说，比起自身的看法，他们更加在意他人对自己的评价。由于自信心不足，他们总是担心被别人厌恶，因而执着于不断改造自己的长相或身材，否则就会十分焦虑，认为自己可能被抛弃。

讽刺的是，这类人在经历了数次的整形之后，通常仍希望自己看起来像个“天然美女”。我们是无法通过他人的评价来获得自信的，如果将自信与外貌捆绑在一起，一生都只能活在痛苦当中。真正拥有自信的，是那些即使外表不够完美，却也懂得尊重自己，抬头挺胸生活的人。

146

停不下来地买买买

我每次心情不好的时候就会通过购物来发泄。去百货店买下之前看中的昂贵衣服，或是在网上漫无目的地买东买西。我会在心里安慰自己“心情不好的话完全可以这样做”，但随之就会感到无比后悔。每个月还信用卡的日子更是抑郁得不行。

通常在达成目标之前，人的大脑会分泌出大量的快乐激素。购物或赌博等行为也会引起类似的大脑反应。大家都知道，收快递的那一瞬间永远是最快乐的，赌博也同样如此，将手里的牌打出去前的那几秒钟可以产生无尽的刺激感受。人们每当心情不好的时候就喜欢打开购物网站东逛西逛，此时往往并不是真的需要某些物品，而是通过购买行为带来的快感来安抚自己的情绪而已。

这类问题严重的人可能具有**强迫性购物障碍**（shopping addiction）。一些人还会在情绪出现起伏时做出类似的举动。例如许多女性会在月经前大量购物，这也是经前综合征问题的一个表现。有时甚至会发展为偷盗癖，通过偷东西来安抚自己的情绪。躁狂症也会引发此类问题，由于此时人的行为不受控制，通常购物的成果都十分可怕，甚至曾出现过买下几百万房产的案例。▶（参考“每到经期就变得十分敏感”“情绪起伏大，似乎患上了躁郁症”等节。）

强迫性购物障碍

疯狂购物，大量购买根本不会用到的便宜货，使其堆满房子的一种问题。由于过分执着于购物，通常购物冲动强烈，会购买许多无用的东西，并对日常生活造成阻碍。

情绪出现问题时，购买带来的满足感的确可以在某个瞬间帮助我们重建信心。在这个消费主义盛行的时代，人们似乎觉得只要穿上那套新衣服，买下那个昂贵的东西，人生的价值就会得到提升，诸如“用上新电脑之后，我仿佛成了整个网络世界的领袖”“驾驶着新汽车走在人群中时，我就是最闪亮的那一个”。然而这样的感受大多很快就会烟消云散，取而代之的则是信用卡账单带来的持久的抑郁感。此时，人们为了摆脱这份抑郁感可能会再次选择购买新的物品，就这样在恶性循环中不断挣扎。

为了防止上瘾，首先需要做的便是明确购物清单，培养起只买必要物品的习惯。尽量使用储蓄卡代替信用卡，少看购物节目，刻意关闭购物网站。将自己的问题告知身边的亲朋好友，在自己想去购物时请求他们一同前往。此外，人在感到饥饿时购物欲望就会越发高涨，因此可以在饱餐后前往百货商场。还应该培养起规律的运动习惯和其他兴趣爱好，在受到压力时帮助自己排解。

最重要的是，具备充分的认知，了解自己的情绪状况，并愿意为解决问题付出努力。“我现在想买这个东西并不是出于需要，而是想要安慰自己，那不如试试别的方式吧。”购物上瘾的问题只是冰山一角，隐藏在这之下的其实是更为严重的心理障碍，要理解这一点，并不断寻找从根本上解决问题的方法。

担心自己是变态

作为一名男学生，我有着非常笃定的信仰。平时里从不缺席教会活动，也努力想给人们留下模范生的印象。但奇怪的是，我的脑子里始终充斥着淫乱肮脏的想法，我快要因此崩溃了。信仰的力量也无法帮助我消除这些想法，究竟应该怎么做才好呢？我很担心自己是不是本质上就是个变态。

随着与变态相关的新闻报道越发增多，越来越多的人开始对自身产生怀疑。**窥淫癖**、**露阴癖**、**性摩擦癖**、**性虐待癖**（性施虐癖、性受虐癖）、**恋童癖**、**恋物癖**、**异装癖**等一系列障碍，都被我们统称为**性心理障碍**。

出现此类问题的患者，通常会反复表现出与性相关的异常举动、幻想和冲动。症状一般会持续6个月以上，且可能将这样的执着付诸实际行动。即使没有发展到这样严重的地步，患者也会反复受到扭曲的幻想和冲动的折磨，在人际关系上经历困难。

许多所谓的暴露狂便患有露阴癖障碍。一项调查显示，在韩国，10至40岁的国民中约有16%的人曾受到露阴癖患者的骚扰，不得不说这一状况十分糟糕。暴露狂多出现于地铁站、学校附近，主要将女性作为泌尿对象，向她们暴露自己的性器官，使其受到惊吓。我们可以将此看作一种“炫耀生殖器”的行为。在日常生活中，当事人的性需求通常持续受到压抑，突然在某个瞬间爆发

窥淫癖
通过窥探脱衣的过程或裸体获得性兴奋的一种症状。

露阴癖
突然向他人暴露自己的生殖器官，以此获得性满足的一种问题。

性摩擦癖
未经许可在他人身上摩擦或按摩，并以此来发泄性欲的一类症状。

性虐待癖
在性关系中通过被虐待或虐待对方来获取满足感的一类症状。

恋童癖
对尚未进入青春期的孩子产生性欲的一种问题。

出来后，便会出现类似的举动。暴露狂大多是性格内向、情绪抑郁、性欲并不旺盛的男性，当然自尊心也极度匮乏。他们在炫耀自己的生殖器后，通过女性受到惊吓的表情获取快感。这就如同在真实的性关系中男性通过性交使女性体验到性高潮一般，是能够让他们感到满足的事情。然而这样的满足感并不能长期持续下去，短暂地品尝之后，罪恶感和羞耻感便会涌上心头。

恋物癖
对于非生物的物品或非生殖器的其他身体部位产生迷恋的一类问题。

异装癖
通过穿异性的服装来满足性欲的一类障碍。

性心理障碍
无法通过正常的途径满足性欲，因此做出异常举动的一类障碍。

还有一类人群会周期性有规律地做出暴露举动。普通正常人每周会进行一两次性生活，这些人也是如此，他们会规定好时间，选择固定的场所，有计划地进行“暴露”。这样的模式通常包含着巨大的变态倾向。此类患者通常维持着稳定的性生活，性欲也大多正常。但他们追求刺激和快感的心理强烈，因而会选择不符合道德规范的方式来发泄性欲。

此类性心理障碍，大多离不开自尊心低下，与性相关的负面记忆或幼年期创伤，以及对于“男性阳刚之气”的不正确认识。做出违法犯罪的举动当然必须得到惩处，但站在医生的立场来看，我们应该如何治疗这些障碍呢？最有效的途径便是使用健康的方式排解自己日常的性欲，与自己爱的对象维持稳定规律的性生活。在这样的稳定关系中，稍稍“变态”的情趣行为是可以的，但需要事先征得对方的同意，询问对方是否因此产生了不愉快的情绪。

即使不存在明确的性心理障碍，与性相关的各种问题仍然困扰着许多二十几岁的男性。从观看色情视频到频繁自慰，以及真正尝试体验性关系，二十几岁正是男性性欲最为旺盛的阶段。此时的一个烦恼便是，他们的脑子里会产生不理性的念头，例如与自己的近亲发生关系或强奸女性等。从精神分析的角度来看，力比多与攻击性是人类最根本的能量来源。众所周知的俄狄浦斯情结中便包含着与母亲通奸的欲求和杀死父亲的冲动。▶（参考“如何应对固执的小孩”一节。）

出现类似本节开篇主人公的情况，脑海中反复出现与性相关的念头，在心理学上更多被视作一种强迫症。也就是说，脑中的“内容”如何并不重要，这些念头不受本人控制不断出现才是值得重视的事情。通常来说，强迫倾向严重的人，愧疚感和羞耻心也更强，因此即使本能地出现幻想，也会对自己进行批判。▶（参考“总是觉得不安，需要对一件事进行反复确认”一节。）

强迫症带来的最为严重的问题也与利比多和攻击性相关。对于权威者的愤怒、不符合伦理道德的性欲求等都包含在其中。这些欲望都是受到禁止的，可越是这样人的好奇心自然也就越强。需要理解的是，对人类来说这是极其正常的现象，只要不将其付诸实际行动，便没有问题。如果能够对此有所接纳，这些念头产生的频率反而会随之降低。不过，如果明确存在某方面的障碍，便需要接受治疗，否则就可能引起一连串的社会问题，甚至走向犯罪。

148

人会产生性瘾吗

我目前正在准备找工作。然而脑子里整天出现与性相关的念头，早晨起床第一件事就是打开电脑搜索色情视频，在网上看新闻时也会刻意选择那些刺激的内容。不断在社交网站上找寻一夜情对象，还曾经出入过声色场所。像我这个年纪整天出现与性相关的念头正常吗？我甚至因此欠下了不少的债。我是不是患上了性瘾？

如果对性的迷恋给个人的工作生活或人际关系等带来了严重的负面影响，那么便可以认为是患上了性瘾。正如本节开篇主人公那样，明明应该认真准备找工作，却整天沉浸于性幻想中，并且花费大量的时间在色情视频或聊天网站上来发泄自己的欲望的情况，便属于性瘾问题了。

事实上，存在性瘾问题的人群数量是十分庞大的。美国一项研究结果显示，约有5%的美国人口倍受性瘾折磨，其中的代表人物包括美国前总统克林顿和高尔夫皇帝老虎伍兹，以及电影演员查理·辛（Charlie Sheen）等人。与其他上瘾问题一样，性瘾也像是无底洞一般，时间越长越需要更加强烈的刺激才能获得满足，而在得到满足之后，又会产生自责和后悔的情绪。许多患者因此难以维持正常的社会生活和人际关系。

治疗性瘾问题时，主要应该帮助患者从无法调节的性冲动中挣脱出来，建立起稳定健康的性关系。根据成瘾原因的不同，患者所需的心理治疗也不尽相同，必要时还可以服用降低性欲的药物。

在与性瘾患者的咨询过程中我们发现，许多人将性当成一种逃避手段，他们执着于通过性来释放压力，找寻自我的存在感。然而人际关系却会因此逐渐恶化。在咨询的过程中，让患者认识到性瘾产生的内在根源是至关重要的一个环节。

此外，像其他的上瘾治疗一样，一些康复小组活动也能够带来帮助。韩国国内有不少为酗酒患者和性瘾患者组织的康复小组，需要的时候可以参与这些活动来寻求解决问题的方法。

小贴士

性瘾患者的自我诊断表（韩国性科学院，www.sexacademy.org）

（1）因为性欲导致人际关系出现障碍。

（2）性欲过旺，导致夫妻间出现争执或矛盾。

（3）醉酒后必须与人发生性关系。

（4）每天必须拥有性生活，否则难以入睡。

（5）只要能够发生性关系即可，不挑剔对象。

（6）妻子就睡在自己身边，却仍然惦记其他女性。

（7）如果没有性生活，则必须在自慰后才能安心入睡。

（8）感觉自己精力格外旺盛，认为自己“很有雄风”。

（9）甚至会对朋友的妻子产生欲望。

（10）不分时间和场合，性冲动持续处于强烈状态。

（11）没有性伴侣时，便会不断进出非法按摩馆和风月场所。

（12）热衷于变态的性交方式。

（13）会突然反省自己是不是太沉溺于性。

（14）产生性冲动却无法解决时，会感到无比焦躁。

（15）在直接的性生活以外每天还需要享受间接的性生活（上网看色情视频等）。

成年男性如果出现上述症状中的9至11个，则需要警惕性瘾风险。而如果出现12个以上，则可以被诊断为处于性瘾状态的危险阶段。

149

总是睡不好觉

我今年50岁了，在自己做生意。年轻的时候睡眠很好的，最近事业上不太顺利，糟心的事越来越多，我竟然开始有些失眠了。艰难入睡之后也会半途惊醒，早上起来总觉得身体非常沉重。睡眠质量真的很差，我应该怎么办呢？

导致**失眠症**的原因有很多。压力，抑郁症，焦虑症等精神方面的问题，咖啡等提神饮品的饮用，**不安腿综合征**（RLS），以及主观方面的因素等都可能引起失眠。夜晚人入睡期间，副交感神经变得兴奋，肠胃运动活跃，心脏跳动逐渐趋于稳定，大脑也进入了休息状态。因而睡眠不好可能引发消化不良、持续腹胀、反酸、便秘等问题。

失眠症

躺下后30分钟内无法入睡，睡眠中易醒，早醒，且再次入睡困难。

不安腿综合征

躺下后自觉腿部疼痛或瘙痒，因为不断活动双腿导致难以入睡的一种障碍。

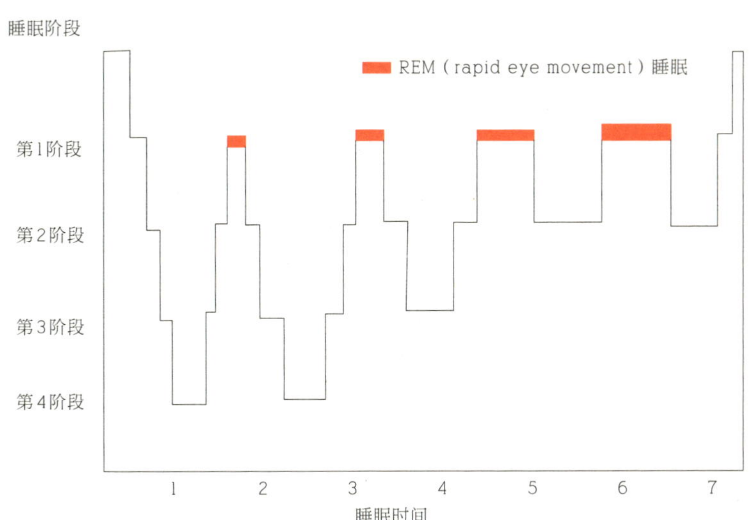

我们可以根据脑电波的不同表现将正常的睡眠分为图中几个阶段。即将入睡之前脑电波仍处于活跃状态，属于第一阶段，这一阶段我们需要闭上眼睛，召唤睡意。第二阶段则是稍微进入睡眠的浅睡期，此时如果有人呼唤或触碰自己，便会立即醒来。三、四阶段脑电波的活动十分缓慢，人进入熟睡期。在一至四阶段的睡眠状态之后，脑电波又会突然变得极度活跃起来，仿佛即将醒来一般，这便是人在做梦时的状态。伴随大脑动荡而来的还有眼球的剧烈运动，因而这一阶段的睡眠被我们称为REM睡眠。人睡觉时大致会以一个小时为间隔不断重复上述“一—二—三—四—REM”阶段。每晚正常人通常会将此阶段反复经历四五次，即睡眠时间为七八个小时。睡眠的前半段多为三、四阶段的熟睡期，越是接近早晨，REM睡眠状态越是频繁。因此，我们只要能在最初入睡的4个小时内获得深度的睡眠便能够得到必要的休息，身体也会感到轻松，而通常做梦都发生在清晨醒来之前。

许多人称自己睡觉时容易做梦。但这并不表明身体存在任何问题。进入REM睡眠阶段后，尤其是在临近起床之前，做梦是十分正常的生理过程。没有必要因为梦多而服用安眠药调节睡眠，事实上安眠药并不具备帮助我们减少做梦次数的功效。不过，患有抑郁症时REM睡眠阶段就会有所延长，因而患者更加容易做噩梦，此时可以服用抗抑郁药物来帮助治疗抑郁症，进而抑制REM睡眠阶段过长带来的多梦问题。如果出现了整夜做梦或一入睡立即开始做梦的情况，便说明并未完全入睡，尚处于半梦半醒的状态之中，不能将其视作REM阶段正常的做梦现象。此时便可以服用一定剂量的安眠药来辅助睡眠。

人在睡觉期间还会出现各种各样的异常举动和异常体验。极具代表性的便是**REM睡眠行为障碍**。“说梦话”便是这一阶段较为普遍且称不上严重的障碍表现之一。然而如果在睡眠中出现剧烈的身体颤抖、殴打身边人或梦游的情况，则有必要服用药物进行治疗。

与此相反的一个症状便是“鬼压床”，即医学上所谓的“**睡眠瘫痪症**”（sleep paralysis）。出现鬼压床时人会不断做噩梦，企图逃离却发现自己浑身无法动弹，就这样一动不动地深陷在恐惧之中。

能够帮助我们提高睡眠质量的方式有很多，下面为

REM睡眠行为障碍

处于REM睡眠阶段时由于神经受到阻断，人通常不会进行任何活动，只是一动不动地躺在床上。然而此时如果肌肉紧张性降低，人就可能按照梦境的内容进行活动。

睡眠瘫痪症

在REM睡眠阶段能够意识到自己正在做梦，却丝毫无法动弹的一种现象。

大家介绍其中具有代表性的几种：

第一，可以尝试“**光疗法**”来帮助调节。人体存在着固定的生物钟，而光疗法可以帮助我们转换心情，调整睡眠周期。除光线以外，温度、运动等都可以帮助我们调节身体的节奏，其中最为“激烈”的方式便是“早晨起来注视强光”了。治疗时我们当然可以使用带有强光的治疗工具，但由于韩国光照较为充足，如果能在每天早晨9点之前外出散步30分钟以上，同样能够带来帮助。甚至有研究称，坚持两周以上光治疗时，便可以收获与药物治疗类似的良好疗效。

光疗法
早晨9点前接受30分钟以上(至少达到太阳光强度的)光线照射的一种抑郁症疗法。

第二，减少平躺在床的时间。观察一些睡眠不好的患者我们发现，他们中的许多人都习惯早早上床躺下，却久久难以入睡。躺在床上强迫自己入睡的话，就会给大脑留下“床是带来痛苦的场所”的认知。此时我们需要改变睡眠习惯，相比固定的睡眠时间，我们可以尝试只在感到极度困倦时躺上床。躺下之后不要读书或摆弄手机，同时尽量避免午睡或将午睡时间控制在15分钟之内。

如果感到困倦躺下，却仍未能在10至20分钟内入睡（依靠感觉，不要刻意看时间），则可以起身等到倦意再次袭来时再重新躺下。睡到中途醒来也多少会让人心里感到有些焦躁，此时一定不要确认时间。“都三点了，睡不了两个小时了，好烦啊”，一旦产生这样的想法，想要再次入睡就会更加困难。当然这样的方式可能在最初的一两周内导致我们的身体极度疲惫，但这之后就会逐渐开始好转。

第三，尽量不要喝酒。酒精的确可以帮助入睡，许多女性在失眠时常常借助酒精来助眠，但时间长了就会出现上瘾问题。一般来说，使用酒精帮助自己入睡的话，由于依赖性不断增强，需要摄取的剂量也会不断增多。再来，酒精的成分事实上也会对深度睡眠产生妨碍。尽管在某种程度上可被视为诱导睡眠的物质，却并不能够帮助我们长时间维持高质量的睡眠状态。▶（参考“酗酒的判断标准是什么”一节。）

第四，我们在入睡前还需要尽量避免剧烈运动。尽管运动具有治疗失眠的疗效，但如果在睡前一两个小时内进行运动，反而可能导致身体处于亢奋状态，阻碍睡意的产生，因而睡前3个小时内都不宜进行运动。我们可以在白天运动40分钟左右，直到自己出汗。或是在睡前做一些简单的拉伸或体操动作，这些都能够帮助我们收获良好的睡眠。当然，睡前大量进食的行为也是不可取的。

第五，要保证卧室足够黑暗和安静。这两点是睡眠环境应该具备的基本条件，但事实上却极少有人能够做到。睡不着便打开电视或收音机，这样的行为只会妨碍我们入睡。最近人们都习惯睡前在漆黑的房间里玩手机，这与用电灯直射双眼几乎没有太大的区别。

第六，我们还想就安眠药的问题进行一些简单的讨论。不能无节制地服用安眠药，否则便会产生较强的依赖性。然而，也不必“谈安眠药色变”，许多人认为安眠药就像毒品一样，吃一次就戒不掉了，因此不敢进行尝试。但这样的恐惧和偏见并不会为解决失眠问题带来任何帮助。短期内出现入睡困难的症状时可以选择服用安眠药，不少患者往往需要坚持服用几个月才能出现好转，同时，对于那些躁郁症、抑郁症患者而言，不管采用什么方式，保证他们能够入睡才是最重要的。

当然，安眠药也存在许多局限性。许多患者都曾表示，服用安眠药后并不能收获舒适的睡眠。如今市面上常见的安眠药多为睡眠诱导剂，基本只能够帮助我们进入一、二阶段的浅睡眠状态。因而不少人觉得服用安眠药后睡不踏实，难免产生一种“强行入睡”的感觉。早晨起床之后也较为疲倦，甚至多梦的情况也不见好转。一些睡眠呼吸暂停综合征或打鼾严重的患者在服用安眠药后甚至会出现更为明显的症状，因此需要多加留意。

也有一些患者不管三七二十一，只管向医生讨要安眠药。事实上，调节睡眠的药物是多种多样的，长期服用安眠药只会带来顽固的依赖，因而在最开始的时候一定要遵从医嘱，接受科学的治疗。

目前韩国广泛使用的安眠药主要为唑吡坦。基本药效良好，且购买起来较为方便。然而在服药之后到入睡之前这一阶段，有患者曾出现过类似于断片的现象——突然拨通某人的电话与其发生争执或暴饮暴食后躺下入睡，第二天早上起来却对此毫无印象。如果出现了此类症状便需要减少服用的剂量，或是更换药物的种类。此外由于唑吡坦具有较强的依赖性，应当在精神科医生的指导下少量服用。

150

特别嗜睡，这是怎么回事呢

儿子是一名高中生。每天晚上的睡眠时间挺充足，但上课还是会打瞌睡，全家人一起看电视、聊天时他也能睡着。说是总在某个瞬间会感觉身上一下子软掉，于是就昏睡过去了。是不是患上了什么严重的疾病呢？

嗜睡症是典型的与睡眠有关的障碍，主要是由于下丘脑**hypocretin神经肽**分泌异常，而它能够促进人们从睡眠中苏醒。通常症状表现为白天极度困倦，甚至可能出现**猝倒症**，睡眠瘫痪症等问题。

嗜睡症

白日过度困倦，REM睡眠状态异常，甚至出现猝倒症、睡眠瘫痪症等现象的疾患。

hypocretin神经肽

脑蛋白质中的一种，与嗜睡症有关。整个大脑都有分布，但主要分泌于下丘脑部位。

白天起床之后，如果总是觉得非常困倦，常在不知不觉中昏睡过去，便需要引起高度警惕。所谓猝倒症，是指突然之间浑身肌肉失去力量的一种疾患。有时症状较轻，有时则可能出现肌肉完全丧失力量，陷入短暂昏迷的情况。此时患者意识尚清，也能够听到周围的声音。猝倒症通常会在大笑、生气，以及受到惊吓等感情剧烈波动发生时出现。一些患者一天内可能会经历几次的发作，一些人则一生中只发作过一两次。前文提过，睡眠瘫痪症是指在入睡后或醒来时短暂出现的肌肉无力现象，也就是人们常说的“鬼压床”。

可以通过多导睡眠图检测和睡眠潜伏期试验来对嗜睡症进行诊断。嗜睡症患者通常会在入睡后15分钟内进入REM睡眠状态，而正常人进入这一阶段这通常需要90分钟。

在治疗嗜睡症时，可以处方一些减轻白日困倦，预防猝倒症发作的觉醒促进剂。同时，患者需要保持规律的睡眠习惯，这一点尤为重要。每天在固定的时间睡觉和起床，白天可以短暂地进行午休。嗜睡症患者常被误认为是懒惰或无能的人，应该将情况告知身边的同事或同学，获得他们的理解。

除嗜睡症以外，脑卒中，下丘脑部位肿瘤，打鼾严重的睡眠呼吸暂停综合征、甲状腺功能异常等都可能带来睡眠过多的问题。再来，非典型抑郁症患者也可能出现类似的问题，对家庭主妇和青少年群体来说尤其如此。因此需要及时接受诊断，弄清嗜睡的原因。

151

总是加班，无法按时睡觉

我目前在工厂上班，每周白班、晚班轮着上，所以睡眠真的很不规律。有时候失眠挺严重的，感觉疲惫感在不断累积。

相信我们每个人都曾有过倒时差的经历吧？黑白颠倒的作息对睡眠的影响很大。而在工厂上班的员工、三班倒的护士等人群通常都难以维持规律的睡眠周期。

人的身体节奏是以“天”为单位循环的，这被我们称为**昼夜节律**(circadian rhythm)。人在白天和夜晚拥有不同的身体状况，其中最具代表性的便是睡眠-觉醒节律。夜晚入睡，白天苏醒，我们的身体节奏应当处于这样的规律之中。光照通常白天较为强烈，到了夜晚便逐渐减弱。等到光照强度减弱到70勒克斯以下时，人的大脑就会开始分泌褪黑素，帮助我们进入睡眠（因此我们会将合成褪黑素当作睡眠诱导剂使用）。在褪黑素以外，甲状腺激素、泌乳激素、肾上腺皮质激素、生长激素的分泌，以及人的体温等都会在一天内出现规律性变化。如果打破了这样的循环，人的注意力就会显著下降。身体也会长期处于疲惫的状态之中。

真正的生物体睡眠-觉醒节律周期约为25小时。在许多外在因素的影响下，基本被调整为24小时。人类的生物钟周期实际上比地球的自转周期多出一个小时，这一点颇值得玩味。正因如此，我们时常到了睡觉时间却觉得一点都不困。例如，昨天晚上大约在11点入睡，今晚也在同样的时间点入睡的话，事实上这一睡眠周期就比真正的人体生物钟快了一个小时，因而“今晚11点”的困倦感对人们来说差不多相当于10点的程度。许多人会因此觉得自己“今晚”失眠了。调查结果显示，约2/3的人在晚上表现得精神十足，到了白天却无精打采，这就是我们常说的“夜猫子”生物钟了。

到了睡觉时间却还在加班，晚上聚餐到深夜，熬夜看剧或打游戏，这些行为都会导致大脑的昼夜节律出现混乱。而对那些从事三班倒工作的人来说，这一问题更是严重。我们去国外旅行时，受时差影响生物钟也会被打乱。一般来说，每一个小时的时差适应期约为一天，那么如果去到有着10个小时时差的地域则需要花费10天左右来适应。同时，相比自己原先所处的空间，晚几个小时的地方通常适应起来更加容易。越往东边时间更早的地方走，适应起来越是困难。例如，从首尔去到更加东边的洛杉矶时，调整时差就有些吃力，而去到西边的曼谷时，则相对容易适应。

我们可以利用这一原理来帮助自己调整混乱的生物钟，适应时差问题。使用强光（相比室内照明强200倍，即高于2 500勒克斯的光照，晴天时太阳光照的指数与此相当）照射自己的眼睛30分钟以上时，大脑的睡眠中枢（掌管睡眠调节）就会认为“现在是白天，是清醒的时候”。在早晨较早的时间接受光照的话，睡眠-觉醒节律周期便会提前，而晚上接受光照这一周期则会越发后移。当一个人在夜间工作结束后回到家里，第二天需要继续上白班时，尽管十分疲惫，也可以试着接受一些强光照射。这样就可以将生物钟拨回正常的状态，白天上班时也不容易感到疲惫。而需要从白班换到夜间工作时，则可以提前3天左右调整睡眠-觉醒节律。在夜晚接受光照，将自己的睡眠周期阶段性地向后移动即可。

小贴士

调整时差：往返于首尔和洛杉矶时

从首尔去洛杉矶是往更东边的方向走，身体需要适应更“快”的时间段。因此我们可以在乘坐飞机前，使用强光照射自己，调整自己的生物钟。出发前两三天时，逐渐将起床时间提前，然后接受光照。而在到达当地之后，则应该尽量避免光照。第二天早晨比平时晚三个小时起床，然后接受光照。像这样每天将生物钟往前调整一个小时，逐渐就能适应当地的作息了。

同样，当从东边去往更西边的地域时，则可以在晚上接受光照，将身体生物钟推迟。

举例来说，一个平时晚上11点睡觉，早晨7点起床的人，在去往国外时，便可以根据以下表格中显示的时间段接受光照，调整作息。

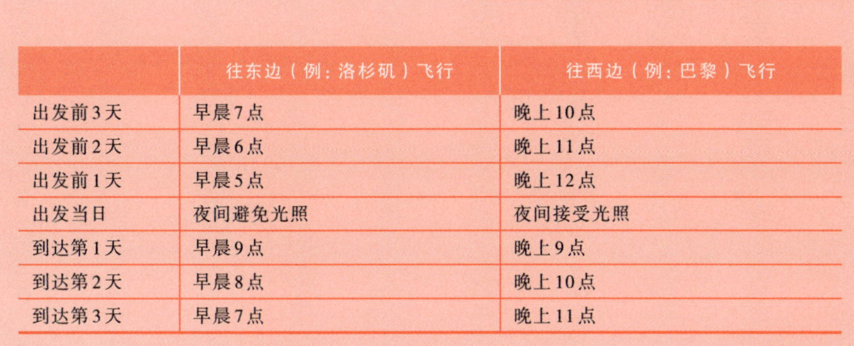

	往东边（例：洛杉矶）飞行	往西边（例：巴黎）飞行
出发前3天	早晨7点	晚上10点
出发前2天	早晨6点	晚上11点
出发前1天	早晨5点	晚上12点
出发当日	夜间避免光照	夜间接受光照
到达第1天	早晨9点	晚上9点
到达第2天	早晨8点	晚上10点
到达第3天	早晨7点	晚上11点

152

丈夫不懂事，我该如何是好

丈夫太不懂事了。作为一家之主，整天就知道跟朋友玩，完全没有承担起家庭责任。也不担心家里的经济状况，这次居然买了辆进口车回来。每次责怪他，他还会狡辩，说我不理解他在外面有多辛苦。

在女性看来，男性总像小孩子一样，无论多少岁都称不上懂事。因为许多男性时常表现得“不长脑子，说话做事少根筋”，女性难免为此感到提心吊胆。对一些男性来说，喜欢的东西一定要买下，不允许自己看起来比别人差——“其他朋友都那样做了，我也得跟着一起”。自尊心强烈，甚至不肯在公共场合问路。也不会表达感谢，更是不能接受他人对自己的指责。

之所以会表现出这样状态，很大程度上是由于男性大多对自己的爱十分强烈。精神分析学将这样的心理机制称为**阴茎嫉妒**（penis envy）。即是说，女性可能因为缺乏阴茎这一生殖器而感到自卑，男性则因为拥有阴茎而产生夸大的自爱情感。当然，传统的一家之主观念和重男轻女思想等社会文化方面的因素是导致男性多数看起来自大膨胀一大原因。（参考“聊天时，话题的焦点必须集中在我身上”一节。）

适当的自爱是生存所需的必要因素，然而过度的自我往往会让人流露出自私自大的嘴脸，眼睛里只看得见自己，不懂得为他人考虑，共情能力极端匮乏。许多心理发育不成熟的男性即使在家庭生活中也会表现出这样的倾向，认为自己就是家里的王子，为所欲为，也并不会因此对妻子和孩子感到愧疚。

类似这样扭曲的自爱情感的大约由以下两种途径产生。第一，原生家庭父母的情感表达匮乏时，人便容易陷入强烈的自爱之中。幼年时期的孩子通常会具备第一阶段的自爱情感，即认为自己是无所不能的。此时如果父母不对此给予充分的肯定和接纳，就可能导致孩子的自尊心受挫，因而产生更加强烈的报复性自爱心理。这样的心理往往会长期延续下去，让他们成长为自私幼稚的人。第二，父母对孩子的过度吹捧也会导致类似问题的产生。例如一些贫困家庭的长子天性聪明学习成绩十分突出，此时父母就会将其塑造成为无所不能的大英雄，即使犯了错也绝不指责。对此习以为常的孩子长大后自然就有可能变得自以为是，目中无人。

此外，天生的气质问题也会带来一定的影响。一些人尤其缺乏语言表达能力，无法准确传达自己想说的话，因而可能带来误会和矛盾。还有一些成人ADHD患者本身性格固执，缺乏自制力，因此看起来比同龄人更为幼稚。尽管如此，我们仍需明白的是，气质方面的东西虽然可能带来一定的影响，但绝不是这类问题出现的根本性原因。

如果丈夫“不懂事”，就要帮助他们培养对于家庭的责任感和照顾之心。所谓一家之主，并不是家里的王子，更不应该是独裁的君王。作为丈夫和父亲，究竟应该扮演怎样的角色？任何时候都将自我的需求摆在第一位的话，就绝无可能得到家人的尊重。要懂得体谅妻子，疼爱子女，这样才能够收获家人的爱和理解，作为男性自身自尊心也才能真正得以提高。

在帮助丈夫“变得懂事”的过程中，妻子需要牢记以下几个要点。首先，在指责丈夫时不要刺激对方的自尊心，否则便会引起更大的反弹。其次，要安排他们做一些力所能及的事情，在这个过程中保持耐心，不要加以干涉。我们曾经提到，在教育孩子时，“我向信息”沟通法是十分有效的沟通方式，面对丈夫时同样如此。“什么啊今天又要晚归？烦死了”，相比这样的指责，“我觉得今天可以稍微早点回来呀”等表达方式对于男性来说其实是更为有效的。（参考“如何应对青春期提早到来的孩子”一节。）

再次，在丈夫为家庭付出的时候，可以积极表达心里的感激和喜悦之情。这样可以帮助他们从现在的家人身上体验到幼年时期父母未曾给予的正面反馈，并逐渐培养起健全的自爱情感。

最后，对丈夫采取过度严厉的管束并不会带来良好的效果。即使心里责怪怨恨对方，也要像哄小孩一样耐心地等待他们做出改变，多多称赞对方，这才是能够帮助他们成长的有效方式。然而，如果丈夫做出了极端错误的行为，当然也应该给予严厉的指责。

153

无法忍受妻子的善变

妻子动不动就跟我闹别扭，发脾气，我完全搞不懂为什么。每次问她她就反问我是不是在装傻，我真的是要疯了。整天变来变去的，一会心情超好，一会又臭着张脸，搞得我每天过得提心吊胆的。

在男性看来，女性是十分复杂的动物。似乎的确如此。生活中女性们的心情总是让人捉摸不透。总是因为一点点小事烦恼，且热衷于向不同的人倾诉。好不容易心情好转一点了，却又会因为另一半无心的一句话再次大发脾气。不少男性因此觉得自己每天如履薄冰。

实际上，主要有几个阶段女性情绪容易剧烈起伏。每个月月经前后，体内性激素分泌波动幅度大，身体出现各种不适，此时女性便容易感到烦躁易怒。问题严重时甚至可能发展为经前综合征。▶（参考“每到经期就变得十分敏感”一节。）

此外，女性在每个转换阶段也会出现剧烈的情感起伏。尤其是怀孕期和分娩后体内雌性激素会不断变化，加之心理方面的不适应，便通常会因此感到压力巨大。▶（参考“怀孕了，我感到非常辛苦”一节。）

最后，在进入绝经阶段后，女性还会再一次经历剧烈的情绪波动困扰。▶（参考“母亲似乎进入了更年期，总是看起来很抑郁”一节。）

相比男性而言，女性通常情绪更加敏感，这一点也经过了脑科学的验证。通过MRI观察女性和男性使用语言时大脑的活动方式我们发现，男性大多仅动用了具备语言中枢的左脑，女性则是左右脑同时使用。人的左脑主要掌握理性判断，右脑则是负责情感。这就说明即使在表达同样的意思时，女性也更多地将其与情感牵扯在了一起。同时我们发现，在感知同样的情绪时，相比男性，女性使用的大脑区域也更多。

从社会关系的角度来看，女性的确显得更加敏感。她们通常具有更强的关系指向性，共情能力和直觉能力也较为突出。能够悲他人之悲，因为某人的称赞而真诚地感到快乐，也会在被疏远排挤时体验到更深的孤独感。许多女性在处理事情时容易被感情冲昏头脑，经常因为一些“无关痛痒”的小事而表现出剧烈的情绪起伏。

一生中需要经历的角色变化也是造成女性情感波动较大的原因之一。幼年时期是家中备受疼爱的女儿，成年后也一直生活在另一半关心和保护之中。然而结婚生子之后却要承担起照顾家人、养育子女的责任，许多女性会因此有些找不着北。更何况，在孩子的每个成长阶段妈妈需要扮演的角色都不尽相同，可以说女性们一生都活在持续的角色转换之中。

在与妻子沟通交流的时候，丈夫也需要注意彼此间说话方式的不同。男性在产生烦恼时通常会选择将自己孤立起来寻找最为现实有效的解决方案，女性则不同。她们需要与人倾诉，以此来释放压力。男性大多喜欢就事论事，有一说一，女性则更加细腻，想要获得情感上的理解和共鸣。对男性来说，提问这件事仿佛是一种干涉和打扰，而女性却将其视作延续对话、表明关心的手段。由于长期处于支配和竞争的状况中，男性大多并不介意具有攻击性的语言行为，女性却会因此感到不快。男性们喜欢独自解决问题，认为这是一种能力的体现。他们在面对女性苦恼的“细枝末节”时通常难以展现出耐心，因而导致双方关系恶化，矛盾不断加深。

然而，女性的情感表达方式和对话模式并不是绝对正确的。关系是通过语言构建起来的，女性们有时会表现出“企图通过传言、批判、嚼舌根等做法来操控状况”的倾向。利用自身的情感，在诱惑、背叛、明争暗斗和耍手段中获取主导权。情感表达是促进我们彼此理解的方式，而不是威胁和绑架的手段。例如一些女性通过“动不动就生气”来操纵丈夫的一举一动，这当然称不上是正确的沟通方式。

有时夫妻之间会陷入“追踪”与“被追踪”的扭曲关系之中。妻子由于感到孤独，觉得自己像被抛弃了一样，于是不断向丈夫提出要求。丈夫自然会感到恐惧，试图选择逃避，因此在受到指责后，开始疏远妻子，夫妻间的隔阂就此产生。妻子则会因为丈夫的冷漠而做出更加激烈的行为，导致状况陷入恶性循环之中。

如果想要中断这样的恶性循环，就需要尝试真正理解对方的心。丈夫需要知道妻子此刻的指责是因为想要获得安慰，妻子也要明白丈夫的逃避是想要得到片刻安宁。面对这样极端的情况，双方只需各退一步就能够获得平衡。例如，即使再生气也要在白天关心一下彼此，晚上不要分床睡觉。妻子还可以将自己想说的话记录在纸上或通过发信息的方式传达给丈夫，而不是一股脑儿地发泄出来。人生在世，难免会有不被他人理解并因此感到伤心的时候。此时可以与对方一起看个电影，享受一下甜蜜的二人生活。

154

关于性生活的苦恼

刚结婚不久，因为性生活的问题感到十分苦恼。我确实体力不好，技术上也不够突出，妻子对此也流露出了不满。有时想要亲热一下，她却总说自己很疲惫，表现得很冷漠。说实话，这总会让我猜测也许妻子与前男朋友之间的性生活非常和谐，并因此感到非常不愉快。

男性和女性相遇后，在彼此靠近的过程中，性吸引力的产生不可避免，是人类最为本能的反应。在满足自己本能欲望的同时也取悦对方。性是男女双方确认爱意的标志，但这并不是说，性就能够完全与“爱的程度”画上绝对的等号，性和爱并不是同一件事。

在寻找伴侣的过程中，男女进化出了各自不同的方式。对男性来说，只要稍微嗅出了一丝“可能发生性关系”的气息，他们便会积追求对方，甚至同时追求数名女性。相反，女性则更加看重男性是否“爱”自己，因而对待性的态度也更加谨慎。有时她们也会将男性对自己的积极追求错认成“爱”。性关系中的矛盾便是在这样差异中产生的。

对男性来说，自己越是深爱对方，就越需要在性关系中满足对方，这一点至关重要。他们通常十分在意女性是否获得了高潮，认为“如果没有使对方在性关系中得到满足，那就算不上真正的男人”。在体验高潮时，女性的阴道收缩，更多的男性精子进入子宫，怀孕的概率也会因此提高。同时，如果能够达到高潮，女性在今后就更容易回应对方的性邀约，繁殖后代的机会也就随之增多了。从这个角度来看，“满足女性”的执念似乎与男性骨子里“传宗接代”的意识息息相关。

在性关系中，男性通常渴望百分百支配对方，也会不断幻想自己操控女性肉体的场景，甚至还包含着殴打、侮辱等加害行径。然而，女性却希望性能够成为双方之间表达爱意的方式，对她们来说，“得到爱”的感受才是最为重要的。

正因如此，男女双方常在与彼此性关系的问题上感到苦恼。尤其是结婚后，随着性生活次数的增多，被这一问题困扰的人群更是数不胜数。丈夫时常觉得妻子太冷淡，似乎没有得到满足。而相比持续性欲旺盛的丈夫而言，只在特定时期（例如排卵期或一些浓情蜜意的时刻）拥有较强性欲的女性便会因为丈夫无时不有的欲望感到痛苦。（参考“不知道是不是因为年纪大了，性功能不如从前”一节。）

与性关系类似，夫妻间还会产生的另一种苦恼便是对彼此忠诚度的质疑。丈夫通常会在意妻子的过去，妻子则会时刻监视着丈夫是否表现出了出轨的蛛丝马迹。男人都希望自己是另一半的“第一次”，女人则盼望自己是对方最后的伴侣。事实上，这样的差异在很大程度上来源于雌性和雄性间性战略的不同。

女性即使到了排卵期，外在也几乎不会发生任何变化。在原始社会，人们并不知道性行为会导致女性怀孕，因此男性通常无法确认“这个孩子是自己的”。如果想要确保这一点，则需要保证女性在与自己交媾前从未与其他男性发生过关系。因而男性通常十分在意另一半的“历史”，会对出轨或脚踏两只船的女性表现出极大的厌恶之情。（参考“作为男人我还得操心养孩子的事吗”一节。）

相比男性的过去，女性们更多担心和在意的则是男性会不会因为在与自己的关系中得不到满足，转而与别的女性发生性关系。从原始的观点来看，这在一定程度上对女性的生存造成了威胁。如果另一半与别的女性发生关系，那么便有很大可能繁衍出后代。这样一来，本来应该分配给自己的那部分资源便需要拱手让给他人。因此女性们天生直觉能力更强，时刻警惕着对方出轨。

性既是我们满足自身幻想的东西，也是我们取悦对方的手段。为了缩小男女之间的差异，必须要准确理解对方的真实需求。

对丈夫来说，不要一味追求在性生活中“满足”妻子，而要多多反思自己是否给予了她足够的爱与安全感。女性也要明白，对自己的另一半来说，性能力是他们维持自尊心的重要方式。一旦在这个部分遭受挫败，丈夫的内心便会受到极大伤害。不少男性都因为在结婚初期对性生活失去信心而出现勃起困难或早泄等问题。怎么样才能让彼此都舒服，自己的诉求究竟是什么，处在关系中的两个人完全可以大大方方地对此进行讨论。夫妻也应该是具有稳定性生活的朋友和伴侣。

小贴士

性格不同，性生活的特点也不同

每对伴侣间的性生活模式都不尽相同。这其中当然也具备一定的普遍性，但也有不少人展现出了自己独特的模式。

举例来说，一些强迫症患者对于“绝对正确”一事格外重视，因而在性生活中，相比“是否满意”，“完成得是否准确”才是他们评判的标准。强迫症患者通常难以接受异常的体位和行径，甚至认为这些尝试都存在一定的风险，因此他们的性生活大多较为平淡死板。甚至一些症状严重的患者会沉溺于自慰行为，而将伴侣视作辅助自慰的工具。强迫症严重者执着于计算让女性“达到了几次高潮”，而患强迫症的女性则会在性生活的途中思考明天上街买菜的事情。

此外还有一类与此截然相反的情况。具有歇斯底里倾向的人群通常也难以拥有较为满意的性生活。他们习惯于将性吸引力当作自己诱惑他人、获取关心和注视的工具。然而在性关系开始时，却因为担心自己过度亢奋丢失主导权，因而无法真正享受其中。事实上的确有报道称，许多魅力四射人气旺盛的女性都具有性冷淡的问题。

155

每次从我父母家回来妻子都会发脾气

马上快到春节了，最近妻子又开始变得有些可怕，甚至整天对孩子发脾气。其实我们一年回不了父母家两次，但每次去了回来她脸色就很难看，不停抱怨。我真的觉得不能理解。

尽管如今早已不是婚后需要侍奉婆家的时代了，但纵观韩国社会，婆媳关系的问题仍然没有得到解决，甚至据说许多女性听到“婆家”的“婆”就觉得反感。结婚后，夫妻双方共同生活的时间较多，通常能够彼此谅解。而婆媳之间则不一样，相处时间少，心里总想着“我又不是跟婆婆结的婚”，因而难以维持良好的关系。然而婚姻生活并不是两个人之间的事，婆婆和媳妇对此都应该心里有数。

在传统封建社会，女性婚后作为新的家庭成员进入婆家，多半是看婆家人脸色行事的。对男性来说，遵守集团内部既定的秩序，服从上级的命令是非常本能的事情，而女性则会为此明争暗斗。在婆家，媳妇注定处于相对弱势的一方，矛盾因而不断发生。

如今的婆媳关系模式则多少出现了些变化。

从前，结婚是人生大事，每个人都得走这一遭。然而现在，结婚不再是必经之路，而是个人的选择。对女性来说，结婚不再意味着必须放弃自己的事业和娘家生活，因而婆媳关系出现问题时，也不再存在默默承受的必要。当身处不属于自己的场所（婆家），婆婆的啰唆又让人反感时，愤怒和反抗之情就会喷涌而出。

因此女性在面对婆媳关系时，必须寻找到自己的归属感，以及愿意承受的理由。

在处理这一问题时，需要保持理智，不要被负面的情感淹没，而要努力探索现实有效的解决方式。首先，女性需要抛弃不切实际的幻想。“今后婆媳关系丈夫会帮我处理的”“希望跟婆婆能像跟妈妈一样亲密相处”“只要我好好表现，就不会存在什么婆媳关系问题啦”等等都只是美好的愿望而已。

其次，丈夫需要作为中立的仲裁者来处理矛盾。尤其是当自己的母亲向妻子提出过分要求时更应当挺身而出。此时并不需要同时满足双方的需求，而是要客观地分析问题，阻止矛盾的进一步恶化。很多时候男性由于担心“殃及池鱼”而选择“明哲保身”，眼睁睁看着一切发生。当然，一个真正优秀的仲裁者必须具备公平的态度和明确的主张，而这对于大多数男性来说是难以指望的。尽管如此，在真正重大的问题发生时，丈夫仍然需要站出来协调处理，此时相比一些所谓的婚姻专家，丈夫扮演的角色更能带来巨大帮助。

本身就不是亲生女儿，怎么能够指望跟婆婆像妈妈一样亲密相处呢？不懂得拒绝，一味低声下气讨好婆婆的话，今后便会面临更大的折磨。如果能在矛盾爆发之前将积怨化解当然再好不过了，但这通常有些无法避免。那么在矛盾出现后，至少应该积极地进行沟通和对话，不要被负面情感左右，索性破罐破摔。在不断对话的过程中逐渐掌握起一些相处的技巧和要领，婆媳间的相处也会因此走入良性循环。

156

担心自己扮演不好父母的角色

结婚的时候和丈夫商量好了不要孩子。我是家里的老幺，从小几乎没有得到过父母的疼爱，也觉得自己没有什么余力去抚养孩子。丈夫比我大10岁，说实话，跟他结婚也是希望他能够多多照顾我。

男女在结婚后基本都会生育子女，大部分夫妻通常在婚后一两年内升级为父母。然而有不少人对此感到犹豫。一些人希望先过上几年二人世界再考虑孩子的事，一些人则索性选择了“丁克”。当然，也有不少夫妇因为双方意见不统一而产生剧烈的冲突。

生孩子一事之所以让人感到犹豫，主要还是出于现实层面，即经济状况和时间精力方面的考虑。然而这些问题并不是个人凭借一己之力能够改变的，房价波动、环境污染、产假育儿假的制定、薪资与复工问题、育儿奖励金等，都需要自上而下的彻底改革才能有所转变。

对女性而言，生孩子就意味着要中断自己的事业，这自然让人有些难以接受。事实上这并非只会在现实层面上带来影响，还牵扯到一个人作为独立个体的价值实现和人生走向。许多女性并不愿意为了孩子而放弃自己的理想。尽管在结婚前，每对夫妻都会就这个问题进行一定程度的讨论，但到了真正需要决策的时候，矛盾往往仍然不可避免。这个问题并不存在一个明确的解决方案，不过大家可以参考的是，也有不少重视自我实现的女性顺利度过了怀孕和分娩阶段，并因此收获了巨大的力量，在事业和其他领域展现出了更加优秀的一面。

同时，心理方面的因素也不容忽视。许多人恐惧变化，担心有了孩子之后生活会失去控制。尤其是对女性来说，怀孕分娩期间身体承受的痛苦和折磨更是让人害怕。男性也会担心孩子出生后自己难以承担起作为父亲的责任，自由也会相对减少。

我们可以从俄狄浦斯情结出发来分析男性的心理。对一些人来说，幼年时期与母亲“通奸”的念头一直没有得到解决，结婚后将这份情感转移到了妻子身上，并因此得以移情。妻子就像母亲的替代品一样存在于他们的生命中，因而他们有些难以接受与妻子发生性关系，更别说生孩子的事了。

也有一些夫妻，双方都对生养孩子感到犹豫。幼年时期自己的母亲因为抚养子女而格外辛苦的样子仍在眼前，或从小没有没有得到家人的爱，这些也都会使人们对“生养下一代”抱有负面态度。有的人甚至会将另一半视作理想中的父母，而自己就是对方的子女。对他们来说，一旦孩子出生，这样的平衡就会被打破，孩子会将自己再次推入不幸的生活中去。

一些本身从小没有得到母亲足够的爱与陪伴的人，的确也不懂得如何去养育孩子。与此相反，那些从小受到父母溺爱和娇惯的人也会担心自己无法像父母一样为下一代努力付出。归根到底这样的心理都是人们将自己与母亲视作一体导致的。事实上，观察那些怀孕初期的孕妇就会发现，她们中的许多人都将自己与母亲融合了起来，并因此感到害怕和焦虑。

说到底，这一心理的产生还是成长过程中父母没有扮演好自己的角色导致的。想要克服这一问题，就需要将自己的精神世界完全独立出来。要知道，父母并不是全知全能的神，而是跟我们一样软弱充满缺点的普通人。从儿时的幻想中挣脱出来，用中立的眼光看待自己的父母，并组建起新的家庭，逐渐治愈年幼时期的伤痕。

正如上述所言，人们拒绝抚养后代的原因是多种多样的。在这里我们想要提供几个观点，供大家在思考这一问题时进行参考。

首先是关于“是否生孩子”这一重大决策的一些建议。许多人觉得自己还没有准备好，因而对生养孩子感到恐惧。但毫无计划地无限搁置这个问题也绝不是正确的解决方案。今后改变心意突然想生孩子了怎么办，上了年纪之后生养孩子可能遇到怎样的困难，到孩子完全独立的阶段自己究竟需要付出多少的时间和努力，对于这些问题都应该有所考虑。生养孩子的信心不会随着时间的推移而有所增长，育儿说到底是一个累积经验不断学习的过程，世界上并不存在完美的父母。

其次，要将自身与父母区分开来，认识到自己是一个独立的个体。“我是我，妈妈是妈妈”，妈妈的人生与我无关，我也不会照搬妈妈的育儿方式。在思考生养孩子的问题时，需要保持稳固的自我认知，不被父母的问题左右。

最后，事实上对成年人来说，抚养孩子也可能成为一个治愈童年伤痕的机会。如果能够通过自己的方式让孩子健康成长，一定程度上也能够证明“我没有废掉”。在直接面对孩子的过程中也许还会发现，自己其实误会了一些事情，事实上父母并没有忽视或不疼爱自己，这便是所谓的母爱的再经历。这一过程能够帮助我们消除内心对于父母的不满和怨恨。（参考“不知道应当如何培养孩子”一节。）

157

怀孕了，我感到非常辛苦

孩子快出生了，最近我真的感觉筋疲力尽。怀孕初期孕吐严重，吃不下任何东西，真是痛不欲生。好不容易翻过了孕吐的大山，腰和双腿又开始浮肿了。然而最让我觉得难过的还是，没有一个人理解我的辛苦。生孩子实在是一件折磨人的事。

怀孕之所以让人感到辛苦，其中一个原因便是这一阶段妈妈们身体方面遭受的各种变化。事实上，怀孕作为繁殖后代的必经过程，对于胎儿来说自然是绝对有利的，而对于妈妈来说则是一种压榨和剥削。怀孕初期，有大约90%的妈妈会被孕吐困扰，而其中还有50%左右的人情况十分严重。此外乳房也会疼痛，被手指或衣物触碰都疼得受不了，而随着肚子一天天变大，身材变形，这对女性来说自然也是一种心理上的折磨。怀孕期间女性的体重通常会增长11公斤左右，手脚变得浮肿，皮肤状态也十分糟糕。

此前的二人世界即将被打破，觉得自己也还是个小孩子，却不得不就要承担起为人父母的责任了。这样的现状难免让人感到焦虑。一些人不希望孩子闯进自己和另一半人的生活，因而抗拒怀孕。这类人群通常极度依赖另一半，严重时甚至可能认为孩子是家里的不速之客，害怕另一半的爱和照顾被孩子抢走。

为了能够减少折磨和痛苦，我们首先需要真正理解怀孕的过程。例如，事实上孕吐对于胎儿来说是一种防御机制。怀孕初期是孩子身体各项器官形成的重要时期，孕吐则可以帮助他们屏蔽掉一些可能造成危害的因素。有报告显示。怀孕时孕吐较为严重的女性反而流产率更低，孩子出生后也更加健康聪明。此外，孕妇外表“变丑”可以阻碍他人的接近，也能够称得上是一种对孩子的保护。

我们还需要对激素的变化问题有所了解。怀孕期间，妈妈们体内会同时分泌大量的雌性激素和黄体酮。雌性激素负责帮助调节睡眠和体温等身体节律，而黄体酮则会反过来打破规律。这样混乱的激素变动自然会给孕妇的心理状况造成影响，导致她们情绪出现剧烈起伏，更加容易感到焦虑。然而从某个角度讲，这样的变化也并非一件坏事。妈妈们也会在这个过程中逐渐变得成熟起来，不断反思和成长，为孩子的出生做好更加充分的准备。

值得庆幸的是，大部分的妈妈们能够顺利适应诸如此类的变化。尽管人们时常感到“快被折磨疯了”，但事实上研究显示，怀孕期间精神类疾病的发病率并不高，相反，这一时期的自杀率最低，身体状况也比此前任何时候都要健康。对于一些女性而言，怀孕生子也是完善自我人生的一种途径，能够帮助她们培养起更多的“女性特质”，是人生一个重要的转换点。

男性也需要对自己的父亲角色有所理解。事实上对于妻子怀孕，大多数丈夫都抱有肯定和期望的态度，甚至不少夫妻能够通过这一过程解决此前一直存在的矛盾和冲突。妻子怀孕时，男性体内的激素分泌也会产生变化。随着雄性激素分泌的减少，男性的冲动行为也会得到抑制，展现出更加温柔体贴的一面，以此确保在妻子怀孕的过程中尽到爸爸相应的责任。▶（参考“不想再依靠父母，却又为此感到害怕”一节。）

总的来说，妈妈们的确会在怀孕期间感到身心俱疲。然而还是有许多女性愿意为此做出牺牲和忍耐。此时丈夫无意中的一句话就可能给妻子带来伤害和崩溃，所以在这个时期，丈夫们一定要多多照顾她们，陪伴她们一起渡过难关。

158

育儿和工作，没有一件让我舒心的事

邻居家的孩子妈妈是老师，每年都有寒暑假，育儿假也特别长，我特别羡慕。现阶段我每天晚上6点下班去幼儿园接孩子，为此在公司看了不少脸色。回家之后孩子也一直缠着我，真是累得想抛弃一切了。

处在进退两难的状况中时，人就会变得手足无措。此时需要记住的一个概念便是“此时此地”(here and now)，也就是说，要注重当下的情绪和状况。将复杂的问题简单化，首先集中精力解决眼前的事情。

育儿和工作没有一件事情顺心的时候，就需要告诉自己，这两件事本身就难以同时进行。20世纪70年代至80年代曾在美国引起热烈讨论的“女超人综合征”如今在韩国社会也随处可见。然而相比美国男人，韩国男人分担了更少的家务事。

在感到辛苦时，首先需要考虑的应该是“我自己”。妈妈是一个家庭中最为重要的角色，如果妈妈感到痛苦，整个家庭都可能陷入不幸。所谓的“只考虑自己”，并不是鼓吹人们要选择自私自利的道路，而是要对自身的角色和价值建立起正确的认知。如果在本身状态糟糕的情况下处理育儿和工作问题，便只会让事情陷入恶性循环之中。

妈妈需要上班时，可以由姥姥、奶奶、保姆等人照顾孩子。孩子一开始自然可能因为妈妈的缺席而不断哭泣和吵闹，然而时间长了这些问题便会逐渐消失。▶(参考“无法将孩子托付给他人照顾”一节。)

妈妈们一定要放下自责，拥有只属于自己的时间，来为身体和心灵充充电。只在一定时间内和孩子相处，也不要因为愧疚心理而不断补偿他们。

为了让孩子能够与爷爷奶奶更好地相处，在平时可以多多制造一些机会让他们待在一起，同时要逐渐树立起爷爷奶奶的威信。带孩子是十分辛苦的事情，因而在感激的话语之外，还可以对爷爷奶奶提供一些实际上的补偿。

妈妈们还应该堂堂正正地要求丈夫分担家务事。韩国女性普遍有一个奇怪的心理，即认为“就算说了丈夫也不会听，还不如我自己全部搞定”。家务事得到分担，心理上的负担才会得以减轻，为了全家的幸福，一定要不断要求丈夫分担家务事。

通常来说，育儿会占用妻子大部分的时间和精力，因而丈夫可以负责处理带孩子以外的其他事务。在给丈夫安排任务时，一定要具体到每一件事情上，明确表达自己的要求。同时可以多多利用感激的话语来鼓舞他们做得更好。不少人认为丈夫分担家务是理所应当的事情，凭什么要对他们表达感激之情？然而与计较这个问题相比，家人之间互相表达感激，建立起良好的情感交流模式更能在实际上帮助我们解决问题。

最后，妈妈们需要尽量减少与他人做比较。每个人所处的环境和状况不同，没有必要去思考别人的丈夫如何、谁在公司又升职了、谁的孩子小小年纪就会认字这些毫无意义的事情。

159

孩子出生后，夫妻关系变得不像从前了

孩子出生好几年了，我和丈夫的性生活也不复从前。一开始因为有孩子两个人都比较小心翼翼，时间长了丈夫的兴致也就减少了，每次都是敷衍了事。我也觉得自己现在就是个黄脸婆，毫无魅力可言，一边还担心丈夫是不是有外遇了。

刚结婚时，通常丈夫的性欲比较旺盛，对待性生活的态度也更加积极。心中的占有欲被点燃，在床上时他们会想尽千方百计去满足妻子。如果妻子透露出一丝拒绝或并不愉快的神情，丈夫就会因此感到十分失望。（参考“关于性生活的苦恼”一节。）

然而随着时间的流逝，夫妻间性生活的模式也会出现变化。次数逐渐减少，过程也显得乏善可陈。尤其是在孩子出生之后，这样的变化便会越发突显出来。

有了孩子之后，曾只属于夫妻的二人时间被挤占，丈夫和妻子都可能感到身心俱疲。尤其是对许多妈妈来说，育儿真是一件苦不堪言的事情。哺乳期催乳素带来的胸部疼痛、持续的阴道不适，以及性激素分泌的减少等问题都会导致女性出现显著的性欲降低。而丈夫看见兴致寥寥的妻子自然也就难以产生欲望。此外，自然分娩带来的阴道松弛等问题也的确会在一定程度上导致性体验变差。

从心理学的角度来看，在育儿的过程中，性生活的减少是一件十分正常的事情。对女性来说，想到孩子就在身边，难免有些放不开手脚，心里会因此产生罪恶感，觉得自己玷污了“妈妈”这个崇高的身份。还有一些受儒家思想影响较深的女性仅将性视为传宗接代的必要工具，在孩子出生后便觉得性生活可有可无。同时，和丈夫的感情矛盾也会带来性生活次数的减少。因为孩子和家务的负担苦不堪言，丈夫又不积极帮忙，心里难免产生积怨，自然便会拒绝丈夫的邀约了。

事实上在孩子出生后，许多男性也会出现性欲降低的问题。正如刚才提到的那样，看见妻子不情不愿的样子，丈夫当然也难以体会到乐趣。同时，分娩后妻子外表和身体都会发生变化，似乎不再像从前一样充满魅力了。而对男性而言，这一时期由于体内睾酮分泌减少，催乳素的分泌增多，性欲的确会随之降低，勃起能力也会出现减弱。▶（参考“怀孕了，我感到非常辛苦”一节。）

潜意识里的心理变化也会导致性欲受到抑制。正如对女性而言，性生活似乎是对“妈妈”这一身份的一种玷污，男性也会在妻子成为母亲后感受到不少心理上的变化。这就是心理学上所说的**圣母情结**（madonna complex），它与俄狄浦斯情结有着千丝万缕的联系。男性多数具有将妻子视作母亲的替身的倾向，尤其是在孩子出生后，妻子的形象就更加与母亲重合起来，因而潜意识里会感到罪恶和退缩。▶（参考“担心自己扮演不好父母的角色”一节）

圣母情结

弗洛伊德提出的概念，指一些特定的女性无法产生性欲的现象。这一名称来源于未曾发生性关系而诞下耶稣的圣母玛利亚。

在怀孕之后，男性的性欲减退显得格外突出。睾酮的分泌主要负责帮助我们寻找和诱惑配偶，打败其他的异性竞争者。这一激素会在短时间内大量分泌，从而带给我们能量，但长期的大量分泌会造成人体免疫力下降。年轻时期曾旺盛分泌的睾酮在结婚生子后就会急速减少，否则便可能给男性的生存带来威胁。

与此相反，女性的性激素分泌却不会出现这样显著的变化。尤其是，女性将性关系看作表达爱意的行为，因此会像从前一样要求丈夫“对自己表达爱意”。性生活也是她们确认丈夫是否对自己忠诚的方式之一。这样的差异自然会给夫妻关系带来矛盾和冲突。

所以，要如何应对这一矛盾呢？

首先需要明白的是，在孩子出生前后，夫妻双方的性欲降低是一件再正常不过的事情。丈夫尤其要多多给予妻子理解，她们在这个阶段的确感到身心俱疲。不要因为妻子的拒绝和冷淡而受伤，此时相比两人之间的浪漫，照顾孩子才是首要的任务。

其次，对于夫妻生活来说，性是无比重要的组成部分，这一点务必牢记在心。缺乏性生活的夫妻关系自然谈不上美满。针对韩国人的一项调查显示，很多时候尽管夫妻双方都“在床上”付出了90%的努力，收获的满意度却还不到10%。对男性而言，无论采取什么方式，解决自己的性需求是首要的目标。因此当一些男性无法从与妻子的性生活中得到满足时，便会通过出入色情场所或出轨来达到自己的目的。

如果能够拓展自己对性的认知，也许就可以避免这些问题的发生了。与其他只在发情期交配的动物不同，对人类来说，性不仅仅是繁衍后代的工具。性应该成为夫妻间促进感情的游戏，是一种让双方肉体紧靠在一起的，最为原始最为愉悦的一种游戏。性能够拉近夫妻间的距离，促使他们为家庭的生存和延续携手并进。孩子出生后激素分泌变化带来的性欲降低等问题通常也会在一两年间恢复正常。在做爱的过程中，相比插入的动作，前戏、调动氛围的话语更能给对方带来满足。男性如果出现了勃起困难、早泄、性欲减退等问题，也可以依靠这些方式进行改善。（参考“关于性生活的苦恼”一节。）

160

不知道是不是因为年纪大了，性功能不如从前

感觉自己也还没上年纪，怎么在过性生活时就有些勃起困难了。以前背着妻子在外面有过别的女人，那个时候这方面一点问题都没有。最近在妻子面前真是抬不起头来。

做爱可以分为“性冲动—兴奋—高潮—缓解”四个阶段，而勃起困难和早泄则分别属于兴奋和高潮阶段的障碍。报告称，大约31%的男性患有性功能障碍，其中早泄占21%，剩下还有10%左右的人具有**勃起功能障碍**（ED）。

勃起功能障碍是指在性行为的过程中难以维持勃起状态的一种障碍。35岁以下的男性通常不太具有这类问题，但随着年龄的增长，此问题也日渐凸显。如果是器质性问题导致的障碍，则需要接受医院泌尿科的专业治疗，而多数情况还是要从心理层面寻找解决问题的根源。对那些在起床、自慰，或与妻子以外的其他女性发生性关系时勃起正常的人来说更是如此。

此外，不受自身意愿控制，高潮提前到来或提前射精的情况，被称为早泄。事实上就射精的时间而言，并不存在一个固定的标准。但对于那些本身抵触性行为、此前和性从业者发生过性关系、长期瞒着父母在房间里自慰，以及在婚姻生活中承受巨大压力的男性来说，早泄是十分常见的障碍。同时，潜意识里对于女性阴道的恐惧和此前的负面经验也是一些男性长期早泄的重要原因之一。

无论男女，如果想要维持正常的性欲，首先需要保证“需求量”适当，并且懂得尊重自己和他人，从此前的性关系中收获良好的体验和记忆，并与自己的性伴侣在其他方面也保持良好的情感交流。这就是说，在性之前，其他方面的“关系”是最为重要的，并且一定要从“时间越长越好”的执念中摆脱出来。

恋爱阶段的性关系与情侣双方的情感有着密切关联。相反，夫妻间的性生活质量更多取决于日常生活和压力因素。对恋爱来说，性关系可能意味着约会的最后一

个高潮环节，而对于夫妻来说，性生活则是生活中稀松平常的事情。同时，不少男性会将性行为当作发泄压力的工具，而女性如果没有从丈夫那里得到金钱和精神方面的满足，便可能拒绝对方的邀约，将此作为自己的防御手段。

性生活的完善无法通过单方面的妥协实现，需要夫妻双方做出配合和让步。事实上对于夫妻关系来说，对方是否努力尝试理解和尊重自己是至关重要的一个环节。而最需要警惕的则是，绝对不能出现企图改造对方，让对方符合自己要求的想法。

如果在各方面的努力之后性功能障碍问题仍然没有得到改善，则可能需要接受行为治疗和一些其他方面的治疗。以早泄为例，当处于射精边缘时，用拇指紧紧按压龟头和阴茎交界处（squeeze technique）的话，勃起强度就会减弱20%左右，射精也会有所延迟，当然这一措施的具体效果如何仍有待商榷。不过，由于对男性来说，需要抛弃焦虑，将精力集中于性行为本身才能够享受其中，因而最好是由伴侣为其按压，效果才更为显著。与此类似的还有一种名为**启停技术**（stop-start technique）的方式，即在男性射精前的瞬间女性停下所有动作以减少对其的刺激。

最近在治疗早泄问题时，达泊西汀（Dapoxetine）等是最为广泛使用的药物。曾有报道称，一些抗抑郁的5-羟色胺药物可能会带来延迟射精的副作用，而这类药物正是利用了这些带来副作用的成分。对一些具有早泄问题的抑郁症患者来说，在服用抗抑郁症药物的过程中，早泄问题就可能得到相应的缓解。此外还可以接受**夫妻性治疗**（dual-sex therapy），除了性生活，这一治疗还可以从婚姻本身、情感关系等各个方面帮助我们解决问题。

夫妻性治疗

马斯特斯（Masters）和约翰森（Johnson）提出的治疗方式。即认为性生活中大部分的问题都是夫妻间的关系导致的，因而夫妻双方一起接受治疗效果最好。医生通过对话找寻夫妻之间的问题所在，进而提出适当的解决方式并督促夫妻双方进行实践。

161

心中隐隐希望能够认识别的异性

最近跟公司女职员有了更深入的交往。晚上常一起加班，相处的机会也随之增多了，总感觉她很懂我。我和妻子感情不错的，但交流起来还是有让我觉得话不投机的时候。但和这个女职员就很能说到一块去，时常期待她打电话给我。

近些年来我们相对缺乏关于“婚后出轨”的数据统计。不过，印第安纳大学的A.金赛（A. Kinsey）教授曾在1948—1953年以18 000名美国人为对象进行了调查，结果显示，约有50%的男性和26%的女性在40岁之前曾有过婚内出轨经历。此后，美国民意研究中心在2004年调查研究了全美16%的成年人，男女婚内出轨的比例分别为21%和12%。而在1999年，芬兰实施的一项问卷调查显示，有41%的男性和30%的女性承认自己曾有过出轨的举动。尽管韩国方面缺乏明确的数据支持，但从2007年韩国国家统计厅公布的数据结果来看，当年申请离婚的124 600对夫妻中，因出轨导致离婚的比例约占7.8%。

怎样的举动才算得上“不伦”呢？这一问题之所以困难，是因为我们每个人心中的标准都不尽相同。一些人认为和亲密的异性一起吃饭或对其他异性产生了好感就算出轨，一些人则认为肉体关系才是自己的底线。

精神分析学家和田秀树认为，婚姻生活到了后期，对男性来说，妻子可能会变得更加接近母亲的身份，在心理层面上，彼此对于对方的重视程度渐渐就会有所不同。他认为，结婚10至15年的40多岁男性最容易出轨，原因其实与青春期的孩子类似——反抗母亲（妻子），（重新）对性产生了新鲜感。此时男性的行为与其说是背叛妻子，更多的可能是一种叛逆举动（以此来获得快感）。因此当被发现出轨时，他们也很少真的与妻子离婚，而是选择道歉祈求原谅，并继续一起生活下去。而站在女性的立场来看，她们从不认为自己是对方的妈妈，因而会受到诸多伤害。

此外，澳大利亚心理学家G.森赫尔（G. Senger）认为，不应将男性的出轨举动视作与妻子毫无关联。他表示，所有的不伦都是夫妻关系不和谐导致的。必须实现“自律与团结”“观察和顺应”“给予和接纳”，夫妻关系才能得以均衡发展。能够满足这三点的夫妻出轨可能性通常较低，而哪怕其中一点没能得到满足，也可能做出“鬼迷心窍”的举动。单方面的付出、一味地管束对方、无条件地顺从，这些做法都不能维持平衡。出轨或许就是因为想要填补内心的空虚和失衡。

如果感到和对方的关系不复从前，便需要回头审视一下这些年的婚姻生活是否把握住了平衡。出轨的最大原因往往不是出轨对象有多么优秀，而是“对方不再把我当作异性看待了”。许多有过出轨经历的人都表示，丈夫（妻子）只将自己看作孩子妈妈（爸爸），但那个人（出轨对象）却把我看成女人（男人），跟他（她）待在一起我觉得自己重生了。被看作异性的感觉会给我们带来信心，认为自己是“值得被爱的”，事实上对人们来说，获得这一感受本身比肉体关系更为珍贵。

162

大雁爸爸的孤苦人生

成为大雁爸爸三年了，真的很厌倦独自一人生活的状态。晚上加班回到家也没有人等我，真的觉得很孤独。孩子和妻子只盼着我打钱过去，似乎不怎么想念我。

所谓的大雁爸爸，是指为了让孩子得到更好的教育，将子女和妻子送去国外生活的父亲。这一现象最早产生于韩国的“早期留学潮”时期，这些父亲平时在韩国赚钱，像候鸟一样，每年大概飞去与妻子儿女团聚一两次，因而被称为“大雁爸爸”。

事实上，在最初与家人分开的三个月里，孩子和妻子可能因为难以适应新环境而感到痛苦，爸爸却会因为久违地体验到了自由而觉得身心舒畅。跟朋友喝酒喝到天亮回家也没人唠叨自己，心里自然是很高兴的。然而时间一长，这样的生活带来的孤独感和失落感就会找上门来。一开始远在他乡的妻子儿女每天会打来几通视频电话，到后来慢慢减少到两天一次联系，一周一次通话。电话里孩子也突然说起了英语，言语间都是自己不了解的生活日常。

加之经济上的负担极大，大雁爸爸难免会产生“我就是个赚钱机器”的想法。

四五十岁的大雁爸爸大多难以维持规律的生活节奏，他们通常会在夜晚暴饮暴食以填补内心的空虚，或大肆“借酒消愁”，逐渐染上酒瘾，此外，营养不良、免疫力低下、肥胖、慢性头痛、消化不良、眩晕等问题也层出不穷。同时由于长时间暴露在高压混乱的生活环境中，高血压、高血脂、糖尿病、心血管疾病等与生活习惯密切相关的疾患也会不断出现。而相比这些，更为严重的则是心理方面的抑郁问题。此外，由于性需求难以得到满足，夫妻双方出轨的可能性都相对较高。

诚然这一切都是为了孩子做出的牺牲，但事实上研究显示，与父母共同生活在一起的孩子反而能在学业上取得更大的成就。在决定成为大雁家庭之前，首先需要思考的是，人类为什么需要家人，以及是否值得为孩子的将来做出如此巨大的牺牲。

大雁家庭可以通过以下几个方式维持彼此间的情感联系：

第一，要保持规律的联系和见面次数。在充分考虑时差的情况下，规定每天联系的时间，倾听对方的声音，交流一下今天发生的事情。第二，尽量避免独自一人生活。尽管多少有些不方便，但大雁爸爸最好回家与父母或兄弟姐妹一起生活，或至少搬去家人附近，避免自己长期处于封闭的状态之中。在国外生活的妈妈和孩子也应该多多参与社团活动或聚会，让孩子不要轻易遗忘本国文化，妈妈也能够通过与他人的交往排遣寂寞。第三，大雁爸爸们要维持规律的生活习惯，减少酒精的摄入，通过运动和饮食来维护自己的健康，同时缓解压力。第四，相比为家人牺牲，照顾自己才是第一位的。一味地付出并非一件好事，如果感到过于辛苦难以承受，则应该坦然向身边人倾诉并寻求帮助，或干脆放弃大雁家庭的模式，和家人共同生活。

163

性格差异太大，在考虑离婚了

在多年的恋爱长跑之后，我和丈夫结婚了。但现在，我们却在商量离婚的事情。恋爱的时候，感觉丈夫真的很善良，对我言听计从的，婚后却发现他完全就是个优柔寡断、毫无能力的人。最近老是因为这些问题吵架，他每次又一声不吭的，我都快郁闷死了。

作为独立个体生活了二三十年，之后走入婚姻开始共同生活的两个人，难免会因为成长背景和性格脾气方面的差异不断产生冲突。和爱的人在一起自然会有许多感到幸福的时候，但也需要不断付出努力去缩小彼此间的差异。尤其是新婚阶段的甜蜜消散之后，许多意想不到的问题便会暴露出来。

婚姻生活出现问题时，人们通常会粗暴地将其概括为“性格差异”。然而如果仔细观察就会发现，事情绝没这么简单。诚然彼此本身的性格冲突也会引发问题，但对于婚姻和彼此的过高期待、沟通交流的模式、解决问题的方法等多种因素都会给夫妻关系带来影响。

我们首先分析一下性格差异的问题。性格不合是再常见不过的事情了。恋爱阶段对方身上的闪光点在结婚之后也可能成为彼此厌恶的理由。事实上，人的性格并不会在结婚前后出现巨大转变，那么为什么在婚前充满魅力的东西现在看起来会觉得刺眼呢？其中最大的原因便是，结婚是十分现实的事情。正如本节开篇的丈夫那样，恋爱时期的言听计从自然让人感到满意，但有这样性格的人通常社交能力差，难以在社会上立足，因而在婚后无法给妻子带来足够的安全感。

还有一些因为期待值过高而产生的矛盾。完美的婚姻能够带给人百分百的幸福，为了获得这样的幸福，夫妻双方往往都梦想着将对方改造成更好的人。然而改变他人是十分困难甚至不太可能的事情。要降低期待，打破对彼此的幻想，否则就会在婚姻生活中感到疲惫不堪。不能因为对方稍微不符合自己的期待就感到失望甚至大发雷霆，即使是像夫妻这样的亲密关系，也应该懂得尊重对方的人格，努力做到求同存异。

沟通交流的模式也可能给婚姻生活造成重大影响。正如本节开篇案例所述，夫妻双方因为期待值的差异，最终面临沟通断绝。许多人认为，彼此相爱的两个人即使不说一句话也能互通心意，但这显然是一种不健全的沟通方式，甚至只是不切实际的幻想罢了。我们必须学会准确传达所思所想，在沟通中不能一味抱怨，要懂得给予对方一些正面的鼓励。

每对夫妻都会遇到大大小小的问题，产生矛盾的时候，最重要的是一起思考如何将其化解。有时一些争吵甚至反而能帮助我们解决问题，引导状况进入发展的良性循环。然而一些恶性争吵却会带来截然相反的结果，例如那些一味追究对错的争吵模式，就只会将婚姻拽入不幸的泥潭之中。

首先我们需要找寻矛盾的成因，要求彼此从源头上解决问题。改变性格是十分虚无缥缈的要求，应该向对方提出改变某个特定行动和模式的具体要求。此时比起指责，“郑重提出请求”的姿态通常更为有效。不要整天把“都是因为你我才这么痛苦，是你让我们的婚姻变得如此不幸”等控诉挂在嘴边，而是选取“你这样做的话我会产生×××的想法和情绪，然后就会觉得有点痛苦呢”的态度来表明自己的要求。同时，本人也应该怀抱着开放的心态接纳对方的要求，不断做出改变和让步。

对成年人来说，另一半就是与自己关系最亲密的人，因而我们会在与对方的关系中重现小时候与父母间形成的依恋关系。英国精神分析学家J.鲍尔比提出的依恋理论认为，婴幼儿时期形成的依恋关系模式会一直持续到童年或青少年阶段，甚至可能在成年后与另一半的关系中表现出来。这就是说，幼年时期与父母之间的关系可能会对现在的婚姻生活和今后的亲子关系建立都造成一定影响。

另一半是一面镜子，会折射出许多重要的东西。夫妻关系是成年后我们能够拥有的最为亲密的人际关系，对它的理解会成为我们理解其他所有关系的一把钥匙。沉浸于对方那些令人着迷的闪光点时，也许只是因为我们仍活在过去经验的某种**强迫性重复**（repetition

强迫性重复

精神分析学上的一个概念，指幼年时期的经历在今后的整个人生中无意识地不断重现的现象。

compulsion）当中。如果现在与另一半的冲突与从前自身的个人经历相关，那么解决这一冲突的过程便反而可能成为一个让自己“变好变成熟”的机会。▶（参考“搞不懂自己的想法和行为”一节。）

在面对夫妻之间的问题时，保持理性的态度当然不太容易。有时彼此情绪过于激动，可能会出现对话无法进行下去的情况，此时便可以请求彼此共同信赖的好友或前辈等人给予一些客观的建议。此时一定要抛弃“让别人来评评理”的想法，否则只会激化矛盾。身在其中时我们往往难以看清问题所在，因此可以拜托旁观者告诉我们究竟问题出在哪里，并提出一些客观的解决方案。

164

可以原谅出轨的另一半吗

我和丈夫相识于微时，靠白手起家闯出了一片天，然而现在丈夫却做出了背叛我的举动。就算我又哭又闹整天监视他，他也丝毫不为所动。本来考虑到孩子我不想离婚的，但现在真觉得过不下去了。不想再被他牵着鼻子走了，不知道该如何是好。

在得知另一半出轨的瞬间，自然是会像被雷劈了一样感到无比痛苦。发誓一路同行的伙伴抛弃了自己，难免会觉得受到了屈辱。无论最终是睁一只眼闭一只眼继续过日子，还是果断选择离婚结束夫妻关系，伤痛都难以被抚平。

在发现另一半出轨后，人们的处理方式千差万别。这在很多时候也受到了整个社会氛围和国家文化的影响。相较更为开放直接的西方人，韩国人的方式显然更加委婉和隐晦。不少人因为不忍破坏家庭，选择忍气吞声继续过日子，却被心中压抑的愤怒和委屈拖进了抑郁症或躁狂症的泥潭之中。在对方面前也不断翻旧账，才使夫妻关系越发恶化，最后不得不走向破裂。这就告诉我们，受到伤害时一定不能假装视而不见。如果不及时接受治疗，伤口就会腐烂化脓。

在另一半出轨后，人们通常会做出以下三类选择：

第一，丝毫无法容忍对方的行为，坚持主张离婚。韩国民事法中记载着6条申请的离婚理由，其中之一便是“在对方做出不正当行为时，法律上允许离婚”。尤其对那些长期关系恶劣的夫妻来说，其中一方将出轨当作家常便饭，完全不具备约束自己行为的意志，且与出轨对象在情感上过度亲密时，另一方申请离婚的情况十分普遍。

在决意离婚之前，可以先做出以下几点下尝试，冲动之下草率行事往往会带来令人后悔的结果。受害的一方如果受到的精神打击过大，陷入了抑郁情绪，应该首先接受一下精神科的咨询和治疗，让自己走出脆弱的状态，以免做出错误的决定。要将恢复自己的精神状况放在第一位。不少人在接受了两周治疗后，做出了与最初截然相反的选择。此外，离婚后生活仍然困难重重，因此需要冷静地进行衡量。是战胜此刻的难关？还是承受离婚后的痛苦？在经历类似这样的尝试之后，再做决定也不算迟。

第二，选择从根源上解决问题，重建婚姻生活。这里的关键问题在于“对方是否真的能够做出改变”。如果婚姻生活一直较为幸福安稳，且对方反省悔过的态度较为明确，愿意为恢复夫妻关系付出努力，便可以做出较为乐观的选择。破镜不能重圆，伤痛也永远无法彻底愈合。但是这样的伤痕也可能成为夫妻间的一个警示，提醒着我们下次不能再犯同样的错误。

在恢复夫妻关系的过程中，出轨的一方首先需要铭记的是，由于自己给对方造成了伤害，此时夫妻间已经产生了巨大的间隙。一些出轨者会将自己的行为合理化，认为自己也不是故意的，只是偶然的一次失误，因此在一开始愿意看对方的脸色做出良好的表现，但等到时间过去一个月之后就可能故态复萌。相反，受害的一方则持续无法从被背叛的伤痛中走出来，随时都可能因为对方的言行举止受到新的伤害。这种时候我们需要“直接提出具体要求”。例如要求对方拿出证据证明的确已经与出轨对象断绝了联络，或允许自己在今后至少半年内随时翻阅其手机等通信工具，甚至还可以提出每天早点回家等请求。要准确地传达自己的要求，才能够为恢复彼此间的信任带来帮助。

第三，还有一些人出于对自身尊严的维持、对经济状况的忧虑和对子女的保护，在明知对方出轨的情况下仍选择视而不见，努力维持表面的和平。做出这类选择的人多数性格较为软弱、独立性差，在夫妻关系以外的其他人际关系中也有类似的表现。此时一定要仔细检视自身的问题，摆脱不健康的夫妻关系能够成为我们改造自身性格缺陷的第一步。由于心里笃定“反正他/她也不敢跟我离婚”，出轨者难以受到约束，不正当行为也会一直持续下去。然而这样的婚姻生活究竟能否带来幸福呢？

165

丈夫疑心太重，一起生活实在痛苦

丈夫最近因为炒股亏了不少钱，精神压力特别大。不知道是不是这个原因，整个人都变得有些奇怪了。有时候在我去参加同学会或一些活动回来之后，会不停盘问我跑去见了谁，甚至整夜责备我，说我背叛了他。前天甚至动手打了我。我现在已经离开家了，没办法再一起过下去，应该怎么做才好呢？

每天被另一半怀疑这怀疑那，一举一动都处在密切监视中时，家庭就不能称为家庭，而是变成了地狱。虽然都说“如果不信任对方那就离婚好了”，但事实上这样的夫妻大多并不会真的离婚。因为他们往往认为“都是因为太爱了”才会发生这样的事。可实际上，夫妻关系应该建立在信任的基础之上，那么，究竟为什么会出现这样的问题呢？

具有疑妻症的男性通常认为妻子是属于自己的，从进化论的角度来看，男性一次能够生产无数精子，而女性只有在特定时期才能排出一个卵子，这样的生物学特性是男性占有欲产生的重要原因。然而疑妻症则是一种疾病，患有此类障碍的男性通常在性方面自卑感严重，会毫无理由地怀疑妻子出轨，甚至认为妻子跟自己一样拥有强烈但无法被满足的性欲。

而具疑夫症的女性则大多独立性差，高度依赖对方，甚至可能带有一定的强迫症问题，作为女性自尊感也相对较低，因而十分敏感，动辄怀疑丈夫的一切举动。（参考“如何把握对方言行中包含的意图”一节。）

疑妻症和疑夫症在精神疾患的归类中都属于妄想障碍。这类问题一般难以通过说服、解释等常规的手段彻底解决。同时，由于涉及夫妻生活最隐私的部分，当事人往往无法向他人倾诉，倾诉过后也常得出“没错他/她就是做了值得怀疑的举动”的结论，因而难以获得真正有效的帮助。然而一味地忍耐和压抑则可能演化成暴力行径，最终导致家庭走向破灭。因而在障碍产生的初期就应该积极努力修正问题。首先可以向另一半信任的朋友或父母家人等寻求帮助。将具体的情况告知他们，请求他们给予仲裁。安慰和说服当然也能够带来一定的帮助，但最重要的还是通过第三方的介入来阻止事情的恶化，特别是暴力行为的产生。

出现疑夫症/疑妻症的症状时，当然应该接受诊断和治疗。但很多时候即使另一半提出治疗要求，患者也绝不会乖乖答应。此时便需要在父母家人的帮助下强行将患者送至专业的医疗机构。在医生面前，不必张嘴就表明对方出现了奇怪的妄想症，只需要告知医生，夫妻之间出现了矛盾，于是来这里寻求调节和仲裁。此时由于同性治疗师也有可能会带来“竞争”的感觉让人抗拒治疗，因此患疑夫症的女性最好接受男性医生的咨询，而患疑妻症的男性则可以与女性医生进行沟通。

166

丈夫能够戒掉暴力行为吗

我和丈夫是经人介绍认识的，现在已经结婚两年了，夫妻关系也一直很和谐。然而之前有一次和丈夫发生严重的口角，他竟然开始摔东西，于是我们打了起来。那之后每次吵架都会产生暴力冲突，都感觉要去医院做一下身体检查了。我现在回娘家生活了，真是不知道未来应该如何是好。

婚姻生活中最可怕的部分便是对方突然表现出暴力倾向的时候了。这位丈夫在新婚初期看起来似乎没有任何问题，却逐渐在夫妻的争吵中表现出了极端的暴力行径，即无法通过合理的方式来解决问题。

就家庭暴力而言，施暴者多数是男性，而他们大多也是家庭暴力的牺牲者。他们在暴力倾向严重的父亲身边长大，也曾发誓自己绝对不会成为这样的大人，然而由于成长的路上缺乏正确的榜样和引导，他们往往会在不知不觉间模仿父亲的行为。当然一些冲动调节障碍、躁郁症和抑郁症患者也会在与他人争执时流露出暴力倾向。

家庭暴力中的受害一方通常性格较为软弱，依赖性强。一开始被对方充满自信的样子所吸引，结婚后被其施暴，却发现自己无法从中挣脱出来。尽管被害者中女性数量占据了极大比例，却也有不少男性一直生活在妻子的棍棒之下。

最近，相比单方面地承受暴力，性格接近的夫妻双方发生肢体冲突的情况则越来越多。经济方面的困难，与公婆、岳父母之间的不和，出轨等问题都会引发冲突，积攒的矛盾因此爆发出来，夫妻双方都坚决不让步。在加害者一受害者分明的情况中，受害的一方往往优柔寡断，不断赋予对方行为正当性，或是会拒绝沟通，搞出一些激怒对方的举动来引发战争。因此，夫妻关系的问题通常难以一分为二地进行简单分析。

在婚姻生活中，暴力是最糟糕的行为，必须严厉禁止。为了调节愤怒，我们首先需要弄清这一情绪产生的原因是什么。平时性格温和的另一半是因为受到了巨大压力而突然变得疯狂吗？他/她是否在成长过程中也经历过类似的遭遇？夫妻间发生争执时是否存在沟通方式上的问题？这些都是需要进行考虑的问题。同时还需要制订相应的预防措施，防止下一次争吵时再次出现暴力行径。

第三方的介入和提供的客观建议也能够为这类问题带来帮助。身处其中时我们往往看不见自身和对方的样子，因此需要向双方都认为亲近的朋友或专业机构寻求帮助，请求他们介入找寻问题的原因所在。许多夫妻的关系随着日常相处不断走向恶化，也有一些人将自己与父母曾经的冲突投射到了与另一半的关系之中。

暴力是会反复发生的，且丝毫不能帮助我们解决问题。如果另一半平时在外面也表现出了暴力倾向，且在施暴后丝毫没有流露出悔过和愧疚的情绪，甚至贼喊捉贼反过来指责被害者，就真的有必要考虑离婚了。人际关系中有时存在一些奇怪的加害-受害心理，许多长期活在暴力中的受害者往往内疚感严重，自尊心低下，觉得“我的确应该挨打”，而这样的被动心理自然会助长对方的暴力倾向。持续的暴力不仅会给人的身体带来巨大伤害，甚至会破坏人的内心，导致“**受虐妇女综合征**”的产生。在这样的精神状态下，夫妻仅依靠自身的努力难以解决问题，必须寻求身边人的帮助。

受虐妇女综合征

长期遭受严重身体暴力的一些女性，身心受到伤害的情况。抑郁倾向严重，逃避人际关系，自我反省过度，反复回想暴力发生的痛苦时刻，自尊心扭曲，属于PTSD中的一类障碍。

如果状况已经严重到了考虑离婚的地步，就需要为此做好充分的准备。告知周围的人自己遭受了家庭暴力，并去医院开具相关的诊断证明。在一些情况下还可以选择报警，以免对方再次施暴。韩国明确制定了“家庭暴力犯罪处罚相关特例法”，被害者是受法律保护的。同时全韩各地都设有保护机构，可以前往寻求帮助。

此外，需要学习一下离婚的相关知识。可以向家庭暴力咨询机构询问相关信息，或是去书店找寻涉及相关内容的书籍。也可以向一些法律人士寻求帮助。有时在准备离婚的过程中，另一半可能突然纠正了暴力倾向，夫妻关系也因此恢复正常。无论何时，受害者都应该稳固自尊心，展示出堂堂正正的一面来处理问题。

167

想象不出离婚后应当如何生活

最近跟丈夫离婚，搬出来住了。现在总算不用每天服侍丈夫，心里觉得很爽。但是一想到孩子还留在家，就觉得很心痛。想赶紧稳定下来，把孩子也接来一起生活。但是这么多年我一直都是个家庭主妇，感觉很迷茫。

对许多人来说，即使内心充满了离婚的念头，却仍然忍气吞声过日子的一个重要原因就是，离婚后需要面临重重困难。例如人们看待离婚男女的异样眼光，还有独自抚养子女的问题，等等。尤其对于那些长期担任家庭主妇的女性来说，经济上的负担也许是最大的绊脚石。

然而需要记住的是，世界上千千万万的人都能够独立养活自己。对这些平凡的人来说，他们也并不具备任何出众的天赋，许多生存技能都是在几周或几个月内习得的。即使不是为了离婚后独立生活，一定程度的社会经验和经济上的自立也能带给人莫大的自信心。如今政府为了帮助人们就业开设了各种各样的技能培训，就算没有就业的需求，获取一定程度的资格证，也能够帮助我们更好地开发自己的潜能。

与此同时，在妻子宣布离婚离开家后，丈夫也会因为突如其来的子女教育问题和复杂的家务事感到手足无措。能够从父母或周边的亲朋好友那里得到帮助的话自然是比较幸运的，如果不行，则应该积极向政府或一些公共团体提出支援请求。

离婚并不是一件简单的事，这个过程会耗费大量的时间和精力。从决定离婚开始，到法律程序结束之后，离婚这个过程也还没有全部走完。从某个角度来看，法律程序的结束说不定才是离婚过程真正的开始。时刻出现的对于另一半的愤怒、巨大的挫败感受，甚至还有嫉妒心，这一切都让我们迟迟难以翻篇。如果有子女，此前的配偶会永远作为孩子的养育伙伴保留下来，实在难以做到“老死不相往来”。

我们在失去重要的东西时，最先会表现出否认，不肯接纳这一事实。然后会被挫折感包围，进而感到愤怒。在逐渐接受的过程中抑郁情绪会将我们拖入谷底，但最终我们会一步步走向适应。离婚的过程同样如此。如果能够充满智慧地渡过这一难关，生活就能很快回归正轨。但问题是，大多数人都只能久久深陷其中。

对于主动提出离婚的一方来说，可能会受愧疚感的影响，无法好好治愈自己的伤口。而被离婚的一方则通常难以接受这一事实，并因此感到无比愤怒。有时还可能因为愤怒而向对方提出巨额的精神损失费，或争夺子女的抚养权，甚至拿子女作挡箭牌报复对方。但越是做出这样的举动越会给对方和子女带来巨大的伤害，自身也难以真正为离婚画上完整句号，开始全新的人生。如果反复舔舐和翻看旧的伤口，那就永远没有愈合的一天。如果实在难以原谅对方，至少可以试着遗忘过去，要避免紧紧抓住婚姻生活中的是非对错不放。

为了能够正确地走完离婚的过程，需要对以下几点进行考虑：

第一，要做好后悔的心理准备。许多人在决定离婚后会出现“当初真是干吗要结婚啊”或“早知道忍一忍了，好像也不是非要离婚”等各种各样的心理活动，这是十分正常的过程，要学会慢慢消化。

第二，要建立起强大的自我信念。尤其是对方提出离婚时，人难免会产生被对方抛弃或拒绝的挫败感，并因此感到无比受伤。要知道爱自己才是最重要的事情，爱自己才能保护自己不受伤害。

第三，要对“独自一人”这件事习以为常。可以尝试回想一下结婚前独自生活时的情形，喜欢话剧的自己现在再也不用因为另一半讨厌话剧而去不了戏院了。明明喜欢吃海鲜却因为对方害怕腥味好久没有吃过了吧？现在就痛快去享受吧。

第四，要努力去发掘自己崭新的一面，通过做很多简单的事就能实现，例如换发型、寻找另外的兴趣爱好、与新的异性见面等。离婚前另一半承担的各种事务（家务事或账目等）现在落到了自己身上，为了能够更好地履行这些责任，我们有必要变得更加成熟起来。

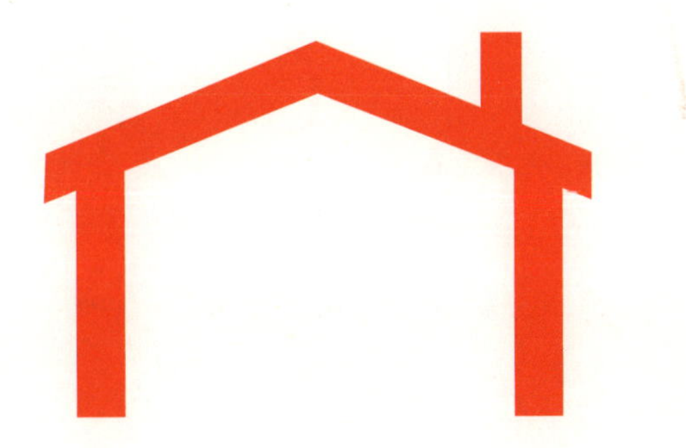

第6章

老年阶段的问题

168

母亲似乎进入了更年期，总是看起来很抑郁

妈妈今年快50岁了，最近总是说自己浑身乏力，提不起劲儿，对家人也感到失望。看起来总是烦躁不安的，而且说月经一直推迟，可能快要绝经了。

女性会在从40岁迈入50岁的阶段经历再一次的巨大变化。身体方面主要会出现绝经，而就家庭生活而言，这一时期大多数人的子女开始进入大学，逐渐离开自己独立生活了。

绝经是指女性身体停止了排卵，月经也就随之结束。这一现象主要是卵巢功能的减退、雌性激素分泌降低造成的。最早可能出现在35岁左右，大部分人则是在进入45岁之后开始出现绝经症状。此时许多女性还可能表现出面色潮红、出虚汗、头痛、体重增加、阴道干燥、尿失禁、膀胱炎、性交疼痛等身体方面的症状。就心理层面而言，失眠、无精打采、性欲减退、情绪波动大、焦虑、神经敏感等表现也十分常见。由于这一时期雌性激素分泌减少，压力激素的分泌便随之变得旺盛起来，与抑郁症等疾患密切相关的神经递质5-羟色胺等的含量也会出现相应变化。

因此，女性在绝经期患上抑郁症的风险相对较高。有报告称，45岁至54岁的女性中，有大约20%至30%表现出了绝经期抑郁症状，因绝经问题前往妇科就诊的每三名女性中，就有一人确诊抑郁症。然而尽管症状如此明显，大部分人却仍将这些问题单纯视为衰老的前兆，甚至极力掩饰自己的抑郁感与丧失感，独自一人苦苦煎熬。这些症状大多只是暂时性的，却会严重拉低生活质量。这一时期雌性激素的减少量和减少速度、人整体的健康水准、心理方面的治疗等都会对症状的轻重表现造成影响。

我们可以通过激素治疗、运动和营养疗法来应对绝经期的各种问题。激

素治疗应该在患者没有乳腺癌风险或乳腺癌家族遗传史的情况下进行，同时每周至少应该坚持运动三四次。此外，在绝经期到来之前坚持摄入钙、蛋白质、维生素D等物质也有帮助。更为重要的是，一定要明白绝经是正常的衰老现象，应该坦然接受。可以通过兴趣活动和运动来释放压力，用积极的心态面对自己的状况。即使进入了绝经期，人生仍然至少剩下长长30年的时间。绝经仅仅意味着月经的终止，并不代表从此“不再是女人了”。比起这些虚无的想法，应该更加着眼于绝经期的积极意义，即，从进入这一时期开始，女性就从生养子女的负担中解脱了出来，获得了新的自由。由于男性的更年期几乎不会表现出明显症状，因此许多丈夫对此感到不以为然。所以，请各位丈夫务必努力理解妻子此时的抑郁感和丧失感，给予她充分的共鸣和鼓励。

中年时期应该称得上是一个幸运的阶段。和其他动物不同，人类在进入中年后生殖能力开始减退并最终消失，但仍然还能存活至少40年。从某个角度来看，这主要是由于上一辈人需要向后代传播现有的文化。更何况，人真是只有到了中年以后才能形成真正稳定的自我身份认同，知道自己想要什么拒绝什么，不得不说这实在是一个充满祝福的阶段。虽然绝经和更年期会带来各种各样的变化，但这些变化究竟是危机还是机会，事实上取决于人们如何看待它们。

小贴士

更年期必需的心理建设

（1）怀抱积极的态度，建立新的人生计划。

（2）稳固“我的存在是必要的”这一想法，多多打扮装饰自己。

（3）牢记“老化是人生必经的过程”这一客观事实，通过正确的管理也能够持续拥有健康生活。

（4）相比年轻时候的美丽，人生经验带来的洞察力和老年生活的自由更加具有价值。这一点需要铭记。

男性更年期

男性在40岁后半段到50岁这一阶段中也会经历更年期。研究显示，40岁左右的男性约有50%的人雄性激素匮乏，而到了70岁这一比例上升到了70%。雄性激素的匮乏会导致男性更年期综合征的出现，主要表现为性欲减退、勃起困难、认知能力下降、疲劳、愤怒、抑郁症、肌肉量减少、体毛脱落、骨密度降低带来的骨质疏松，以及腹部肥胖等问题。除了年龄的影响之外，肥胖、肝功能衰退、酗酒、利尿剂和抗抑郁剂的大量服用、缺锌、环境激素摄入等都可能导致雄性激素分泌下滑。

可以通过提升雄性激素、补充营养成分来治疗男性更年期的各种问题。坚持摄入维生素B_6和锌元素（一般每天需摄入锌100毫克，维生素$B_6$100至200毫克），多吃豆制品、核桃或花生类补充身体所需的脂肪酸。同时应该坚持规律的运动，控制好体重和情绪。

还可以通过注射、贴片和口服药来帮助补充匮乏的雄性激素。注射可能导致血液浓度升高，因而使用的范围有限。而贴片则可能引发过敏，使用上也存在一些不便之处。不过，激素治疗并不是处理男性更年期问题的万能钥匙，甚至有引起前列腺肥大和前列腺癌的风险，因而必须对前列腺进行检查。同时，考虑到乳房增大和红细胞增多的问题，定期接受检查也是必要的。

169

子女离开后，独自生活的我倍感空虚

女儿去年结婚后离开了家，现在只剩我和丈夫两人了。丈夫总是下班很晚，我几乎每天都是独自一人的状态。感觉好像被世界抛弃了，自己成了个无用的人。也觉得这么多年用心照顾家人的日子都打了水漂，一个人在家动不动就掉眼泪。丈夫倒是觉得现在孩子也结婚了，心里很轻松，整天就知道和朋友一起下围棋。但我对所有事情都提不起劲来，这是怎么回事呢？

子女从学校毕业，进入婚姻，离开家后独立生活之后，父母所体验到的孤独感、空虚感和抑郁感都被认为是空巢综合征的具体表现。孩子不在家，爸爸仍然一天天地在外忙碌，妈妈难免会产生自己被奉献一生的家庭抛弃了的感觉，认为自己现在已经“毫无用处”。

尤其是对于那些将“孩子考上名牌大学”作为自己人生目标的妈妈来说，空巢综合征表现得更为明显。她们通常将自己和子女视作一体，愿意为孩子奉献一切。那么在子女独立之后，自然会显得无所适从。最坚固的人生支撑离开了，生活从此也变得索然无味。

为了预防空巢综合征，可以从以下几个方面入手：

第一，在日常生活中绝不能将自己和子女视为一体，要知道在“母亲”这一身份以外，“我”还是一个独立的个体，也承担着某人的伴侣或朋友的角色。子女离开后，全世界真的就只剩下自己一人了吗？当然不是这样。丈夫、朋友、个人的兴趣爱好等都仍然是我们生命中重要的存在，要将日子的重心从子女身上转移开来，更加注重夫妻之间的生活和自身的发展。如果与丈夫兴趣爱好相投，那自然再好不过了，反之，就多和投契的朋友往来，给生活增添乐趣。

第二，不要将子女的独立仅仅看作离别和损失，而是将其视为一种成功。回头看就会发现，子女的健康成长、家庭生活和谐正是自己一直以来的心愿，现在这个心愿终于实现了，应该感到幸福和自由，也算是可以追寻新的人生目标了。

第三，适当减少独处的时间。随着孩子的离开，从前充实的日常变得空虚起来，大量的空白时间自然会被孤独感和丧失感填满。让自己再次忙碌起来，将注意力转移到别的事情上，空巢综合征就会随之消失。

第四，如果想要减少独处的时间，就必须树立新的人生目标。对那些多年来围着子女打转的妈妈来说，空巢综合征随时都可能找上门。现在需要培养起属于自己的目标，减肥、学习新东西，甚至重新进入社会工作等都是不错的选择。不要认为一切已经太迟了，只要有目标，永远都不算太晚。找寻新的人生动力吧，让空白时间变得更加充实起来。

170

父母去世了，我感到十分悲伤

不久前父亲去世了。一直以来我和父亲的关系并不算好，但父亲的离开还是让我感到无比的悲痛和愧疚。我无法安抚自己的情绪，长久以来一直活在痛苦之中。身边的人一开始都表示理解，但时间过去3个月了，我仍然活在这样的情绪之中，大家都劝我接受一下心理治疗。

人们都说，人生始于丧失，也终于丧失。在妈妈的子宫里备受呵护的孩子从出生的那一刻起就经历了离别，这便是最初的“丧失体验”。接着弟弟妹妹出生，妈妈的怀抱和乳头被抢走；去上幼儿园了，和家人经历分别；每年也要告别老师和熟悉的同学，进入新的年级。到了青春期，逐渐建立起自我认知之后，便从心理上离开父母独立了起来。年纪再大一些，便会面临亲朋好友、爱人的离去，以及疾病和意外事故等带来的各种考验。尤其是进入中年之后，在直接经历父母和朋友去世时，人们会表现出悲痛的反应，这通常被我们称为“哀悼”。

那些重要的人去世之后，我们会经历哀悼的过程。首先迎面而来的基本是“冲击感”，我们往往难以接受“爱的人已经不在这个世界上了”这一事实，因而会表现出哀号、失声大哭、不断呻吟等恐慌反应。这种“震惊阶段”的持续时间通常相对较短，但因人而异，一些人也可能长期处于这样的状态之中。

哀悼的第二个阶段为“悲痛”。死亡的事实无法挽回，因而会让人深陷痛苦和无奈之中难以自拔。一会儿扳动手指，一会儿漫无目的地走来走去，一会儿紧紧抓住自己的衣角或头发不放。诸如此类的行动大多都是“悲痛”的具体表现。而在认识到这些行动没有任何作用的瞬间，绝望感和更深的痛苦就会扑面而来，让人像瘫痪了一样，整天一动不动地打发时间。

如果曾与逝者有过矛盾冲突，或怀抱着极端的情感，曾产生过希望对方死去的念头的情况，便会将其死亡的原因归结到自己身上，因而体验到巨大的愧疚感，不断责怪自己，一些天性敏感的人甚至会因此患上抑郁症，严重时还会表现出其他精神类疾病的症状。

第三个阶段则会做出对于“分离”的反应。人们在面对离别时，当然会做出各种各样不同的反应。最早是无法接受对方离开的事实，接着便是对这一事实的愤怒和焦虑，甚至会发生移情，例如向医生、护士发火等。也会责怪亲近的家属，或怨恨自己的所为和无所作为。这样的愤怒情绪与悲痛结合起来，持续下去就会导致抑郁症的产生，或让人反复做出“赎罪”的举动。

如果能够正确认识哀悼过程，便不会一直深陷其中。即使偶尔想起一些细小的回忆仍会流下眼泪，但上述那些过度的反应终究会逐渐减少，自己也将慢慢接纳对方已经离开了的事实。

持续深陷哀悼过程，甚至患上抑郁症的人，大多与父母关系过于密切，或在没有任何心理准备的情况下突然经历了丧亲。对一些一直以来极度依赖母亲的四五十岁中年人来说，因为母亲的去世（尤其是突然去世时）而患上抑郁症的情况绝不少见。人生失去了依靠，独自一人的感觉会让他们倍感痛苦，甚至产生“索性跟随父母一起离开”的念头。这就是由于未能适时在青春期就建立起自我身份认同和心理层面的独立，等到了中年时期父母突然去世之后自然免不了应对相应的后果。

正常的哀悼过程一般会持续3至6个月。如果6个月之后仍然悲伤不已，自责感和愧疚感严重，便需要警惕抑郁症的问题，及时到医院接受咨询，状况严重时应该按照抑郁症的治疗方式进行相应的处理。

171

总是想起从前父亲出轨的往事

父亲以前有过出轨的经历。具体情况我不太清楚，但当时母亲的愤怒仍然历历在目。奇怪的是这件事情已经过去很久了，我最近却总是回想起来，并因此对父亲发火。甚至还会怀疑男朋友会不会也在背地里勾搭其他女人。

出轨这一举动不仅会给夫妻关系造成无法挽回的严重影响，也会给其他家庭成员，尤其是子女带来不可磨灭的心理伤害。幼年阶段或青春期时父母出轨造成的影响会贯穿整个成长阶段，让人直到成年之后仍难以摆脱。子女会因为父母的出轨而一直活在担心被抛弃的焦虑之中，而焦虑逐渐便会转化为愤怒。对孩子来说，父母是不可替代的存在。出轨后父母之间的矛盾和冲突都会引发巨大的痛苦，有时孩子甚至会迁怒于被出轨的父母一方身上。

这样的情绪如果不能得到及时的整理，人便可能长期生活在对父母的愤怒之中。许多患有慢性抑郁症的患者或人际关系一塌糊涂的人都曾在年幼时期经历过父母出轨的事件，对他们来说，“被妈妈/爸爸抛弃了”的不安感一直没有消失，使得他们总是担心再次被朋友、恋人或其他亲近的人抛弃。

父母的出轨行为还会对孩子成年后异性观的树立造成影响。尤其是经历了与自己异性的父母一方（对男孩来说是妈妈，对女孩来说是爸爸）的出轨事件后，面对情感的态度、看待恋人的眼光就会随之发生改变。举例来说，如果妈妈背叛了父亲，或与其他男人再婚了，那么儿子就可能会对所有女性产生偏见，并且在与异性的关系中表现出疑心重、极端固执的倾向。而如果是与自己同性的父母一方出轨，孩子则可能将自己与其视为一体，难以建立起对于婚姻和恋爱的信心。

为了解决这个问题，需要摆平焦虑、抑郁、愤怒等情绪障碍，重新整理过去的伤痛。一开始可以通过倾诉释放心中压抑的情绪，获得一定程度的安慰，但安慰绝不是长久之计。尽管会令人感到痛苦，但我们仍然需要回过头去用成年人的目光重新审视、整理当年的经历。

在2014年播出的一部名为《没关系，是爱情啊》的电视剧中，作为精神科专家的女主角便在年少时亲眼见证了母亲出轨的过程，受到的冲击过大，以至于她在成年之后仍然无法与恋人进行身体接触，对结婚也充满否定的看法。但在剧集后半段，她通过一个出轨的女性患者的经历重新审视了母亲当年的行为，也理解了那时母亲的立场和这件事对自己造成的影响，并因此走出了伤痛，学会了拥抱爱。这部电视剧相对完整地为我们刻画了“审视过去，整理伤痛”的过程。

想象自己乘坐时光机回到了父母出轨那时，当年的父母和现在的自己应该处在差不多的年龄段吧？那么现在的我们该如何看待父母的行为？客观地对其进行一番评价吧。

此外，还可以将父母的出轨置换到朋友或其他熟人身上。如果是朋友做出了这样的行为，我们会怎么想怎么做呢？通过这样的方式，我们可以从自己的情感里面抽离出来，客观地检视事情本身。这样尝试之后便也能够帮助我们将过去和现在区分开来，逐渐摆正自己错误的看法和观点。

172

上了年纪之后，父亲性情大变

父亲年过六旬，性格脾气变得跟从前很不一样。总是像一个青春期的少女一样，小心翼翼地，还随时都在闹别扭。动不动就和母亲吵架，以前整天盯着新闻看的他现在居然看起了连续剧，上次边看还边流眼泪呢。

上了年纪之后人的性格脾气发生转变是稀松平常的一件事。第一个原因便是激素的变化。进入更年期后，雌性激素及雄性激素的分泌每年呈递减趋势，40岁时的分泌量还不到20岁的一半。而年过七十之后，七成的男性都会面临雄性激素分泌不足的问题，这是我们在更年期之后性情逐渐发生转变的重要原因之一。只不过，女性在更年期会出现绝经等一系列显著的身体变化，而男性则通常不会。

性情转变的第二个原因则是身体方面的变化导致的。年轻时拼命熬夜第二天仍然生龙活虎的自己消失了，高血压、糖尿病等曾经离自己无比遥远的疾病竟然就这样找上门来，这一切都在不断提醒着我们“你在不断老去”。如此一来，每次使用身体的时候都能感到自己“不复当年”了，因而一举一动都会变得小心起来。

第三个原因则是社会角色扮演的转变。退休后，曾经担任的职务从此被锁在了名片盒里，仿佛自己的一部分也随之消失了一样。也不再具有创造收入的经济能力了，在家庭生活中的地位也比妻子要低。这样的缺失感自然会让人怀疑起本身存在的价值。

此外，第四个原因也可看作身体方面的变化和社会角色扮演的转变带来的结果。从“作为家庭和社会成员的我”到“独自一人的我”，这一转变难免会让人体验到前所未有的孤独感，从前朝外散发的能量如今无处可去，只能自己消化了。

这就是说，进入老年阶段后，身体和职业、社会关系、家庭内部角色扮演等曾构建起我们自我身份认同的东西都会发生转变，因而带来巨大的缺失感。外部的变化会引起内心的变化。如果不能良好适应这些变化，就会出现无精打采、抑郁、易流泪、疲惫、烦躁易怒、对从前过度执着和极度依赖身边人等问题。

出现这样的情况时，相比周围的“观众”，本人才是感到最辛苦的那个。此时必须给予他们充分的关心和共鸣，不要流露出焦虑，而是抓住他们的双手，冷静地询问他们此刻的感受和想法。只是这样诚恳地提问就能够带来莫大的安慰了。尤其是对于同时经历更年期问题的夫妇来说，还可以将对方看作自己的“同志”，分享各自的感受，彼此理解彼此鼓励。

173

结婚后还是无法从父母身边独立出来

妻子很爱撒娇，是个非常可爱的女人。几个孩子中，岳父岳母也最疼爱我妻子。不知道是不是因为这个原因，妻子在结婚之后仍然无比依赖娘家，甚至买一点点小东西都要打电话给岳母仔细询问。一开始我还觉得可以理解，逐渐就对此感到有些烦躁了。

无论好坏，新环境带来的变化多少会在一定程度上让人受到压力。所谓的独立，即是摆脱从前“被动”的角色，主动承担起家庭的责任，这样的角色转变当然会让人感到焦虑。尤其是受房价、育儿、教育环境等影响，现在的年轻人结婚后仍然依赖父母的情况的确相对更多。许多新婚不久的双职工夫妇根本无法独自解决各种各样的现实问题。

因此，如今许多夫妻在婚后维持着半独立半依赖的中间状态。这就是说，不少年轻人在结婚之后仍然在接受父母的帮助。但是这样的帮助最终基本都会转变为对小家庭的干涉，进而导致夫妻关系的恶化。如果丈夫没有与婆家保持适当的距离，妻子自然会承受巨大的压力，并因此对丈夫感到失望，对婆婆产生敌对的心理。相反，如果妻子整天黏着娘家人，或将养育子女的事情主要托付给岳父母，丈夫也会有种好像自己被疏远了的感觉，而妻子却往往对此不以为然。

不只是经济方面的问题会导致人们在婚后仍然无法完全独立。一些保守的男性作为大家庭的长孙，相比刚刚建立的小家庭，多少会将更多精力放在原先的家族之中。而如果妻子表现出有些难以融入，丈夫则会认为对方“实在是不懂事”。还有一些在单亲妈妈身边长大的男性，情感上一直未能获取独立。此外，一些从小在家里遭受忽视的小儿子也可能出于想要“再次确定自己的重要性”的心理而迟迟无法从家庭独立出来。而女性出现这类问题的情况则相对较少，大多会表现为在精神层面上未能与父母或其他兄弟姐妹分离开来，故而巨细靡遗地与家人商议，或作为女儿对家庭怀抱着过度的责任感。

由于价值观存在差异，夫妻双方自然需要互相妥协。然而除此以外，在解决这类问题的过程中，仍然存在着不少困难。首先，父母可能无法戒掉干涉子女的习惯。正因如此，不少年轻人才会异口同声地表示，“跟父母说了也没用”“父母真的太固执了”。父母几十年间一直这样生活着，甚至在晚年出现了认知衰退，当然不可能突然做出改变。因此与其要求父母改变，与他们保持适当的距离才是更为有效的方式。特别在处理一些真正重要的问题时，必须要在一开始就坚决表明自己的态度。

其次，改变另一半的态度也绝非易事。但是，如果对方在理智上知道自己有问题，只是行动上难以有所转变，就仍有说服的可能性。只不过，那些家庭责任感强的人通常也具备一套十分稳固的价值观，笼统的三言两语很难使之改变，此时我们唯一能做的便是劝他们理解，现在这个时代，比起家人之间的纽带，个人的独立和成长才是至关重要的。当然，无论什么时候，夫妻之间彼此理解、彼此忍耐的态度才能带来最好的结果。

婆媳关系的烦恼

每一次跟婆婆见面都会带着一肚子气回家，我们之间的婆媳矛盾很严重。我和婆婆从头到尾没一处合得来，根本不知该怎么办。请问有避免此类婆媳争执的方法或减少婆媳矛盾的对话方式吗？

虽然我们都会梦想着拥有像女儿一样的儿媳、像妈妈一样的婆婆，但说到底这些都只是不切实际的幻想罢了，婆婆不可能会是妈妈。妈妈和女儿的关系是在几十年吵吵闹闹的相处中形成的，双方都能够接受彼此间的差异。婆婆和儿媳的关系则截然不同，因此需要收起心中过高的期待，否则便只会导致矛盾的频繁发生。▶（参考“容易烦躁，难以调节愤怒情绪”一节。）

对于此类问题，我们有以下几点建议：

第一，应该抛弃“听话的儿媳情结”，这句话并不是怂恿大家去做坏儿媳，只是因为被贴上“听话”标签的儿媳通常都会被当成缺乏主见的“软柿子”。所以不要一味陷入这样的自我催眠里，而是要告诉自己，“就算我做得再好也还是会有不足之处”。承认自己达不到完美儿媳的标准是减轻负担最重要的方式。

第二，认同彼此之间的差异。不管是婆婆的持续唠叨，还是儿媳的不谅解，试着去了解对方，就会发现这是两人一直以来不同的生活习惯造成的，应该理解对方做某件事时的动机和理由，并尝试去认可对方。上了年纪之后，相比对新鲜事物的好奇心，公公婆婆难免更加热爱“旧的事物”，这也与他们大脑功能的变化有关。同时，即使对“我”而言这样的做法显得老套而不合常理，也要明白，婆婆一直以来都是这样照顾她的家人的。如果这样的生活方式遭到了质疑，那么婆婆便可能觉得自己的人生遭到了否定。因此，一旦产生了想要改变婆婆“错误”的生活方式的想法，那么婆媳之间矛盾的爆发也就只是时间早晚的问题了。认同并接受婆婆，求同存异，才是作为儿媳的明智之举。

第三，“左耳进右耳出”也是解决问题的有效方式。婆婆并不是完美的人，说话做事自然也会出现漏洞。过于在意对方的一言一行，可能只是自己内心渴望得到对方肯定导致的。不要凡事都放在心上，保持“啊，婆婆这么想也很正常”的心态，要学会举重若轻。（参考“如何正确教训孩子”一节。）

第四，灵活运用此前介绍过的“我向信息”沟通法。表达自己意见的同时也要考虑对方的感受。举例来说，可以把“妈妈，你要是一开始要求不那么高，就不会因为准备太多饭菜而遭罪了呀”换成“妈妈要是一切从简的话，我也会轻松很多呢”。再来，还可以把“都怪妈妈说话不清不楚的，搞得我白费功夫”这样的抱怨换成“妈妈可以跟我交代得更清晰些，我就能事半功倍了”，诸如此类的表达方式往往能够带来更好的沟通效果。

我们在说话时习惯于使用“你向信息”的模式，即总是以“都怪你……”“就是因为你那么做才……”“还不是因为你……”等语句来展开对话，然而这样的方式只会让对方感觉受到了批评或攻击，因而产生负面情绪，反而造成双方之间的对立。而“我向信息”就能够有效减少这一问题的产生，我们只需传递出自己的希望即可，让对方明白自己并没有任何指责的意思，这样他们便能够更加容易地接纳我们的请求。尤其是在面对婆婆这样“难搞”的对象时，“我向信息”沟通法更能带来帮助。

归根到底，以上4种方式的共同之处仍是尊重差异。不要将所有与自己不同的东西视为错误，学会尊重他人的行为，而不是一味评价或批判，这才能够从根本上消除矛盾，拉近彼此的距离。

婆家的过度干涉

一想到婆婆我就抑郁得睡不着觉。她真的很喜欢干涉我们的生活。孩子一直是我妈妈在帮着带，偶尔想麻烦婆婆帮忙带一天时，又说自己无法照看，可她明明平时就会事无巨细地掺和所有关于孩子的事情啊。

天底下没有一个儿媳觉得婆婆好相处。对儿媳来说，疏于联系也不插手自己生活的婆婆就是最理想的。而站在婆婆的立场来看，自然会迫切地想将自己多年以来照顾家人的经验全都传授给刚建立起家庭、对一切尚不熟悉的儿媳。儿媳却只会觉得婆婆这样的干涉影响到了自己在家庭里的角色地位，抑郁感和情绪压力也会接踵而至。

儿媳之所以会对婆婆产生反感，可能是由于对丈夫的期待、作为女人本能的欲望问题，又或是与亲妈关系紧张。但事实上最重要的并不是追究原因，而是如何应对已产生的矛盾本身。因为了解了原因之后反感情绪并不会自动消失，此时对于儿媳来说，更紧要的是有所衡量，看看自己究竟是否有必要让步妥协，接受婆婆的干涉。

当婆婆提出难以接受的要求或明显强人所难时，不少女性都会因为害怕影响到婆媳关系而无法表示拒绝。一口回绝婆婆的要求当然有可能引发矛盾，但一味照单全收的话，矛盾也会不断堆积起来，并最终变得不可收场。可以试着对婆婆说“我今天有约了/有重要的安排了，所以可能不行，但下次会尽量按照妈妈说的做哦”，这样的方式可能更有助于彼此间的沟通交流。

在面对这个问题时，丈夫尽管多少能够起到一定的调节作用，但过分出面只会将妻子和妈妈之间的关系搞得更僵，所以应该慎重处理。在婆媳关系恶化或婆婆做出越线行为时，丈夫可以站出来劝告妈妈要把握好分寸，给自己和妻子留下足够的空间。比如，如果婆婆为了显摆自己的地位，在家随意地进出夫妻两人的卧室，丈夫就应该直截了当地告诉妈妈，“您这样做真的会严重影响婆媳关系的”。面对这样的妈妈，说话一定不能拐弯抹角，否则她便会无动于衷。

这个过程中有一点格外需要注意的便是，夫妻间发生冲突或爆发争吵时不应该向各自的妈妈告状，而是应该由夫妻两人自行解决。对妻子来说同样如此，如果在娘家人面前说丈夫和婆婆的坏话，只会使矛盾进一步激化。双方妈妈的掺和会让状况变得更加糟糕，尽管这是人人皆知的简单道理，但大部分夫妇在结婚初期仍会犯下这种错误，应当引起注意。

176

节日临近，压力倍增

我是一名家庭主妇。33岁左右结的婚，现在已经过去3年了。去年中秋节，我的右边手臂突然有些抬不起来，像麻痹了一样活动不了。仔细地检查了一番，结果却都正常，等到中秋过后也慢慢好了起来，就没怎么去管它了。结果今年春节又出现了同样的症状，之前还挺担心我的老公和婆婆觉得我在装病。我真的很委屈，又去检查了一次，竟然还是显示一切正常，医生也建议我去精神科接受治疗。

节日到来之际，由于受到了巨大压力，许多已婚女性都表示自己会出现不安、焦躁、忧郁、失眠、胃病和呼吸困难等各种心理上和身体上的不适。这便是所谓的"**传统节日综合征**"了。其症状表现主要为，每当传统节日临近，在过去的节日期间经历过的一切不愉快体验就会再次涌上心头，身体也不自觉地表现出各种压力导致的症状。从前，大部分的已婚女性在传统节日到来时都得从早到晚地忙碌，里里外外大扫除一番，还要准备祭祀用品和招待家人的饭菜，累到肩膀和胳膊几乎脱臼。

传统节日综合征

指主妇们在春节或中秋之类的传统节日期间，被祭祀准备等各种家务折磨而出现的抑郁、烦躁、身体疲惫等症状。这可以说是从韩国固有的儒家传统中产生的一种文化综合征。

更加令人难以忍受的还有心理上的煎熬。原本家境就不宽裕，加之节假日期间物价疯狂上涨，不停叹气之余却看到丈夫和婆家亲戚满脸笑容地坐着等待开饭，心里的气自然是不打一处来。然而这样的情绪无法表现出来，只能选择压抑，最终就导致压力不断堆积。再加上看到并不亲近的婆家亲戚和妯娌们聚在一起嘻嘻哈哈的样子，心中的不快情绪当然是无处发泄。

女性们为什么会患上传统节日综合征呢？根本原因还是社会的急剧变化而引发的文化冲突。平日里一直经营着自己的小家庭生活，一到节假日却要融入传统的大家庭，彼此对于祭祀和家庭关系的价值观又有所不同，冲突自然无可避免。相比平日，在过节时感到压力倍增的通常都是家里的儿媳，这不仅因为准备食物等事情十分麻烦，还涉及直面突如其来的男女不平等问题、婆媳矛盾，以及跟远方亲戚们间的相处……这些都会让人感到痛苦。最近已婚男性里也有一大半人表示自己患上了传统节日综合征，而经济负担、交通堵塞和妻子的不满情绪等都是引发压力的重要因素。

越是在现代社会，代代传下来的祭祀仪式就越是失去了意义，这也成为节假日的压力来源之一。如果传统文化在我们的生活中变成了不被理解且毫无意义的负担，那我们就应该改变现状，将其逐渐简化，减少人们的压力，这才有利于促进家庭成员的和谐相处。

尽管本节开篇的主妇并不具备典型的传统节日综合征的典型症状，但事实上在节日到来之时，的确有不少女性前往精神科接受治疗。她们当中也有不少人平日里一切正常，但一到节日就出现胳膊抬不起来、莫名剧烈头痛、肠胃出现问题等症状。事实上这些很多时候都是潜意识带来的问题，绝不是假装，也无法进行自我调节。常年积累的精神压力得不到排解，于是就会以这样的形式呈现出来。

本节开篇的主妇无法用言语表达出自己的辛苦，只能通过潜意识暗示身体，利用外化的症状来代替自己说话——“我胳膊出现了麻痹，所以没办法准备祭祀的事情了”。遇到这种情况，家人应该给予充分的安慰和陪伴，主动带其接受心理治疗，让她们可以直面过往所承受的压力和潜意识里存在的痛苦。

而另一方面，父母们也可能会表现出**节后综合征**。儿媳想要克服传统节日综合征的问题，需要家人给予理解和关怀，当事人自己付出努力，同时积极地配合治疗。父母也是如此，想要预防节后综合征，子女们必须多多照料他们，哪怕只是定期给父母打电话这样的细小举动也能够带来很大的帮助。

> **节后综合征**
> 指儿女子孙们过完节日各自回家后，父母开始想念他们并出现抑郁、孤独和空虚感等症状。

希望大家一定要记住，在节日过去之后，向操劳的家人表达一句感谢，给父母打一通暖心的电话，这样琐碎的小事就可以给予他们莫大的心理安慰。

小贴士

欢度节日的7大守则

（1）接受必须过节的现实，尽量调动自己的积极情绪，维持愉悦心情。

（2）分摊家务，夫妻双方共同参与共同休息。

（3）不要准备太多无谓的花样，减轻经济负担。

（4）适时休息，缓解身体疲劳。

（5）做事时多与身边的人闲聊找乐，缓解心理压力。

（6）丈夫要学会向辛苦的妻子表达感谢和鼓励，通过送礼物或其他方式补偿妻子，同时分担更多的家务。

（7）精神和肉体上的不适症状持续超过2周时，则应前往精神科接受专业医生的治疗，防止病情恶化成慢性抑郁症。

177

如何区分健忘症和老年痴呆的早期症状

父亲今年67岁了，健忘症最近突然变得有些严重，我很担心他。说好周末来我家，却不记得到底是这周来还是下周。新给他买的钱包也到处乱扔不记得自己放在了哪里。或许父亲是患上了老年痴呆？怎么区分健忘症和老年痴呆的早期症状呢？

健忘症和老年痴呆的区分极其困难，通常只有专业医生能够加以辨别。然而这两者之间也的确存在差异。大家平时或多或都曾有过突然记不起物品或人的名字，甚至忘记和朋友的约定的时候吧？有时也会不记得东西放在了哪里，感觉自己记忆力不如从前了。如果只是出现了一些此类的琐碎状况，大多都只是单纯的健忘。健忘症会随着年龄的增长而变得越发严重，因而在老年人身上较为容易出现。然而相比同一年龄段平均水平来说，记忆力并不算明显减退的话，则通常只能被看作出现了**“增龄相关记忆障碍”**（age-associated memory impairment）。

然而，患者本人的记忆力如果在外人看来的确明显有所减退，或是经相关检查被判定为水平明显低于同龄平均值，则需要考虑是否出现了**轻度认知障碍**（mild cognitive impairment）。患有轻度认知障碍的患者中每年有10%至15%会发展为老年痴呆，属危险人群，应当保持密切观察。轻度认知障碍会逐渐发展为其他认知障碍的减退，如**失语症**、**失识**

轻度认知障碍
患者自述记忆力出现了问题或在检查后发现了异常，但并未对日常生活造成严重影响，因而尚且不能被诊断为老年痴呆，这一阶段可以被看作正常老化和老年痴呆的中间阶段。

失语症
在语言表达和语言理解方面出现问题的一种障碍。

失识症
一种感知刺激认知障碍，无法分别熟人面孔的脸盲症（prosopagnosia），难以把握自己身体部位的躯体失识症（asomatognosia），在辨认语言、物体等听觉和视觉刺激方面存在障碍的听觉失识症和视觉失识症等都属于其中。

症，甚至给日常生活带来困难。如果发展到了这个地步，便可能会被诊断为老年痴呆了。

单纯的记忆力衰退不能作为老年痴呆的诊断标准。其标准应该是“他人明显感受到了本人记忆力减退”以及“给日常生活造成了阻碍”。因而不必因为偶尔忘记了东西放在哪里就担心老年痴呆的问题，这样的焦虑反而对精神健康有害。

在区分健忘症和老年痴呆时，需要注意以下几点问题：

第一，健忘症患者的表现通常是无法“输出”记忆，而老年痴呆患者则主要是无法“储存”记忆。例如，知道自己要去儿子家里，但不记得具体的约定时间，这就是健忘症的典型表现。而即使儿子再次打来电话，也完全回想不起曾经有过约定的事实，甚至因此发火的话，便可能是患上了老年痴呆。健忘症患者大多回想不起事情中的一些细节，而老年痴呆人群则索性记不得整个事情本身。同时，在健忘症患者感觉“失忆”时，旁边的人稍微给点提示便能帮助他们回想起来，而老年痴呆患者则可能无论如何都记不起来。

第二，健忘症并不具有渐进性，而老年痴呆则会随着时间的推移表现出越发严重的症状。

第三，老年痴呆患者并不只是记忆力出现了问题，语言能力、性格等都会产生变化。

综上所述，本节开篇的父亲在很大程度上可能只是患上了健忘症。而如果家属还发现了其他的异常之处，则可能表明其认知能力也出现了退化。需要保持密切观察，如果感觉父亲的症状有所恶化，便要及时接受专业医生的治疗。简单地检查一下就可以判断出是否患上了老年痴呆。

178

抑郁症会转化成老年痴呆吗

妈妈抑郁症再次复发了，她今年62岁。但这次的情况和之前有所不同，她时常发呆，健忘的症状也更频发，在对话时感觉也比从前迟钝了些。妈妈现在正接受抑郁症的治疗，这种情况是不是老年痴呆症的前兆呢？

老年抑郁症的患者是有可能出现记忆力衰退和集中力下降等症状的。抑郁症和痴呆症一样，都可能伴有记忆力衰退的问题，因而一些不明就里的患者家属会误认为家人是患上了老年痴呆。有时医生也无法一眼做出准确的判断，我们便将类似这样的情况称为“假性痴呆”。患者虽然没有真的患上老年痴呆，但仍然必须接受治疗。（参考“我是否患上了抑郁症”一节。）

一般的老年痴呆和抑郁症引起的假性痴呆症大致具备以下几点区别：

第一，记忆力衰退所呈现出的特点不同。老年痴呆的患者大多不记得眼前发生的事情，对陈年往事却记忆犹新，有时对于记不起来的事情也习惯随口乱编。反观假性痴呆的情况，通常当下的事情和从前的记忆一律回想不起来，当然这也因人而异，患者的身体状况不同，记忆力会表现得时好时坏。心情好的时候，记忆力也会跟着好转。同时，假性痴呆的患者大多不会胡编乱造，记不起来的事情便承认自己忘了。由此我们可以知道，相比“记忆力衰退”这一特性，假性痴呆症主要的问题其实是抑郁症带来的糟糕的精神状况，正是因为精神状态不佳，人才变得容易忘事，反过来给人造成“记忆力衰退”的感受。

第二，假性痴呆患者还会对自己“记性变差了”这件事感到十分担忧。在进行智力测试时也会表现出不安，担心检查结果出错；相反，大多数老年痴呆患者根本无法准确评估自己的记忆能力，难以意识到自己的记忆力和认知能力出现了问题，还坚持声称一切正常。

第三，老年痴呆的发病时间并不明确，通常是在很长一段时间里逐渐形成的，而假性痴呆则主要出现在有过抑郁症病史的患者身上，和抑郁症一样，我们能够把握其病情恶化的时间段。

幸运的是，抑郁症引起的假性痴呆如果能够及时得到治疗，患者记忆力是可以恢复正常的。积极配合治疗，克服抑郁症后，记忆力就会随之变好。但是，如果对此置之不理，恶化成老年痴呆的风险就会高出一般人，因此一定要密切观察，注意预防。

179

老年痴呆早期如何诊断

听说老年痴呆的早期发现十分重要，请问这是为什么呢？

尽早发现老年痴呆的征兆，快速介入治疗，这一点对于阻止病情的发展至关重要。人们所熟知的“记忆力差”“认不出人”等老年痴呆的症状，其实是病情已经恶化到了一定的程度才会出现的。家属若能做到早发现早治疗，则能够实现有效的预防。

老年痴呆早期通常具备怎样的症状呢？大家可以借助“老年痴呆自我检测标准”（由韩国阿尔茨海默病协会提供）来进行判断。其中总共包含了15道题，主要是针对患者“生活能力是否发生了变化”进行的检测，最后总分如果在7分以上，就务必要引起重视了。

否（0分），偶尔（1分），经常（2分）

1. 不知道现在是几月份和星期几。
2. 找不到自己之前放在某个地方的东西。
3. 经常反复问同样的问题。
4. 和别人约好的事情，自己却忘记了。
5. 想去拿一样东西，转身就忘了，最终空手而回。
6. 想说一个物品或人的名字，却半天记不起来。
7. 和别人交流时理解能力出现障碍，反复询问不理解的内容。
8. 有过迷路或因找不着路而四处徘徊的情况。
9. 计算能力减退了。（例如：难以计算价格或找零钱）

10. 性格发生改变。

11. 此前曾熟练操作某些电器或工具（例如：洗衣机、电饭锅或拖拉机等），现在变得生疏。

12. 收拾整理家居的能力变差了。

13. 不懂得如何根据场合挑选合适的衣服。

14. 在独自搭乘公共交通工具去某个目的地时感到为难（关节炎等身体问题导致的情况除外）。

15. 内衣或衣服等穿得很脏了也不打算换。

180

如何预防老年痴呆的发生

我的父母都是因为老年痴呆去世的，我一直也很担心自己患上同样的病，想了解一下预防老年痴呆的方法。

在2013年进行的一项关于“当今社会人们最害怕患上哪种疾病”的调查中，得票最多的分别是癌症和老年痴呆症。在这份问卷中，有19%的受访对象认为老年痴呆无法预防，15.7%的受访对象则表示即使患上了老年痴呆，也没有必要接受治疗。由此可以看出，许多人都认为老年痴呆是令人束手无策的疾病。然而事实上，我们还是有很多方法可以对其进行预防的。

其中最有效的方法便是，忽略自己的年龄，不要将自己当作上了年纪的人，保持与年轻时一样的心态去生活。1979年，E.兰格教授（E. Langer）将16名75岁以上的老人作为对象，在村里进行了一项实验。教授的团队将村庄改造成了1959年的模样，仿佛时间回到了20年前，黑白电视机中上映着20年前的电视剧，广播也都是从前的老歌，甚至新闻上都播着20年前的事件，打造得可谓十分逼真。接下来，参加实验的老人们则展现出了令人惊奇的变化。其中最显著的便是他们的记忆力普遍变好了，10名老人中有7名的测试分数有所提升。不仅如此，许多老人还重新挺直了腰杆，整个精神面貌看起来年轻了不少。通过这项研究我们可以得知，保持年轻人的心态去生活，真的能够让人“返老还童”。

因此，在老年痴呆的早期预防中，心态是至关重要的一环。除此以外，还有许多可以实践的具体方法。

第一，坚持学习，像年轻时一样保持学习的习惯。重复做熟悉的事情难以给大脑带来刺激，因此需要依靠新鲜事物才能使大脑变得更加活跃。加拿大教授E.比亚韦斯托克（E. Bialystok）将只使用英语的老人和学习了其他外语的老人进行了对比，借以对老年痴呆的发病率进行研究，他最终发现，在跟进的180名对象中，能够使用第二门语言的老人老年痴呆的发病比例相对更低。

那么，怎样的学习方式是更有效的呢？从“坚持动脑”的角度来看的话，像打花牌这样的益智游戏也是一种不错的选择。只不过反复玩同样的游戏也难以对大脑造成刺激。而收看电视也只能够接收一些无关痛痒的讯息。学习一门外语可能有些压力过大，但无论是什么，一定要保证能够接触到新鲜事物。这其中，看书或读报是我们最为推荐的方式。在阅读书籍或报刊时，可以将刚刚接收的信息与自己既有的知识进行结合，促使我们做出“思考”的举动。

第二，坚持运动，最好是做有氧运动。很多论文都指出运动可以预防老年痴呆和认知障碍，且都提到了一个相同的结论，那就是即使出现了类似的症状，运动也可以延缓病情恶化的进程。运动不但能改善大脑供氧状况，增强大脑细胞之间的连接，还可以提高人们的记忆力和集中力。

如果实在觉得运动过于痛苦，还可以尝试简单的步行。人们总是认为步行是单纯针对腿部的运动，但其实它也能够锻炼我们的大脑。虽然步行时看起来好像只是在漫无目的地随意走动，但实际上在这个过程中，我们既要小心前方的障碍物，留心四周传来的汽车声响，还得判断哪条路才是捷径。一边浏览街边新开的店铺，走到熟悉之处还会唤起从前的记忆。我们步行时绝不只是在机械地摆动腿部，还需要调动听觉和视觉等感官系统，从而达到锻炼大脑的效果。

手部运动也是不错的选择。大脑皮层关联着身体各部位的感知和运动，其中与手部相关的皮层所占比例高达30%。只要动起手来，就能刺激负责相关区域活动、知觉和思考的大脑。如果让孩子将双手放在桌面某个固定位置不准移动，我们就会发现，与手部可以自由活动时相比，此刻孩子说话的流畅度明显有些下降，表达能力也相应变差了。

第三，要多和外界保持交流，积极融入集体。研究结果表明，离婚后独居的人患上老年痴呆的风险会比常人高3倍，而索性放弃结婚一直独居的人的患病风险则高出其他人6倍之多。性格活跃、合群的人的大脑功能更完备，神经细胞间的连接也更紧密，就算出现了脑损伤也能够更快恢复。这就是说，越是积极参与社会活动，越能够有效降低自身老年痴呆的发病概率。

我们没有必要将参加社会活动这件事当作负担，跟家里人一起做些大家都感兴趣的事，出门旅行或玩一些轻松的游戏，这些都是很好的。甚至还可以参加一些有意义的活动，例如加入俱乐部或参与公益事业，这样不但有助于预防老年痴呆，同时也能提高我们的幸福指数。

第四，尽量避开可能引发风险的因素。预防或积极跟进诸如高血压、高血脂和糖尿病等与血液循环相关的疾病，降低老年痴呆的发病风险。保持血液循环通畅，大脑自然就能得到充足的养分。吸烟会产生有害物质，使脑细胞功能受损，诱发动脉硬化症，阻碍血液循环，从而引发心脏病，因此我们劝告大家最好戒烟。事实上，常年吸烟的人患痴呆症的风险比不吸烟的人整整高出2倍。而长期酗酒则可能引发酒精性脑萎缩。

第五，务必记得按时吃饭。建议大家多食用新鲜鱼肉、蔬菜和水果。青花鱼等鱼类富含Ω-3脂肪酸，有益于脑部健康。绿色蔬菜和水果则能为我们提供大量的抗氧化物和丰富的维生素，对身体健康也有好处。由于肥胖会阻碍血液的正常循环，因此也需要戒掉这些可能引发脑中风的饮食习惯。还有需要注意的是，如果在日常饮食中摄取了过多的纳，便要小心心血管疾病的发作。

另外，相比那些吃饭狼吞虎咽的人，细嚼慢咽的人往往更不容易患上老年痴呆。因为咀嚼这一行为可以刺激我们的海马和额叶部分，而它们掌管着我们的记忆力、行动力和判断力。有研究结果显示，相比牙齿状况正常的老人，牙齿已经掉光的老年人患上老年痴呆的风险要高出两倍左右。

181

父亲动了手术之后，突然变得有些痴呆了

父亲今年76岁高龄了，3天前在上楼梯时摔伤了臀部。在医院接受了人造髋关节手术的治疗之后，平时身体十分硬朗的他突然出现了老年痴呆的症状。有时会大半夜嚷嚷家里进贼了让我们赶紧锁门，甚至发火骂人，苛责护士。有时他会自言自语，看起来像是出现了幻觉，手术之后人有可能会突然患上老年痴呆吗？

谵妄症

是指在接受大型手术，患上一些会对大脑产生影响的全身性疾病或药物上瘾后，形成的与老年痴呆类似的急性身体疾病。

上述事例中患者表现出的是**谵妄症**的症状。谵妄症的病症与老年痴呆的行为异常问题十分类似，所以很多时候甚至连专家们都会将其误诊为老年痴呆症。

许多疾病都有可能引发谵妄症。比如脑部疾病（脑肿瘤、脑中风）、心脏疾病、感染性疾病、药物上瘾及戒断反应、低血糖或缺氧症，等等。由于病症表现明确，很多人会将其误认作老年痴呆，走向错误的治疗方向。当身体一向硬朗的老人突然出现了此类症状，便有可能是出现了躯体性疾病，此时一定要尽快就医，获得专业的诊断，并根据诊断结果对症治疗。由于很多时候妄想和幻觉会使患者做出攻击性举动或被失眠的问题纠缠，因此需要使用适当的药物帮助他们稳定情绪。

患者的认知能力也会在短时间内突然出现衰退。作为家人，要尽可能为他们营造安定舒适的环境，避免刺激他们的情绪。尽量不要让陌生人靠近患者，身边的亲朋好友需要定期轮流照看患者，并在看护期间明确告诉他们自己是谁，甚至有意无意地提及患者的名字，让他们产生熟悉和安心的感受。

面对患者无法分清时间地点的情况，可以选用光线柔和的灯具并根据天色进行调整，以帮助他们区分昼夜。由于患者可能处于神志不清的状态，所以要时刻提醒他们现在身处何处、今天几月几日。同时，降低周围噪音，营造安静平稳的环境也有益处。此外，我们还建议患者在睡觉时尽量不要更换枕头，床头四周也可摆放一些个人物品。

182

老年痴呆到了后期会如何

公公确诊了老年痴呆。他一直是整个家庭的一家之主，这样的事真是晴天霹雳。我想事先了解一下老年痴呆的病情发展都分为哪些阶段，以便有个心理准备。

老年痴呆发病后的1至3年是早期阶段，此时的典型问题是“认知能力变差”。患者的记忆力会出现问题，尤其容易忘记最近发生过的事，通常难以维持正常的社会生活和职场工作，但日常生活还算能够自理，做饭、洗澡或大小便这些都不存在严重障碍。有时会忘记和别人约定好的事，回想不起东西放在哪里。做完饭也会经常忘记关火，甚至瞬间记不起亲人的名字。

这个阶段的治疗目标是尽量延缓患者认知能力变差的速度，主要使用的药物则是帮助改善认知能力的多奈哌齐等。此时“让患者维持现有的记忆力”就显得极其重要，很多专业机构都会尝试使用回忆疗法，或通过音乐、美术、读报等帮助恢复认知功能的项目进行治疗。

老年痴呆中期阶段为发病后的2至10年。记忆力等认知能力在这期间会表现出更大程度的衰退，无法自己使用电话和电视等仪器，简单的家务事也难以独自料理好。同时，由于表达能力退步，患者无法正常理解他人的话语，时常答非所问或念叨些奇怪的事情。搞不清楚今天是星期几，也不知道自己身在何处。这一阶段，一方面患者会表现出行动障碍，即使是在熟悉的地方也会迷路或找不着方向；另一方面判断力下降，做事变得没耐心容易发火，时而亢奋时而痛哭，情绪起伏大。偶尔甚至会做出一些恶劣的性行为，昼夜颠倒不肯睡觉，性格上也会出现极大转变。

在处理老年痴呆的这类问题时，必须使用药物积极进行治疗。面对“是否应该给患者服用精神科药物”的问题上，大部分家属仍有所顾忌。他们可能会觉得这样做只是为了让自己轻松一些，或是对镇静剂等药物持有偏见，认为其对老人的身体有害，因而往往难以果断做出决定。但事实上，服用镇静剂并不是为了方便患者家属，而是为了减轻患者的症状。因为对患者而言，被失眠、情绪波动大、抑郁和幻觉等问题纠缠是十分痛苦的。

这个阶段过后老年痴呆的病程便进入了末期，大致为发病后的8至12年。此时患者已经完全无法辨认家人，记忆力继续下降，会做出具有攻击性的行为，迷路后只知道待在原地。大脑中仅存的记忆也会逐渐消失。患者经常自言自语或独自沉默，丧失与他人正常交流的能力，无法控制大小便，行动失控，手部无法自由活动，使用餐具也变得困难。总的来说，老年痴呆末期便意味着患者彻底丧失自理能力，完全依靠他人的照顾维持日常生活。另外，由于这一阶段患者长期卧床，一定要注意防止褥疮、肺炎或摔伤等情况的发生。

183

如何治疗老年痴呆

婆婆今年80岁了，一年前由于记忆力逐渐衰退而去医院接受了检查，结果发现患上了老年痴呆。医院给出了相应的治疗方案，但据我所知，老年痴呆是大脑功能衰退，脑细胞无法恢复正常而导致的，应该算是不治之症了。请问为什么医生还建议我们接受治疗呢？

大家都知道，头痛只是一种症状，并不是某类疾病的名称，老年痴呆同样如此。在某些因素的影响下，患者表现出了记忆力、判断力和表达能力等认知能力减退，以及日常生活出现困难时，我们将其统称为痴呆问题。痴呆问题大致包含了60多种症状，其中最为典型的便是血管性痴呆和阿尔茨海默病了。

血管性痴呆是中风等脑血管疾病引起的一种痴呆问题，起因是脑血管变异引发脑细胞受损，往往会在脑部疾病的变化过程中突然出现。而人们整天挂在嘴边的所谓的老年痴呆，大多其实是指阿尔茨海默病。它是痴呆症患者身上最常见的一种问题，占比高达60%至80%。人们以研究痴呆问题的德国精神科医生A.阿尔茨海默（A. Alzheimer）的名字为其命名。阿尔茨海默医生曾对生前出现记忆力下降和妄想症状的患者进行了解剖，在其脑组织里发现了一种叫β-淀粉样蛋白的蛋白质，这种有毒蛋白质便是痴呆症发病的重要因素。它在大脑中堆积后会破坏人们的脑细胞，使得神经间的连接网出现问题。

目前为止，对于痴呆症发病后脑细胞退化的情况，医学上还没有发现有效的治疗方法。痴呆症患者即使接受了治疗也无法百分百恢复此前的正常状态。尽管如此，接受治疗仍是必要的，原因主要有以下几点：

首先，最为重要的原因便是痴呆症拖得越久，病情恶化速度也越快。治疗的目的主要是保证患者的生活质量，延缓健康状况的恶化过程。对于痴呆症患者来说，早发现早治疗的措施或许在初期看不出差异，但10年之后患者间的情况就有了天壤之别。就拒绝接受治疗的患者而言，认知能力和行动会出现极大的恶化，甚至无法与家人一起正常生活，极可能需要被送去养老院。在这样的局面下，且不说患者自身的生活质量，家属也会感到苦不堪言。

其次，药物治疗主要分为针对认知功能障碍的药物治疗和针对精神及行为障碍的药物治疗。其中解决认知功能障碍的药物被我们称为认知功能改善药物，它能够帮助我们阻止神经递质乙酰胆碱的分解，从而维持记忆力的水平。根据投入药量的不同，大致可以在6个月到2年之间延缓痴呆症的恶化，处于痴呆症中期时服用的话药效表现更为明显。阿尔茨海默病患者在去世之前的三五年间会面临严重的日常生活障碍，通过药物治疗可以将这个时间段缩短至1年以内。这不仅仅提高了患者的生活质量，也能够有效减轻家属在思想和经济上的负担。

此外，针对精神及行动障碍的药物则可以帮助抑制患者的攻击性行为、疑心病、妄想症、焦躁不安等问题，或是抑郁、乏力等症状。事实上对于照看患者的家属而言，相比认知功能方面的障碍，粗暴的行为举止或疑心病之类的问题会带来更大的压力和负担。所以服用药物既可以减轻患者的抑郁症状，调节他们的暴力倾向，缓解妄想和幻听问题，还可以为家属带来相对正面的情绪，因而药物治疗是必不可少的措施。

值得注意的是，家属一定要多多关注患者的心理状况。记忆力变差、日常生活难以自理等问题会给患者本身带来极大的不安和焦虑情绪，甚至产生孤立无援的感觉，并因此深感痛苦。“痴呆症患者”这一称呼会让许多人产生“患者无法与他人正常沟通”的偏见。然而如果能够努力倾听患者的言语，并表现出共鸣，便可以给予他们莫大的鼓励和安慰。另外，如果发现患者出现了行为异常，不能因为其“有病在身”就毫无底线地接受和纵容，应适当予以责备，帮助他们控制和改善自己的行动。当患者有所改变时，要积极给予表扬和支持。在与患者对话时，需要充分考虑他们的精神状况，尽量选择简单易懂的语句，逐字逐句耐心表达。必要时也可以使用便签或笔记本来辅助沟通。患者的生活空间要保持干净和整洁，并尽量避免更换新的生活环境。

母亲不肯出门活动，整天宅在家中

我母亲太喜欢待在家里了。父母二人原本共同生活，自从一年前父亲罹患癌症去世后，母亲就一人独居了。对此我莫名有些担忧。请问这样长期独居是否会给她的健康带来危害呢？

根据韩国统计厅2012年所做的死亡原因统计，在首尔65岁以上的人群中，每10万名就有54.1人自杀，高出15岁至64岁人群的两倍之余。为何老人自杀率如此之高？这是因为老人面对着一些极其脆弱的因素，即被称为“老年人三苦”的疾病、穷困以及被忽视的孤独问题。这三个问题十分容易引发抑郁症，当事人如果没有得到足够的帮助，就这样被放任不管，便可能会上演自杀的悲剧。

这是一个孤寡老人随处可见的时代。城市化进程不断加快，家庭结构的转变，使得生活在城市的老人多半面临着和老伴两人生活的模式，或长期处于独居的状态之中。同时，随着儒教价值观影响的逐渐减弱，子女们“必须赡养父母”的意识也比从前淡了许多。原本在三代同堂时家庭内部可以共同解决的许多事情现在都要由老人独自处理。下面我们就来具体分析一下，数量剧增的独居老人面临的孤独状况会对其身心造成怎样的影响。

生病时会感到孤单，更加渴望依赖身边的人，这种经历想必大家都曾有过。那么反过来，孤独情绪是否也会引发一些身体方面的疾病呢？瑞典卡罗林斯卡学院进行的一项研究表明，与非独居人群相比，离婚后单身的人患上痴呆症的风险要高出整整3倍。而从年轻时起就一直独居的人的患病风险则会上升6倍之多。实验结果表明，在体验到孤独感时，人体免疫反应就会降低。即便同样接种了流感疫苗，与一般人群相比，感到孤独的人抗体应答的比率要低16%。同时，自认孤独苦闷的人的血压值会比正常值高30%，恶化成心脏病的可能性也会增加。如果扫描检查这类人群的大脑，我们会惊奇地发现，他们的脑部状况与感受到生理性疼痛的人的脑部状况相似。由此可见，孤独情绪会对大脑造成十分负面的影响。

孤独并非只能通过配偶填补。只要拥有能够互相分享爱与友谊的家人或朋友，便能够得以满足。如果父母一人处于独居的状态，为了避免进一步加剧他们的孤独感，首先，家人们应该更频繁地去探望他们，增加互动频率。这就是说，一定要给予他们更多的关心和照顾。试着与父母面对面交流，哪怕短短十分钟也能够掌握他们的心理状态。如果他们的言语中出现了“孤独”“难受”“寂寞”“不想活了”等措辞，便需要引起足够的重视了。因为这些可能是抑郁症的危险信号。

其次，要帮助父母减少独处的时间，鼓励他们尽量多与他人打交道。与从前亲密的朋友再次相聚，劝说他们培养一些兴趣爱好或参加各种活动（有条件的话，当然最好选择那些与他人一起进行的活动）。

最后，老人们如果身体状况尚可，通常不会因为心理问题去医院就诊的。但我们不能放任父母自己决定。如果担心他们的心理状况，便应该积极劝导他们前往医院，并陪伴他们一起接受治疗。

185

上了年纪后会自然而然变得抑郁吗

不久前妈妈过了六十大寿。为了给她庆祝，家族成员久违地聚在了一起。但妈妈看起来没有特别高兴，大家跟她打招呼也不太回应，一副很不耐烦的样子。爸爸说，妈妈这个样子已经一个多月了，整天不爱说话，时常躺在床上不动。医院怀疑妈妈是患上了老年抑郁症，劝她去精神科接受治疗。但妈妈却坚持认为这是人上了年纪后的正常表现，不愿前去就诊。老人们真的会因为上了年纪就自然变得抑郁吗？我们可以坐视不管吗？

步入老年后，由于日常生活中面临的许多困难和一些健康上的问题，以及人际交往圈变窄等因素，老人们的烦恼自然会有所增多，四处诉说自己心情苦闷的情形也十分常见。因此才出现了“就像人上了年纪就会长皱纹一样，老人出现抑郁症状也是很自然的事情”之类的言论。然而，我们必须抛弃这种错误的想法。据统计，在65岁以上老人中，抑郁症的发病比率为1/4，这绝非正常状态，必须及时接受治疗。

我们通常把抑郁症产生的心理诱因叫作“缺失”，而老年人们的确是在经历某种“全面的缺失”。随着年龄增长，退休后经济能力不比从前，无论是在社会职场上还是在家庭生活中，老人们都不再是受人尊敬的对象了。加之身体状况每况愈下，他们渐渐变得萎靡不振，自信心缺乏。因在社会和家庭中地位的不断降低而产生的失落感也是老年患上抑郁症的一个主要原因。

老年抑郁症都有哪些症状呢？常见的有：郁郁寡欢、不安焦躁、无精打采，时常感觉自己无能为力，绝望情绪严重……这些与其他年龄段的抑郁症症状相似。此外，老年抑郁症主要还有以下几个方面的特征：

第一，除了心理上的症状以外，患者常抱怨身体各处都不舒服。这是因为老人们无法用言语很好地表达出自己抑郁的心理，所以这些情绪便会投射到躯体上，导致他们产生不适。

第二，由于老人们反应迟缓，记忆力也有所减退，很多时候会被误诊为痴呆问题。▶（假性痴呆，参考“抑郁症会转化成老年痴呆吗”一节。）

如本节开篇的案例所示，如果怀疑家中老人患上了老年抑郁症，应立即将其送往精神科就诊，接受心理咨询，并按医嘱服药。但考虑到老年人的身体机能状况，家属们需要更加注意药物安全性和副作用。

由于老年人消化、吸收和排泄药物的能力都有所退化，所以相比药效，应首先考虑药物是否安全。可以从服用少量药物开始，观察病情发展和药物的副作用，然后一点点地增加药量。另外，不少老年人都可能因为陈年旧疾需要同时服用多种药物，因此要注意各类药物间的相互作用。最后，一些精神类药物中可能含有令人发困的成分，因而需要格外留心，防止老人摔伤等情况的出现。

186

担心母亲自杀

妈妈今年72岁了，独自一人，由我赡养。她的身体并没有什么大碍，但却时常会把“不想活了”之类的话挂在嘴边。弟弟安慰我说，这种话就是老人们的口头禅，叫我不必在意。但我难免会感到有些不安。需要把妈妈送去医院吗？当她说自己不想活了的时候，我应该说些什么呢？我真的感到十分为难。

在经济合作与发展组织（OECD）各国中，韩国的老年人自杀率排在第1位。老年自杀者数量在10年间增长了1倍（2000年每10万名老人中有43.2人自杀，2010年则增至80.3人）。尽管老年人自杀问题已经如此严重，但现实中将老人“真的想死”的表达当作无关痛痒的牢骚，就此忽视的情况仍然层出不穷。

导致老年人自杀的主要原因是抑郁症，当他们发表厌生言论时，应该要敏锐地察觉出其中包含的自杀冲动。许多老人都不是冲动性自杀，而是经过长时间的考虑，最终将自杀这一行为付诸实践的。正是因此，他们的自杀成功率相对较高，状况也更加危险。大部分情形下，老年人在尝试自杀之前会表现出许多征兆。阴沉的脸色、郁郁寡欢的情绪、活动或食量突然减少、沉默寡言、无缘无故抱怨浑身不舒服。如果出现了类似症状，那就需要疑心他们是否患上了抑郁症。而如果像本节开篇事例中的妈妈那样，直接嚷嚷自己不想活了，或跟从前相比更加频繁地提及关于死亡的话题，以及做出突然要立遗嘱或着手整理财产及人际关系等举动时，就说明老人处在极度危险的心理状况之中，需要引起高度的警惕。

在父母们开始念叨“我老了，没什么活头了”的时候，我们应该做些什么呢？对于子女而言，这种话既让人担心又令人感到难过，虽然很想回避，但还是应该留意到其中暗藏的重要信息。很多子女常犯一个错误就是会用“别这么想，您身体还很健康，干吗说这种话呢”等简单的回应敷衍父母，错失了与他们对话沟通的机会。类似这样的话语并不能够给予老人慰藉，反而会让他们觉得不被理解，心中产生更大的孤独感。甚至还有一些老人在听了子女的这些话后从此紧闭心门，再也不愿表露出自杀信号了。

在听到这样的话时，我们一定要询问父母，“最近心情不太好吗”“是有什么事让您产生了这种想法呢”。只有这样我们才能听到父母真正的心声，事实上，“人老了，没什么活头了”这句话里蕴含的应该是“这辈子没什么意思了，活着也没有价值，我失去了珍贵的东西，心里觉得很悲惨”等情绪。

那么，令老年人普遍感到活得辛苦的东西究竟是什么呢？我们认为大致可以分为以下三个方面：

第一，健康问题。对于大部分身患至少一两种疾病的老人而言，病痛自然是最大的原因。

第二，退休后所面临的经济方面的困境。人口平均寿命在不断增加，而退休年龄却逐年提前，老年人失业后，经济压力也比从前大了许多。

第三，孤独感和失落情绪。随着身边的亲友先于自己过世或身患重疾，人际交往圈子逐渐变窄，心中的孤独感也会越来越严重。

在面对父母的痛苦和失落情绪时，如果子女能够表现出理解，父母的抑郁症就有可能出现好转。考虑到父母的健康状况或经济方面的问题通常是很难解决的，子女可能会担心自己帮不上忙而索性闭口不谈。但哪怕只是让父母感到家人理解自己的处境，并且愿意与他们一起苦恼，他们也会感到莫大的慰藉。越是遇到那些无可奈何的问题，子女越应当表现出共鸣。

如果难以从父母口中听到真心话，可以试着这样反问一下：“那么为了让剩余的人生更有意义一些，您打算怎么做呢？我能帮您做些什么吗？我想为您尽些力。”这些问题就是我们打开父母心锁的钥匙，要积极地做出努力。

187

如何对待生命进入尾声的父母

父亲罹患癌症，被医生“宣判”仅剩3个月的时间了。现在父亲会向身边所有人发火，无论是宣判剩余期限的医生，还是为他担心的家人们，甚至对不知道自己生病了的人都怒火滔天。我很担心父亲会在这样的愤怒情绪中度过所剩无几的宝贵时间。我应该如何理解父亲，为他做些什么呢？

被宣判了生命剩余时限后，人不得不去面对人生中最让人难以接受的一件事情，通常会感到强烈的无可奈何。虽然与心爱之人分离或遭遇失业这类问题都让人难以接受，但死亡才是世界上最大的一种痛苦。对行将就木的患者来说，他们的心理状态会发生怎样的变化，照顾他们的家人又应该做些什么帮助他们呢？

最早在医学界发起临终关怀运动的心理医生E. K. 罗斯（E. K. Ross）在与晚期患者的谈话中发现，患者们在面临即将到来的死亡时，基本都有着共同的心理历程。一般来说，临终病患在经历了5个阶段的心理变化之后，就能够接受死亡了。

首先是“否定”的阶段。这是否定疾病和死亡本身的一个阶段。听到自己生命所剩无几时，面对这样一个可怕的事实，患者会产生强烈的抵触情绪，坚决不肯接受。他们大多拒绝相信医院和诊断结果，希望有人告诉自己这是误诊，不断去其他医院接受复查，或者假装若无其事，像平时一样照常去上班，也不肯将这件事情告知家人。这些情况是很常见的。这时家人们绝不能放任患者为所欲为，要试着理解他们抗拒的心情，同时鼓励他们严格遵照医嘱接受治疗。

第二阶段则是“愤怒”。患者在最终接受了自己面临死亡这一事实后，心里就会涌上一股怒火，不断思索“为什么偏偏是我来承受这份痛苦”。此时愤怒的发泄对象是包括家人和主治医师在内的所有人。家人们会因此感到疲惫不堪，但一定不能“以牙还牙”，用同样的方式对待患者。要保持耐心，因为只有得到了他人的理解，患者才能够过渡到下一阶段去。本节开篇案例所述的父亲便处在这一阶段，这时候患者家属务必表现出耐心和宽容，理解他们的所作所为。

接下来患者就会进入第三阶段——“协商”，试图通过自己可以依靠的东西来妥协和讨价还价。有的人不断向神明祈祷，表示只要自己能够活下去，剩下的人生都会奉献给神明。也有人苦苦哀求医生，希望他们不惜一切代价救活自己。

第四个阶段则是“沮丧”。到了这一阶段，患者已经意识到死亡是不可逆转的事实，于是会表现出与抑郁症患者类似的症状。认为自己现在什么也做不了，产生巨大的失落感和无力感，甚至不再祈求活下去了。这其实是一种“放弃一切”的状态。他们不想见到家人，对所有事物都提不起兴趣。甚至对自己的病情和治疗都是一副事不关己的样子，因此会让家人们强烈不安。这时候家人们应该让患者明白，这个世界上存在着许多连死亡也无法夺走的珍贵东西，告诉他们在活着时所经历的事会留存下来，家人间的美好记忆在他们过世之后也不会消失。确信家人在自己死后也会永远怀念、深爱自己，这对即将死去的患者来说是一种莫大的安慰。

在这之后，患者会进入最后的“接受”阶段。接受自己快要离开这个世界的事实，有意义地规划自己仅剩的日子。到了这一阶段，患者会以一种平和的心态接受死亡，仿佛自己“只是要去另一个世界开始全新的旅行”一样。

患者所经历的这五个阶段，家属同样需要经历。如果对各阶段的过程提前有所了解，并为下一阶段的到来做好充分准备，就能够帮助患者顺利度过每一个相应的阶段。

人们时常怀抱着一种矛盾的态度，明知道人终有一死，却又十分忌讳谈论死亡。但死亡是无法回避的，它只是人生最后的一个瞬间而已。尽管死亡是可怕的，但老年人其实并不像年轻人想象的那么害怕谈论死亡的话题。实际上我们也常常见到一些平静地为自己准备身后事的老人。他们会事先寻找墓地，拍摄遗像，写好遗书。在毫无准备的情况下突然被宣判生命所剩无几，人自然会受到巨大的冲击，但大多数人最终还是能够平静地接受死亡。

因此，对待临终老人最明智的态度，就是坦率地与他们讨论关于死亡的话题。与他们一起回顾一生的种种乐事，笑着度过所剩无几的珍贵时间。对于认为死亡离自己尚且遥远的年轻人来说，这也是一种必要的思考和反省。

重要的心理学概念

在书的第2部分我们着重探讨了人的内心状态以及在各种关系的影响之下产生的一些问题。在寻找解决方法的过程中，精神医学理论和临床经验是最为重要的基础。我们从在诊疗室中频繁遇到的案例出发，整理出了现实生活中大多数人都可能碰到的问题，为了方便大家理解，尽可能地将这些内容通俗易懂地传达了出来。正因如此，一些更有深度的理论知识未能收录其中，对此我们感到有些遗憾。所以在接下来的第3部分中，我们会为大家介绍一些心理学和精神医学的核心知识内容。

第3部分的内容主要涉及专业书籍里才出现的知识，阅读起来多少有些晦涩难懂。我们将这一部分提供给那些在阅读了第2部分后，对心理学和精神医学产生了兴趣，想要进一步深入学习的读者朋友们。

在阅读完这一部分介绍的概念并充分理解后，再重头浏览一遍本书，便能够获得更大的收获。将这一部分的内容当作饭后甜点吧，整顿饭都会因此变得更加美味的。

要是拥有读心术就好了

我有一个喜欢的人，但完全摸不清对方的想法。偶尔会有些痛苦，不知道他是否也觉得我不错，还是只把我当作朋友。要是能知道这个人心里的想法就太好了。但说实话，我经常连自己的心意都搞不清楚，又怎么可能知道别人在想什么呢。

人们为了能在某个环境里生活得更加如鱼得水，会不断与他人建立起某种联系。通过合作找寻有益于彼此的生存方式，也会为了获取比他人更多的有限资源而展开竞争，有时为了自身利益还可能攻击对方。人与人之间的各种相互作用在生活中是非常重要的。人们希望能够预知并妥善应对他人的行动，对于“促使他们这样做的动机是什么”等问题兴趣浓厚，这正是我们称之为“心理”的现象。如果了解了对方的心理，就可以更加深入地理解这个人，最终预测出他的言行举止。所谓“知彼知己，百战不殆”，这样一来我们就既能够与对方开展良好的合作，也能够在竞争中占据优势，最终取得胜利。

对于人类心理的系统性科学研究尚处于初始阶段。尽管从很早以前开始，就有人通过哲学或宗教对人类心理进行过洞察和思索，但像现代这样使用有逻辑性的、可被验证的方式进行研究的历史仅有短短150余年。在1900年至1950年，弗洛伊德学派理论盛极一时，给当时单纯依靠监禁等方式胡乱治疗的精神医学提供了新的视角。虽然在现在看来这些也都是老旧的概念，没有与时俱进，且存在很多逻辑上的漏洞。但对弗洛伊德精神分析学概念的理解，可以说是我们把握人类心理的第一步。

尽管没有系统地学习过心理学相关知识，但大多数人对意识和无意识的概念多少都有所了解，并时常在日常生活中进行使用。比如，“我怕约会迟到，等红灯时在无意识中横穿了马路”。此处的“无意识”通常被人们理解为“不知不觉间”，然而仔细研究就会发现，它的意思应该是“在我自己都没能意识到的瞬间”。人们时常注意到了某一事物却“意识”不到它，“无意识”发生的瞬间并不少见，多数时候只是由于我们根本没有意识到，所以无法认知到这一事实。“真的存在无意识这种东西吗”，之所以会产生这样的疑问，很大程度是由于人们将弗洛伊德的提到德语“Unbewusst”译作了英语的“unconscious”(无意识的)，因而导致了误会的产生。事实上，原本弗洛伊德想表达的意思用“unaware”(没有意识到的)一词来表达更为准确恰当。最近也会使用意识觉察(conscious awareness)这一词语。在植物人“睡着”之后，我们也会使用“失去意识”等表述来表达他们的状态，希望大家明白两者有别。因此，一般人对“无意识”这一用语多少感到有些混淆是十分正常的。

人类是不可能意识到每一个瞬间的。没有意识到的部分，即“在意识上没能察觉到的瞬间所出现的一切行动和想法”均属于无意识的范畴。所以“无意识”这个概念尽管从前未曾被提出，却也不是弗洛伊德独自发现或发明出来的。弗洛伊德只是率先证明了人类身上的确存在无意识的领域，并且认为这一概念对于理解人类的心理有着非常重要的作用。为了赴约闯红灯横穿马路的我们，可能察觉到了自己“担心约会迟到”的“意识”，但事实上在“无意识”中，我们可能并不想去赴约。如此，弗洛伊德主张人们的心理中存在着某个自身都不了解的广阔领域，并首先对人类心理做出了科学系统的分析。

我们可以利用比喻来理解意识和无意识的概念。人们每天都会使用电脑，此时我们肉眼能够看到的是显示器上的画面。但事实上，正是因为主机的运作，屏幕才能呈现出画面来。这样看来，无意识就好比硬盘，那些我们与生俱来的基本能力，以及从小就拥有的记忆都存储在这个硬盘里。需要的时候就将“资料”拿出来传送到屏幕上，此时我们就可以看到它们的存在了，这就是所谓的“意识”。

还有一点鲜为人知的便是，在心理学中，意识和无意识之间还存在一个叫作“前意识”的概念。既不是完完全全被意识到了，也不像无意识那样处于深度隐藏的状态，这便是前意识。如果说“担心约会迟到”的心理是意识，而实际上“根本不想赴约”的心理是无意识，前意识则可能是“直到约会时间临近之际，还在东忙西忙做其他事”的状态。思想稍微集中一点就自然能够“意识”到的想法、回忆和动机等都属于前意识，它是“完全得以意识到”的前一个阶段。如果用电脑作比，前意

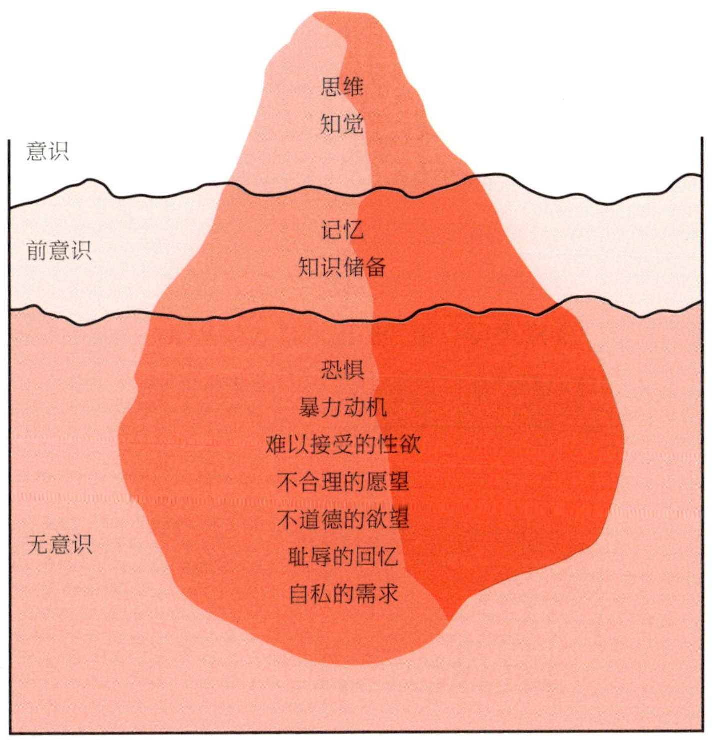

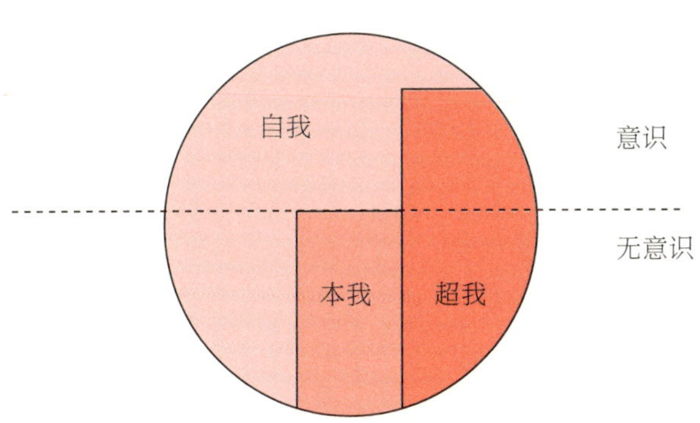

注：为了图示化省略了前意识

识就是随机存取存储器（RAM）。

弗洛伊德提出了人类精神世界是由意识、无意识、前意识3个部分构成的脑解剖模型（topographic model）。

此后，为了进一步说明人类精神世界的构造，弗洛伊德在不断研究之后提出了更加精妙的理论，即由**本我**（id）、**自我**（ego）、**超我**（superego）构成的三元结构模型。本我大多属于无意识，单纯追求满足本能欲望和缓解紧张情绪的事物。自我中既存在意识的部分又存在无意识的部分。其中意识负责通过探索环境，以获得的信息作为基础进行判断，最大限度地满足人的欲望。而无意识的部分则主要帮助我们抑制性欲和攻击性等各种难以处理的强烈本能，具有多样的防御机制。超我是由“不做不该做的事”的道德良心和“提出应该做某些事”的**自我理想**（ego ideal）构成的，无意识和意识部分都存在其中。

搞不懂自己的想法和行为

我有喜欢的人，但朋友们都说那个人不怎么样。说我们两个不合适，还说对方的客观条件也配不上我。虽然他们说得有一定道理，但我从情感上真的很难接受。我也不知道为什么自己会这样。

人有时候会做出常理无法理解的事情。一件事明显行不通，却还是会"不撞南墙不回头"。比如，任谁看都是跟自己并不合适的人，却还是会一直喜欢。即使身边的人反复劝告，也觉得没什么大不了，一副若无其事的样子。而之后再回头来看时就会感到难以理解自己——"我当时是怎么了？"尽管明白彼此并不合适，也仍然无法阻止被吸引的心，无比执着，恋恋不舍。

人的心理中存在很多无法用理性去叙述的部分。当然，这也并不意味着人的心理是以完全不合理的方式随机运作的。心理也有着自己的规则和理由，只是并不会轻易表现出来而已。人们大多认为自己的思考和行动都是完全遵循个人的自由意志的，但事实上，它们背后都包含着某种原因。这一概念在精神分析学领域被称为**"精神决定论"**（psychic determinism），也就是说，人之所以会产生某种想法和行为，其实是出于某种潜藏在无意识中的动机，且我们自身也难以对其有所察觉和认知。

事实上，在决定一个人精神的无意识动机中，有相当一部分可以追溯回幼年时期。小时候所处的环境和成长过程中的经历构建起了大部分的心理根基。虽然成年后小时候的事情都已记不太清，但它们就像潜藏在水面下的巨大冰山一样，深刻影响着存在于水面上的意识世界。所以心理学上会将人内在所有冲突的原因归结为**"内在小孩"**（child-within），认为它仍然活在成人的内心深处。所以遇到分明在他人看来跟自己并不合适的人时，才会被其深深吸引。这就是某种无意识的动机导致的，可以回首幼年时期追根溯源——也许是因为在那个人身上隐隐看到了幼年时期自己无比钟爱的父亲的模样，喜欢的感觉才会如此强烈。

那么，如果了解了无意识中的动机，就能够预测人的所有想法和行为了吗？要回答这个问题并不容易，因为人的心理并非那么单一。仅仅将人的内心分为意识和无意识两种是不够的，我们还需要更加复杂、有深度的分析。为此，弗洛伊德将心理分为本我、自我和超我三种力量，并假定它们之间存在相互作用。尤其是后续继承弗洛伊德理论的学者们特别强调了自我的重要作用，所以他们将这些理论统称为**“自我心理学”**（self-psychology，这一称谓常常用于与后来强调跟客体之间关系的人际关系理论及自体心理学进行对比）。例如，弗洛伊德的女儿A.弗洛伊德（A. Freud）就在父亲理论的基础上，对自我防御机制核心功能的相关理论进行了系统性扩展。

自我在本我和超我之间承担着中间人的角色。它将从底部喷涌而出的本我能量和在上方发挥抑制作用的超我力量进行折中处理，从而使得来自本能的欲望通过更加符合现实的道路得到满足。这时自我的运行方式就是防御机制，而防御机制又可以分为几种。其中最为基本的则是**“压抑”**（repression）。总的来看，本我作为和生存本能相关的力量，具有“不断试图浮到意识表面”的倾向。超我便会提防危险本能的上浮，这时其发出的警告讯号就是**“焦虑”**（anxiety）。正是因为焦虑的存在，当人们产生错误的念头时，内心便会无端感到不安。但由于本我无时无刻不在试图往上喷涌，我们就会一直处于不安的情绪之中，日常生活也会因此变得疲惫不堪。因而，自我会借助“压抑”这一防御机制将本我的冲动一直控制在某个适当的水平，所以我们认为，压抑是防御机制的基础。

偶尔也会出现仅仅依靠压抑也无法切实控制本我冲动的情况。不管是本我处于过度强大的状态，还是与之相反，超我处于过度弱化的状态，这种情况都有可能发生。此时，压抑之外的其他防御机制便会开始发挥作用。比如索性**否认**（denial）这种冲动的存在，或将过错**投射**到他人身上，甚至自顾自地将冲动**合理化**（rationalization）。根据防御机制不同，人的行为方式也会发生变化。使用“否认”这一防御机制的人看起来多少有些“厚脸皮”，使用“投射”机制的人说话做事显得有些“爱甩锅”，同时常常使用“合理化”机制的人则会给人留下“爱找借口”的印象。

例如本节开篇的案例提到的那样，之所以会一直被不适合的人所吸引，可能就是因为将自己对父亲的情感转移到了对方身上，又或者是因为负面心理作祟，不愿否认那个人的缺点，总之，那可能是你对自己心理产生了心理反应。

在不同的具体情况下，每个人都会使用各种不同的防御机制，而这些能够为我们理解人的心理提供一些线索。找出无意识的动机（即本我）之后，再对根据本我做出反应的自我防御机制进行分析，便可以解析一个人的行为。G.范伦特（G. Vaillant）将防御机制分为精神病性防御机制、不成熟的防御机制、神经症性防御机制和成熟的防御机制4种，并解释说，越是经常使用成熟防御机制（比如升华、利他主义、幽默、抑制）的人，越是能够健康地生活。因此如果我们可以对自身所使用的防御机制加以反思，便有可能建立起更加成熟完善的人格。

如何把握对方言行中包含的意图

跟人聊天时对方不小心说错话了。可不管他怎么辩解，我都觉得他是流露出了真实想法，所以心里很不舒服。对方的话里究竟哪句是真，哪句是假呢？

将失误和口误当作精神分析学的研究课题的做法由来已久。虽然这些看起来都只是偶然发生的事情，但很多情况下我们仍然难以完全无视它的意义，所以经常会面临难堪的场景。弗洛伊德便主张人的失误中也隐藏着无意识的冲动。

举例来说，一位女性约会时经常迟到，即使不是故意，对方也难免会质疑她的诚意。她却觉得对方误会了自己，坚决声称迟到只是偶然的失误，但事实上，想让对方原原本本地接受这番话几乎是不可能的。

我们在为患者治疗时也经常遇到类似的情况。一位动不动就上班迟到、经常和上司争吵的患者因难以适应社会生活前来就诊。他决意定期接受精神治疗，签订了合同，下决心要改善自身的问题。然而几个月之后，他便开始频频迟到，还会因为一点小事与医生发生争执，在诊疗室里再现和职场上司之间发生的事情。大家也许会想"真的有这样的人存在吗"，但这的确是很常见的。虽然意识层面想要接受治疗并改善自己的行为模式，但无意识层面产生了一种冲动，抵抗权威的客体并拒绝改变自己。就像这样，无意识有时甚至会被背叛我们自己，同时，其中也包含了许多令人无法理解的内容，不断影响着我们的行为。

依靠无意识去解读失误是需要保持谨慎的。因为根据解读方式的不同，我们最终得到的结果可能也会千差万别。在精神分析领域，不论是何种失误，其真实的含义都只能通过当事人的自由联想得以确认，无法达到这一步的话，最终都只不过是一种推测而已。因此，没有必要过度解析身边人的言行举止中隐藏的意义。上述案例中的主人公试图通过对方的失言来窥探其无意识层面中的真实想法，但无意识是连当事人都难以认知到的留存在内心深处的隐秘冲动，很难仅仅利用一两个想法就概括出来。更何况，这些彼此矛盾的冲动还全部交织在一起。虽然人们的确能掌握无意识中的某一部分，但这并不轻松，因此不必往深处去琢磨他人琐碎的言语。人在拥有无意识的同时，也具备能够管理、调节无意识的意识层面。因而相比通过说错的一句话去推测对方的无意识，倒不如进行充分的对话，将对方当作一个意识和无意识的结合体进行判断更为合理。

过度在意他人隐藏的真实意图会让自己变得不安，不断产生怀疑，还可能导致被害意识的出现。根据每个人的性格特点和所处环境的不同，心理状态也会呈现出不同的表现，而这种怀疑和被害意识也可以被理解为“投射”这一防御机制。

当我们产生了危险的冲动，红色的“不安信号灯”就会亮起。自我为了调整危险状态，会启动存在于无意识中的防御机制并试图控制整个状况。防御机制可以分为很多种，而每种类型的“成熟度”也有所不同。其中，投射这一防御机制则是指将自己难以承受的欲望转移到外部世界或他人身上，从而逃避责任的一种做法。在各项防御机制中，投射是尤为不成熟且充满病态的，严重的情况下甚至可能以精神分裂症或妄想障碍等精神疾病的形式体现出来。

当投射以妄想的形态出现时，我们就会产生疑妻症/疑夫症以及被害妄想症等问题。被害妄想是指将自己暴力的冲动投射到外部世界，并反过来认为全世界都在攻击、迫害自己。患者中有人坚信自己被窃听了，于是拉上层层窗帘隐居家中生活，甚至不敢大声呼吸。他们还会告诉家里人“由于我得知了国家机密，因此有国家情报员在监视咱们”。之所以会产生这样的被害妄想，其实就是因为无法接纳自己的冲动，最终将其投射到了外部世界。

普通人也会时不时地使用投射这一防御机制。尤其对年幼的孩子来说，利用这样的方式就可以将自己的过错推卸到他人身上。与其说这是人们在有意撒谎、回避，倒不如将其看作是在“投射”的防御机制之下，无意识中做出的反应。成年人偶尔也会使用这种机制。在战争年代，社会混乱或遭遇重大危机时，不少人会将所有的消极方面都投射到敌军或其他民族身上，从而在一定程度上维持自身的正当性。内心深处隐藏着同性恋冲动的人也会将自己的欲望投射到外部，反而表现得像是厌恶同性恋一般，这些现象都可以用类似的逻辑去进行解析。近来日益严重的校园排挤与集体霸凌等问题，其实也是学生将自身的懦弱、脆弱和负面冲动投射到特定对象身上而产生的现象。

站在他人的立场来看，自然希望对方能够以客观的方式对自己进行判断，因为这才是一种合理且健康的态度。如果我们过度在意他人的视线并怀疑他人的意图，可能只会使自身心理状态变得越发不稳定。更何况，表现出怀疑与被害意识其实也就意味着我们正在使用投射这一病态的防御机制。因此当内心的不安感和质疑达到顶峰时，便需要检视一下自己的性格特点和整体的心理状态了。

004

与大人们相处太困难

我跟爸爸吵架了。爸爸从年轻时起就一直性格强势、独断专行，而我的妈妈却一辈子为了家庭劳碌辛苦，实在令我感到心疼。看到这样的妈妈，我常常会产生想要代替爸爸给她幸福的冲动。

孩子长到3岁时就会意识到，平日里照顾自己、让自己感到舒适的“好”妈妈有时也会是一个让自己的欲望受挫的“坏”妈妈，即能够认识到妈妈是具有两面性的存在，并建立起客体永恒性的概念。在这个过程中，孩子会产生和母亲合为一体，独占妈妈这个“安乐窝”的想法，但如此便与父亲这一存在之间产生了纠葛。古希腊的索福克勒斯所著的悲剧故事《俄狄浦斯王》中的俄狄浦斯，年幼时被放逐出国，长大成人后重新回到故国，杀死了国王，娶亲生母亲为妻成为新的国王。其后，当他得知自己的父亲就是原本的国王，而母亲则是王妃时，便因为负罪感而痛苦至极，最终自剜双目。弗洛伊德认为，人类无意识中的矛盾与纠葛在这部作品得到了充分的表现，并将之命名为“俄狄浦斯情结”。

弗洛伊德将3到6岁的阶段命名为前生殖器期。男孩们在这个年龄段会对自己的性器官感到好奇并认识到男女有别。此时可能会产生独占母亲的想法，但由于知道母亲属于父亲，于是会心生嫉妒，进而产生“除掉父亲”的欲望。这种欲望也会引发负罪感，担心被强大的父亲所惩罚，例如害怕自己的性器官被阉割等，这被称为“阉割恐惧”。克服这种恐惧并将父亲与自己等视时就会形成超我，开始步入成年男性的道路，而这一连串的过程就构成了俄狄浦斯情结。

这一理论产生于弗洛伊德所生活的封建时代，当时“父亲”被人们视作一种令人感到压抑的存在。如今的人们并不会按照从前的标准去解析俄狄浦斯情结。但是这一理论也仍然具备它的价值。因为其提出了具有划时代意义的新鲜理论：孩子身上也存在着原始欲望，家人之间并非只有爱，人们还会受到紧张和敌对情感的制约。以今天的视角来看，这一理论中仍然充满价值的部分便是认为诸如母亲和儿子、父亲和女儿这样的亲子关系之间，也存在着与异性关系类似的，具有爱憎性质的精神动力。

同时，俄狄浦斯情结在超我的形成和性格塑造方面起着重要作用。如果它没有得到顺利解决，就可能以病态的形式展现出来。举例来说，一位年轻男性在婚后和妻子同床时无法勃起，而其婚前曾和不少女性有过性关系，当时并没有发现性功能方面的障碍，问题似乎是和贤惠的妻子结婚后才产生的。这就可以解释为，因为他自小父母离异，在单亲母亲身边长大成人，因此和母亲过于亲密。在这样的过程中，他没能以健康的方式克服俄狄浦斯情结，于是在面对妻子时便会想起母亲，最终导致性生活出现问题。

口腔期固着
强行喂食
剥夺
早期断奶
口腔活动（例：吸烟）
依赖性
攻击性
肛门期固着
排便训练
过度严格
过度放任
强迫性
爱整理、卑微
邋遢、宽容
前生殖器期固着
因非正常家庭关系而导致和父母之间的关系不寻常
虚荣心、利己主义、性焦虑、不适感、自卑感、嫉妒心

此外，俄狄浦斯情结是在东西方所有人类身上都能够找到的一种共同现象，并在许多文化圈里中以故事、童话、文化作品为依托得到了展示。例如，我们可以来解析一下《小红帽》这个西方的故事。小红帽有一天帮着跑腿送东西到奶奶家去，路上碰到一只狼，然后告诉了它奶奶家的位置。于是狼先行一步将奶奶给吃掉了，

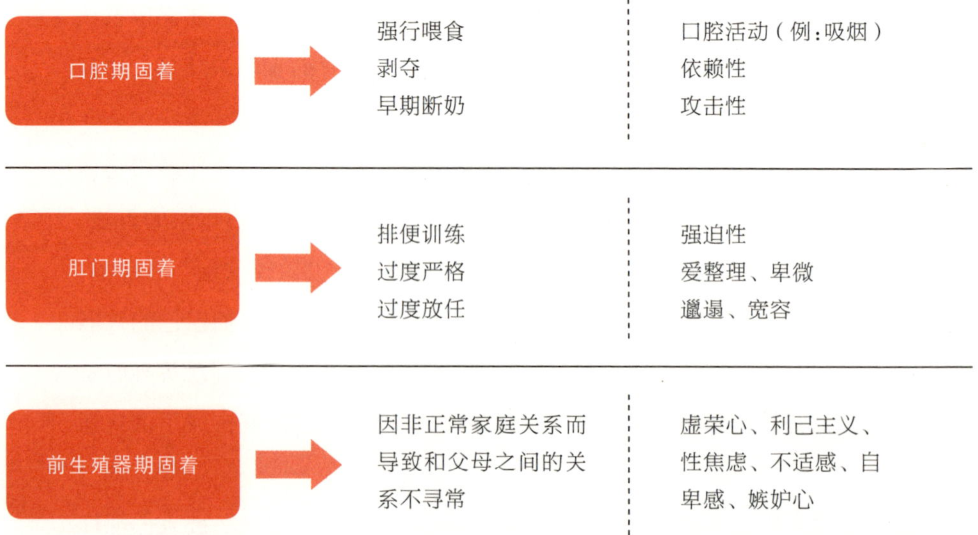

随后穿上衣服假扮成奶奶的样子，等小红帽来了之后，跟她一起躺在床上聊天。小红帽没能引起警惕，最终也被狼吃掉了。随后现身的猎人杀死了狼，救出了小红帽和她的奶奶。在这个故事中，奶奶这一存在替代了妈妈，而狼则是“具备强权”的父亲角色。对于少女而言，俄狄浦斯情结就是除掉妈妈从而独占爸爸的欲望。这部童话中处处融入了少女俄狄浦斯式的愿望。而它之所以能够一直得以传承，让人们觉得非常有趣，正是因为我们每个人的无意识中都潜藏着俄狄浦斯情结。如此，弗洛伊德的精神分析学中的许多理论都能用于解释古今中外的艺术作品，并给予我们丰富的创作灵感。

本节开篇所述的案例中，和父亲处于对立关系的青年将母亲夹在中间，没能合理地解决自身的俄狄浦斯情结，一直将其保留至成年以后。虽然这只是一种推测，但这位青年有很大的大概率在职场、集体中也难以与上级良好相处，因为他对上司、老师这类能够使他联想到父亲的存在都抱有强烈的负面情感。问题是，这样的情感模式对于我们实在毫无帮助——稍不留神就会和上级之间产生矛盾，在任何集体中都无法充分发挥出个人的能力，所以必须尽快认识到自己的问题，领悟到其根源在于无意识中的冲突，并从这种冲突的循环中抽身。需要明白的是，自己现在顶撞冒犯上司的举动，其实都是幼年时期想对父亲做的事。

想知道梦的含义

近来我常会做梦。最近还梦到父亲向我开枪，甚至因此吓醒了。这种脱离日常生活的梦让我感到十分好奇，它们究竟意味着什么呢？

自弗洛伊德于1900年出版了《梦的解析》一书以来，“梦”在精神分析学领域一直占据着重要的位置。我们借助梦去满足那些自身难以接纳的本能层面的欲望，并以此消除白天积累的紧张感。同时，梦还是让我们得以窥视被压抑着的无意识的窗口。因此在分析梦境时，就可以理解那些困在我们无意识之中，引发精神障碍和精神活动的本能。梦的解析和所谓的“解梦”并非同一个概念，它指的是对我们内心无意识的理解。

梦包含着三个要素。第一种是**显性梦境**（manifest dream），即睡眠期间有意识地经历的梦境。我们平时说自己做梦了，指的便是显性梦境。第二种是**潜性梦境**（latent dream），指包含在无意识中的想法和愿望，它是显性梦境引发的根源。第三种则是**梦的工作**（dream work），即将潜性梦境的内容转化为显性梦境的过程。

我们的无意识中压抑着从幼儿时期开始一直存在的本能冲动，并持续不断地尝试着满足这些愿望。在睡眠过程中，我们会将白天体验到的各种经历作为**白日遗思**（day residue）保留，其间身体一直体验着饥饿、疼痛、寒冷和尿意等感觉的刺激。这一切合并起来之后，便会作为视觉影像浮现在脑海。清醒时被自我严格的检查机制压抑着的无意识内容，会因睡眠中自我功能的弱化而更加轻易地转换为意识。显性梦境就是在睡眠状态下以视觉影像的形式将无意识转化为意识的产物，而创造显性梦境的过程就是梦的工作，它会将无意识的内容进行伪装、歪曲，让其变得难以识别。

虽说睡眠中的自我功能会出现弱化，但自我在隐藏无意识的方面仍然发挥着强大的作用。它会使用多种防御机制去调整我们原本的冲动。例如，对母亲抱有俄狄浦斯情结的青年，便可能只会梦见和母亲玩捉迷藏的情景，而不会出现明显带有性意味的场面。如果无意识内容在意识化的过程中令自己感到了不安，则可能会有一个陌生女子取代母亲出现在梦境中。就像这样，他通过压缩、象征化等方式将潜性梦境转换为显性梦境。潜性梦境和显性梦境表露出来的相异程度取决于自我防御的力量与潜性梦境蕴含的力量之间的平衡。

在梦的工作中新增的过程是所谓的次级精细化。自我试图编造显性梦境，让其变得更加具有逻辑性和连贯性，即首先通过伪装和改造将潜性梦境和其他一些内容变得难以识别，但最终又以“合乎常理”的形式呈现出来，这便是显性梦境了。

弗洛伊德在精神分析学中将梦视为无意识的冲突带来的产物，并将梦分为潜性梦境和显性梦境，尝试从中找寻出潜藏的无意识。荣格在分析心理学中对这种精神分析学的立场做出了批判，他指出：“梦虽为无意识，且是稳定、独立的存在，但梦并非在隐藏什么，而是确有所指。”梦具备指向性意义，会告诉我们意识中的一些东西，也有着补偿功能，即对意识所欠缺的部分进行补充，甚至包含着预测性的一面，能够帮助我们展望未来。

近来随着脑科学的不断发展，人们知道了白天形成的记忆会在睡眠期间得到巩固。但这就如同要往抽屉里装入新的东西并整理抽屉一样，需要先将之前的东西清理出来腾出空间。如果想要存储新记忆，也需要先让过去已经存储过的记忆跳出无意识这个抽屉。而其中为人的情感所重视的内容就会长久地留在印象之中，以“晨梦”的形式出现，因此能够被人所记忆。

我们每天做的梦是自身所处的现实、感官刺激与被封锁在无意识中的本能冲动混合起来的产物。但由于它们本身十分擅长伪装，因而通常难以被理解和分析。我们自然十分愿意向他人倾诉这些梦境的内容，但对方也往往无法帮助我们解梦。这是因为要想确认梦的潜在内容，基本上只能通过当事人的自由联想。虽然这绝非易事，但我们仍然可以试着观察梦境，这也是倾听我们无意识内心的一种练习。为了追溯幼年时没能实现的愿望而航行在无边无尽的无意识海洋中时，梦就是我们的指南针。

借助心理分析就能领悟到人生的意义吗

有时我也会想，人生除了赚钱生子之外，是不是还有一些别的东西值得我去追求呢。常会因为这样的想法感到失落、茫然和空虚。我想知道，在宗教之外，是否还存在更具有普遍性的东西能够指引我。

年轻人向着自己的目标努力奋斗时，大部分的能量都是导向外部世界的。这一时期，人从弱小且依赖性极强的孩子逐渐成长为独当一面的大人，在社会的丛林中不断拼搏、确立自己的社会地位。本节开头案例中的主人公在努力适应社会生活的过程中，一时将视线转移到了自己身上，希望知道“还有什么更具有普遍性的东西能够指引我”。从分析心理学的观点来看，可以将其理解为一种自我实现的愿望。

荣格建立的分析心理学中包含着所谓**“人格面具”**的概念。人格面具也可以被翻译为“假面”或“面具”，是指我们应对外部世界的行为方式，也是人在社会上为自己塑造的角色、规划的位置。它更着眼于“我希望别人看到的我”而非“原原本本的我”，即一种人格上的面具。我们每个人都会给自己创造起各种各样的人格面具并努力加以维持，诸如“女人”“男人”“职场人士”“丈夫”“母亲”“儿子”等。

尽管在成长阶段人会为了打造自己的人格面具而无暇顾及其他事情，但过于沉浸于其中甚至将其与自身视作一体的话，到了中年之后便会逐渐感到疲惫，并陷入深刻的怀疑之中。本节开篇案例中的主人公似乎便是太过投入于社会赋予他的角色，罔顾了自我的内心世界。因此无意识会对这种缺失进行补偿，最终让他陷入抑郁的情绪之中，以此给予他观察自己内心的机会。无意识有着自我约束的能力，会遵循自身特有的法则运转。但如果意识失去了平衡，过度倾斜，无意识就会发出警告并指引多重可能性，帮助我们“找到自我”。

人大多倾向于作为一个完整体而存在。当我们过度重视人格面具时，隐藏在无意识深处的力量便会开始发挥作用，帮助我们成为一个“完全体”。这正是自我原型的功能，每个人的无意识中都有着试图以完整的形式存在的倾向。所谓“完全体的自己”，并不是一个能够用三言两语解释清楚的概念，它将我们合理的一面和不合理的一面融合在一起，囊括了一切。像这样通过积极努力而实现完全体的自己的过程，在分析心理学上被称为**自我实现**（self-actualization）。这个过程需要不断将意识与无意识进行统一。尽管听起来可能有些类似于宗教中“得道”的过程，但实际上，分析心理学中所提到的自我实现只是一条成为“普通人”的道路。虽然之后看起来仍是一个平凡且充满缺点的普通人，但如果真的能将自我统一成一个整体，这便也称得上是一个让自己变得“不普通”的过程。当然，这也只是一个成为相对完整的存在的过程，并不意味着我们每个人都应该变成一个绝对完美的存在。

相比其他逻辑缜密、分析性强的精神分析理论来说，荣格的分析心理学更类似于东方的阴阳学说，会给我们带来更大的亲切感。他在对无意识和人类心理进行研究的过程中揭示了其与宗教、神话的关联性以及它们自身的重要性，在进行共时研究的同时也尝试将预知未来、占星术等内容包含在内。因此他的理论看起来具有十分强烈的宗教色彩，或者说是神秘主义倾向。他的理论对现实宗教、神话学、文化人类学及各种文化现象都产生了巨大的影响。我们经常会用到的MBTI，便是依据分析心理学理论创造出来的。MBTI依据荣格的心理类型理论建立起了一个自我报告式的人格类型指标，以方便人们在日常生活中使用。尽管人类的各种行为看起来是毫无秩序的，但由于每个人在感知（perception）及判断（judgment）的过程中会有特定的倾向和偏好，因此可通过这一测试发现人们身上具有的连贯性特征。

分析心理学理论认为，自我实现的过程并非必须借助心理分析才能达成，只要不过度埋头于人格面具等外部世界的角色中，且能够将无意识的内容转化为意识，自我实现便得以成为可能。存在于无意识中的阴影，可被称作自我的另一半，也就是自我的黑暗面。如果过于强调善良而又正直的自己，恶的阴影也会随之变得越发强大。总有一天，人就可能会被恶的冲动挟持，并将其付诸实际行动。

所以，没有必要炫耀自己是一个多么优秀出色的人，也没有必要责怪自己的狭隘和偏执。我们只需要不断努力朝着自我实现的目标前行就已足够。

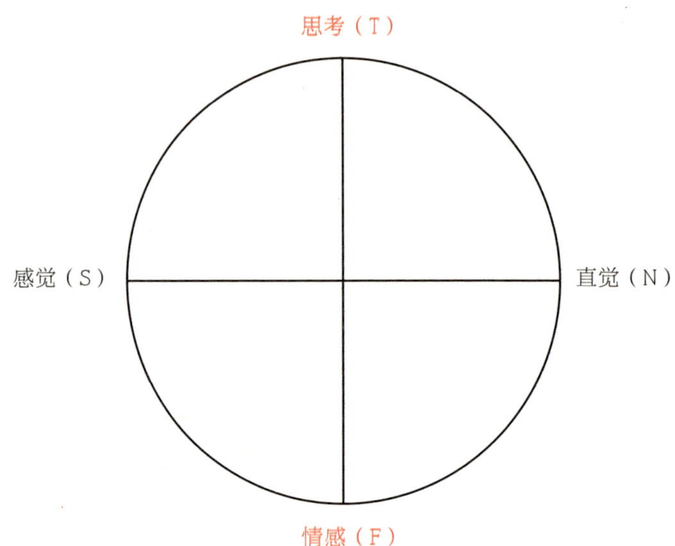

007

人前人后两幅面孔，我实在感到困惑

我父亲为人正直，不管到哪儿都有人说他是“就算世间没有法律也会严格约束自我的那种人”。出门在外的他，的确是个拥有完美形象的绅士。可回到家里就会因为琐事大发脾气，还让我们都按照他的方式行事。如果有人不照做，他就会严厉地体罚我们。只要父亲一回到家，我们就会紧张得连大气都不敢喘。父亲究竟为何会拥有这样的双重性格呢？

上述案例中提及的“双重”一词，即是表示两种性格特点因时而变，轮番展现出来的情况。出门在外时，可能是人群中最正直的一个人，回到家中却以暴君的姿态掌控整个家庭，行为也变得极为不合常理。事实上，这正是因为这个人在无意识深处过度刻画了自己正直而善良的形象，作为一种反向补偿，那个失去理性而又刻薄恶劣的自我，便会不断累积并最终在家中爆发出来。也正因如此，“父亲”拥有了这样的“双重性格”。根据分析心理学的理论，人的无意识深处存在着与自我相对立的黑暗面，这一黑暗面被称为**“阴影”**。

阴影基本上属于无意识，因而想要了解它并不容易。如果人没有意识到阴影的存在，时间长了它便会以未分化的状态一直存在下去，而这样“不成熟且低劣”的阴影便会激发出浅薄而暴戾的个性表现。但如果能意识到阴影的存在并好好加以分化和疏导，内心便会涌现出强烈的动机与热情，成为创造力的源泉。精神分析理论并不认为阴影总是消极、负面的，根据个人努力程度的不同，或多或少，阴影都是能够被转化为积极要素的。

人时常将自己的阴影投射到外部世界而不自知。如果发现自己毫无缘由地讨厌、憎恶某个人，这时便一定要问问自我，是不是将自己的阴影投射了出去。比如一个新来的员工可能会无缘无故地看一个同事不爽，尽管表面上他可以对此做出各种各样的解释，但如果深入观察自己的无意识就会发现，这里存在着被隐藏的阴影，即生怕被外人发现而因此担惊受怕的消极一面。会产生厌恶的感觉可能就是因为将阴影投射到了同事身上。每个人的内心都存在着黑暗的阴影，当它被投射到外部时，其实也产生了一个对其进行感知的机会。我们能够通过对自身的反省让投射在外面的阴影重新回到无意识之中，让它与我们的意识合为一体，这样便能够一步步接近自身人格最原本的样子。

无意识中有着个人被压抑的经历、想法以及情感的阴影，但也存在着我们从出生以来就一直留存着的、具有先验性的人类普遍的无意识，我们将其称作**“集体无意识”**。“集体无意识”由诸多**原型**(archetype)构成。原型是人类最原始的行为类型，也是神话与宗教的源泉。**阿尼玛**（anima）和**阿尼姆斯**（animus）就属于这种原型。阿尼玛指的是男人无意识中具有的女性特征要素，阿尼姆斯则指女人无意识中包含的男性特征要素。一个女人坠入爱河之后，就会向对方投射自己无意识中的阿尼姆斯。尽管对方本身也具备一定的吸引力，但最为重要的一点是，正是因为自身内部拥有男性特征的阿尼姆斯被投射到了对方身上，我们才会被对方吸引。

前例中提到的父亲没能认识到自身的两面性，因而是非常不成熟的。如果无法意识到自己的阴影，只是将它牢牢地封锁在内心，那么当阴影再也无法承受压力时就会爆发出来，让身边的人感到震惊。我们每个人可能都时常觉得自己具有双重性格，但实际上可以分割出来的并不只有两种。当内心被分割成千重万重，而这些碎片却又没能好好待在自己所处的位置上，被投射到各种各样的客体身上时，我们就会做出一些“不像自己”的举动。事实上，这些正是我们实际中的真实模样，如果

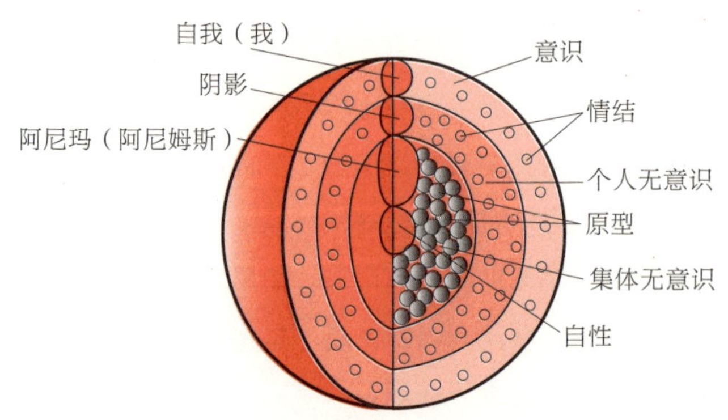

因此受到惊吓，那反而是件好事。从现在开始，应该试着去找寻自己意识和无意识的碎片，并将它们聚集到一处。当然这并不是为了把它们全部紧紧粘连在一起，那也是绝对不可能完成的任务。我们只需要承认这些被割裂开的内心的存在，不论是美好还是丑陋，让它们都能够作为自己的一部分和平共处即可。

小贴士

荣格的分析心理学概念

- 集体无意识。
  所有人类共享且具有神话特征与象征性的过往历史。
- 原型。
  经数代积累传承后，能够一直延续下去的精神内部的象征性意义。
- 情结。
  一种个人体验与原型互动所产生的情感凝聚而成的思考。
- 人格面具。
  每个人接触外部世界时展示给人的形象。
- 阿尼玛。
  男性内心的女性化原型。
- 阿尼姆斯。
  女性内心的男性化原型。
- 阴影。
  自我的黑暗面，存在于无意识一面的自我分身。
- 自性。
  自我原型，即将各种原型与情结合为一体并试图达到平衡的原型。

不能理解自己为什么那样对待他人

我是个快30岁的上班族，进公司已经有3年了，但在职场中总会跟人发生冲突。读中学的时候我就经常跟老师前辈之间有摩擦，觉得十分心累。因为总是发生这种事，我反思自己是不是有什么问题，于是开始接受心理咨询。给我进行心理治疗的是位年近六十，仪表堂堂又声音洪亮的男医生，第一次见面我就有种被他的气势压制住的感觉。之后进行治疗的过程中他提出的建议在我听来也只是一种对我的管束，总之抵触的心理很强烈。突然意识到，这和年幼时起我从父亲身上体验到的那种感觉很类似。

精神疗法是指，治疗师和患者见面后通过对话建立起新的关系的一类治疗方式。尽管彼此都是第一次见到对方，但两人的关系其实并不是崭新的。患者在见到医生之前就或多或少已经对其有了一定的了解，而真正面对面交谈的时候又可能会从医生身上再次体验到从前在别人身上体验过的情感。这种患者从医生处再次体验到过去从身边重要的人身上体验到的，诸如爱恨之类的情感的现象，被称为“移情”。

前文案例中的患者并不只是会对为自己治疗的医生产生移情。很显然，只要是在类似的情况下面对类似的人，他随时随地都可能表现出类似模式的情感反应。所以移情在精神疗法中可以充当一个重要的信息，让医生清楚地对患者进行把握，知道他在什么时候什么情况下会出现类似的问题。在面对患者的问题时，医生也不会像其身边其他的人一样做出“不正确的反应”。因此坚持进行治疗便能让患者体验到新的关系模式，收获良好的治疗效果。

患者可以体验移情，而与之相对而坐的医生则往往能体验到**“反移情”**。从广义上来看，近来学界常常将医生对患者抱有的所有情感反应都看作反移情。在治疗过程中反移情也可以作为工具得以有效运用。举个简单的例子，一位常常被男朋友虐待且患有歇斯底里人格障碍的女士前来接受心理咨询。医生面对这样一位态度轻浮、喜欢逃避责任的患者难免会产生轻蔑的情绪，此时医生就可以对这种情感进行分析。医生通过这样的反移情，能够把握患者那些不自知的为人处事问题，并将其用作治疗的手段。

在日常生活中，我们也会把对于小时候觉得很重要的人的感情再次投射到现在我们遇到的所有人身上。如果“在类似的客体身上体验到类似的感情”这一过程不断重复出现，便需要我们去思考一下这种移情关系了。从过去起一直反复重演的模式在未来也很有可能继续下去。如果希望就此摆脱它的束缚，便应理解自己所特有的移情关系。

同时，诸如此类的问题还可以运用脑科学的理论来做出解释。生来拥有学习能力且可塑性极强的神经元会通过小时候的学习过程组建起大脑神经元网络，并以此构建起**原型**（prototype）。这就为我们一生中的人际关系、感情处理、行为举止模式等奠定了基础。从经济学的角度来看，这也是十分“划算的”。我们在每次体验新的经历、遇到新的人时，只需利用平日已经构建起来的神经元网络与系统，将其直接作用于现有的人与关系之上便可以了，并不总需要形成新的神经元网络。这就能够帮助我们节省能量，并且在需要迅速做出反应的状况中表现得更为高效。

本节开篇案例中的主人公正是因为还未能“放下”小时候和父亲相处时的情感，才在面对一个身居高位且有权威的人时，自然而然地联想起了父亲并体验到了与父亲相关的负面情感。为了获得治疗他开始接受心理咨询，尽管看到医生时心中仍会浮现起与父亲类似的形象，但也意识到了此刻的体验和过去自己面对父亲时内心的负面情感别无二致。其实正是因为有医生的帮助，他才得以认识到自己的移情并通过言语将其表述出来。在治疗期间，如果只是将过去所经历的事件与情感表达出来，那就仅仅相当于对着中空的标本做实验。与之相对的，如果通过移情关系，将认识到的此种关系和情感体验作为工具进行治疗，那么就如同在用活着的生物做实验一样，治疗结果也往往更令人瞩目。

想要克服自卑心理

因为没有考上好大学，我在学历方面一直感到自卑。可能是因为缺乏自信，去面试也是屡屡受挫。而且我个子比较很矮，外貌上也有自卑情结。感觉自己真是一无是处，可能也就是因为这样，到现在连场恋爱都没谈过。

我们经常在日常生活中使用“自卑感”“自卑情结”这类表述。而这些词语其实会反过来给我们的行为模式和日常生活造成相当大的影响。学历、外貌、体型、性格、家庭背景、经济状况等许多要素都可以成为个人自卑心理的来源。自卑感会打击人的自信，限制人际关系，严重时甚至会让一个人在社会上被完全孤立。

和弗洛伊德生活在同一时期的阿德勒曾强调，自卑感对于人类的心理有着重要影响。和主张力比多，即性力为人类生存原动力的弗洛伊德不同，阿德勒认为，是动机决定了一个人的行为方式，这一动机的根源则是自卑感。也就是说，尽管以弗洛伊德为首的传统精神分析学者普遍认为，人类生来具有激发生存本能的力比多，人是因为力比多的存在才会去爱护自己、对他人产生情感并努力实现目标，但阿德勒则主张，相比力比多，自卑感才是给人带来重大影响的一股力量。人们正是为了克服自身的自卑感而努力进行自我管理、与他人交流并不断前进的。阿德勒指出，每个人克服自卑感的过程都不相同，这就造成了所谓的“人生百态”。

世界上并不存在完全没有自卑心理的人。刚出生的婴儿因为什么都不会，必然会感到自卑；幼年时期的孩子看到父母比自己强大，也会感觉自己“输掉了”。同样，弟弟看到哥哥、矮子看见高个儿、运动神经不发达的学生看到十项全能的朋友时，都会产生自卑心理。这种自卑感转化为动力，便能够刺激孩子不断成长、喝牛奶、努力练习跑步，变成一个充满力量和精通各种技能的成年人。即使这样的努力没有带来预期的结果，孩子也会试图在其他领域变得优秀。例如认真学习、结交许多朋友。人就是这样逐渐成长并建立起自豪感的。

一些懂得“机智地”克服自卑感的人会以健康的方式引导自己的人生，但如果一直为其所困，我们就会陷入严重的自卑情结之中。本节开篇事例中对于学历和外貌感到自卑的主人公每次面试时都因为缺乏自信而落选，这时身边的人也许会安慰他，“没事的，你们学校出来的学生也有很多成功的”“你的外貌达到平均水平了，别气馁”。但这样的安慰其实并不会带来任何帮助，因为他的潜意识里永远都会觉得“我学历不行，长得也难看，找不到工作也是理所当然”，于是缩手缩脚，不断为自己找寻各种各样的借口。

为了克服自卑情结，首先需要做的便是摆脱自我怜悯。不能将失败归结于学历、外貌的问题，并以此来安慰自己，同时也不可以期待身边的人给予自己这样的安慰。同情只会带来更加严重的自卑情绪，因此不管是自己还是身边的人，都不应该逃避这些问题。当有人谈到相关话题时，相比拚命掩盖，干脆地承认自己确实拥有自卑的一面反而更能够带来帮助。

在承认了自己的自卑心理之后，接着便需要将其克服。一步一个脚印地做好准备，并付出努力不断完善自己。如果修正缺点过于困难，则需要从自己身上寻找能够弥补自卑感的长处。一个人如果精神状况良好、平时就对自己的优缺点有正确把握，便能很快寻找新的突破口。人类只要拥有想要克服自卑感的动力，便能够确立清晰的目标，并最终将其实现。

帮助我们克服自卑感的另一条道路是爱。自卑的人坚信自己是因为没有出息所以不配得到任何人的爱。但事实上，他们只是下意识里不愿意承认，是自己的自卑感将他人给予的爱拒之千里。就好像内心在呼喊着，“我又没有低人一等，所以我不需要别人的帮助”。精神健康的人会乐于接受身边人给予的帮助和爱，而在这样的过程中，自己也懂得反哺他人。并不是因为有所欠缺才得不到爱，而是自卑的人为了隐藏自卑从而封闭了自己。如果真心有所渴望，深爱着某人某事，那么就可能摆脱自卑情结，成为心灵健全且出众的人。

我变成这样都是这个世界的错

我今年20多岁，是一名公司职员，刚入职不久。家中三个女儿我排老三，在成长过程中，没能从工作繁忙的父母那里得到足够的认可，还一直被姐姐们欺负。不管是在学校还是家里，大家都把我当猴耍，没什么人缘，从来没有人会站在我这边。出于愤怒的心情，我时常会跟身边的人斗嘴。不久之前好不容易就业了，想着在公司一切可以重新开始，结果还是跟同事发生了冲突。我觉得自己的性格变成这样都是因为一直以来生活得太辛苦了，想想就觉得很伤心。

上述案例中的主人公在过去的生活中承受了很多伤害，因而觉得自己是个受害者。怀着这样的想法，尽管她试图在新的职场环境中和身边的人建立起良好的关系，但最终还是和同事们产生了纠葛。然而，人们真的会毫无缘由地攻击她吗？真的就如她所说的那样，是因为她“没有人缘”吗？这一切都是悲惨的命运造成的吗？

我们可以来分析一下她的职场生活。最开始努力和大家维持良好的关系，看起来过得应该还是很不错的。但渐渐地，也许是她说话做事太没有眼力见儿，因而频繁惹得身边人生厌。“你最近又胖了啊？应该减减肥了”“没在截止日期之前完成任务，今天是不是又被科长训了一顿？那你就应该抓紧时间做事了呀”……她整天把这些话挂在嘴边。之所以热衷于提出这样的话茬儿，主要是因为她在无意识中将对自己外貌或能力的消极印象投射到了同事身上。重要的是，因为这样的投射过程是下意识完成的，所以她本人也难以对此有所察觉。一开始碰到这样的事大家其实并不会真正表现出在意，但时间长了这些东西就会在对方心里扎根，同事们也会表现出无比的愤怒。最终的结果便是，同事们反过来不断指责甚至嘲讽她，于是负面情绪又再次转移到了她的身上。而她接纳了这些负面情绪的回归，并因此认定世界上每个人都讨厌自己，所有人都在无端攻击自己，把一切归咎于自身命运的不幸。

上述分析借助**“投射性认同”**这一概念说明了她和同事之间的相互作用。我们虽然无法量体裁衣地分析所有人之间的相互作用，但借助心理学上的几个基本法则，就可以有效说明人际交往中产生的细微相互作用，并且帮助我们更好地理解各种各样的人际关系。

在自我心理学的领域中，我们关注的重点是自我和内部心理结构，即无意识、意识，本我、自我、超我之间的精神动力联系。“客体关系理论”则是将焦点放在自我和他人，即自我和客体之间的关系上，并尝试去理解人类心理的理论。根据客体关系理论，人会将年少时期和重要的客体之间构建起的人际关系内化，作为长久的关系意象留存于内心深处，并在此后的一生中反复投射到与新的客体构建的关系之中。这一理论最具代表性的例子便是“投射性认同”这一心理机制，而在实际的运用中，它能非常好地解释明显具有人际关系问题（即非自身内在的苦恼）的边缘型人格障碍患者的发病原因。

在客体关系理论中，投射性认同是一种极其重要的防御机制，也是精神治疗中许多具体方法的理论依据。C. K. 奥格登（C. K. Ogden）将治疗过程中投射性认同的无意识过程归类为了三个阶段。首先，患者将自己内在的一面投射到治疗师身上。其次，治疗师认同患者投射出的自我意象并遵照其行动。最后，治疗师接受被投射的客体并将其转化，然后还原到患者身上，患者再次将其吸收（吸收性认同）。这就是说，在面对患者的投射时，治疗师会表现出和一般人不同的反应，从而帮助患者获得全新的体验，引导其进行治疗。

这样的积极变化在日常生活中也可能发生。例如，孩子因为肚子饿了而缠着妈妈又哭又闹，此时便是将不好的自我意象投射到了妈妈身上。而妈妈自然会对一直纠缠不休的孩子发脾气。如果这时妈妈对投射到自己身上的“坏妈妈”形象做出反应，感到愤怒并教训孩子，孩子就只会再次吸收妈妈的这种负面意象，觉得“我果然就是个坏孩子，妈妈也是个坏妈妈”。但聪明的母亲却懂得心平气和地哄劝孩子，让他恢复平静的状态，此时孩子就会获得焕然一新的体验。而这种体验内化后便可以创造出积极正面的内部客体。

对于本节开篇的主人公来说，如果希望切断人际关系中一直反复的恶性循环，开展新的关系，就需要准确认知自己无意识中产生的行动，以及存在于内心深处的情感和思想。可以试着想象一下自己将球投向某人，对方被球打中了，又将球扔回来砸到自己时的场景，自然是会觉得疼的。如果只关心“自己被球砸到了”这件事，问题就很难得到解决。必须往深处更加广阔的地方去追溯问题的根源，才能抓住问题的本质，并探索出解决的线索。

小贴士

客体关系理论

当下的人际关系会受到过去已形成的关系的影响，也就是说，小时候和外部客体之间的关系内化之后，会在今后的每一段人际关系中反复再现。例如，从小遭受虐待的孩子在长大成人后，便可能不自觉地和他人建立起加害者与被害者的关系，并时常因此引发问题。然而，由于这种内部客体潜藏于无意识深处，自我通常难以有所认知，因而需要借助精神治疗，通过移情来把握这种内部客体。

M.马勒

M.马勒通过以儿童为对象的研究进一步深化了客体关系理论。其中尤为重要的是她对客体关系发展进程的划分。

•第一阶段：自闭期（出生至2个月）。

沉浸于自身，更加关心生存问题而不是和妈妈的关系，对外部刺激的反应不灵敏。

•第二阶段：共生期（2个月至6个月）。

会对着妈妈微笑，与人进行目光接触。尽管模糊地知道自己是与妈妈分离开来存在的，但还是认为和妈妈是一体的关系，能够感知到妈妈在自身以外存在。

•第三阶段：分离—个体化时期。

——分化（differentiation，6个月至10个月）。

了解到妈妈是一个独立的人，领悟到妈妈的存在并不是为了自己。

——训练（practicing，10个月至16个月）。

伴随着运动机能的发展，可以一边四处走动一边进行探索，不过走着走着便会重新回到妈妈的怀抱里。

——和解（rapprochement，16个月至24个月）。

完全明白妈妈是独立于自己之外的存在，会产生分离焦虑。在玩耍的时候也会时常确认妈妈是否待在附近。想要依赖和想要自我约束的两种期望之间发生摩擦，并因此再次出现分离焦虑。

——客体永恒性（object constancy，满3岁）。

内心留存着妈妈的完整形象，即使妈妈不在身边也会通过想象妈妈的样子而得到安慰。

M.克莱茵

精神分析学者M.克莱茵通过对儿童进行精神分析，归纳出了内部客体关系的理论。她认为，人格的成长过程可分为偏执-分裂心位（paranoid-schizoid position）与抑郁心位（depressive position）两个水平。孩子出生后的一年里会从偏执-分裂心位成长到抑郁心位，但它们并非只是在幼年时期短暂停留的两个阶段，而是一生中都会在我们的内心相互作用的两种体验方式。

·偏执-分裂心位（出生后1个月内）。

婴幼儿尚且无法全面认识妈妈，因而只会将其分类为好妈妈和坏妈妈两种。由于他们会将自己负面的、具有攻击性的一面投射到坏妈妈身上，便会更加“抹黑”妈妈这一人物形象。他们恐惧自身被妈妈伤害，具有怀疑与偏执的倾向，即受虐焦虑（persecutory anxiety）。

·抑郁心位（出生后3至6个月）。

一方面，拥有了对现实的感知力，能够将好妈妈与坏妈妈统一，建立起独一无二的妈妈形象。另一方面，由于担心自己内在存留的攻击性冲动会对妈妈造成伤害，甚至导致其消失，从而陷入恐慌、自责、沮丧之中。

我好像太在意他人的评价了

我是一名职场白领，今年30岁了。在工作中我属于很拼的那种，没交男朋友，也不怎么跟朋友们见面，整天埋头于工作，也没有什么特别的兴趣爱好。然而，公司还是因为财政困难解雇了我。我对整个人生都产生了怀疑，感到十分沮丧。

开篇案例中的主人公出生在一个父母保守、兄弟姐妹众多的家庭，而她是其中年龄最小的一个。因为是女儿，成长过程中也没有得到家人足够的关怀和重视。回顾一下她的年少时期，就会发现年长10岁的哥哥姐姐们总是无视她，很少跟她一起玩耍，甚至当她是陌生人。幼时的她，便缺乏一个能够像镜子一样照射出自身存在的自体客体。这样的成长环境使得她在成年之后拼命从职场成就中寻找满足感与自信，而这也成了对她而言无比重要的自体客体。不管是恋人还是朋友，她都并不需要。每天早早起床去上班，努力工作拿下高额的业绩，这些才是令她感到心动的事情。然而在突然被公司解雇之后，她便失去了这样的自体客体，一直以来帮助她维持自尊的职场成就，即镜子里折射出的光芒也就随之消失了。

此时对她而言，寻找工作以外的其他自体客体就显得至关重要。所谓“不能把鸡蛋都放在同一个篮子里”，只懂得死死抓住一个自体客体也实在令人感到不安。努力过上安稳、健康的生活，谈一场恋爱，和朋友们见面，找到工作以外的其他乐趣，便是她从现在开始需要不断追寻的人生目标。

我们每一个人都像她一样追求着能维持自尊感的客体关系。H.科胡特在解释这种人类心理的过程中进一步深化了自体心理学。对孩子而言，妈妈就是能够折射出自己的模样，并对他们“想要成为理想中的自己”的需求做出回应的重要存在，而这种存在就被称作“自体客体”。科胡特认为，“自体客体”旨在帮助人们建立其心理学意义上的生存含义，是如同氧气般的重要存在。正如幼年时期的孩子通过妈妈充满爱的眼神维持自尊一般，成年人也需要和其他人建立起某种关系。在成长的过程中，朋友、恋人、配偶和家人就充当了这一角色。一对新婚夫妇会向自己的另一半过度索取认同与共鸣，还会做出撒娇之类的幼稚举动。在他们看来，自己的另一半是世间独一无二的。而这其实正与孩子在面对妈妈时的样子一致。最初，另一半就如同妈妈眼中的孩子一般，不管做什么，自己都会觉得很讨喜。然而随着时间流逝，对方的缺点也会显露出来，从而让自己感到失望。但两个人仍然可以通过这样的过程建立起更为成熟的关系。

另外，与客体关系理论强调自体意象与客体意象之间内化的关系不同，自体心理学更加注重讨论现实中自己与外部世界之间建立的关系，尤其是从客体反射回自身，带来相互作用的精神动力与精神流动。最能印证这一理论的心理状态便是我们对自身的爱，即所谓的**自恋情结**。

刚出生的孩子在各个方面都享受着最完美的状态。妈妈时刻保护着孩子，绝不会让他受冻挨饿。给孩子换尿布保持干爽舒适，同时还会与孩子进行眼神交流，让他觉得自己是世界上最可爱的存在。孩子通过这样的过程认知到羞耻感和自尊心，产生**夸大自体**①（grandiose self）。而对于无微不至照顾自己的妈妈，也会将其塑造成**理想化的父母形象**（idealized parental imago）。然而这个世界并不是那么十全十美的，孩子很快就会经历挫折，明白妈妈并不能为自己解决一切问题，从而对此感到失望。如果这样的挫折经历对孩子来说尚处于可以承受的范围，那么他们就能够以正确的方式克服它，进一步成长起来。

而如果在成长过程中遭受了较大的伤害，例如妈妈离开了人世，又没有能够代替妈妈照顾自己的成年人时，会出现怎样的状况呢？再来，如果妈妈本身是不成熟且充满缺点的存在，根本不能为孩子提供良好的养育条件，事情又会如何发展呢？面对诸如此类的情况，孩子得不到期待中那面镜子的反射，便只能一路怀抱着缺点成长起来，或为了克服这样不完美的自己而拼命努力寻求认可。这里最为典型的例子便是自恋型人格障碍，患有这类障碍的人一生都会担心被他人看到自己软弱的一面，因而一味显露自己的长处。而

① 认为自己无所不能。——编者注

自体心理学理论为我们理解和治疗这样的患者提供了良好的指导。在治疗过程中，医生作为一个健全的自体客体，会通过给予患者全新的反馈，例如让其感受到适当的共鸣等方式，来帮助他们恢复受伤的自尊心，收获自我价值体验。

小贴士

科胡特的自体心理学

科胡特认为，相比弗洛伊德提及的性欲与攻击欲，人类维持自尊心与自我统一的需求更加强烈。为了满足这两种需求，父母需要对孩子表达充分的共鸣，并且有资格成为孩子理想中的客体。科胡特表示，当孩子缺少这种能够给予共鸣的自体客体，即在孩子缺少一个能够恰当地给予自己反馈和共鸣的妈妈时，便可能导致人格障碍的出现。孩子如果能遇到好的自体客体，就能将其转化为属于自己的内核。

科胡特提道，人在一生中需要两种类型的自体客体。第一种是能够让我们认识到自身的完美与伟大的镜映自体客体（mirroring object），第二种则是理想中的父母形象，让我们在身处困境时仍然保持镇定，遇到任何问题都有能力解决。

科胡特说，为了形成健全的自体内核，孩子需要接收能够让其对自身能力拥有自信的反馈，拥有一个自己努力追赶的理想化客体。自体客体也需要给予其适当的挫折，还必须在其遇到挫折时，将自体客体的能力化为己用，帮助他们解决问题。

第 1 部分　人类心理发展

송명자 저, 《발달심리학》, 학지사, 2003.
홍강의 저, 《소아정신의학》, 중앙문화사, 2005.
윌리엄 크레인 저, 송길연, 유봉현 공역, 《발달의 이론》, 중앙적성출판사, 1983.
Andres Martin and Fred Volkmar, *Lewis's Child and Adolescent Psychiatry: A Comprehensive Textbook*, 4th Edition, Lippincott Williams & Wilkins, 2007.
Herbert Ginsburg and Sylvia Opper, *Piaget's theory of intellectual development*, Prentice-Hall Inc., 1969.
Benjamin Sadock and Virginia Sadock, *Kaplan and Sadock's Synopsis of Psychiatry*, Williams & Wilkins, 2007.

第 2 部分　家庭心理百科

第 1 章　亲子关系问题

블룸퀴스트 저, 곽영숙 역, 《행동장애 어린이를 돕는 기술》, 하나의학사, 2000.
칩 월터 저, 이시은 역, 《사람의 아버지》, 어미마마, 2014.
데이비드 버스 저, 이충호 역, 《진화심리학》, 웅진지식하우스, 2012.
전중환 저, 《오래된 연장통》, 사이언스북스, 2010.
EBS 마더쇼크제작팀 저, 《마더쇼크》, 중앙북스, 2012.
존 볼비 저, 김수임, 강예리, 강민철 공역, 《존 볼비의 안전기지》, 학지사, 2014.
대니얼 레빈슨 저, 김애순 역, 《여자가 겪는 인생의 사계절》, 이화여자대학교출판부, 2004.
레온 사울 저, 최수호 역, 《결혼과 소아기 감정양식》, 하나의학사, 1997.
윌리엄 크레인 저, 송길연, 유봉현 공역, 《발달의 이론》, 중앙적성출판사, 1983.
로스 파크 저, 김성봉 역, 《아버지만이 줄 수 있는 것이 따로 있다》, 샘터사, 2012.
존 가트맨 저, 남은영 역, 《내 아이를 위한 사랑의 기술》, 한국경제신문사, 2007.
최재천 저, 《다윈 지능》, 사이언스북스, 2012.
기획 기사 〈한국인의 삶〉, 파이낸셜뉴스, 2015년 1월 4~6일자.
송명자 저, 《발달심리학》, 학지사, 2008.
이정란 저, 〈Vygotsky의 발달이론에 따른 어머니의 상호작용전략과 유아의 자기판단력과의 관계분석〉, 아동학회지 10(1):26-42, 1988.
국립특수교육원 저, 《특수교육학 용어사전》, 하우, 2009.
신경인문학연구회 저, 《뇌과학, 경계를 넘다》, 바다출판사, 2012.
홍강의 저, 《소아정신의학》, 중앙문화사, 2005.
홍강의 저, 《소아정신의학》, 학지사, 2014.
안동현 저, 〈어린이 식사장애의 평가 및 치료〉, 대한지역사회영양학회지 6(5):922-934, 2001.
데이비드 쉐퍼, 캐서린 키프 공저, 송길연, 이지연, 장유경 공역, 《발달심리학》, 시그마프레스, 2000.
로널드 라피, 앤 위그널, 수잔 스펜스, 바네사 코햄, 하이디 리네햄 공저, 이정윤, 박중규 공역, 《불안하고 걱정이 많은 아이, 어떻게 도와줄까?》, 시그마프레스, 2002.
정보인 저, 《0-5세 발달단계별 놀이 프로그램》, 교육과학사, 2000.
안동현 저, 《주의력결핍장애 아동의 사회기술훈련》, 학지사, 2004.
안동현 저, 《우리아이에게 문제가 생겼어요》, 경향신문사, 1997.
김용태 저, 《가족치료 이론》, 학지사, 2000.
안동현 저, 《말 안 듣는 아이》, 하나의학사, 1997.

홍준표 저, 《응용행동분석》, 학지사,2009.
데이비드 월린 저, 김진숙, 이지연, 윤숙경 공역, 《애착과 심리치료》, 학지사,2010.
루스 벨트만 비건 저, 응용발달심리연구센터 역, 《사회적 기술 향상 프로그램 – 유아용》, 시그마프레스,2002.
C. 브레너 저, 이근후 역, 《정신분석학》, 하나의학사,1987.
로나 윙 저, 신현순 역, 《자폐아동》, 이화여자대학교출판부,1989.
노경선 저, 《아이를 잘 키운다는 것》, 예담,2007.
이부영 저, 《정신분석에로의 초대》, 이유,2003.
이무석 저, 《정신분석의 이해》, 전남대학교 출판부,1995.
EBS 제작팀 저, 《아이의 정서지능》, 지식채널,2012.
A. E. Siegel, *Working Mother and Their Children*, J Ameri Acad Child Psyuchiat, 23:486–488: 1984.
Peter Fonagy, *Maternal representations of attachment during pregnancy predict the organization of infant-mother attachment at one year of age*, Child Development, 62, 891–905, 1991.
Helen L. Egger, *Developmentally sensitive diagnostic criteria for mental health disorders in early childhood: The diagnostic and statistical manual of mental disorders–IV, the research diagnostic criteria–preschool age, and the Diagnostic Classification of Mental Health and Developmental Disorders of Infancy and Early Childhood–Revised*, American Psychologist, Vol 66(2), 95–106, 2011.
D. B. Pruitt, *Your Child: Emotional, Behavioral, and Cognitive Development from Birth Through Preadolescence*, William Morrow & Company, 2000.
Ronald Rapee, *Treating Anxious children and adolescents*, New Harbinger publications, 2000.
S. Ozonoff, *A parent's guide to Asperger syndrome and high-function autism*, Guildford, 2002.
M. L. Bloomquist, *Skills training for children with behavior disorder*, Guildford, 1996.
P. Stallard, *Think good - feel good*, John Wiley & sons, 2002.
P. C. Kendall, *Child and adolescent therapy cognitive-behavioral procedures,* Guilford, 2012.
L. Eliot, *What's going in there?*, Bantam Dell Pub Group, 2000.
J. Bowlby, *A secure Base*, Basic Books, 1988.

第 2 章　小学阶段的问题

미국아동청소년정신과협회 저, 권상미 역, 《아이성장심리백과》, 예담프렌드,2014.
상진아 저, 《말 한마디로 아이를 크게 키우는 칭찬과 꾸중의 힘》, 랜덤하우스코리아,2008.
필립 켄들 저, 신현균, 김장호, 최영미 공역, 《아동 청소년 심리치료: 인지행동적접근》, 학지사,2015.
로버트 프리드버그 저, 정현희, 김미리혜 역, 《아동과 청소년을 위한 인지치료》, 시그마프레스,2007.
한국청소년정책연구원 저, 〈청소년의 건강한 삶과 성장지원〉, 제 1 차 2014 년도 고유과제 연구성과 발표회,2015.
미셸 보바 저, 남혜경 역, 《내 아이 심리육아백과》, 물푸레,2011.
〈서울통계연보〉, 서울시,2014.
〈인구주택총조사〉, 통계청,2010.
로렌 샌들러 저, 이주혜 역, 《똑똑한 부모는 하나만 낳는다》, 중앙 m&b,2014.
클리프 아이잭슨, 크리스 래디쉬 공저, 김진 역, 《출생의 심리학》, 21 세기북스,2005.
송형석 저, 《위험한 관계학》, 청림출판,2010.
〈세월호 침몰 사건을 맞아 일반 부모들을 위한 지침〉, 소아청소년정신의학회,2014.
리키 그린월드 저, 정성훈, 정운선 역, 《마음을 다친 아동 청소년을 위한 핸드북: 정신적 외상을 입은 아동과 청소년을 위한 지침서》, 학지사,2011.
케빈 로넌, 재클린 페더 공저, 신현균 역, 《아동의 외상과 학대에 대한 인지행동치료: 단계적접근》, 학지사,2012.
바베트 로스차일드 저, 노경선 역, 《트라우마 탈출 8 가지 열쇠》, NUN,2011.
재니스 A. 디 치아코 저, 정연희 역, 《슬픈 아이들의 심리학》, 휴먼앤북스,2011.
하임 G. 기너트, 앨리스 기너트, 월러스 고더드 공저, 신홍민 역, 《부모와 아이 사이》, 양철북,2003.
토마스 고든 저, 이훈구 역, 《부모 역할 훈련》, 양철북,2002.
윌리엄 크레인 저, 송길연, 유봉현 공역, 《발달의 이론》, 시그마프레스,2011.
이언 레슬리 저, 김옥진 역, 《타고난 거짓말쟁이들》, 북로드,2012.
미래창조과학부 저, 〈2013 년 인터넷중독 실태조사〉, 한국정보화진흥원,2013.

프란시스 부스 저, 김선민 역, 《디지털 세상에서 집중하는 법》, 처음북스, 2014.
김성도 저, 《호모 모빌리쿠스》, 삼성경제연구소, 2008.
올리버 색스 저, 조석현 역, 《아내를 모자로 착각한 남자》, 이마고, 2006.
존 바이스 저, 오경자, 정경미, 문혜신, 배주미, 이상선 공역, 《아동 청소년 심리치료》, 시그마프레스, 2008.
조지 베일런트 저, 이덕남 역, 《행복의 조건》, 프런티어, 2010.
마이클 거리언 저, 안진희 역, 《소년의 심리학》, 위고, 2010.
이영환 저, 《아버지의 부모역할과 아동발달》, 교육과학사, 2014.
주디스 월러스타인 저, 오혜경 역, 《이혼 부모들과 자녀들의 행복만들기》, 도솔, 2008.
배빗 콜 저, 고정아 역, 《따로 따로 행복하게》, 보림, 2001.
에밀리 멘데즈 아폰테 저, 노은정 역, 《난 이제 누구랑 살지?》, 비룡소, 2003.
하워드 가드너 저, 문용린, 유경재 공역, 《다중지능》, 웅진지식하우스, 2007.
신석호 저, 《비언어성 학습장애 아스퍼거증후군》, 시그마프레스, 2013.
Facts For Families Guide, *Helping Teenagers With Stress*, American Academy of Child & Adolescent Psychiatry. 2013
J. A. Cohen, *Treating Trauma and Traumatic Grief in Children and Adolescents*, Guilford Publications, 2006.
Dougy Center for Grieving Children, *35 Ways to Help a Grieving Child,* Dougy Center, 1999.
F. R. Volkmar, *Essentials of Lewis's Child and Adolescent Psychiatry*, Lippincott Williams & Wilkins, 2011.
American Psychiatric Association, *Diagnostic and Statistical Manual of Mental Disorders,* 5th Edition, American Psychiatric Association, 2013.
S. M. Rutter, *Rutter's Child and Adolescent Psychiatry*, Wiley-Blackwell, 2010.
M. E. Lamb, *The Role of the Father in Child Development,* Wiley & Sons Inc, 2010.

第 3 章　中学阶段的问题

김은아 저, 〈아이의 사춘기 반항, 감당이 안 되는데 어떡하죠?〉, 비룡소 새소식 2014년 6월호, 2014.
존 가트맨 저, 최성애 역, 《내 아이를 위한 감정코칭》, 한국경제신문사, 2011.
김영아 저, 《십대라는 이름의 외계인》, 라이스 메이커, 2012.
글렌 가바드 저, 이정태, 채영래 공역, 《역동정신의학》, 하나의학사, 2008.
〈부모 잔소리를 들을 때 청소년의 뇌는 멈춘다〉, 서울신문, 2015년 2월 24일자.
루스 벨트만 비건 저, 응용발달심리연구센터 역, 《사회적 기술 향상 프로그램 - 중고등학생용》, 시그마프레스, 2003.
전홍진 저, 〈청소년 자살 관련 현황 및 위험 요인〉, 대한의사협회지 제56권 제2호, 93-99, 2013.
질병관리본부 저, 〈청소년 건강행태 온라인 조사〉, 보건복지부, 2012.
이유진 저, 〈국내 중고교생 수면부족 실태 조사〉, 가천의대, 2010.
데이비드 월시 저, 곽윤정 역, 《10대들의 사생활》, 시공사, 2011.
윤형섭 저, 《한국 게임의 역사》, 북코리아, 2012.
미래창조과학부 저, 〈2013년 인터넷중독 실태조사〉, 한국정보화진흥원, 2013.
요한 하위징아 저, 이종인 역, 《호모 루덴스》, 연암서가, 2010.
로제 카이와 저, 이상률 역, 《놀이와 인간》, 문예출판사, 1994.
〈우리시대 청소년 자화상: 남학생' 폭행' 여학생' 왕따' 가장 많이 시달려〉, 국민일보, 2014년 7월 11일자.
〈'SNS 사이버왕따' 청소년 멍든다〉, 강원도민일보, 2012년 11월 13일자. 류영민. 학교 폭력, 사이버 상담 센터 〈청소년 제1고민 집단 따돌림〉, 문화일보, 2012년 2월 29일자.
〈학교폭력 中' 집단 따돌림' 이 가장 견디기 힘들어…〉, 쿠키뉴스, 2012년 3월 7일자.
리키 그린월드 저, 정운선, 정성훈 공역, 《마음을 다친 아동 청소년을 위한 핸드북》, 학지사, 2011.
임여주 저, 《열세 살, 학교 폭력 어떡하죠?》, 스콜라, 2014.
"히키코모리", 위키백과.
대한소아청소년정신의학회 저, 《청소년정신의학》, 시그마프레스, 2012.
마이클 블룸퀴스트 저, 곽영숙 역, 《행동장애 어린이를 돕는 기술》, 하나의학사, 2000.
조수철 저, 《소아정신질환의 개념》, 서울대학교출판부, 1999.
질병관리본부 저, 〈청소년 건강행태 온라인 조사〉, 보건복지부, 2014.
필립 라이스 저, 정영숙, 신민섭, 이승연 공역, 《청소년 심리학》, 시그마프레스, 2009.

김용석 저, 〈청소년 문제 행동의 공통 요인으로서 부모의 양육 태도에 관한 연구〉, 한국사회복지학,2000.
말콤 글래드웰 저, 노정태 역, 《아웃라이어》, 김영사,2009.
〈학교 가기 싫어하는 아이를 혼내지 말아야 하는 까닭〉, 조선비즈,2015년 7월 4일자.
하워드 가드너 저, 문용린, 유경재 공역, 《다중지능》, 웅진지식하우스,2007.
이범 저, 《우리 교육 100문 100답》, 다산북스,2013.
"다중지능이론", 네이버 지식백과, 시사상식사전, 박문각.
〈조기유학 1세대' 절반의 성공'〉, 조선일보,2009년 6월 23일자.
홍진표 저, 《내 아이와의 두 번째 만남》, 위너스북,2010.
T. E. Brown, *Attention Deficit Disorders and Comorbidities in children, adolescents, and adults*, APP, 2000.
T. P. Gullotta, *Handbook of Adolescent Behavioral Problems: Evidence-Based Approaches to Prevention and Treatment*, Springer, 2014.
J. L. Maggs, *Trajectories of Alcohol Use During the Transition to Adulthood*, Alcohol Research Current Review, Vol. 28, No. 4, 195−201, 2004.
P. C. Kendall, *Child and Adolescent Therapy: Cognitive-Behavioral Procedures*, Guilford Pubn, 2006.
D. B. Pruitt, *Your Adolescent: Emotional, Behavioral, and Cognitive Development from Early Adolescence Through the Teen Years*, Harper Collins, 2000.
T. Brown, *Attention Deficit Disorder: The Unfocused Mind in Children and Adults*, Yale University Press, 2006.

第 4 章　青年阶段的问题

이브 A 우드 저, 안진희 역, 《심리학, 배신의 상처를 위로하다》, 이마고,2010.
데이비드 버스 저, 이충호 역, 《진화심리학》, 웅진지식하우스,2012.
알프레드 아들러 저, 설영환 역, 《아들러 심리학 해설》, 선영사,2014.
사이토 이사무 저, 최선임 역, 《사람은 왜 험담을 할까?》, 스카이,2014.
존 카치오포, 윌리엄 패트릭 공저, 이원기 역, 《인간은 왜 외로움을 느끼는가?》, 민음사,2013.
송형석 저, 《위험한 관계학》, 청림출판,2010.
김정희 저, 《심리학의 이해》, 학지사,1993.
김대식 저, 《내 머릿속에선 무슨 일이 벌어지고 있을까?》, 문학동네,2014.
최정훈 저, 《심리학 – 인간행동의 이해》, 법문사,1986.
몬트세라트 귀베르나우 저, 유강은 역, 《소속된다는 것》, 문예출판사,2015.
로저 매키논, 피터 버클리 공저, 박성근, 정인과 공역, 《임상 실제에서의 정신과적면담》, 하나의학사,2012.
이병윤 저, 《정신의학사전》, 일조각,1990.
〈통계로 본 서울 혼인 · 이혼 현황〉,e–서울통계 82호,2013.
기획 기사 〈한국인의 삶〉, 파이낸셜뉴스,2014년 12월 31일~2015년 1월 11일자.
레온 사울 저, 최수호 역, 《결혼과 소아기 감정양식》, 하나의학사,1997.
대니얼 레빈슨 저, 김애순 역, 《남자가 겪는 인생의 사계절》, 이화여자대학교출판부,1996.
윌리엄 크레인 저, 송길연, 유봉현 공역, 《발달의 이론》, 중앙적성출판사,1983.
송명자 저, 《발달심리학》, 학지사,2008.
에리히 프롬 저, 《사랑의 기술》, 문예출판사,1976.
B. J. Sadock, *Comprehensive Textbook of Psychiatry*, 9th Edition, Lww, 2009.
E. Finkel, *The All or Nothing Marriage*, NYT Feb 14, 2014.
R. S. Lazarus, *Stress, Appraisal, and Coping*, Springer, 1984.

第 5 章　中年阶段的问题

다리오 마에스트리피에리 저, 최호영 역, 《영장류 게임》, 책읽는 수요일,2013.
글렌 가바드 저, 이정태, 채영래 공역, 《역동정신의학》, 하나의학사,1996.
빅토르 프랭클 저, 이시형 역, 《죽음의 수용소에서》, 청아출판사,2005.
최영희 저, 《나의 삶을 바꾼 공황과 공포》, 학지사,2007.
에드나 포아 저, 박형배 역, 《강박증 이제 안녕》, 하나의학사,2000.

신경인문학연구회 저, 《뇌과학, 경계를 넘다》, 바다출판사,2012.
정용 저, 《1.4 킬로그램의 우주, 뇌》, 사이언스북스,2014.
최삼욱 저, 《행위중독》,NUN,2014.
에드워드 할로웰 저, 곽명단 역, 《창조적 단절》, 살림 Biz,2008.
레온 사울 저, 최수호 역, 《결혼과 소아기 감정양식》, 하나의학사,1997.
〈결혼, 잘 알지도 못하면서〉,KBS 인터넷 뉴스,2014 년 11 월 3~6 일자.
한국정신문화원 저, 《한국민족문화대백과사전》, 웅진출판,1997.
이무석 저, 《정신분석의 이해》, 전남대학교출판부,1995.
대니얼 레빈슨 저, 김애순 역, 《여자가 겪는 인생의 사계절》, 이화여자대학교출판부,2004.
대한신경정신의학회 저, 《신경정신과학》, 하나의학사,1997.
서동욱 저, 《한 평생의 지식》, 민음사,2012.
전중환 저, 《오래된 연장통》, 사이언스북스,2010.
칩 월터 저, 이시은 역, 《사람의 아버지》, 어마마마,2014.
존 그레이 저, 김경숙 역, 《화성에서 온 남자, 금성에서 온 여자》, 동녘라이프,2006.
박성덕 저, 《정서중심적 부부치료: 이론과 실제》, 학지사,2008.
데이비드 버스 저, 이충호 역, 《진화심리학》, 웅진지식하우스,2012.
로저 매키논, 피터 버클리 공저, 박성근, 정인과 공역, 《임상 실제에서의 정신과적면담》, 하나의학사,2012.
매트 리들리 저, 김한영 역, 《본성과 양육》, 김영사,2004.
이병윤 저, 《현대정신의학 총론》, 일조각,1981.
양새원 저, 〈성인주의력결핍 과잉행동장애의 약물치료〉, 소아청소년정신의학,23,2,1~18,2012.
신영철 저, 《스트레스와 도박중독》, 한국중독정신의학회,2005.
주디스 월러스타인 저, 양은모 역, 《우리가 꿈꾸는 행복한 이혼은 없다》, 명진출판사,2002.
주디스 월러스타인, 샌드라 블레이크슬리 공저, 오혜경 역, 《이혼부모들과 자녀들의 행복만들기》, 도솔,2008.
칼 하인츠 브리쉬 저, 장휘숙 역, 《애착장애의 치료: 이론에서 실제까지》, 시그마프레스,2003.
존 가트맨 저, 《내 아이를 위한 사랑의 기술》, 한국경제신문사,2007.
박진영 저, 《내가 이혼 전문 변호사다》, 지식공감,2014.
와다 히데키 저, 이유영 역, 《남자는 왜? 여자는 왜?》, 도서출판 예문,2002.
H. I. Kaplan, *Synopsis of psychiatry*, 8th Ed, Williams & Wilkins, 1998.
T. Lee, *Longitudinal evidence that fatherhood decreases testosterone in human males,* PNAS vol. 108 no. 39, 2011.
Pfizer, *Global Better Sex Survey, European Association of Urology,* Annual Meeting in Paris, 2006.
D. B. Pruitt, *Your Child: Emotional, Behavioral, and Cognitive Development from Birth·Through Preadolescence*, William Morrow & Company, 2000.
B. J. Sadock, *Kaplan and Sadock's Synopsis of Psychiatry*, Williams & Wilkins, 2007.

第 6 章　老年阶段的问题

데이비드 베인브리지 저, 이은주 역, 《중년의 발견》, 청림출판,2013.
조지 베일런트 저, 이덕남 역, 《행복의 조건》, 프런티어,2010.
엘리자베스 퀴블러 로스 저, 이인복 역, 《죽음과 임종에 관한 의문과 해답》, 홍익재,1991.
스밀리 브랜톤 저, 이동영 역, 《프로이트와 나눈 시간》, 솔,1999.

第 3 部分　重要的心理学概念

조지 베일런트 저, 고영건, 김진영 공역, 《행복의 지도》, 학지사,2013.
이부영 저, 《분석심리학》, 일조각,1997.
루이스 브레거 저, 홍강의, 이영식 공역, 《인간발달의 통합적 이해》, 이화여자대학교출판부,1998.
송명자 저, 《발달심리학》, 학지사,2003.
홍강의 저, 《소아정신의학》, 중앙문화사,2005.
글렌 가바드 저, 이정태, 채영래 공역, 《역동정신의학》, 하나의학사,2008.

찰스 브레너 저, 이근후 역, 《정신분석학》, 하나의학사, 1987.
칼 하인츠 브리쉬 저, 장휘숙 역, 《애착장애의 치료》, 시그마프레스, 2003.
조두영 저, 《프로이드와 한국문학》, 일조각, 1999.
알프레드 아들러 저, 설영환 역, 《아들러 심리학 해설》, 선영사, 2014.
B. J. Sadock, *Kaplan and Sadock's Synopsis of Psychiatry*, Williams & Wilkins, 2007.

A

B

C

D

E

F

G

H

J

K

L

M

N

P

Q

R

S

T

W

X

Y

Z

数字・外文

作者介绍

宋炯锡（송형석）

韩国高丽大学心理学博士。韩国多个人气综艺节目的常驻心理学专家，因以犀利的言辞精准分析主持人和众多嘉宾的内心和行为而赢得观众的热烈追捧。主攻青少年及青年问题。

姜成敏（강성민）

韩国“最佳健康”医院院长。高丽大学精神健康专业客座教授。大韩老年精神医学会、大韩抑郁躁郁症协会会员。主攻老年问题。

姜和延（강화연）

毕业于高丽大学，曾就职于汉阳大学医院儿童精神科，曾任首尔市立恩平医院精神科科长，现为高丽大学医学院客座副教授。大韩儿童青少年医学会正式会员，主攻儿童青少年问题。

金钟勋（김종훈）

毕业于高丽大学，曾为高丽大学安山医院临床教授，安山市戒酒中心主任。欧洲阿尔茨海默病总会《EDCON阿尔茨海默病评判标准》韩语版译者。大韩老年精神医学会终身会员，韩国临床艺术学会正式会员。主攻老年及压力排解问题。

柳英珉（류영민）

高丽大学博士毕业，曾于约翰·霍普金斯大学精神科研修，曾任韩国国立春川精神病院精神科科长，现为大韩神经医学会、韩国女性精神医学会正式会员。主攻女性及儿童青少年问题。

朴成根（박성근）

毕业于高丽大学，曾先后担任庆南道立医院精神科科长，始兴市精神保健中心负责人，新川联合医院精神科科长，现为高丽大学医学院客座教授。大韩精神药物协会、大韩老年健康学会、肥胖研究医师协会正式会员。主攻脑科学。

尹秉文（윤병문）

高丽大学博士毕业，大韩焦虑医学会终身会员，高丽大学医学院客座教授，韩国性科学研究所研究委员。曾进修进食障碍及人际关系精神分析专家课程。主攻抑郁及焦虑问题。

梁在媛（양재원）

毕业于高丽大学，儿童青少年精神医学专业博士。曾任高丽大学九老医院及安山医院临床助理教授，现为三星首尔医院客座教授，就职于韩国科学技术院压力诊所。主攻儿童青少年及压力问题。

李玢姬（이분희）

现任首尔市立恩平医院精神科科长，高丽大学博士毕业，曾任高丽大学安山医院临床助理教授，此前就职于KARF医院，江南乙支医院成瘾中心。主攻成瘾及焦虑问题。

曹方铉（조방현）

毕业于高丽大学，曾任未来医院诊疗科科长，高丽第一精神医院联合院长，安养市精神保健中心负责人。大韩焦虑学会终身会员，大韩老年医学会、儿童青少年精神医学会、大韩生物精神医学会正式会员。主攻焦虑及压力问题。

图书在版编目（CIP）数据

家庭心理百科 / (韩) 宋炯锡等著 ; 任李肖垚译
. -- 北京 : 九州出版社 , 2020.11
ISBN 978-7-5108-9343-8

Ⅰ . ①家… Ⅱ . ①宋… ②任… Ⅲ . ①家庭—社会心理学—研究 Ⅳ . ① C913.11

中国版本图书馆 CIP 数据核字 (2020) 第 138272 号

著作权合同登记号 图字：01–2020–4818

家庭心理百科

作　者	［韩］宋炯锡等　著　　任李肖垚　译
出版发行	九州出版社
地　址	北京市西城区阜外大街甲 35 号 (100037)
发行电话	（010）68992190/3/5/6
网　址	www.jiuzhoupress.com
电子信箱	jiuzhou@jiuzhoupress.com
印　刷	北京盛通印刷股份有限公司
开　本	720 毫米 × 1030 毫米　　16 开
印　张	34.5
字　数	576 千字
版　次	2020 年 11 月第 1 版
印　次	2020 年 11 月第 1 次印刷
书　号	ISBN 978-7-5108-9343-8
定　价	120.00 元